风雨兼程70年

陈兴芜 李斌◎主编

重庆出版集团 重庆出版社

图书在版编目(CIP)数据

风雨兼程70年/陈兴芜,李斌主编.—重庆:重庆出版社,
2021.12
 ISBN 978-7-229-16156-9

Ⅰ.①风… Ⅱ.①陈… ②李… Ⅲ.①出版社—文化史—重庆 Ⅳ.①G239.22

中国版本图书馆CIP数据核字(2021)第222207号

风雨兼程70年
FENGYU JIANCHENG 70 NIAN

陈兴芜　李　斌　主编

责任编辑:李　子　李　雯　李　梅　陈劲杉
责任校对:郑　葱
封面设计:回归线视觉传达
版式设计:重庆出版社艺术设计有限公司

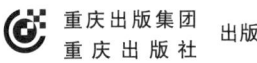出版

重庆市南岸区南滨路162号1幢　邮政编码:400061　http://www.cqph.com
重庆出版社艺术设计有限公司制版
重庆天旭印务有限责任公司印刷
重庆出版集团图书发行有限公司发行
E-MAIL:fxchu@cqph.com　邮购电话:023-61520646
全国新华书店经销

开本:710mm×1000mm　1/16　印张:26.5　字数:470千
2021年12月第1版　2021年12月第1次印刷
ISBN 978-7-229-16156-9
定价:78.00元

如有印装质量问题,请向本集团图书发行有限公司调换:023-61520678

版权所有　侵权必究

风雨兼程70年

编委会

- 学术指导 -

蒋际华　李书敏　罗小卫

- 主编 -

陈兴芜　李　斌

- 副主编 -

王怀龙　邱振邦　高　岭　余世钦　寇德江
李炳仁　别必亮　郭　宜　刘绍星

- 编委（以姓氏音序为序）-

李　子　刘　嘉　刘向东　卢晓鸣　向　洋
曾　敏　曾祥志　郑　瑶　周英斌

前　言

2020年是重庆出版社成立70周年暨重庆出版集团成立15周年。为更好地纪念这一特殊时日，我们面向社会开展了"我与出版"主题征文活动，邀请到出版界领导、集团职工、广大读者、作者及社会各界人士撰写纪念文章，讲述他们与重庆出版集团（社）共同成长的点滴故事。

从征稿到汇编成书近一年的时间，我们精心策划、推出了这两部具有纪念意义的征文集——《风雨兼程70年》《我们都是出版人》，前一本书中收录了百余篇作者、读者、经销商等与我们一同成长的作品，后一本书则收录了四十余篇出版集团从在职领导、员工到退休老领导、职工在出版方面取得的一些理论研究成果、经验总结与心得体会。在编辑文稿的过程中，我们时常被文字所触动，字里行间流露出的是温暖、是感动。感动于图书编辑与作者的深厚情谊；感动于热心读者对我们的支持与信赖；感动于重庆出版人对出版事业的执着与奉献……他们用质朴的文字，回顾并抒写了与重庆出版集团（社）的不解之缘和精彩故事。在此，我们衷心地向关心、支持重庆出版集团（社）并不吝赐稿的朋友们致谢！希望本书的出版能使我们和广大读者朋友们一起分享社庆的喜悦之情，共祝重庆出版集团（社）的明天更美好！

重庆出版社历史底蕴深厚，前身是成立于1950年的西南人民出版社，历史上曾"三设三改"。1980年12月经国家出版局批准，恢复重庆出版社建制，社号114号；2005年4月29日，重庆出版集团有限公司挂牌成立。

70年风雨兼程，70年硕果累累。70多年来，一代代重庆出版人薪火相传，始终坚持马克思主义新闻出版观，始终坚持以人民为中心的工作导向，始终坚持社会效益优先的原则,推出了一大批具有广泛社会影响力和地方特色的出版精品。从成立以来到现在,重庆出版集团(社)的发展大体可以分为三个阶段:

一是艰苦创业期。从1950年至1980年的30年是重庆出版社原始的创业阶段。重庆出版社经历了曲折的发展过程,历经数次改组,一直在努力探索中前行。其间,我们的前辈们遵循"为政治生产服务",坚持"地方化、群众化、通俗化"的出版方针,出版了大量图书。首先是出版配合政治运动、学习运动方面的图书,如《战斗中的朝鲜》《美帝侵华史话》《西南区土地改革文件》《工人学习总路线教材》《讲讲国家过渡时期的总路线》《培养青年一代的共产主义道德品质》《政治经济学参考教材》等。其次是出版面向生产、为生产服务的图书,如《彭松福车工基本技术速成教学法》和《快速识图法》,曾分别被技工学校和训练班用作教材,前者连续重印12次,印行11万册,后者连续重印15次,印行12.5万册;李欣安的《现代汉语》被西南几所大学选为教材。再次,为满足广大工农读者文化生活需要,我们当时还出版了不少优秀的出版物。其中,有革命传统教育读物,如潘梓年、吴克坚、熊瑾玎等创作的《新华日报的回忆》,宋世永的《雪山草地上的共青团员》,叶挺等烈士的诗选《囚歌》,郭沫若的《蜀道奇》等书;有科学知识读物如《天然气的故事》《采油的故事》《揭开宇宙飞行时代序幕的人造地球卫星》等;民间故事读物如《赵巧儿送灯台》《青蛙骑手》等;文艺读物如《党和生命》《三尺红绫》《金贵明和他的爸爸》等,其中《党和生命》一书曾由人民文学出版社遴选出版,并经外文出版社翻译介绍给其他国家的读者。

为了继承和发扬传统文化,我们当年还协同有关业务部门在祖国医学、地方戏曲方面出版了一些书籍。医学方面有《宋本新辑伤寒论》《新编针灸学》《通俗中国医学史话》等书,质量较高,反映良好。其中《宋本新辑伤寒论》一书,曾被市卫生部门作为学习祖国遗产的主要学习文件之一,《新编针灸学》先后重印23次,印行24万多册。在地方戏曲方面,我们出版了经过整理的传统剧目"川剧"和"川剧丛刊"两套丛书。其中,"川剧"书系着重于普及,以广大工农读者为对象,总计出版88种;"川剧丛刊"偏重于以戏曲工作者和戏曲爱好者为对象,总计出版17种,这些都对川剧传统艺术的继承和发展起到了较大的贡献。

二是发展壮大期。从1980年复社到2004年集团成立之前,是重庆出版社的发展壮大期。1980年12月,国家出版局〔1980〕出字第830号文,同意恢复重庆出版社,仍使用原来出版社代号:114号。重庆出版社自复社以来,坚持为人民服务、为社会主义服务的方向,出版了大量优秀出版物。其中最著名的是两套书,一是凝聚数百名国内文学界权威专家,大手笔推出近6000万字的"反法西斯文学三大书系"("中国抗日战争时期大后方文学书系""中国解放区文学书系""世界反法西斯文学书系"),以其重大的主题、恢弘的出版规模以及精湛的出版质量,被誉为"出版史上的壮举"。1995年,江泽民同志把其中的苏联卷作为国礼送给俄罗斯总统叶利钦。俄国政府回赠我们《朱可夫元帅回忆与思考录》,并授予重庆出版社俄罗斯联邦卫国战争纪念证书,以表彰重庆出版社的贡献。李鹏同志亲笔为书系题词:"殊死搏斗,辉煌胜利,弘扬正气,荡涤邪恶,激励后代,维护和平。"这套书还获得了第二届国家图书奖。二是我们的"科学学术著作出版基金"书。为缓解科学学术著作出版的困难,我们于1988年在全国率先拨出100万元专款,设立了"重庆出版社科学学术著作出版基金",并聘请钱伟长、周光召等21位著名科学家、学者组成指导委员会,出版了大量的优秀专著。其中,《结构振动分析的矩阵摄动理论》解决了我国长征二号捆绑式火箭系统动态特征预测问题;《胶东金矿成因矿物学与找矿》为我国勘探和开采金矿产生了数以亿元计的经济效益;《非线性量子力学》被《光明日报》称为"将现代科学基础的量子力学基本矛盾问题从线性推广到和发展到非线性领域,并可能解决爱因斯坦和波尔为首的哥本哈根学派之争"。著名科学家钱伟长盛赞我们社"这种做法是扶持科技图书出版的义举"。同时,这些学术著作也获得了国家级图书大奖,如《中国自然科学的现状与未来》获第五届中国图书奖,《结构振动分析的矩阵摄动理论》获第六届中国图书奖。当时,由于"重庆出版社科学学术著作出版基金"影响巨大,全国陆续有数十家出版单位效仿,成立了科学学术著作出版基金,产生了非常好的社会影响力。

还有我们首开全国教辅先河,配合中高考而打造的"海淀教辅系列",销售上亿册,创造了良好的经济效益。进入20世纪90年代中期以后,我们提出了"加强管理、优化结构、提高质量"的工作方针,实行精品战略,打造了一系列社会效益和经济效益都好、学术价值高的选题,其中《当代社会主义的若干问题》等书获得"五个一工程"奖、《邹韬奋传记》《中国西藏文化大图集》《世界工艺美术邮票鉴赏大图典》等图书获中国图书奖……重庆出版社的本版图书呈现不断增长的状况,保持了良好的发展态势。

三是开拓创新期。2005年集团成立至今,是我们的开拓创新期。集团成立后,新一代出版人继承和发扬老一辈的光荣传统,出版了一大批"双效"图书,为出版事业再创辉煌。其中《忠诚与背叛》《中国音乐史·图典版》等一大批图书获得"五个一工程"奖、中国出版政府奖、中华优秀出版物奖等国家级奖项;《重庆之眼》《马克思画传:马克思诞辰200周年纪念版》《恩格斯画传:恩格斯诞辰200周年纪念版》分别获得2017年、2018年、2020年"中国好书";承接了以《中华大典》《大足石刻全集》为代表的国家重点出版工程;推出了《三体》《女心理师》《藏地密码》《冰与火之歌》等一大批销售数十万到上千万册不等的市场畅销书,《马·恩·列画传》、"国外马克思主义与社会主义研究丛书"等图书得到了中央领导的充分肯定;有近千种图书输出到美国、英国、日本、韩国、俄罗斯、印度等40多个国家和地区,为中国文化走出去作出了贡献。

近年来,集团高度重视融合发展和数字出版,并把数字出版生态建设作为发展新方向,不断深化和推进出版融合向纵深发展。

集团先后获得了第三届、第五届"中国出版政府奖先进出版单位奖"及"全国文明单位""全国百佳图书出版单位""全国文化体制改革优秀企业""全国精神文明建设工作先进单位""全国新闻出版系统先进集体""全国模范职工之家""全国工会职工书屋示范点"等殊荣;并自2007年起连续14年荣获"国家文化出口重点企业"称号,2015年成功入选国家新闻出版广电总局"第二批数字出版转型示范单位"。

2020年初北京图书订货会上,我们举办了"'以经典致敬岁月'——庆祝重庆出版社成立70周年诵读会",柳斌杰、高明光、邬书林、郭义强等出版界领导纷纷到会,高度评价重庆出版社成立70周年以来所取得的辉煌成绩,对渝版图书的未来发展给予殷切期望,同时称赞"重庆出版社从20世纪80年代的城市社,通过改革内涵式的发展成长为全国有影响力的出版集团,实属不易""长期以来,重庆出版社都非常努力,出了很多好书,有品牌,赢得了中宣部出版局的高度认可""重庆出版社无论是出版的品种、出版的规模,还是出版队伍建设都逐步走到了中国出版行业的前列,成为我国的重要出版阵地"。

前　言

2020年11月,我们又陆续举办了"第九届韬奋出版人才高端论坛""全国城市出版社第33届社长论坛""重庆出版社成立70周年暨重庆出版集团成立15周年文化创新服务大会"等社庆活动,众多领导和两百余位出版界、学界代表齐聚,共同回顾重庆出版社70年辉煌成就,探究新时代出版人才培养和出版高质量发展。

……

奖项来之不易,军功章属于大家!功劳属于大家!光荣属于大家!

没有前辈们筚路蓝缕、砥砺奋进精神的开拓,没有他们"只出好书,不出坏书""多出书,出好书""书行天下,传承文明"的胸怀和壮志,就没有我们集团的今天;没有集团班子成员荣辱与共,共赴时艰,大力实施精品战略,打造出版品牌,推动主业高质量发展进行的不懈努力,就没有我们集团的今天;没有集团全体员工坚持守正创新、不忘初心、牢记使命,不断为人民提供丰富精神食粮的高度责任感,就没有我们集团的今天。

在几代出版人的拼搏实干和辛勤耕耘下,重庆出版集团(社)取得了有目共睹的骄人成绩。当然,这些成绩的获得,同样离不开中国共产党中央委员会宣传部、国家新闻出版署、中国出版协会、中共重庆市委宣传部、重庆市新闻出版局、重庆市文化和旅游发展委员会等各级领导一直以来对集团的关心和指导;也离不开广大作者朋友们的信任和支持。

不忘初心、方得始终。重庆出版社70年的辉煌成就,为我们未来发展打下了坚实的经济基础,积累了丰富的社会资源,提供了强大的发展动力。此时此刻,我们能有幸继承前辈们未竟的事业,继续为我们所热爱的出版事业付出青春与汗水,贡献绵薄之力,感到无上的光荣与无比的自豪!让我们自强不息,勇挑重担,让出版事业薪火相传,生生不息!

70年成绩已成过往,再出发开启新的征程。今天,勇立时代潮头的重庆出版人正积极朝着成为全国一流新型出版传媒集团的目标而努力迈进!

编委会

2021年9月10日

目 录

前言 ··· 001

统筹篇

地方出版社如何做好主题出版 ······················ 陈兴芜 003
人生大境界 ··· 李书敏 012
"最寒冷的冬天"系列丛书的形成 ··················· 罗小卫 019
坚守与奉献 ··· 刘绍星 022
开会的另一种收获 ·································· 蒲华清 026
回到梦中的百花园 ·································· 熊 伟 029

书缘篇

两件事，四十年 ···································· 周 勇 033
重庆书缘 ·· 范 稳 038
重庆出版集团缩短了我和重庆的距离 ··············· 张国龙 043
《傅天琳诗歌99》后记 ······························ 傅天琳 045
三个台阶 ·· 刘保法 049
这里有一片热土 ···································· 张继楼 051
书　　缘 ·· 王 雨 056
珍藏心底的"弯弯大楼" ···························· 阿 蛮 059
A面、B面 ··· 王芳宪 061

水调歌头·重庆出版社七十周年	李蜀霖	065
我与重庆出版社的缘分	林文郁	066
我的世界客车之旅	王　健	071
重庆出版社出版我的《1949：川东，川东》	陈启兵	074
我们的特色十年与重庆出版	胡　方	078
三十春秋情谊浓	傅开国	081
它是那自由的歌者	王　莉	085
我与出版不期而遇	韦永胜	088
十年情系《职教新航线》	卢元胜	091
结缘图书出版，遇见最好的自己	田博文	094
书本之外的感怀	江　锐	098
我与出版之缘	李永永	101
深秋忆往事	吴红丽	104
职业教育与出版	余　跃	106
以文为马，向时光最深处漫溯	沈鑫杰	110
那一夜，编辑部为了我们灯火通明	张益建	113
转型出版：用匠心，淬炼"一套好课"	胡　淼	116
我与重庆出版社的十八年	徐铭莲	118
海与舟	顾诗静	120

出版篇

说干就干，要干就干好	刘向东	125
父亲是写在心里的一部书	张　茗	130
他是一名真正的共产党员	梁子高　李晓峰	135
他依然深情地关心着出版事业	叶麟伟	139
我的出版琐忆	瞿邦治	141
情到深处知艰辛	邓士伏	150

篇名	作者	页码
《中国石窟雕塑全集·四川　重庆》卷	邵大维	155
《中国石窟雕塑全集》拍摄记	刘庆丰	160
走近马恩列与伟人同行	吴立平	163
《列宁画传》编辑手记	徐飞	168
《忠诚与背叛》出版前后的"红色记忆"	赖义羕	171
繁荣年画创作,美化人民生活	潘隆正	178
序言的故事	刘嘉	180
我与《中华大典》	李盛强	183
沃土勤耕耘,书香系童心	冰清　云伟	187
一次难得的"冰火"历练	唐弋淄	193
编辑手记:做好重大项目的几点感想	王娟	195
我和我的绘本世界	夏添	199
读王雨小说《碑》有感	罗玉平	202
有故事的音乐	天健电子音像出版社编辑部	206
我与《论语》的二三事	符蕾	213
多出好书,为精神文明作贡献	李炳振	215
感恩遇见	王梅	219
我与出版事业的缘分	胡杰	221
我与出版十几年	张铁成	224
脚踏实地的行迹	曾嵘	228
慎始慎终,砥砺前行	何建云	232
全力以赴,无怨无悔	黄浩	236
我与出版的故事	肖化化	238
我与重庆出版社共成长	李春松	242
"娱乐课代表"与出版	周俊	246
写给7年前自己的一封信	吴昊	249
七十年,我们虽有风雨更有晴	舒思平	252
出版缘	滕洋	256

我为"九十年图书"做责编	杨智威	258
同行中学会感恩	郝 念	260
我们走在大路上,正当时	寇 馨	262
结伴而行	肖 琴	268
遇见更好的自己	王 静	270
校对新人的初体验	冉炜赟	272
媒体与出版:我们的原创登上了《人民日报》!	黄 海	274
彩 虹	王 浩	276
成 长	钟欣恬	281
推陈出新,陪伴同行	林 立	285
我的出版情缘	朱 艺	289
做先进文化的建设者和传播者	唐国富	292
我和出版有个约会	邵 平	294
感恩昨日相遇,共谱未来新篇	史青苗	298
小编日记	张继佳	304
做新一代有担当有责任的出版人	陈国菁	307
我与重庆出版集团的一年	张婉莹	311
疫情下的图书出版	胡高阳	314
其实我是一个编辑!	徐宪江	317
当编辑更像是一种修行	何彦彦	321
与童心齐步走	翁明真	325
我们的脚步坚实有力	杨 嘉	327
以出版创造教育的美好	孙 曙	330
重庆渔业与《农家科技》结下不解之缘	蒋明健	333
记录新时代追梦人	孙淑培 李 朋	336
出版赞	程治文	339
重庆出版谱华章	张 捷	341
石头放光仍有时	唐联文	342

互动篇

我看到,她沿着先辈足迹阔步前行	郝天韵	345
匠心"炼"成《大足石刻全集》	兰世秋	348
锻铸"风林火山"的重庆出版精神	金国华	352
路数"对头"的重庆出版集团很"巴适"	王　星	354
路漫漫其修远兮,吾将上下而求索	沈勇尧	357
勇立潮头,奋楫扬帆	刘来刚	361
共创未来,同赢天下	刘彦伟	365
有幸相逢,四库图书与重庆出版集团的故事	孙　菁	367
疫情无情人有情,出版发行献真情	姚　群	370
七十周年,寄言重庆出版社	吴海谧	374
刊所未刊,阅所未阅	丁相程	377
我与《匈人王阿提拉与罗马帝国的覆灭》的故事	任格致	380
读《重庆之眼》懂山城之泪,知山城精神	杜湘涛	383
穿越时空的思念	邱嘉顺	385
传承马克思主义中国化成果,让巴渝文化精神薪火相传	张大卫	390
戈壁滩上的《论语》情结	钟志红	392
我在家教中活学活用《弟子规》经验上了《中国教育报》	童家松	395
一封小学读者给中学期刊的来信	夜　雨	398
父　亲	何欣蔚	400

编后记	403

统筹篇

地方出版社如何做好主题出版

陈兴芜

主题出版是挖掘中国文化资源、探究中国智慧进而建设中国特色社会主义文化的主要途径之一，也是出版业义不容辞的责任和担当。2019年3月，中宣部办公厅下发《关于做好2019年主题出版工作的通知》，要求打造更加丰富优质的出版精品，自觉担负起举旗帜、聚民心、育新人、兴文化、展形象的使命任务，积极建设具有强大凝聚力和引领力的社会主义意识形态，大力培养担当民族复兴大任的时代新人，更好满足人民精神文化生活新期待，不断提升中华文化影响力，为推动党和国家事业发展提供有力思想保证和强大精神力量。

对地方出版社来说，主题出版既是政治责任、社会责任和文化责任，也是市场的必然要求。但从全国来看，部分地方出版社的主题出版工作与新形势下中央提出的新任务、新要求相比，还有一些不相适应的地方，还面临一些亟待解决的问题。本文通过梳理分析地方出版社主题出版工作的现状和面临的问题，并结合重庆出版集团的主题出版工作案例，就地方出版社如何扬长避短，发挥自身优势，做出特色，打造精品，提出针对性的对策和建议。

一、地方出版社主题出版的现状

党的十八大以来，在中宣部和原国家新闻出版广电总局的高度重视下，主题出版已起到了唱响主旋律、传递正能量、提振精气神的重要引领示范作用。除中央级出版社之外，地方出版社也越来越多地参与到主题出版之中，推出了一大批具有广泛社会影响力和地方特色的主题出版精品。题材上不再只是以重大题材和重要节庆为主，选题角度逐渐多样化，市场化程度增强，"走出去"的步伐也逐渐加大。如重庆出版集团以红岩精神为主线的纪实文学《忠诚与背叛——告诉你一个真实的红岩》，被中宣部、新闻出版总署确定为庆祝建党90周年重点出版物，入选"大众喜爱的50种图书"、荣获中宣部"五个一工程"奖；以重庆大轰炸为历史背景的长篇小说《重庆之眼》获得"2017中国好书"；《马·恩·列画传》被刘云山同志誉为"推进马克思主义大众化的有益尝试"；《马克思画传：马克思诞辰200周年纪念版》作为中宣部纪念马克思诞辰200周年3种重点图书之一，被评为第八届优秀通俗理论读物、2018年向全国青少年推荐百种优秀出版物、"2018中国好书"。集团依托设立的"马克思主义中国化研究出版基金"，出版了马克思主义相关图书300余种。"中国特色社会主义'五大建设'丛书"、《中国梦的理论视域》、《法学变革论》等图书实现了向日本等发达国家的海外版权输出。

目前，地方出版社的主题出版工作与中央级出版社仍然存在较大差距。中宣部的"主题出版重点出版物"选题目录，2019年的77种图书选题中央出版机构占40种，地方出版社只有37种，占比48%。而2015年的100种图书选题中，地方出版社占比39%；2016年的96种图书选题中，地方出版社占比34%；2017年的77种图书选题中，地方出版社占比27%；2018年的69种图书选题中，地方出版社占比46%。纵观2015年到2019年的选题目录，地方出版社都没有达到50%。根据国家新闻出版署发布的《2018年新闻出版产业分析报告》，共有7种主题出版图书进入年度印数前10名，均为中央级出版社出版，分别是：《习近平新时代中国特色社会主义思想三十讲》年度印数超过3200万册；《习近平谈治国理政》（第一卷、第二卷）超过600万册；《新时代面对面——理论热点面对面·2018》超过980万册；《红岩》《红星照耀中国》《红星照耀中国（青少版）》年度印数继续超过100万册；《共产党宣言》年度印数超过100万册。而与中央级出版社这些动辄上千万的优秀主题出版物相比，地方出版社的差距还较大，以重庆出版集团为例，其销售最好的主题出版物《忠诚与背叛——告诉你一个真实的红岩》，累计销量也不过40多万册。由此可见，中央级出版社在主题出版方面一枝独秀,资源禀赋得天独厚,地方出版社的发展空间还非常之大,尚需加速追赶的步伐。

二、地方出版社主题出版存在的主要问题

1. 地方财政对主题出版资助的方式有待改进

一些地方特色主题出版项目,题材重大、时效性强、成本较高,启动阶段就需要投入大量的人力物力财力,光靠出版单位自筹资金启动非常困难,财政资助应该从一开始就介入才能持续有效地推动整个项目的开展。例如重庆出版集团的《影像中国70年·重庆卷》前期需要垫付较高版权费用,图片选取涉及很多机构部门,若没有资金资助和政策扶持,推动起来就十分困难。

2. 选题范围较为局限,产品整体布局不明晰

随着越来越多的出版机构参与到主题出版的市场竞争中,"跟风"出版现象也随之增加,选题内容同质化现象严重,特别是在重大节点上,多家出版社同时围绕同一主题进行选题策划,选题高度相似,"撞车"现象严重。大量低端重复的选题浪费了出版资源,缺乏有特色的精品出版物,导致同质化竞争激烈。

主题出版物存在内容质量不高和不接地气的问题。主要表现为:有的作者把握和处理内容的方式较为生硬,编写格式化、空洞化、口号化情况比较常见,致使在主题内涵挖掘上不深入;有的出版物追求高大全,过于注重宣传功能而忽视了阅读需求,内容注重说教,缺乏创新,形式上陈旧过时,片面追求主题宏大,忽视了对社会现实的关切,不能和老百姓关心的具体问题相联系,读起来空洞乏味,出版后得不到市场认可;有的主题出版物书名锤炼不够、装帧设计缺乏创意,难以吸引读者,不利于图书销售和思想传播;有的出版社产品布局缺乏整体思路,主题出版生产线零碎,重点产品不多,拳头产品更少,市场影响力不够。

3. 形式载体陈旧，融合创新的市场营销宣传不够

在中央政策的推动下，主题阅读的市场持续升温，主题出版的读者群在普通大众中不断扩大。但不少地方出版社主题出版的形式载体和营销宣传还未能适应大众市场的需求。在移动互联网时代，人民群众对文化生活的需求日益多样化，而大多数地方出版社的主题出版仍以实体图书、电子书为主，以图书选题为桥梁向多媒体、多平台延伸的思路和能力不足，最常见的音视频形式采用较少，而结合VR技术等新兴智能科技的出版物则更少，对人民群众的感染力和吸引力不足。

有的地方出版社还囿于过去对主题出版的固有思路，把营销宣传的重心放在党员干部和政府工作人员中，更加注重团购和馆配渠道营销，而对零售市场不够重视。相比其他出版物，主题出版物的宣传方式也较为陈旧，多以主流纸媒为主，而在新媒体平台上的传播扩散力度明显不够。

4."走出去"成效有待提高

当前，主题出版的"走出去"还是以版权输出为主，受到外方传播平台、语言翻译、文化差异等诸多因素的制约。从"走出去"到"走进去"的转变还不到位。基于海外读者的需求侧的选题创新不足，在内容上有的出版物也因为翻译问题未能采用贴近当地的表达方式，在版权输出后针对海外主流市场的营销不够强力，导致主题出版图书在海外上市后影响力未能达到预期。在国际传播中载体的与时俱进也不够，除纸质书的输出之外，以新技术为主题出版"走出去"服务的成功案例还不多。如何真正地掌握话语权、有力传播中国声音仍然是地方出版社需要认真思考的课题。

5. 作者资源不足，编辑储备不足

主题出版的内容要有权威性、可靠性，因此要求作者不仅具有深厚的理论素养、通俗化的表达能力，还要有强烈的政治意识、责任意识。学术水平高、影响力大的作者多数集中在京、沪等经济文化中心，在高端作者资源上中央级的出版社具有先天优势。地方出版社更多的是寻找各地高校专家、各类研究机构的作者资源，这些作

者也在其研究领域有突出成就,但是常常由于经验不足,对主题出版内容撰写的特殊要求不够了解,导致精品不多。

主题出版对编辑把握政策、把关导向的能力也有更高的要求,有的地方出版社的编辑队伍知识结构和专业较为分散,由于专业限制,在政策敏感性和宏观视野上也有欠缺,在主题出版方面的素养还有不足,综合素质高的编辑人才不够多。

三、地方出版社做好主题出版工作的对策建议

1. 主动策划、优质服务,善于借力借势借智

当前,主题出版多数是直接或间接反映国家和地方在政治、经济、科技、文化、社会等各方面取得的成就和经验,受到各级党委政府的重视和支持,这为地方出版社做好主题出版工作提供了良好的社会土壤。例如,涉及理论建设、党史题材的选题,可依靠党委宣传部、党史研究室等部门;反映文化建设、旅游地理的选题,可联合政协、文化旅游委、艺术研究院等单位。各级党政部门把本部门的重要决策部署、主要工作成就向读者呈现、让群众了解,既是政治任务、政治责任,也是工作所需。出版社要抓住党政所需、社会关注、群众期盼的关键点,放开视野,顺势借力借势借智,通过主动策划、优质服务,激发各级党政部门参与文化建设的积极性,将出版社的意愿与各方所需结合起来,并转化为与多个部门的联合行动,争取财力物力和政策支持,减轻经济上的压力。同时,对经济效益预期不太好、时效性较强的重大项目,各级出版基金应变"事后补助"为"事前资助+事后补助",给予出版社一定的项目启动资金,从源头上保障精品生产。

2. 深入挖掘特色文化资源,精心构建特色品牌产品线

鲁迅曾说,"有地方色彩的,倒容易成为世界的,即为别国所注意。打出世界上去,即于中国之活动有利"。主题出版的内容很多都是地方特色鲜明的,但其影响却是全国性甚至是世界性的。拿重庆来说,本地文化特色的资源富集,有源远流长的

巴渝文化,有享誉世界的三峡文化,有可歌可泣的抗战文化,有彪炳史册的革命文化,有别具一格的统战文化,有感天动地的移民文化,这些多彩多姿的地域文化是中华优秀传统文化的重要组成部分。特别是近代以来,革命文化、红色基因已成为这座城市最鲜明的特征。习近平总书记2019年4月视察重庆时强调,重庆是一块英雄的土地,有着光荣的革命传统。毛泽东同志在这里进行了决定中国前途命运的重庆谈判,周恩来同志领导中共中央南方局在这里同反动势力展开了坚决斗争,邓小平同志在这里领导中共中央西南局进行了大量开创性工作。众多被关押在渣滓洞、白公馆的中国共产党人,经受住种种酷刑折磨,不折不挠、宁死不屈,为中国人民解放事业献出了宝贵生命,凝结成红岩精神。深挖红色资源,弘扬革命文化,是重庆出版人的光荣与责任。在挖掘特色出版资源时,要坚持"有所为有所不为",充分挖掘优势资源,取其精华去其糟粕,扬长避短,选好重点突破口,抓好"头部产品",做到"人无我有、人有我新、人新我精",构建并完善品牌产品生产线,主题出版才能出新出彩出亮点。

3. 准确识变、科学求变,坚持系列化开发和市场化运作

地方出版社要做好主题出版工作,必须认真学习习近平新时代中国特色社会主义思想和习近平总书记关于宣传文化系列重要讲话精神,认真学习党的十九大和中央有关文件精神,认真领会地方党委政府的重大决策部署,围绕中心、服务大局,不断提高策划主题出版的敏感性和把握能力,在学深悟透中找准选题、深挖选题、挖透选题。同时,以深化供给侧结构性改革为指导,加大主题出版内容创新的力度,主动深入调研,使主题出版物真正反映国家之需、民族之需和时代之需。要契合当今社会变革潮流,坚持创造性转化与创新性发展,实现主题出版的内容形式大众化。只有实现了"大众化",才能更好地"市场化"。要充分考虑主题出版的读者对象是谁,再来选择宣传平台、营销手段、上架渠道等,除了实体书店和网上书店外,还有天猫店、大V店、党校书店、党政民营联合体、微信微博、抖音等特定发行渠道、直销渠道和团购渠道,想方设法利用多种方式推广,扩大主题出版物发行量,放大社会效益,最终实现两个效益最大化。在实现"双效"的基础上,对主题出版实施滚动开发,实

现产品系列化,保持持久的市场影响力,让好作品叫得响、立得住、传得开。

4. 创新传播机制和手段,推进"互联网+主题出版"建设

"'互联网+主题出版'将成为新的发展趋势。"主题出版的全媒体内容形式,能更全面地满足不同受众的差异化需求,增强不同场景下的内容体验,让主题出版的终端能够更普及、更有趣,更适合新型读者、年轻读者的阅读特点。只要找准点位、切中读者心理,就会有受众。"学习强国"APP的风靡恰好反映出主题出版是大有可为的。出版社必须紧跟时代步伐,抓住知识服务、付费阅读、复合出版等出版行业发展趋势,加强技术革新,提升电子书、音视频等数字出版形式的比重,打破国家、文化和阅读习惯的界限,实现一体化传播。现阶段,重庆出版社一方面积极推进主题出版数字资源库建设,搭建中国抗战大后方历史文献知识库、中国石窟雕塑全集数据库、巴渝非物质文化数字出版平台、大足石刻数据库等平台,把历史文化资源转化为强有力的文化竞争力,满足人民群众对美好生活的新期待,为全市文化繁荣兴盛多积尺寸之功。另一方面,依托重点出版物策划开发新的主题出版数字多媒体产品,构建主题出版图书数字化展示阅读平台。同时加快主题出版与影视、演艺、动漫、旅游的深度融合,结合红色文化、扶贫攻坚等内容精心策划打造影视作品,探索主题出版融合发展之路,深耕细作产品生产线。

5. 守正创新,进一步深化和拓展"走出去"渠道

在主题出版"走出去"上,地方出版社要进一步加大供给侧结构性改革的力度。要深入了解走出去目标国家的经济发展水平、社会文化环境、民众阅读习惯以及对中国的了解程度,真正做到因地制宜、量体裁衣。要针对目标读者转化适宜的叙事方式和话语逻辑,增强作品的感染力、可读性,运用好国际表达方式讲好中国故事。不断深化国际出版合作,拓展合作的渠道和模式,运用好国际组稿、共同出版等方式深度融入国际出版。建立完善针对海外市场的营销团队,同时要积极利用新技术创新主题出版国际化模式,使主题出版内容与多种媒体融合,形成主题出版物海外传播的强大网络,扩大其影响的广度和深度。

6. 强化高端作者、编辑队伍建设，储备运用好优秀人才力量

优质的内容资源和作者资源是产品的核心竞争力。找到最合适的作者，才能有最好的内容资源，才能有更好的作品。主题出版内容的政治性、思想性、导向性要求高，要求作者政治立场过硬，学术科研能力过硬。地方出版社要站在全国的高度，在全国范围内不断挖掘积累高层次、权威性的作者资源，重视对作者群的涵养，从源头上保证学术著作的出版质量。同时，还要重视借助"外脑"，做好专家学者顾问团的资源储备，共同把好选题关，保证主题出版物导向正确，内容更权威、更有分量。主题出版在组稿、编校、设计、印制等方面要求极高，不是每一个编辑都能胜任，这就需要出版社积极培养与主题出版要求相匹配的高素养的学者型编辑。一方面要不断提升编辑的业务技能，提高主题出版物的编校质量和内容质量，增强脚力、眼力、脑力、笔力；另一方面要不断提升编辑的理论水平、政治素养和把关能力，提升运用系统思维、战略思维、受众思维、创新思维分析和解决问题的能力。要培养编辑服务党和国家工作大局的意识和对政策敏锐把握、科学解读的能力，使编辑善于将本地资源能动地与"主题出版"有机结合，在策划选题过程中，通过选题的整体设计来主动对接国家战略，服务发展大局。

"凡事预则立，不预则废。"主题出版的时效性强，这就要求出版社把握好恰当的时间节点。但好的主题出版并不是水龙头里的水，可以随时拧开放出来。这需要出版社始终坚持"主动跨前、提早介入、科学组织、合理谋划"的原则，按照思想精深、艺术精湛、制作精良相统一的要求，在选题策划上精心论证，在编辑加工中精心打磨，在印制生产环节精心把控，不断提高主题出版的精神高度、文化内涵、学术价值、格调品位，做有责任、有温度、有情怀的优秀文化产品提供者、服务者。

结语

做好主题出版工作，既是出版社以精品奉献人民、用明德引领风尚的重要体现，

也是出版社提升核心竞争力和社会影响力的重要途径。"主题出版的本质就是与时代同呼吸、共命运,独特而深刻地反映出时代的最强音",这决定了出版社要打造优秀主题出版物,必须抓住新时代的重大主题,深刻把握主题出版特征和规律,深入发掘自身优势和潜力,因事而化、因时而进、因势而新,以新视野、新思想、新路径开拓主题出版新局面。

人生大境界
——记著名出版家袁明阮

李书敏

中共四川省新闻出版局党组,四川省新闻出版局沉痛宣告:"中国共产党的优秀党员、四川省新闻出版战线优秀领导干部、离休老干部袁明阮因病医治无效,于2008年10月9日21时45分在成都逝世,享年93岁。"

惊悉袁明阮同志逝世的消息,我心中难以形容地心疼和难过,一句话:他是我最敬重、最亲近、最值得信赖的大境界老人之一。1966年8月我从军事院转业到《重庆日报》当记者,那时的袁明阮作为《重庆日报》的总编辑、重庆市委宣传部副部长、已被造反派夺了权。尽管他已靠边站,也还要接受没完没了的批斗,批斗过后,便和"牛鬼蛇神"一块儿打扫厕所,清理垃圾。《重庆日报》的绝大多数干部和群众依然对袁明阮投去同情和敬爱的目光,为什么?因为,1961、1962年国家严重自然灾害期间,袁明阮作为党的高级干部,每月有蛋、肉、油和黄豆等营养品的补助,这在当时是救命的啊!袁明阮每月都把这些补助无偿地送给那些得了浮肿病和生活困难的排字工人和印刷工人。《重庆日报》的工人们知恩报恩,在造反的学生来抓袁明阮或批斗他时,很多工人都挺身而出加以保护,在整个重庆市,袁明阮是最早一批被揪斗的高级干部之一,但他却少受了一些皮肉之苦。从那时起,我开始对外表严厉的袁明阮生出了几分敬意。后来的几年中,因为他是"走资派",不便上街,他理发都是找我这个在部队学过的业余"理发师",这样感情自然就又近了许多。1978年5月,袁明阮同志作为中共重庆市委宣传部部长突然调离重庆,到四川省文化局任党组副书记、副局长,作为熟悉他的干部和群众,都纷纷表示,这样对待一个党的好干部实在不公,当然,我更表示同情和不安。袁明阮同志离开重庆的前一天,亲自到我家找我谈话,语重心长地对我说:"你是一个好同志,但你们年轻,有什么意见在下面不要议论,可以有组织地提,希望你到成都时来我家玩。"30年了,我仍然牢记袁老的教诲,几句话让我一时感动,又让我受益终生。后来我几次调动,凡到成都开会或出差,我都要登门去看望袁老和他的夫人刘玉晋同志。从我到重庆出版社任职的1994年一直到他逝世前,几乎每年我都要去看望他,春节前也一定去给他拜年,所以和他的感情就愈加深厚了。

突然听说袁老逝世的消息,我第一个反应是,我要立即赴成都参加他的遗体告别仪式。后经过领导同意由原重庆出版社副总编辑杨本泉、蒲华清和我三人代表重庆出版集团、重庆出版社赴成都参加我们原四川出版界的老领导、享受副省级待遇的袁明阮同志的遗体告别仪式。2008年10月14日下午,我们到达成都后首先到袁明阮生前的卧室敬献上由杨本泉同志撰文,由我书写的挽联"年高德劭,谦虚谨慎,党员模范,新闻出版巴蜀同志后继有人"和以重庆出版集团、重庆出版社全体职工名义敬献的鲜花花篮,摆放在袁老的彩色遗像前,并向袁老遗像三鞠躬,以表敬意。

2008年10月15日9时30分,袁明阮同志遗体告别仪式在成都市磨盘山公墓礼堂隆重举行。告别大厅的正上方中央悬挂着袁明阮同志的巨幅彩色遗像,遗像的两边,高挂着原四川省人大副主任、革命老人、著名作家马识途亲笔所书的巨型悼联,上联为"尽心尽力,无愧无悔",下联为"我行我素,洁来清去"。当天下午,我和蒲华清总编顺便去看望马老,马老对我们说:"袁明阮同志,我并无深交,但我知道这个同志人格高尚,是个真正的革命者。所以他逝世后,我立即到他家中进行悼念,他值得尊重。"马老还说:"那副挽联是我自己留着用的,不想,袁明阮同志于我先走了,就先给他了。"据他家人说,马识途老人以95岁高龄,并且病重在身,双目几近失明,双腿也不甚方便,亲自到一个领导干部家进行悼念活动,近些年也仅有袁明阮一人,可见马老对袁明阮是多么敬重。

在袁明阮同志的遗体告别仪式上,四川省新闻出版局的领导魏善和首先向参加遗体告别仪式的近百名干部群众宣读了中共四川省新闻出版局党组、四川省新闻出版局对袁明阮一生的全面的高度评价和生平简介。在哀乐声中,成渝两地有关领导及群众,依次向袁明阮遗体三鞠躬作最后告别。当我向袁老鞠躬后,走向他两个可爱可亲的女儿袁野、袁梅时,再也控制不住自己的感情,两眼的泪水似涌泉止不住地流淌。我想,这是真感情,这是对亲人才能流露的真感情。所以我次日晚立即记下了这种真实的感受,并寄给袁野、袁梅姐妹以作纪念。内容是:"他走了——沉痛追悼革命老人袁明阮:他走了,他的信念还在。他走了,他的事业还在。他走了,他的榜样还在。他走了,他的思想还在。他走了,他的教诲还在。他走了,他的音容还在。他走了,他的真诚还在。他走了,他的奉献还在。他走了,他的廉洁还在。他走了,他的慈爱还在。他走了,他的境界还在。他走了,他的伟大还在。"岁岁年年,年年岁岁,他还在,袁明阮的英灵永留人间,永留人心"。

袁明阮的人生大境界正如党组织对他的评价:"袁明阮同志具有坚定的共产主义信念和马克思主义者理论素养。"据我所知,袁明阮1938年由大学奔赴延安参加革命,同年加入中国共产党。从他参加革命的那一天起,他从来没有动摇过对共产主义的信念。他到延安不久,在延安整风运动中,他被怀疑为特务而受到关押。为什么?因为他出身地主家庭,又是中国名牌大学的高材生,怎么可能跑到艰苦卓绝的延安?无论怎么审查,怎么逼供,他坚强不屈。一句话:"我是为了实现共产主义的信念而来到延安。""文化大革命"中,不管造反派怎么批斗,甚至打骂、体罚,袁明阮坚信:"狂风恶浪终有期,阴云过去艳阳天。"在清理阶级队伍时,袁明阮作为重点清理对象。报社到他家乡湖南省永兴县调查时,在县委档案馆却看到了解放初期袁明阮写给弟弟妹妹的一封信,这封信的内容大概是,要求弟妹们要和家庭划清界限,积极上进,争取早日参加革命工作,为共产主义事业奋斗终生。根据档案馆的负责同志介绍,袁明阮同志的这封家书,解放后一直作为全县青少年的革命教材,其价值可想而知。大约在1986年,我作为中央台驻重庆记者站站长身份,参加在长沙的一个会议,休息期间,我特地去拜访了袁明阮在中南矿业学院任系总支书记的一个弟弟。当我们回忆往事时,他清楚地记得解放初期哥哥对他们的教育,后来他们有两兄弟先后参加革命工作,并担任了一定的领导职务。2004年,在一本书的读后感中,谈到索尔兹伯里这位美国著名作家时,袁老说:"他怀着对中国人民的友谊,不顾年老病痛,历经艰辛,沿着红军当年长征走过的路线,爬雪山、过草地,千山万水,从江西走到陕北,沿途采访,广泛收集资料,以他独特的写作风格写了一本我们中国人自己未曾写过的全面反映红军长征的书,向全世界进行了宣传;之后又特别到小平同志的家乡广安采访,写了一本改革开放以后新长征的书。我觉得我们做新闻工作的同志,应该来认识他,研究他,从他身上学习一些东西。"这是什么,这是袁明阮一生不变的信念。临终时,他把女儿女婿叫到身边,以极其微弱的声音,最后一次谆谆告诫他们:"任何时候,坚信党不变,坚信共产主义不变。"

袁明阮的人生大境界正如党组织对他的评价:"他在新闻宣传和出版领导岗位上,多谋善断。锐意开拓,务实创新。呕心沥血,为四川新闻出版事业的发展作出了重要贡献。"据我所知,重庆出版社的工作,历来就受到袁明阮同志的重视,我社出版的"反法西斯文学三大书系"就是一个例证。后来,我社党组在他的支持下,树立已故总编辑沈世鸣为优秀共产党员,并号召全社职工向沈世鸣同志学习。他又亲自为沈世鸣的书写了序言,这对我们全社职工既是鼓励又提出了更高要求。当他知道我社连续三届六年都被国家新闻出版署评为全国各省市出版社综合实力第一名时,他及时给予祝贺,并要求我们不要骄傲,要保持荣誉,更上一层楼。关于袁明阮的"务实创新",我深有体会:2007年2月6日,袁明阮已是92岁高龄的老人了,刚从医院出来,带着重病的身体,借助高倍放大镜给我写了长达7页近2000字的信。信中,他说:"党中央提出要把全社会建成学习型社会。"党中央还提出了"大力培养新型农民的任务",四川已建立了农民读书节,宣传出版部门要继续有计划地向农民赠书,建立和充实农村读书室,对农民读书活动说道:"只要坚持不懈地抓下去,读书的风气一定会逐渐浓起来。读书活动有不同层次,需要分别来推动。你既然重视这方面的工作,今后有些什么考虑,希望能创造出一些好经验,功莫大焉!"关于"呕心沥血",这方面的感受可能更深一些。自从1994年我调重庆出版社任职后,1997年未直辖前,常到成都出差或到省里开会,直到袁老去世前,我每次去看望他,多数情况他都在医院。不论在家里还是医院,我第一眼看到他的时候多数时间都是借助放大镜在看书或写什么。据我了解,他给中共重庆市委宣传部、《重庆日报》、重庆出版社、重庆文联的许多同志都写过信,写过书评,给有些同志的信多达数封。多数信和书评都是在病床上借助放大镜写成的,字字句句对他都那么艰难,而对我们这些受信人却是十分难能可贵。记得是1996年春节后,全川出版社社长、总编辑在成都开会研究出版质量问题,也请些老领导到会指导工作,袁明阮拄着拐杖也来了,工作人员从他车上取下一捆图书。当省新闻出版局的主要领导讲话后,袁明阮首先发言,他把精装的、平装的、不同开本的图书五六本摊开摆在大家面前,他一本一本点评,从书封到装帧设计,从内容到标点符号,做得好的他表扬,不好的甚至有错误的,他也不留情面,严厉批评,甚至提高到出版是把社会效益放在第一,还是把经济效益放在第一,到底为什么人服务的问题,可以说没有"呕心沥血"地审读,没有严肃认真的高度原则性,一个80岁高龄的老人,且一只眼睛几近失明,另一只眼睛也仅有0.3左右的视力,他不可能去审读一部长达几十万、上百万字的图书,更不要说许多本了。这仅是我亲见亲闻的一个例子。

袁明阮的人生大境界正如党组织对他的评价:"自他参加革命以来,始终是一身正气,坚持原则,关心群众,爱护干部,淡泊名利,甘于奉献。他的一生是革命的一生,全心全意为人民服务的一生,是为党和人民的事业鞠躬尽瘁的一生。"熟悉袁明阮的人,都了解他是一个一身正气,原则性很强,而又十分淡泊名利的高级领导干部,这方面的例子太多。有的东西只可意会不可言传。你接触袁明阮同志,你从他的言谈举止中就能感受到、体会到,岳飞的一句名言用到他身上也许合适:"文臣不爱钱,武臣不惜死。"说到袁明阮"关心群众,爱护干部"更有说不完的故事。中共重庆市委宣传部老同志李颂良办了一份《健康文摘》,每期都寄给袁老。我2005年9月底去看望袁老,他让我带一封信给李颂良同志,他说没有封,你也看看提提意见。这封信中,他除了感谢外,还谈到一个很重要的观点:"健康养生要有文化内涵,这点很重要。健身养生的宗旨就在于促进人的素质的提高,既要做一个身体健康的人,更要做一个有文化素养、道德高尚的人,这才是全面养生之道。我国古人有'仁者寿'之说,现在也有'好人百岁'的通俗表述,都是讲的这些道理。"还说:"健康养生最重要的在于坚持,最难的也是这一点。"信的最后,他以高昂的激情写道:"中秋已至,国庆、重阳节相继来临,祝你们全家节日愉快,放声歌唱当今社会主义小康社会的盛世!"袁明阮同志在读肖鸣锵《重庆新闻与掌故》有感一文中,充分体现了老一辈新闻工作者对新一代的关心和爱护。他说:"至于如何写,则是一个对读者和这些人物都要负责,很有意义而又非常严肃的工作。当然要抛弃那种'追星'式的写法。而是把这些人物忠于国家和人民的赤子之心,对事业的执着和热爱、勇于实践、敢于创新,甘于奉献美好的心灵、高尚的道德情操,在各个具体岗位上全心全意,实实在在地为人民服务的精神,对人生价值的切身体会等等,哪怕是一点一滴,实事求是地写出来,才能起到潜移默化地教育人、鼓舞人、改变人的作用,使人们从中汲取精神营养、更好地为国为民、做人做事。"我想,我们新一代的新闻工作者不会辜负袁老的谆谆教导,不会辜负他老人家的关心和希望。他"关心群众"是一贯的,几十年如一日,前面我已谈过国家严重自然灾害的1961、1962年,2008年"5·12"汶川特大地震发生后,"他时刻牵挂着灾区群众,倾尽全力,多次慷慨捐钱捐物,表现了一个老共产党员的高尚情怀"。

袁明阮的人生大境界就是"活到老学到老"。对于这一点,我体会较深,也有真情实感。我从出版社领导岗位上退下来后,负责主持重庆市出版协会的日常工作,同时主持重庆市第一部大型出版志的编纂工作。2004年春节前,我到成都去给袁老拜年,并顺便汇报一下重庆市出版协会的工作,当我提到,重庆市新闻出版局正在编纂重庆出版志,具体工作由我主持,希望得到他的指教,他顺手从书架上拿过几本志书让我参考。他说,我们的出版志跨度一百年,出好了不但填补了重庆的空白,也填补了全国的一个空白,因为抗战文化和出版主要在重庆,希望我们认真把这件事做好,"盛世修志,一定要修出盛世的志"。他说:"修志一定要贯彻党的实事求是的方针。"我主持版协工作后,在重庆市新闻出版局党组的支持下,在全市出版发行单位的配合下,由我负责主编的一本杂志叫《出版视野》。当袁明阮同志知道后,委托他的大女儿袁野给我打电话:"可否每期送他一本?"几年中除办刊之初的几期外,每期都寄给他。2007年2月6日,他给我写了一封长达7页的信,前面我曾提到几句。我当时捧着这封情重如山的信,读了又读,感动不已,他看了我在每期《出版视野》上的"读书偶得",给予极大的鼓励和肯定,他说:"我看你是读不完的书,写不完的读书偶得,将来结集出版,必然蔚为大观。你也不断在写书评,这又是另一种读书偶得,真是勤于笔耕啊!趁着现在精力充沛的时候,继续努力写下去吧!"袁老信中说:"近期阅读报章,感到在读书方面有几点值得关注的动态。一是儒学热的悄然兴起。……

我看也要指导思想正确,取其精华,去其糟粕,把这种学习和研究融入坚持核心价值体系之中,是应肯定的。与此相联系的,就是对一些经典古籍和我国历史进行通俗的讲解。……对此也有质疑的。其实只要忠于历史事实和原著,不是'戏说',对普及历史知识和经典古籍是有好处的。我也准备赶赶这个浪潮,已买了本《于丹〈论语〉心得》,读了这本再读其他的。有计划地读几本书,当然党的基本理论和中央重要文件还是要读的。"袁老信中还要求我说说新的一年里重点读哪些方面的书,并谦虚地说:"互相交流交流,互相勉励勉励。"袁老的读书,袁老的学习,不是为读而读,不是为学而学,而是"把20世纪以来一些主要国家的发展同我国现在的和平发展联系起来""读了这些,更加感到了我们国家是一个改革开放、得道多助、朋友遍天下的国家""两岸华夏子孙那种同祖同根,血脉相连的民族情、中国心是不可抹灭的,祖国统一是人心所向,历史必然"。由此可见,袁明阮读书,他是和民族、国家、人民的最高利益联系起来的,从这一点也看出他的大境界,高水平。

对于1938年参加革命的我党的这样一位德高望重的老革命、高级知识分子,有着对党、对人民、对事业、对信念始终如一、矢志不渝的忠贞,不可动摇的深情厚意,植根于内心又付诸于行动的深沉大爱,怎么评价袁明阮老人的一生都不过分。其实他的一生平凡而又伟大,我的这篇拙作用什么语言什么形容词在他的人格魅力和光辉业绩下都会显得苍白。

敬爱的革命老人袁明阮永远活在人民心中!袁明阮同志永垂不朽!

"最寒冷的冬天"系列丛书的形成

罗小卫

今年10月25日,是中国人民志愿军抗美援朝出国作战70周年纪念日。

在美国,朝鲜战争被称为"一场被遗忘的战争"。"韩战"尽管保留了一个非共产主义的韩国,但缩短了杜鲁门的总统抱负,结束了麦克阿瑟的职业生涯,并让美国承担了为韩国提供永恒军事保护的无尽任务;但在中国,中国人民志愿军被称为"最可爱的人",志愿军的英勇事迹和英雄人物被世代传颂,逐渐成为一种英雄主义的国家精神。

2009年11月,我到日本考察。发现东京各个书店都在"C位"摆了一本书。随行的版权部部长张兵一告诉我,这本书叫《最寒冷的冬天》,是写朝鲜战争的,作者大卫·哈伯斯塔姆是个美国人。我马上意识到,朝鲜战争虽然使日本人得了极大的好处,但日本与朝鲜战争没有直接关系,这本书在日本卖得这么火,如果将该书引进到中国,肯定会大受读者欢迎。

回国后,我立即拜托长期与重庆出版集团合作的中资海派文化传播公司的黄河、桂林老总寻找《最寒冷的冬天》版权。中资海派当时以擅长策划外版经管类图书著称,他们出于对我的信任,很快找到了这本书的版代公司,但令人遗憾的是,作者刚把书稿交给出版社5天,就在一场意外的车祸中不幸丧生。中资海派针对该书的版权归属进行了长达数月的追踪跟进,终于在2010年中旬签订了版权合同。

为了赶在中国人民志愿军抗美援朝出国作战60周年纪念日这个节点出版这部60多万字的大书,中资海派公司聘请的两位水平相当的资深翻译真是拼了。他们和中资海派的编辑团队采用了翻译和审校流水作业的方法,以每天近两万字的翻译速度推进,最终保质保量、按时完成了这本书翻译到审校的艰巨任务。翻译王祖宁事后说:"眼睛都要译出血了。"

在取中文书名时,中资海派公司的两位老总有点分歧,黄总提出用"美国人眼中的朝鲜战争"作书名,桂总坚持不能丢掉原书名,最后双方"折中",主标题用"最寒冷的冬天",副标题用"美国人眼中的朝鲜战争"。这为日后重庆出版社出版"最寒冷的冬天"系列丛书搭好了框架。

2010年11月,经集团科技中心编辑精心打磨,《最寒冷的冬天:美国人眼中的朝鲜战争》如期出版。由于作者是战地新闻记者,又获过普利策奖,其冷静、客观、犀利的文风深受中国读者的欢迎。该书首印1.6万册,上市不到半月,就开始加印。后来出现了一个"条件反射",每当朝鲜半岛局势一紧张,这本书的销量就增加。5年间,《最寒冷的冬天:美国人眼中的朝鲜战争》销售了23万册。

《最寒冷的冬天》没有更多地描述残酷的战争场面,作者将写作重点放在了分析朝鲜战争爆发的原因、背景和给世界带来的影响上。时任国家新闻出版总署副署长的邬书林曾说,看了大卫·哈伯斯塔姆写的《最寒冷的冬天:美国人眼中的朝鲜战争》和国内王树增写的《朝鲜战争》,对几十年前发生在朝鲜半岛的那场战争就有了一个比较清晰的了解。尽管作者大卫·哈伯斯塔姆没有看到他的书出版是一大憾事,但《最寒冷的冬天》在全世界畅销,是对作者最好的悼念。

《最寒冷的冬天:美国人眼中的朝鲜战争》在中国大陆畅销,引起了国内外写作朝鲜战争作者的关注,也极大地鼓舞了重庆出版社编辑策划朝鲜战争选题的积极性。

2013年2月,集团科技中心和中资海派公司联合策划出版了《最寒冷的冬天Ⅱ:一位韩国上将亲历的朝鲜战争》,作者白善烨,韩国陆军上将、荣誉元帅。白善烨在朝鲜战争爆发时,正担任韩国陆军第一步兵师师长。他经历了朝鲜战争全过程,在韩国被誉为朝鲜战争"活化石"。白善烨先生于2020年7月去世,享年100岁。

2014年1月,集团社科中心策划出版了由何楚舞、凤鸣和陆宏宇创作的《最寒冷的冬天Ⅲ:血战长津湖》。该书讲述了解放军九兵团两个军的志愿军们身着单薄棉衣,在长津湖地区接近零下40摄氏度的严寒中,与美军陆战一师展开了长达28天的血战。因为这场血战太过惨烈,战后中、美军人都不愿回忆却又难以忘怀。

2015年1月,集团少儿中心策划出版了《最寒冷的冬天Ⅳ:日本人眼中的朝鲜战争》,作者儿岛襄,日本著名历史学家。朝鲜战争期间,日本作为美国在远东的"兵工厂",为美国生产了1.1亿美元的战略物资。日本虽未参战,却获得了战争带来的巨大利益,军事、经济和科技得到极大提升,为战后的发展奠定了基础。

2016年6月,集团少儿中心再次策划出版了《最寒冷的冬天Ⅴ:板门店谈判纪实》,作者赵勇田、牛旻。赵勇田34年前曾与参加过朝鲜停战谈判的老前辈柴成文合写过《板门店谈判》一书。朝鲜战争历时三年零一个月,其中两年多时间是"谈谈打打"。不了解停战谈判全过程,就不会明白朝鲜战争的特征。

2018年7月,集团少儿中心又一次策划出版了《中国人眼中的朝鲜战争》,作者罗学蓬,著名作家,其代表作有《中国远征军》《最后的国门》等。罗学蓬擅长军事历史题材创作,他依据沈志华先生提供的朝鲜战争期间毛泽东、斯大林和金日成三国领导人的来往电报等珍贵史料以及本人积累的素材,创作了77万字的长篇纪实文学《中国人眼中的朝鲜战争》。书中尺度比较大地对朝鲜战争的一些关键问题作了客观的记录和深入的分析。

重庆出版社自2010年纪念中国人民志愿军抗美援朝出国作战60周年开始,出版《最寒冷的冬天:美国人眼中的朝鲜战争》,到2018年出版《中国人眼中的朝鲜战争》,编辑们锲而不舍,坚持8年策划出版"最寒冷的冬天"系列丛书,共6本(套)、320万字。目前,这套书已销售45万册(套),几乎零库存,是典型的"双效"图书。

"最寒冷的冬天"系列丛书由多国作者、从不同角度向中国读者介绍了朝鲜战争全过程,这是重庆出版人对中国人民志愿军抗美援朝出国作战70周年最好的纪念。

坚守与奉献

——一本农业刊物的发展创新之路

刘绍星

时值重庆出版集团成立10周年之际,《农家科技》迎来了30周年华诞。

1985—2015年,《农家科技》从一棵稚拙的幼苗,成长为今天的集期刊出版、网络出版、图书出版、课题研究、农产品电子商务于一体的多元化传媒产业之树。

而立之年,《农家科技》杂志又迈上新的征程,此时此刻,愿与各位读者、作者、客户朋友们一起回顾、思考和分享杂志的发展经验,信心满怀地走向未来。

《农家科技》杂志1985年创刊,对"三农"发展特别是四川、重庆农业的发展作出了历史性的贡献。20世纪90年代,杂志发行量最高达32万份每期。进入21世纪,受互联网的冲击,报刊等传统媒体市场逐年萎缩,特别是涉农期刊下滑态势尤其明显,绝大多数农业刊物只能靠主管单位拨款勉强维持生存,不少期刊停办或者改名办其他杂志。《农家科技》杂志也未能幸免。2005年,仅有7名职工的杂志社实际亏损89万元,杂志滑到了悬崖边缘,命悬一线……

2006年,凭着对"三农"和城乡统筹工作的挚诚,重庆出版集团和《农家科技》杂志社毅然坚守这个领域,开拓创新,克难攻坚,在全国农业刊物严重下滑的形势下,取得了长足发展。从单本科普杂志发展到拥有"三刊两网一店"的经营格局,从亏损大户到扭亏为盈,年年迈上新台阶。

谋改革：绝地崛起之诀

"不改革，只有死路一条！"2006年杂志社毅然决定将改革的"第一把火"烧到提升杂志内容质量上。为扭转过去坐在办公室等稿子的局面，杂志社通过各种方式和渠道不断提高编辑、记者的素质，同时大力实施"走出去，请进来"战略，一方面积极派编辑、记者们深入区县、部门和田间地头，参加"三下乡"活动；另一方面热情邀请读者、通讯员、"三农"工作者到编辑部座谈，详细了解基层最实际的需求，设立"包打听"服务功能，24小时热线电话为广大读者服务，及时调整并增设健康生活、大学生村官、农民工返乡创业、微观"三农"、乡土文苑、农产品市场与营销等广大读者和群众喜闻乐见的栏目，让内容贴近"三农"、贴近生活、贴近实际，增强杂志的实用性、知识性、趣味性，做读者的知心朋友。

与此同时，杂志社以为"三农"服务的热情与激情、真心与诚心，成功邀请蚕桑专家向仲怀、蔬菜专家方智远、玉米专家荣廷昭、农机专家汪懋华4位院士担任科技顾问，积极向高等院校、科研院所专家教授约稿，刊载最新、最前沿而又简单实用的农业科技，提升科技含金量和实用性；通过多种途径，在全国发展大批具有丰富实际经验的基层农业科技人员做通讯员，组织最实用的稿件，让读者一学就会、一用就灵，收到立竿见影的功效；通过发放问卷调查、开展读刊用刊评刊活动、举办优秀论文评选等形式，在撰稿人、审稿人、编辑和读者之间建立制度化、常态化的联系，形成"四位一体"的互动机制，保障杂志质量。

在此基础上，杂志社把优秀复合型人才充实到经营战线，营造人人关心经营的良好氛围。针对全国机构改革、行政体制调整、区县放权带来的目标客户群变散变小、人员变化频繁等客观影响，杂志社克服重重困难，深入市场拜访客户，倾听他们的心声，了解他们的需求，听取他们的意见与建议，稳定老客户，发展新客户，培育新市场。安徽邮政报刊发行局、湖南怀化市委宣传部就分别一次性订阅3000份和2000份杂志。

几分耕耘，几分收获！一系列实在的举措实施以来，《农家科技》杂志社不仅走出了绝地，更是取得了长足发展。被中国知网、万方数据库、维普资讯、龙源期刊网全文收录，被中国农业大学、国家图书馆、全国农技推广服务中心、中国农业科学院等单位收藏，成为全国优秀科技期刊、全国首届"编校无差错期刊"、一级期刊、《中国核心期刊(遴选)数据库》收录期刊、农家书屋推荐期刊；每年在重庆"两会"会场展出并参与"两会"报道，受到历届市领导和"两会"代表、委员的好评。

尤其可喜可贺的是，农家科技杂志不仅得到了国内读者的认同与厚爱，还走出国门走向世界，读者遍布美国、日本、中国台湾和中国香港等19个国家和地区，被香港大学、台湾大学、日本国会图书馆、美国国会图书馆收藏。2012年，受越南国家出版局和出版协会邀请，在中共重庆市委宣传部带领下访问河内，杂志社签约合作《农家科技》越南版，越共中央前任总书记黎可漂亲自接见访问团一行，展示了我国农业科技的软实力。

思创新：新技术运用成发展亮点

顺应国际互联网迅猛发展的历史潮流，重庆农家科技杂志社有限公司抓住我国实施统筹城乡发展战略、重庆成为全国统筹城乡综合配套改革试验区的机遇，于2007年注册成立中国城乡统筹发展网。网站秉承"立足成渝，服务中国，辐射全球，推动城乡统筹发展"的宗旨，以打造"全国最专业、最权威的城乡统筹领域主流门户"为目标，以新闻报道为基本，以观点、技术为指导，着眼于城乡统筹发展，总结宣传重庆、成都和全国各地以及世界各国城乡统筹发展的战略思路、工作举措、经验教训和发展成就，推动重庆、成都乃至中国的城乡统筹发展。

几年来，中国城乡统筹发展网作为全国城乡统筹门户网站，发展态势良好。网站开通以来参加了重庆市级部门和区县活动，特别是参加重庆"两会"、网媒区县行等重大采访活动，取得了很好的成绩。网站文章深受政府部门和专家、学者、"三农"企业以及广大网友的关注与喜爱，文章被新华网、搜狐网、凤凰网等各大知名网站转载,其中的高层言论、统筹经验成为基层官员的最爱,农业技术与政策资讯成为农民朋友的心头好,招商致富和投资资讯成为企业家的投资咨询平台;得到了国家农业部、中国社科院、中共重庆市委、市政府以及市级部门、各区县和乡镇的关注与认可,被广大网友誉为"宣传高层政策的好阵地,传播思想成果的好平台,交流统筹经验的好渠道,展示特色产品的好媒介,协助招商引资的好帮手"。2014年中国城乡统筹发展网已成为重庆市重点新闻门户网站,纳入重庆市网信办日常考核管理。

为积极响应国家大力发展农村电商的号召,为推进农产品销售,解决生产者和消费者之间的信息不对称问题,帮助农民增收致富,2014年底,公司迎难而上,创建淘土货网电商平台和线下体验店。淘土货网依托重庆市农委、供销社、商委、扶贫办和本公司资源,重点遴选、销售重庆各区县最具代表性的正宗土特产、有机食品、绿色安全食品。努力打造重庆土特产品质量最好、价格最优的电商平台。通过线上、线下展示、推介重庆正宗绿色、生态、特色农产品,实现重庆"土货"品牌效益,走出重庆,走向世界,从而推动特色效益农业发展。

创未来:以互联网思维,推动书刊网良性互动

未来,重庆农家科技杂志社有限公司将建设成为集"三农"工作和城乡统筹宣传与研究、农技推广、农产品电商于一体的综合性文化单位。公司按"以刊带网,以网促刊,书、刊、网良性互动"的发展思路,在"互联网+"行动的推动下,将充分发挥专业媒体的引导作用,通过传统媒体和新媒体的互补,全方位地为我国"三农"工作和城乡统筹发展提供舆论支持、理论参考、实践探索。

"感恩、责任、挚爱、奉献"是《农家科技》一贯的追求,在新的征程中,我们将继续坚守这块阵地,以创新的精神和开放的视野,努力将以《农家科技》为代表的重庆农家科技杂志社有限公司推向新的高度。

开会的另一种收获
——编辑手记

蒲华清

  1989年秋,我应邀参加了由全国幼儿读物研究会召开的一次专业性会议。这个研究会已成立多年,由著名儿童文学作家、少年儿童出版社(上海)资深老编审鲁兵任会长,常邀请著名幼儿文学作家和有关专家金波、樊发稼、张美妮、王泉根、孙幼军、韦苇、汤锐等参加会议。每次开会,都有研讨的主题,并有专题发言或学术报告。参加这样的会议,我感到收获很大,不仅见到了许多久闻其名而未见其人的专家、作家,听到了许多精彩的发言,更主要的是从鲁兵会长那里获得了一条重要信息:研究会拟选编一套中国幼儿文学作品总汇的大书,以展示我国幼儿文学创作成果及其发展历程。这一意向,尚未落实出版单位。我喜出望外,感到这是一个重要选题。因为在此之前,严格地说,还没有一套展示中国幼儿文学发展全貌的选本,虽然当时海燕出版社和希望出版社先后推出了"中国儿童文学艺术丛书"和"中国儿童文学大系"两大基础工程,但都是以学龄儿童为读者对象的,不属于幼儿文学读物;一些出版社也出版了不少幼儿文学选本,如《中国儿歌大系》《中国儿歌一千首》《中国幼儿故事精选》等,但都是从某一体裁的角度选编的。基于这样的分析,我感到这是在做开创性的工作,很有意义,晚上,立即打电话向沈世鸣总编辑汇报。得到沈总肯定答复后,我便向鲁兵会长表示重庆出版社愿意接受这一选题。紧接着,又利用会余时间,与鲁兵先生研究主编、副主编、选编者、体例、规模等细节。我请鲁兵先生任主编,鲁兵先生推荐北师大儿童文学教研室主任张美妮教授任副主编,他说,张美妮有这方面丰富、系统的资料,还有一群研究生,可协助她工作。最后,还初步议定了这套书的书名:《中国幼儿文学集成》或《中国幼儿文学大系》。

1989年冬,我和少儿室主任宋杰、副主任杨勤赴京与主编、副主编、选编者开了第一次选编工作会后,选编工作即迅速进行。至1990年秋,书稿可最后定稿了,主编、选编者、责编须在一起交换意见,也就是说,还得开一次会。恰好这时,我得知全国幼儿读物研讨会将于该年10月27日至11月2日在桂林召开第二次全体成员大会,由接力出版社承办,并得知鲁兵、张美妮都要参加会议。在征得东道主李元君社长同意后,我即和张美妮教授联系,就在桂林会议期间定稿。于是,她便和选编者郑原、阎宝华等带上全部书稿到桂林,我便和少儿室责编杜虹、赵天惠、岳芩等同去参加会议。这样,主编、副主编、选编者、责编,全都聚到一起了。我们社里的几位同志白天开会,晚上就在房间里突击看稿。发现书稿中的问题,便到主编、选编者的房间里交换意见。会议开完,定稿工作也完成了。我们把定稿后的书稿,免去邮寄,分装在各自的行李箱里,安全、及时地带回社里了。

此书最后定名为《中国幼儿文学集成》,于1991年6月出版。全套书6编10卷:理论编,2卷;故事编,1卷;童话编,2卷;儿歌编,3卷;诗·散文编,1卷;戏剧编,1卷。囊括了五四以来(1919—1989年)70年间我国幼儿文学的优秀作品。此书出版后,受到专家、学者一致好评,认为这是我国儿童文学发展史上具有开拓性的、宏大的基础工程。不仅具有系统性、完整性、权威性、文献性,更具有广泛的实用性,为幼儿提供了精美的精神食粮,极大地丰富了孩子们的文学殿堂。此书先后获冰心儿童图书奖、四川省优秀图书奖、全国优秀少儿读物奖等多种奖项。

由于这套书的组稿和定稿都是在开会期间进行的,不但节省了专为书稿出差、开会的大笔经费,更重要的是赢得了宝贵的时间。

说来也奇怪,在我的编辑生涯中,儿童文学读物方面我感到比较满意的几部书稿,几乎都是在开会期间策划或组稿的,如《云雾中的古堡》(曹文轩著)、《少女们》(陈丹燕著)、《男孩和女孩的悄悄话》(毕国瑛著)、《智慧草——中外幼儿童话评论集》(巢扬著)、《幼儿文学的创作和加工》(鲁兵、圣野选编)、《幼儿文学概论》(张美妮、巢扬著)、"中华童话名家精品文库"(16卷,主编:鲁兵,副主编:汪习麟)、"外国童话名家精品文库"(6卷,主编:张美妮),等等。由此我感到,作为编辑,有关专业会议,能参加最好去参加。我以为,这是"一本万利"的事:一是可以以最省、最迅速的方式获得信息。全国各地的同行或专家、学者都到了,既可听会上的交流,更可在会下详细摆谈。如果单独走访,要花多少时间、多少费用和精力啊;二是可以增长知识。编辑是杂家,不可能是各方面的专家。听听同行或专家、学者们有准备的发言,是大有裨益的;更重要的是可以得到选题启发、物色作者或组稿。东道主搭起的舞台,你完全可以利用这舞台很好地"唱戏",何乐而不为?

所以,大凡有关专业会议,我是十分乐意参加,也支持相关同志去参加的。

回到梦中的百花园

熊 伟

在五彩的小学生中绕了一个大圈后,今年春天,我又回到了教育园地——这梦中的百花园。

春天,是耕耘的时令,是播种希望的季节。刚到《今日教育》编辑部的时候,我的确有"田园将芜胡不归"的心境。承蒙杂志社同仁的关爱和帮助,信添我重拾荒疏已久的纸笔的信心。为教育事业出力,为基础教育服务,使我感到了工作变得充实而更有意义,我乐意与这份刊物一起成长。

百花园永远是葳蕤繁盛的,举目四顾,姹紫嫣红,五彩斑斓,特别是那一丛丛新绿、一簇簇鹅黄,让我目不暇接,流连忘返,让我如痴如醉,畅饮琼浆……

我们的编辑部坐落在市教科院内。院内有两排高大的梧桐树,树影婆娑,形成幽深的林阴道。林阴道的尽头有一座古朴的红墙院落。院落有三层,中间有天井相隔,两旁有厢房。看上去虽有些破旧,但屋宇气势不凡,斑驳的雕梁画栋和房顶的飞檐造像依稀可见当年的气派和辉煌。据说这是重庆市唯一的状元府,宅子的主人是清末的一位状元,虽故人早已不知所终,但总应留下些文人学士们追寻的东西吧。院内右侧有一段不很长的长廊,石柱上布满了青苔,架子上爬满了藤蔓,每每路过那里,总有清凉袭来,沁人心脾。与长廊相比邻的就是院子的后花园了,园内有桂花、芍药、昙花、石榴,还有万年青、小叶榕和黄桷树,在这里,我们常常踏着满地的落叶讨论问题、策划选题、思索、徘徊、锻炼、散步……

后花园的旁边就是我们的编辑部,屋子虽然不很大,但这里却能让我"精骛八极,心游万仞""思接千载,视通万里"。我一头扎进了这繁花似锦、茂密葱茏的园地,任思绪随之起舞,任心灵与之碰撞。在编辑工作中,我学到了教育发展的新理念,了解了课程改革的新形势,明白了自主学习的新方法。在学校管理方面,我看到了校长们的执着;在做庆祝第二十个教师节的专版时,我钦佩教师们的坚守;在编辑开县抗洪救灾的稿件时,我为狂风暴雨里的园丁们自豪;在关注农村教育的讨论中,我也注意到了教育存在的死角。

在这里,我"结识"了一大批默默耕耘、辛勤奉献的教育工作者:有朝气蓬勃的教坛新秀;有志存高远的教坛中坚;有励志改革的学校管理者。或许因为生活经历所致,我特别关注来自山区学校教师的稿件,总希望多采用他们在那发黄的稿纸上填写出的文章。我也常常为课改一线教师来稿中的真知灼见而拍案叫好,喜出望外,为他们的真情流露而怦然心动,感慨良多。在编辑的过程中,我还"拜谒"了多年未曾谋面的师长,"际会"了失去联系许久的同学。拜读老师的大作,我犹如回到了久违的教室,再次接受耳提面命;看到坚守教师岗位的同学的妙文,我深深地为他们骄傲,为他们在课改中实现自己的憧憬与梦想而默默地祝福……

我庆幸——我回到了梦中的百花园。

书缘篇

两件事,四十年

周 勇

重庆出版社成立70年了。我们家与重庆出版社有两代人的交情。家父在解放前就与重庆出版社的一些老领导、老同志相识,解放后更是交往甚多,还差一点去到那里工作。而我则是改革开放以后才认识这个出版社的。细数起来,我在重庆出版社撰著、编著、主编的图书已经相当多了,真是受惠不少。

重庆出版社是一个具有非凡眼力,着力奖掖青年的出版社。我的第一本书就是在重庆出版社出的。

那是1983年的寒假期间,重庆出版社文史编辑室通知我去谈《重庆开埠史稿》的出版事宜。当时,我正在四川大学读书,还有半年才毕业。

《重庆开埠史稿》是我在四川大学读本科时写的,是一部"偶然之作"。1979年我考入四川大学历史系。那时,历史学刚刚从"阶级斗争为纲"中走出来,正经历着拨乱反正的洗礼,酝酿着新的突破。作为学生的我也在思考着如何度过这锦江河畔、望江楼边的4年,如何珍惜这好不容易才得来的读书机会,有所作为。我便将中国近代经济史作为读书学习研究的方向。从1980年起,便在胡昭曦先生指导下开始研究近代史上帝国主义对四川的经济侵略。

随着研究的不断深入,我感到,重庆开埠这一历史事件是近代四川和重庆历史的起点,也是研究四川和重庆近代历史的突破口。而恰恰在这个最基本的问题上,文献的记载和学界的论著却让人莫衷一是。究其原因,皆因重庆开埠的史料未经整理,故史实混乱。因此我便从这里下手,准备先写一篇《重庆开埠时间考》,再研究重庆开埠的完整历史及其影响。因胡先生长于宋史,便把我介绍到隗瀛涛先生门下。

隗先生是新中国培养的史学大家，以研究四川近代史尤其是辛亥保路运动史而著称，由他指导我的学术起步，三生有幸。

那段时间，我几乎跑遍了重庆和成都的主要图书馆，读了几大架线装书，做了近千张卡片，下了一番笨功夫。还拜访了张秀熟、汤象龙、邓少琴等学界前辈，请教了不少老人。1981年12月我开始动笔，一写就是十来万字，收不住笔。隗先生看了我的习作，没有批评，反而说"有点专著的味道""干脆写本书吧"。这话着实把我吓了一跳。因为据说，当时川大几千学生中，还没有一个在校读书期间就出学术专著的。而我不过只是一个大三学生而已，连一篇正式的论文都没有发表过，写学术专著就更是不敢企及的了。

是改革开放的东风鼓起了我的勇气。当时，重庆正酝酿着承担国家城市经济体制改革的时代使命，正需要从城市经济发展史的角度论证由重庆承担改革重任的历史依据和现实可能性。于是在隗先生的指导下，我们确定了以重庆开埠及其影响为中心，首先弄清楚《中英烟台条约》《中英烟台条约续增专条》《中日马关条约》三者的关系，确定重庆开埠的时间基点，然后叙述1876年《中英烟台条约》至1911年辛亥革命的重庆政治史和经济史的思路。全书以帝国主义对重庆的侵略为主线，以近代重庆经济的演变为中心，研究重庆开埠这一历史事件对重庆政治、经济、文化、社会变迁的影响，揭示重庆城市发展的规律性，为重庆作为经济中心城市的确立提供理论的支撑。

差不多花了一年时间，我写成了20万字的书稿，我给它起名《重庆开埠史稿》。重庆市地方史资料组印了一个内部的稿本，征求意见。之所以称"稿"，首先是这类题材没有先例、没有参照，我写的只是一个很不成熟的稿本。同时，当时正在读郭沫若的《中国史稿》《中国近代史稿》，以及一些老先生们以"稿"字命名的巨著。泰斗尚且称"稿"，我等无名小辈哪敢造次，何况并没有打算立即出版。

没想到，这件事被重庆出版社知道了。

那时，重庆出版社还在李子坝几幢简陋的老房子里。接待我的是文史编辑室的周远同志，中年人，瘦瘦的。他见到我说的第一句话是："哦，我还以为是个老头儿呢？"因为当年出书可是终身大事，崇尚的是"一本书主义"，即学者终其一生出一本代表作。而我还是个大学尚未毕业的年轻人。行吗？这是个大大的问号。

但重庆出版社并没有放弃我，而是鼓励我奋力向前，继续修改，提升质量。同时，责任编辑周远删去了书名中的"稿"字，断了我的后路。这让我一下子"压力山大"。好在人年轻，有家父和名师指点，我恶拼两月，终于改到15万字，最后由隗老师和我共同署名，于当年出版。与此同时我从书中抽出几千字，写成《论渝报》，作为毕业论文，当年便发表在《社会科学研究》上。

2020年10月，四川大学出版社出版了《隗瀛涛文集》，140万字。其中只收录了两部专著，一是先生早年的《四川保路运动史》，另一部便是《重庆开埠史》，其余皆为论文。先生一生著书无数，经几十年积淀，出版文集时却只收两部著作，《重庆开埠史》能居其一，这是我极大的荣幸，比什么奖的分量都重。更重要的是四川大学出版社认为，"《重庆开埠史》更是有关四川区域社会和城市研究的奠基之作，具有开创性意义"。这证明了重庆出版社40年前的不凡眼光和成就青年学人的胆识。

重庆出版社还是一个善抓机遇，开拓新局的出版社。我做的最大的一套书也是在重庆出版社出的。

那是2009年10月30日。那天，我正率队在中国台北寻访抗战大后方历史文献，并出席一个研讨会。我接到重庆出版社总编辑陈兴芜的短信。她告诉我，国家刚刚设立出版基金，可以资助出"大书"，希望我马上策划一套关于抗战历史的大书，力争挤进第一批选题。我知道，这可是大事。因为过去国家只设立了自然科学基金和社会科学基金来支持科学和文化事业发展，现在新设出版基金，是第三个面向全国的文化基金，这是政府对文化传承发展的又一重大举措。对于我们来说，如能进入第一批，对学术研究和个人发展都是重大利好。陈兴芜把这个消息通报给我，说明她的敏锐性、前瞻性，希望抓住机会，为重庆出版社做点抗战历史的"大书"。

无奈，当时我正出差台北，手边资料不齐，也没有现成的书稿，要组织如此重大的选题策划、论证，要组织队伍，联络专家，等等，条件都不具备。

但是，形势不允许我们放弃。因为从2008年起，市委提出了研究重庆抗战大后方历史文化的任务，我正在主持《重庆中国抗战大后方历史文化研究和建设工程规划纲要》(简称"重庆抗战工程")的编制，正需要争取国家的重大政策支持。国家出版基金的设立,这是天大的好事。真是天助我也!

那天晚上,我与陈兴芜通了一个长长的电话。我们商量,这个机会决不能轻易放过,再困难,也要拼一拼。因此,当天晚上,我住在台北中央研究院近代史研究所,熬了一个通宵,起草了"中国抗战大后方历史文化丛书"的总体设想,用电子邮件发给了陈兴芜。其中包括:书名、字数、基本内容和规模、立项并出版该丛书的意义、完成丛书的可能性,以及推荐此丛书立项的专家名单,共5000多字。第二天便得到她的基本认可。

在随后的几天里,我从台北到了台中、台南、台东、花莲、宜南等地,我与陈兴芜通过电话、短信和邮件一直保持沟通,频繁交换意见。我基本上是白天考察,晚上就与同行的北京、重庆专家们开会商议,然后连夜动手写作。我们首先完成了《"中国抗战大后方历史文化丛书"可行性报告》,在渝台之间隔空讨论。取得基本共识后,我就开始着手填写《国家出版基金资助项目申请书》,保持每天一稿的速度。同时与内地的著名学者频繁沟通,达成共识,组建队伍。这种重庆—台北、台北—内地各城市间的热线联系大约持续了一周时间,终于形成了"中国抗战大后方历史文化丛书"(100卷)的完整思路,集齐了庞大的出版计划所需要的团队,完成了正式申报表的填写。这一周的时间,我们没有耽误在台的考察和学术交流行程,也按时完成了丛书的策划和填表,以及研究团队组建、推荐专家的聘请等重要工作。效率之高,超出想象。如果按部就班地做,恐怕是需要一个月才能完成的,那就已然时过境迁了。

这是一个抢抓机遇,开拓新局的案例。由于抓得紧,抓得快,抓得实,这一选题很快获得国家新闻出版总署的同意,当年便正式立项。重点室的别必亮、曾海龙以及徐飞、林郁、吴昊等同志全力以赴,2010年我们便出版了第一批10种图书。这就从根本上解决了重庆抗战工程研究成果的出版问题,为重庆抗战工程铸造了一项标志性成果。到2019年,历时10年,"中国抗战大后方历史文化丛书"100卷全部出齐,以"优秀"等级通过国家验收。

这两件事之间,相隔40年。前一件事,是重庆出版社成就了我,让我一不小心,成了大学毕业即出专著、发C刊的学生。后一件事,成就了中国学界,改变了中国研究大后方历史薄弱的状况,树起了中国抗战大后方研究的旗帜,成为体现我们"中国立场,国际视野,学术标准,一流水平,进入西方主流社会,服务国家发展大局"学术理念的代表作。

40年了,谢谢重庆出版社对我的厚爱!

70年了,重庆出版社恰是风华正茂!

重庆书缘

范 稳

我的母校西南师范学院(现西南大学)在风景秀丽的北碚,它就像个独立于山城重庆的世外桃源,是远离喧嚣的尘世专心读书的好地方。20世纪80年代初期,国家刚刚改革开放不久,拨乱反正,百废待兴,人们的脸上总是充满了朝气和憧憬。那是一个单纯火热的年代,青春是诗意浪漫的,读书是可以改变命运的。对于一个文科大学生来说,文学的理想始终是高贵的,未来永远是充满希望的。校园里没有铜臭味,没有颓废与迷惘,也没有人"拼爹"。大家都像一张白纸那样纯洁,在4年的大学生涯中尽情描绘自己的未来。

犹记得1985年的夏季,我们大学毕业了。那时大学生是天之骄子,国家的宝贝。许多同学的眼睛都盯着重庆本地的一些文学机构,如重庆作家协会、重庆出版社、《红岩》文学杂志社(我曾经去那里实习过)。但我这种成绩不够好的学生显然是去不了这些喜闻乐见的单位的。我知道我们有一个同学陈兴芜去了重庆出版社,还有一个同学去了《山城晚报》的副刊部,心里当然就只有羡慕的份了。

大学毕业后我离开重庆,远走云南。作家梦让我坚信我这样少不更事、经历苍白的愣头青必须行路万里,饱尝风霜雪雨,阅尽天下风情,才可有笔下的锦绣文章。重庆这片曾经的新大陆,被我迫不及待地抛在身后了。火车驶离山城时,我连回望它一眼的心思都没有。一个立志要走天涯的浪子总会把经过的地方当成人生的客栈,无论是一个村庄还是一座城市,哪儿黑哪儿歇,四海为家,随遇而安。直到今天,我也不否认这也是一种生命的精彩和浪漫。只是多年以后,当思乡之情在夜深人静时掩袭而来,当青春年代的色彩在回忆里渐渐模糊、泛黄变旧时,重庆这座城市,在重庆学习生活的岁月,慢慢地变得像故乡一般令人眼热了。那里有母校,就像有精神的母亲一样,令人牵挂和感恩。

2014年春天我为我的第一部抗战题材的长篇小说《吾血吾土》到重庆做最后的补充采访,那时我的采访目的是去歌乐山的中美合作所。《吾血吾土》作品中的主要人物有一段经历曾与之有关。此时的重庆已不再是我求学时期的那座山城了。它俨然是一座国际化大都市的模样,山城的天际线让我熟悉又陌生,密如蛛网的道路让我迷路。这座保存有青春记忆的城市,是我们青春的原乡,总是有许多令人怦然心动的过去、现在,以及对未来的某种憧憬。只不过那时,我还没有想到要专门为重庆写点什么。

当年分到重庆出版社的女同学陈兴芜已经是重庆出版社的总编辑,自毕业以来我们也常有联系。记得在那次来重庆之前,兴芜同学曾多次打电话给我,询问我的创作情况,探讨是否有合作的可能。兴芜同学从事编辑工作几十年,编辑、策划、组织过多套在国内出版界颇有影响的大型图书,包括在20世纪90年代参与编辑的"中国抗日战争时期大后方文学书系",是个很敬业的编辑家,当她听说我到了重庆后,便专程来看我。老同学相见,一如亲人重逢。在叙旧中兴芜同学直截了当地说,你写抗战题材,为什么不为重庆写一部书呢?她说,重庆在抗战历史中作为国民政府的陪都举足轻重,尤其是重庆的抗战文化,那么多的大师巨匠在抗战时期都聚居在重庆,作家有茅盾、老舍、巴金、冰心、梁实秋、林语堂等,戏剧家、导演、演员有夏衍、阳翰笙、应云卫、吴祖光、洪深、金山、白杨、秦怡等——这样的名单可以开出一长串。他们以自己手中的笔、以舞台上的演出宣传抗战、弘扬一个民族不屈的精神。重庆在抗战时期有名的话剧艺术节和"雾季演出",就是在战火的硝烟中粲然开放的文艺之花。尤其是重庆在抗战中所经受的长达5年多的大轰炸,在中国还没有哪座城市像重庆这样遭受到过如此惨烈的无差别轰炸,也没有哪个城市像重庆这样,在大轰炸中将文化的坚守和国家民族的救亡图存紧密地联系在一起。

兴芜同学的一席话让我心有所动。因为文化抗战,正是我愿意在表现抗战的书写中关注的问题。我们的国土丧失过,军事失利过,士兵和百姓牺牲过,但我们的文化,却从不曾被征服,也永远不可能被侵略者征服。我当时隐约感到,重庆的文化抗战,就是抗战历史中最为鲜活、最为动人的篇章之一。

我那时刚刚完成的长篇小说《吾血吾土》是以一个西南联大学生投笔从戎的抗战老兵命运视角来写滇西抗战的,原来我打算再以远征军为题材进行下一部抗战历史小说的创作,并且已经做了一些相应的资料准备。兴芜同学的提议让我看到了拓展某种新题材的可能,一个称职的作家总是对一些题材情有独钟,能看到这个题材背后所昭示的历史意义和社会价值。但是,如果要写一部以重庆大轰炸为题材的抗战历史小说,它所要涉及的历史、社会、人文等方面的内容还是让我心存顾虑。我离开这座城市已经整整30年了,这30年来重庆城的变化不要说我这个外地人,就是老重庆也常常会迷路。我需要重新接上地气,重新找准这座城市的气息和温度,尤其是,需要重新发现这座城市的历史与文化。一座城市的性格,一定和它的文化积淀有关。正如一个人的性格,一定和他的文化背景和学识涵养相连一样。坦率地说,在重庆上大学的那4年,我囿于校园高墙,对这座城市的历史文化所知甚少。梁实秋先生的"雅舍"、老舍先生写《四世同堂》的旧居,其实就在我们学校的大门外,走路去也不过10分钟的路程,但我竟然都没有去瞻仰过。教科书里对此方面也甚少提及,我更缺乏那种做学问究根到底的精神。那时我们正热衷于纷至沓来的西方各种现代文学流派和主义,朦胧、怪诞、荒诞、魔幻才是最先锋的,最新潮的。现代已经不够了,还要加个"后",似乎才不会落伍、老土。我们几乎忽略了文学和传统文化的关系,文学和自己民族历史的关系。现在想来,大学那4年,对重庆的历史文化视而不见,则颇有虚度光阴、"暴殄天物"之遗恨了。而当时却认为自己聪明得不行,叛逆得有个性。实则是我们在校园里经常揶揄同学的话:"假老练"而已。其实,只有经过世事的磨砺、时间的淘洗、岁月的流逝,人才会发现经典的东西永远都在那里,光辉的历史并不因为沧桑演变而逊色半分。而曾经逃离的故园,会在时光的打磨下,闪耀着历久弥坚的动人魅力与光芒。一如重庆这样的"青春原乡",即便吾辈已然青春远遁、韶华不在,但她依然在云飞雾走、岁月静好中守候并召唤一个远方游子的归来——即便不能回到青春年代里,也要穿越雾都的重重迷雾、回到这座山城的记忆深处。

在经过一番仔细的论证梳理后,我决定"改弦易辙",先写重庆大轰炸的题材。

我对兴芜同学说："如果要让我来写这部小说,我需要在重庆待上一段时间,既做深入细致的采访和资料搜集,还要跟重庆接上地气。"兴芜同学说："这个没有问题,我们会大力支持你。"我说："我不要住酒店。我希望你们能给我在重庆的某个小区租一套房子,我要像一个重庆人一样地生活。"

在重庆出版集团的鼎力支持下,2015年我开始了与重庆的以书结缘之旅。我住进渝北区的一个小区里,买菜做饭,吃小面烫火锅,在拥挤不堪的车流人流中从江北到南岸、从渝中到沙坪坝四处奔波。关于重庆大轰炸,重庆的文史界和新闻出版界已经做足了功课,出版了汗牛充栋的相关书籍。尽管这个话题在20世纪末期才逐渐被人提起并发掘出来,一些历史人文学者、作家艺术家,以及执着于拒绝遗忘的人们,已经做了许多卓有成效的工作。但当我开始涉猎这个题材时,我依然为自己对抗战历史中这一段的无知感到汗颜,依然为像重庆大轰炸这样重大的历史事件,在抗战胜利结束后长达半个多世纪被遮蔽而感到遗憾。我的母校的前身,四川省立教育学院,抗战时校址在沙坪坝,也曾遭受过惨烈的轰炸,师生无辜殒命,校舍断壁残垣,而我在读书时对这些史实浑然不知。这是必须要补的一课。

在重庆的采访期间,我有幸接触到了重庆大轰炸民间对日索赔原告团的朋友们。中国的民间对日战争索赔运动始自20世纪90年代中后期,已然觉醒的中国人再不能容忍自己的父辈祖辈所遭受到的苦难被忽视、被歪曲、被不公正地对待,再不能漠视日本右翼对历史的歪曲颠倒和一再挑衅中国人民的尊严底线,对日索赔运动在华夏大地方兴未艾、风起云涌。从中国劳工索赔案、南京大屠杀索赔案、"731"部队人体细菌试验案索赔案、慰安妇索赔案、细菌战受害者索赔案、平顶山大屠杀索赔案,到重庆大轰炸受害者索赔案等,共有20多起对日索赔案直指那个应负起历史战争责任的政府。

在重庆的采访中我才了解到,许多重庆大轰炸受害者一次又一次地自费去日本伸张正义和公道。尽管他们中的大多数已经步履蹒跚、白发飘零,尽管一些受害者在漫长的诉讼中含恨地命赴黄泉,尽管所有的对日索赔诉讼都以败诉告终,但是人们没有放弃。一个受害者在接受我的采访时说："我们不去打这个官司的话,那些日本人不会晓得他们在重庆犯下的罪行。"他们是历史的见证者,正如我的书《重庆之眼》中一个人物说的那样："只要我们还活着,我们就是历史的证言,我们死去,证言留下。"

我希望自己的书写能为这些证人与证言留下鲜活形象的注脚。在真实宏大的历史和超乎人想象的人生命运面前,一个作家可能只配当一个注释者。过去我在提笔写作前总是行走于大地,现在我更多地穿行在时间的经度和纬度里,寻找那些遗失的珍珠和还在闪闪发光的记忆碎片。在重庆这座以火锅闻名的城市里,我的激情一次一次地被激活,仿佛每一个细胞都膨胀沸腾起来了。我想一个人如果找回了自己"青春的原乡",也应该是这样的吧。更加之重庆人与生俱来的豪爽、热情、耿直、包容,以及远离故园30多载后重新找回来的"乡土乡情",这种又远又近、又陌生又熟悉的感受,或许就是某种最好的创作状态。在乡情中的写作,总是最惬意的。

我认为整个《重庆之眼》的采访和写作,是从一种回眸到致敬的过程。这是一部向一座勇敢倔强的城市致敬的小说,是向一段不屈的光辉历史致敬的颂歌。

《重庆之眼》顺利出版后,得到国内出版界和文学界较高的评价,并获得2017年"中国好书"奖的荣誉。我认为这不仅仅是对一部书的肯定,更是对重庆人民在重庆大轰炸这段历史中所表现出来的精神气质的肯定和再发现。让更多的人了解和认识到重庆这座英雄的城市、英雄的人民,以及他们所拥有的不平凡的光辉历史,也是我的创作初衷。

要感谢我在重庆生活和写作期间为我提供帮助的朋友们——重庆出版集团的编辑,重庆大轰炸受害者民间对日索赔原告团,以及原告团里还在不屈地坚持上诉的大轰炸受害者、志愿者、律师,感谢我的母校西南大学和西南政法大学、重庆师范大学的老师、教授们;感谢我在重庆的大学同学,他们和我有着兄弟姐妹一般的情谊,还有许许多多热心重庆抗战历史文化的朋友们,共同的历史责任感让我们走到一起。

重庆出版集团缩短了我和重庆的距离

张国龙

学龄前,我时常听母亲说起,我家的磨坊里,曾经住着一个重庆知青。磨坊早已弃用,重庆知青用过的灶台也就无人理会。我第一次知道,远方有一座大城市,名叫"从轻"(川北方言)。

小学时,玩纸烟盒,"重庆"和"大前门"烟盒齐名。很惭愧,我和小伙伴们一直把繁体的"重慶"念作"重度"。因为我家曾经住过一个重庆知青,我对"重慶"牌香烟烟盒就格外珍视。

我上初一那年,我的表哥考上了西南师范大学,他口中的"重庆"是驰名中外的"山城",有璀璨的夜景,还有特别"爽快"的"重庆崽儿"。从此,西南师范大学和重庆装点了我的少年梦。当然,重庆仍旧远在天边,堪比海市蜃楼。

后来,我去北京读大学。渠县火车站距离我家很近,但是,渠县是小站,多是慢车,且没有始发北京的列车。因此,不得不取道重庆。沙坪坝火车站,是我的落脚点,也是我与重庆零距离接触的起点。上车,下车,转车,一年又一年。重庆是驿站,是我似曾相识的他乡,我始终是过客。那里给我最深刻的印象是,暑假的炎热和寒假的阴冷。

2011年的夏天,重庆出版社的郭玉洁编辑给我打电话,约我的稿子。数年来,她见证了我工作和生活的起起落落。这位古道热肠的大姐,把对我的厚爱还自然而然转移到我的孩子身上。因了她,从此,我结识了重庆出版社的众多编辑、发行人员。不管是相见于他乡,还是重逢于重庆,一点点累积起了我对重庆的好感。

9年过去了,承蒙厚爱,重庆出版社出版了我的散文、小说20余部。我的作品也获得了新闻出版总署百种优秀图书奖、重庆市"五个一工程"奖、全国城市出版社优秀图书奖等奖项。

责编李云伟先生,对我作品的熟稔,堪比两小无猜的知己。

图书推广主管谢启松先生,数年来,陪我走过了东西南北。

发行经理薛思琪女士,典型的重庆妹儿,爽快、利索,有求必应,堪比邻家小妹。

分管图书发行的领导陈浩先生,率性、耿直。某次在北碚做推广活动,暮色中阴雨绵绵,活动现场突然停电。他陪伴在我身边,颇为动情地说:"凄风苦雨中委屈你了。"不是客套,而是没有距离感的感同身受。别后,我们似乎没再碰面,"患难中"的真情告白,我已铭刻。

我的同龄人邱振邦先生,我们一见如故。他诸事缠身,仍拨冗精心打磨我的作品。不管是文字的斟酌,还是插图风格、版式和封面的确定,皆全程追踪。他的真情和温情令我如沐春风。

承蒙重庆出版集团党委书记、董事长、总编辑陈兴芜女士的青睐,倾心为我举办了作品研讨会。这是我的第一个作品研讨会,而我接近知天命的年纪。这无疑是我人生中至关重要的一个"结点"。提携之情,激励之意,没齿难忘。

点点滴滴,滴滴点点……不知不觉沉入我的血脉,重庆出版集团已经成为时常出现在我意念中的高频词。其实,我并不关心重庆作为"网红"城市的个中原委,但重庆之于我,确实不再是并不遥远的他乡,不仅仅是纠合着阴冷和酷暑的一个驿站。毫无疑问,对某个地方的亲近感,一定源自那里生活着能让你一想起来就温热盈心的人。不言而喻,是重庆出版集团缩短了我和重庆的心理距离。

《傅天琳诗歌99》后记

傅天琳

世界上有很多山,最爱缙云山。

就是那个叫缙云山农场的果园,在物质和精神同样贫瘠的年代,用她仅有的不多的粮食和最干净的雨水喂养了我。一个刚满15岁没读过多少书的青年,在山野获得了最初的诗歌启迪。

漫山桃红李白,而我一往情深地偏爱柠檬。它永远痛苦的内心是我生命本质,却在秋日反射出橙色的甜蜜回光。那味道、那气息、那宁静的生长姿态,是我的诗。

做人做诗,都从来没有挺拔过,从来没有折断过。我有我自己的方式,永远的果树方式。果树在它的生活中会有数不清的电打雷劈,它的反抗不是掷还闪电,而是决不屈服地,把一切遭遇化为果实。

什么是诗,这是许多年来被问得最多的问题。作为一个仅仅沉醉于表达和倾吐的诗人,理论水平实在不高,使起劲说也说不好。唯一的也是切身的感悟只有一点:诗歌就是命运。写诗就是写阅历,写人生。有时我甚至觉得,从写第一首诗开始,我就不自觉地在写自传了,喜欢我的读者如果能从头读到尾,就略等于读到了一个人。

一首诗的完成,必须有生命的参与,用眼泪和血液来写,让读者读到你的脉动和心跳。我曾读过的很多很好的诗歌,感觉它们一个字一个字,都是肉做的。

诗歌来自于生活,这是任何时候都不应该怀疑的。也是当下被认为是不屑于讲的老掉牙的话题。而我依然要说,让生活在诗歌中恢复它们本来的诗意,这是吸引了我一生的无比美妙的创造性劳动。我很庆幸自己从少年到青年到老年,都深深地沉浸于其中。我理解的生活,是立体、全方位的,有深度,也有广度的,既是眼睛看得见,又是眼睛看不见而只能用心灵触摸到的。诗人的职责,就是要通过事物表面,挖掘到蕴含其间的精神实质。

几十年来我所写的诗歌,虽然有长有短,有轻有重,有好有孬,但都与我的生活、我所处的时代息息相关。有了这个前提,我对自己的要求其实不高:媚的俗的脏的不写,心没痛过眼睛没湿过的不写,做不了大诗人,就做小诗人,小到就做我那一个果园的诗人。这辈子才气实在有限,可以原谅自己愚笨、肤浅、眼界不辽阔、气势不磅礴,但是,绝对不可以装,不可以假。平生最鄙视做作、虚假。在一首好诗所应具备的若干因素中,我首先崇尚一个字:真!

语言是极其重要的。诗的语言,是要向读者传递新的经验,新颖、准确、生动,像水一样清澈,像山野的风一样活色生香,像岩石一样坚硬,有重量,有定力,牢牢站在地上。基于这种认识,我对诗歌语言始终怀着敬畏,常常表现出挑剔和苛刻,自己写不好还眼高手低。不喜欢过于晦涩,或者无边际的天马行空;不喜欢表面华丽的虚假珠宝,或者油腻腻;不喜欢装神弄鬼,或者雨过地皮湿;不喜欢把人人都懂的事情讲得人人都不懂。诗人是语言的净化者,如果诗人都把话说不清楚,思维混乱,口齿不清,那么这个世界还指望谁来把话说清楚,说得更有意思呢?

一段时间,一种方式如果写得太顺手,如果有点小感觉东拼西凑就凑得像一首诗,这时诗人就得警惕了,不要以为自己才华已经横溢了,才华是最靠不住的东西,它太能掩盖你内在的空洞无物了,写诗同样需要老实、本分。诗人不是熟练技术工,不能踩着滑溜溜的语言,无阻力行走。诗歌的高远境界才是我们超越字词的最终追求。

如果把写第一首广播稿当成诗,写作伴我已逾半个世纪。案桌上的稿笺越堆越厚,习惯用的铅笔越削越短,脸皮越洗越薄。曾有出版社老朋友相约出一套文集,说写作几十年的人都纷纷出文集。天,我哪有啥文集?那就厚厚一本?也不行!厚了就不是书,就是印张和码洋,就是让人还没读完就可能扔进垃圾箱的废品。唉,在出版社工作久了,不知为啥竟生出这等怪异感受。

对于我,能在创作的千首诗中选出百首,已经是件了不得的事情。这正是我期盼中的一本书啊,不厚不薄,不多不少。

描述一下读到一本好书时的状态吧：停不下来，停不下来，眼看越来越薄，生怕读完了，但还是读完了。千般喜悦，万种不舍。于是回到首页，读目录，读版权页读出版单位读责任编辑读条形码，把一盘好东西啄食得颗粒不剩。那些美好的文字啊，一横一竖一撇一捺，似乎将指尖黏结，眼睛不得不顺着语音之波流动。

我们常常夸奖好听的声音有磁性，其实好看的文字更有磁性。一本好书就是，每读一遍，都有五脏六腑被穿透的感觉。写书人，穷尽一生，谁不渴望拥有这样的一本。

细雨飘飘，桂花香；书房敞亮，大轩窗。外孙女考试得了高分，跳舞得了冠军；孙女画的猫猫炯炯有神，跳拉拉操得了全国第三名；农村弟弟已交完保险，从此生活安定无忧；农场老姐妹又涨了工资，明天要请我下馆子；侄女有了新屋；侄儿去了海南；二姐的书已正式出版；我正在编写的这本诗集已过选题……

哦哦，一天之内怎么会收到这样多好消息，喜事爆屏，虽是琐碎小事，但对于我却是了不得的关乎生活的喜事、大事。一切都太好了，好在恰逢一个圆月之夜，好在我刚刚编完100首的时候。

我这个天生的不乐观主义者，怕的就是太好，就是圆和满。不知如何捣碎自己的圆月，顺手掰了一块甜饼去喂鱼。

转身进屋，毅然将已经选好的100首删去一首，成99首。最好的那一首，仍未找到，它藏在自己最美的风景，最痛的山水中。

貌似写了很多诗，就是没有写过序甚至怕写序。已出版的20余种图书，本本既无序言又无后记，常被老师和朋友们笑称为裸书。而这一本，啥啥都有，有序有后记有部分评论摘录还有凭记忆写出的创作年表。

附：第五届鲁迅文学奖获奖感言

让生活在诗歌中恢复它们本来的诗意，这是一生都在吸引我的工作，我很乐意将自己深深地沉浸其中。

感谢果园，获奖前把我的诗歌挂在树上。现在，又漫山遍野飘动着黄丝带，上面写着柠檬叶子，柠檬叶子，柠檬叶子。

它多像一个电影镜头,让人觉得不太像真的。

感谢诗歌,把这片林子移植到我心中,成为我灵魂的家园。

感谢评委,在繁茂的诗歌森林看见了我,这是我最大的惊喜和荣幸。

一片薄薄的干干净净的叶子,永远与土地与时代血脉相连。

三个台阶

刘保法

从20世纪80年代初,到90年代末,我主要从事儿童报告文学的创作。

最初,我写的小主人翁几乎都是小明星,有小音乐家、小演员、小运动员、小画家、小诗人、小发明家等。也许因为采用了小说笔法,重在细节描绘、刻画人物,文学性较强,所以作品一经问世,马上引起社会关注和广大小读者的喜欢。有一天,我突然收到重庆出版社蒲华清老师的来信,问我已经写了多少篇?够不够出一本集子?……我真是喜出望外,马上回信说,我已经写了40多篇……就这样,我在儿童报告文学创作的道路上,成功迈出了第一个台阶——我的第一本儿童报告文学集《美,属于她》,由重庆出版社隆重推出。

这一路,我走得好舒畅!

然而,我渐渐意识到:一个有追求的作家,是不应该满足于自己驾轻就熟的"套路"沾沾自喜的。一篇很有意思的文章,提出了一个很有意思的问题:"作家,你在哪一个层次上存在?"你是在作品的生产家这一低层次上存在,还是在有创作个性、有艺术风格的作家层次上存在?还是在既是作家又是大写的"人"的层次上存在?……经过一番反思、探索,我推出了中篇报告文学《妈妈的吻》,随后又写了《星期日的苦恼》《迷恋》《穷街的孩子》等。我把目光更多地投射到了普通孩子的身上,甚至是皮大王、流浪儿、老留级。比起光彩耀人的小明星,这些孩子更弱小,更需要具有责任心和爱心的成人,替他们宣泄那压抑在内心的苦恼,重新唤起他们对生活火热火热的向往。

在一次儿童文学笔会上,我跟蒲华清相聚在一起……

于是，我又登上了儿童报告文学创作的第二个台阶：重庆出版社再次出版了我的《特殊儿童的特殊故事》。刘曼若老师审读完这部书稿后，激动不已，立马给我写了一封信，盛赞《特殊儿童的特殊故事》的价值，尤其对其中《妈妈的吻》这一篇，更是赞誉有加，说《妈妈的吻》让她沉思，让她感动，让她流泪……

跨越第三个台阶，是在长篇报告文学《中学生圆舞曲》问世以后。

中学生的隐秘世界，中学生的真诚情感，多梦的中学生，使我激发起一种不能自已的热情，这种热情又把我抛射到了使自己激动起来的中学生的精神世界里。于是，我便抑制不住地要去为他们倾诉，站在他们的位置倾诉……这些作品，更深沉，更贴近中学生的内心世界，是用爱换取爱，用真诚换取真诚，好几部作品甚至采用了全景式叙述。我感觉，我的创作又站在了一个新的台阶。当重庆出版社的岳芩到上海看我的时候，我跟她谈起了编一本反映中学生生活的报告文学集的愿望。

于是，《中学生圆舞曲》又在重庆出版社得以出版。《中学生圆舞曲》一经出版，就被国家教委、国家新闻出版署和团中央评为中学生最爱读的作品；成书后，又获得国家图书奖；后又被列入"百年百部中国儿童文学经典书系"……

《美，属于她》。

《特殊儿童的特殊故事》。

《中学生圆舞曲》。

这三部报告文学集，可以说是我儿童报告文学创作过程中非常重要的三个标志性台阶；每一台阶，都让我跨越了一大步，引领我以后的创作。而这三个台阶，恰恰都是在重庆出版社的扶持下，稳步跨越的。如今，我已经出版了文学专著70多部，获奖90多项。每次出版新书，每次走上领奖台，我都会想起重庆出版社，想起蒲华清、刘曼若、岳芩、宋杰……

——谢谢你们。祝70岁的重庆出版社永远年轻，永远朝气蓬勃、活力四射！

这里有一片热土

——我所了解的重庆出版社少年儿童编辑室

张继楼

蛇年正月初五,女作家谭小乔请重庆出版社少儿室几位编辑到她家吃火锅,邀我作陪。我问她是啥由头?她说是"谢师酒"。我想起来了:她在重庆出版社出的那本低幼故事《呱呱幼儿园》,前不久在省文学创作评奖中获优秀奖,趁新春佳节约大家聚聚,也是人之常情。一个作家,对扶她上马、出版她处女集的编辑,是不应该忘记的;何况又获了奖。

这次省文学创作评奖,10件儿童文学奖重庆拿了一半,其中3件是重庆出版社少儿室编的集子。作为重庆作家协会的一名组织工作者的我,从内心深处感谢少儿室的同志,为我市儿童文学创作队伍的建立和作者的成长所付出的心血。

重庆出版社,是一家地方出版社。说句心里话:过去少儿室在社里是个不太受重视的"小儿科",1982年才建立。开始仅有5位编辑,目前也才10个人(包括美编2人),可出版的书籍年年增加。从1982年的12种,到1984年的46种,1988年已达109种。近几年来有3种文学书籍获全国少儿社优秀图书编辑奖:《我对祖国妈妈说》(诗歌)、《少女们》(小说)、《云雾中的古堡》(小说);2种获优秀编辑鼓励奖:《全国寓言征文选》《少年成语歌诀》;3种获四川省文学奖:《呱呱幼儿园》(低幼故事)、《一只想变人的猴子》(科学童话)、《湛卢寓言》;1种获第二届四川儿童文学奖:《晶晶想吃孙悟空》(低幼故事);3种获重庆市科普读物创作奖:《种子坐飞机》(诗歌)、《一只想变人的猴子》(科学童话)、《谁的心灵美》(童话);3种获其他省级文学创作奖:《景颇小猎手》(小说)在云南获奖、《报童的故事》(报告文学)在广东获奖、《青蛙爬进教室》(小说)在湖北获奖;另3种由国家教委、新闻出版署以优秀读物名义向全国小学生推荐:《美,属于她》(报告文学)、《我对祖国妈妈说》(诗歌)、《重庆儿童诗画选》。用不着过多的解释,可以看出,同志们是勤奋的,做出了一定的成绩。

从实践检验编辑方针

重庆出版社最初的编辑方针是:尊重老作家,扶持中青年作者,大力培养文学新人。作为一个地方出版社,当年这个方针应该说是正确的。但作为少儿室,真正贯彻起来就不那么容易。打倒"四人帮",老作家青春焕发,文学新人大批涌现,成人文学不缺稿源。但儿童文学,情况大不相同。重庆真正搞儿童文学的仅我一人,何况我的工作是编辑,也非专业创作人员,仅算"半个"而已。和少儿室几乎同时成立的重庆作家协会儿童文学组,20多名成员中会员仅三五人。这是队伍情况。再说阵地:重庆除一家《红岩少年报》(现名《少年先锋报》)有一个可容纳4000字的文学版以外,再没有第二家可供发表儿童文学的报刊。缺少"演兵场",无法练兵,队伍难巩固,水平难提高。可是出版社领导并未一开始就把眼睛盯住北京、上海等地的名家,而是积极和重庆作协儿童文学组配合,协同作战,关注本市本省文学新人。不作锦上添花客,甘当雪中送炭人。每年都把儿童文学组成员的创作成果列入选题计划。几年来出版我市我省作者的处女集就有:《老师送我上金桥》(儿歌·邓元杰)、《一张伊丽莎白邮票》(小说·余燕高)、《少年侦察员》(小说·田苗)、《少年石匠》(诗歌·石天河)、《谁的心灵美》(科学童话·张世钟)、《小萝卜的故事》(低幼故事·张朝东)、《报童的故事》(报告文学·刘兵、金祥明)、《螃蟹大仙》(小说·李晓海)、《魔窟奇女传》(传记文学·袁光厚)、《勇士和公主》(幼儿故事·徐华)、《呱呱幼儿园》(幼儿故事·谭小乔)、《晶晶想吃孙悟空》(幼儿故事·李华)、《小萝卜头和他的伙伴》(报告文学·杨小谊)、《独生女》(小说·赵晓铃)。还有多人合集:《生日蛋糕》(低幼故事)、《大熊猫照相》(低幼故事)、《"汽水杯"足球大赛》(小说)、《弯弯月亮坐一桌》(儿歌)等。尽可能地把重庆地区作者发表的儿童文学创作选编进集子。从去年开始,少儿室还注意到川东万县、涪陵地区的作者,把他们发表的、尚未编入选集的儿童小说,和重庆作者创作的小说合集出版,更是难能可贵。

少儿室并不搞关门主义,只出本省作者的作品。在他们编的两套儿童文学丛书(面向低幼的"小雨点",和面向小学中、高年级及初中的"蒲公英")中,还出版了不少省外作者的作品,几年来多达百余种,其中许多处女集。这对外地中、青年作者,也是极大的支持和鼓励。

对本地、外地兼顾的出版方针,他们是这样理解的:出本地作者的处女集,是为了把他们介绍给文坛,提高他们的知名度,鼓励他们"出线",冲出"夔门",走向全国。出外地作者的作品,是把全国中、青年作者的好作品介绍进来,有所比较,刺激本地作者,努力提高自己。因而不管本地、外地作者,如出第二本集子,质量一定要超过第一本。

从"面"到"点"培养作者

重庆出版社少儿室和重庆作家协会儿童文学组几乎是同时成立的。编辑室成员大部分是儿童文学组的成员。在这支80%仅是儿童文学爱好者、习作者中,少儿室的同志,分别参加4个爱好者小组的活动,和大家一起去幼儿园、工厂参观访问,参加夏令营,讨论习作。对儿童文学组成员出版的处女集,都要组织座谈和写文章评介。这样不仅对作者有帮助,对编辑也有启发。

重庆没有一家儿童文学报刊,这对队伍的巩固、创作的提高是很不利的。除了出版他们的处女集外,为了鼓励、吸引更多的作者,少儿室还拟订专项选题。如编选歌颂祖国、歌颂家乡(《我对祖国妈妈说》)、歌颂教师(《鸽群从四面飞来》)的诗集和《幼儿短诗选》,以及《学前儿童语言辅助教材》等。这些选题的确定,最初的出发点,都是为了给我市我省作者的作品找出路而附带向全国征稿、选稿的。

随着我市儿童文学创作水平的提高,作者逐步走向成熟,大部分被重庆作协吸收为会员,并有10多位参加作协四川分会。少儿室辅导、培养工作也从"面"到"点",

从过去那种小组形式的习作座谈讨论，改为抓重点作者的重点作品。对创作上已有一定成就和影响的青年作者，少儿室和重庆作协一起给他们请创作假。对经济上有困难的教师作者，更设法给他们补助，支付代课教师的工资。并把他们正在创作的作品，列入选题计划，以减轻他们精神、经济上的压力，促使作品早日"出笼"。

不让"钱"字挡住眼睛

少儿室建立以来，出的文学书籍，特别是小说、诗歌，几乎没有不赔钱的。在不少专业出版社都大砍文学作品选题的情况下，少儿室仍然保持一定的比例。他们没有推行什么个人承包，逼着每个编辑围着"钱"字的魔道转，去抓赚钱的"畅销书"。而是以文教书籍养文学读物，以短路产品养长路产品，为儿童文学的殿堂增砖添瓦，积累优秀创作。

十一届三中全会以来，各地少儿专业出版社，选编了不少少儿歌选，发行数字一般都比较多。重庆出版社也出过一册《儿歌选》，但少儿室并不满足一般化的选集，去年决定委托我编一套《儿歌画库》，给全国在儿歌创作上较有成绩的作家出选集。要求选出精粹之作，组织全国第一流的、从事儿童读物装帧插图的美术家配画。不仅在国内发行，更是争取参加出国展览，以书籍自身的质量打开销路，获得好评。第一、二辑即将出版。由于这套书印刷精美，成本较高，加之宣传工作未跟上，发行部门未见样书，征订数字不高。但社领导和编辑有信心，决定继续选编第三、四辑。

几年前，全国少年儿童文化艺术委员会、中国儿童文学研究会在贵州召开年会，决定出版《儿童文学评论》杂志。很明显，这是赔钱买卖，因此没有哪家出版社愿承担，决定改为丛书，但也没有谁愿接受，最后由重庆出版社接下第一、二辑的出版任务。第一辑印了1550册，第二辑征订数才120册，实在使人寒心。怎么办？社领导派人和文科大专院校联系，托熟人宣传预订，可收效甚微。这一辑里有宣传四川省儿童文学创作成果及评论四川省儿童文学作家作品的文章，对支持四川省创作有利。社领导决定增加500册，自销、赠阅。字数227千的一册《儿童文学评论》，定价

2.20元,印数才650册,该赔多少钱?我没有追问。在商品经济渗透到各行各业的今天,洁身自好、不沾染铜臭味是不容易的。但愿为孩子们提供精神食粮的儿童文学的作家和编辑们,能永远保持一双"亮眼睛"。

重庆作家协会儿童文学组之所以能够坚持到今天并取得一定的成绩,与我市儿童文学队伍的成长、壮大和少儿室及社领导的支持、关心分不开的。儿童文学作者在默默地耕耘,少儿室的编辑在默默地支持。这里有一片热土,是有利于作物生长的热土。希望少儿室的文友们,更热爱自己的工作,一如既往,使在这片热土上生长的作物,枝青叶绿,充满生机。

(原刊于《当代文坛》1989年第3期)

注:本文刊于重庆直辖市成立前,故文中地名等称谓均按当时情况书写。

书　缘

王　雨

（祝贺重庆出版集团成立15周年，重庆出版社建社70周年，应邀写下此文）

我与重庆出版集团、重庆出版社因书而结缘。

书，箸也。箸于竹帛谓之书，古代早先无纸，用竹帛书写文字箸书。现今用纸张写字或打字著书。书是交融感情、传承知识、获取经验的媒介，是记录的工具。我写的和参与写的书的文字早先是人工铅印，现在是电脑排印出书了，文字付诸书本，确实欣慰，可以常看永存，得以传播。

开先在重庆出版社出的是医学书。

第一部是《临床二维超声心动图》，1984年10月版，印数11200册，那时候的书便宜，每本售价才2.30元。由著名的心血管病专家李德旺、陈运贞、马才骊教授主编，我是第三编者，由著名的心血管病专家林琦教授审阅。责任编辑谢先，封面设计符宗荣。第二部是《实用M型、二维超声心动图》，1986年6月版，1988年7月第二次印刷，印数5000—7000册，每本售价3.50元。我所在的重庆医科大学附属第二医院心内科的李德旺教授是第一编著者，我是第二编著者，还有李增高教授、丁淑贞主管技师。责任编辑罗敏，封面设计吴庆渝。这两部书均是超声医学的，我从心内科转做了超声医学，是这两部书具体的编校、绘图者，与重庆出版社的往来频繁，结下了友谊。这两部书均已销售一空，当时我没有多留书，送了些书给他人。着实遗憾，《临床二维超声心动图》我手里只有3本书了，《实用M型、二维超声心动图》我手里只有1本第一次印刷的书了。

想起在其他出版社出的《实用心脏急症处理》的书，印数16000册。第一编写者是著名的心血管病专家李增高教授,我是第二编写者,审校人是著名的徐葆元教授。我手里一本书也没有了。我一位研究生在网上查到了该书的影印版,我购买了5本,每本书26元。收到影印书一看,大致如原版,蓝底黑字白色图的封面,封面的男医师用左手抬高晕厥病人右腿、右手叩击病人心前区抢救的线条图还是我绘的。没有版权页了,书的目录左下角印有"北京图书馆藏"的方章,旁边印有A868278的编号。看来,这影印版是书商用北京图书馆的藏书翻拍制作的。得到这信息,我立即将在重庆出版社和其他出版社出版的仅剩下一两本的医学书也都做了网购。其中,购来的3本《实用M型、二维超声心动图》均是第一次印刷的原版书,扉页上有编号和借书单,印章模糊,仔细看,是"茂州图书馆藏书"的印章。购来的在其他出版社出版的医学书,有"某部门诊部公阅藏书""国营涪江机器厂卫生所"印章等。

后来,我在重庆出版集团、重庆出版社出版了我独著的文学书。

开初是我的中篇小说集《万家姻缘》,1992年11月一版,印数3500册,责任编辑裴小惠,封面设计邵大维。我手里也只有1本书了。之后是我的长篇小说《飞越太平洋》,1998年10月一版,2015年9月再版,责任编辑张世俊、罗玉平,第一版封面设计王多,再版的版式设计王芳甜;《水龙》,2005年1月及4月两次印刷,责任编辑王从学,封面设计向洋、黄俊棚;《血缘》,2007年6月一版,8月二次印刷,责任编辑饶亚;《填四川》,2010年6月一版,11月二次印刷,2015年4月再版,责任编辑罗玉平,版式设计王芳甜、吴庆渝,插图是由重庆荣昌区的画家李开华绘制的;《开埠》,人民文学出版社、重庆出版集团、重庆出版社2014年10月版,责任编辑是人民文学出版社的王永洪,插图亦是李开华;《碑》,重庆出版集团、重庆出版社2017年8月版,责任编辑罗玉平。

《飞越太平洋》获得了重庆首届文学奖;《水龙》获得了重庆市文艺奖;《开埠》获得了重庆市"五个一工程"奖;《填四川》获得了全国城市出版社优秀图书一等奖、重庆市"五个一工程"奖,英国查思公司出版了英文版,被北京如意吉祥影视公司改编拍摄为了由秦岚主演的32集电视连续剧,编剧雁宁、晓剑。这几部长篇小说出版后,国内的不少评论家、作家写了评论文章,重庆出版集团、重庆出版社的李子也写了评论文章,给予了鼓励。

我与重庆出版集团、重庆出版社因书而结缘,因书而获得了贵社的奖励。

2015年3月20日,应重庆出版集团、重庆出版社邀请,我参加了颁奖盛典,获得了"重庆出版集团十年最佳诚意合作奖"。查找到了当时的照片,会场舞台的大屏幕放映了我的头像和我的长篇小说《填四川》,我是与著名作家阿来、何建明和好友罗学蓬等一起登台领奖的。

岁月匆匆,岁月留痕,自1984年10月在重庆出版社出版《临床二维超声心动图》一书始,至今36年了。我与重庆出版集团、重庆出版社的缘分还没有中断,也许我还有书会在贵社出版。

写下这段文字,查阅、回忆费了些力气,值得,留下这珍贵的记忆吧。

珍藏心底的"弯弯大楼"

阿 蛮

重庆袁家岗有一幢著名的大楼,因其内凹弧形的独特造型而被市民亲切地叫做"弯弯大楼"。20世纪80年代,"弯弯大楼"与健康路急救中心、捍卫路科技情报信息中心、南坪四省五方大厦合称为"重庆四大地标建筑",享誉中国建筑界。而在我心中,"弯弯大楼"更具有某种近乎神圣的崇高地位,因为它曾引领我的文学之路登上一个又一个台阶,它就是当年的重庆出版社大楼。

第一次走进"弯弯大楼"是在1989年,我在文化馆负责文学爱好者作品合集《雾城春晓》的出版事宜,来此与责编和美编沟通。在大厅橱窗看见陈列的各种图书,心想啥时候自己也有那么一本书能够陈列在这里。其时我刚开始写小说,一个朦胧的梦想便在这里萌发了。

新世纪之初,我的梦想变成了现实,第一部长篇小说《依仁巷》由重庆出版社出版,两年之后,该书获得第二届重庆市文学艺术奖、重庆图书奖并参评第六届茅盾文学奖。重庆市人民政府的颁奖词写道:长篇小说《依仁巷》通过对一条小巷的描写,把城市普通人群从在社会底层挣扎到获得个性解放这样一个历史进程生动地展现了出来。作品内容丰富,人物鲜活,在本土题材创作中具有一定的开拓性价值。通过人物命运的变化,形象地诠释了"生产力的解放,实际是人的精神解放的基本前提"这一论断,也使作品具有一定理性深度。

实话说这个结果和这段评语完全出乎我的意料,也超验了"弯弯大楼"带给我的梦想。当时我能够想到的就是出本书,有读者能够倾听一个平凡的重庆崽儿讲讲自己平凡的人生故事。甚至对能否出版也心头惴惴的,还是编辑老师给了我鼓励和帮助。

记得担任小说责编的王从学老师曾多次把我叫去编辑室，一起讨论作品价值和修改意见。他说小说真正打动读者的并不是什么离奇的故事，而是那些看似漫不经心地出现在书中的生活细节。比如《依仁巷》里写到的捉老鼠、划黄鳝、赌甘蔗、"放长滩"（江中顺流游泳），等等，他也有类似的经历，读起来十分亲切。他还给我指出了一个堪称"致命"的描写失误，说是如果粗心放过，不仅小说的价值大大降低，他作为编辑也会因把关不严出现差错而承担责任。直到拙著小说付印前，这样的把关、纠错一直在严格进行，记得担任终审的陈兴芜总编也为《依仁巷》提出了14条修改意见。这时才真正理解了那句话：一部优秀作品的出现，其实是作者、编辑乃至读者共同努力的结果，很多人都参与了创作。尽管我那部小说远谈不上有多"优秀"。我至今保存着那些审读修改意见，当成弥足珍贵的文学收藏，而"弯弯大楼"正是这个创作过程不折不扣的见证者。

《依仁巷》算是我文学道路上第一块比较厚重的基石，之后的跋涉一直未中断，重庆出版社继续成为我创作之路上的可靠同伴和导师。我的长篇小说《解手》《逆神》、历史文化散文《宁厂》《佛经密码》《活在重庆的宝贝》《阿蛮重庆笔记》，以及由我担任执行主编的《渝州历代诗文选》《非遗经典——蜀绣》等都是真诚合作的成果。尤其是知青题材的长篇小说《逆神》，得到了编辑老师的很多帮助。

由于题材的特殊性，与当代生活有较大反差，文艺编室请来已经退休的蒲华清老师担任复审把关。蒲老师对小说提出了十分中肯的修改意见，并与年轻编辑一道努力，促成了该书出版。2007年《逆神》面世后，著名评论家雷达在《文艺报》撰文，称其为"对知青生活少有的冷静审美、第三种知青文学视角"。2009年，《逆神》获得全国梁斌小说奖，并被广东高校列入"现代主义知青文学"代表性作品，向中文专业研究生推荐阅读。

20多年来，作为在文学道路上艰难跋涉的写作者，我的每一个进步都凝结着出版工作者的心血。我也欣喜地看到，重庆出版社仍在快速发展，成为力量强大的出版集团，不断推出闪耀着时代光芒的优秀图书，让我这个作者兼读者一直受益。

世间有各种各样的藏品，有的看得见，有的看不见。一幢大楼，要收藏它，只能在心中。"弯弯大楼"以及南滨路上那个新的文化地标，已经永远珍藏在了我的心底。

A面、B面

——我的音乐人生与重庆出版社

王芳宪

我与重庆出版业一直缘分匪浅,就像一张唱片的A面、B面,既是管理者和被管理者的关系,又是同志和朋友的关系,更是出版者和作者的关系。至今,我尤记得在1990年,时任重庆市新闻出版局副局长吴鹏里语重心长地对我说:"你就放弃全国律师函授中心已两年的学习吧,全身心地着手负责组建音像处的工作是你的当务之急!"由此开始,我将我近20年的岁月奉献给了重庆音像电子网络出版事业,也缘于此,我的音乐创作人生,也与重庆出版社交织在了一起。

2003年隆冬的一个早上,我感慨地对重庆出版社电子音像编辑室梁子高主任说:"西北风又整整刮了一个晚上!"那是我任重庆市新闻出版局音像处处长时,和梁主任为争取重庆出版社的副牌社——天健电子音像出版社(后转制为重庆出版集团天健电子音像出版社)的尽快审批,到北京新闻出版总署音像司,汇报组建天健电子音像出版社的有关情况,已经在北京停留的第5天了。

为了适应全国音像电子网络出版业发展的需要,重庆作为最年轻的直辖市,重庆出版社作为重庆市最大的,也是综合实力最强的综合出版社,为更加有效地综合开发利用出版资源,成立电子音像出版社,实现多种媒体互动的立体出版格局已刻不容缓。经过市新闻出版局和重庆出版社的共同努力和争取,2004年,天健电子音像出版社像娘胎中的婴儿呱呱落地,终于被批准成立了!

而此时,我从少年时代就开始的音乐创作生涯,也跟随重庆出版社的发展步伐,一起向前奔跑着。

1975年夏，四川音乐学院为峨眉电影制片厂定向培养作曲人员，在重庆艺术馆编辑的音乐作品中挑选大学本科作曲人才时，发现年轻且满怀激情的我，写的首首歌曲音乐形象把握准确，认为我有作曲天赋。经过笔试、面试、体检和填表，巴县大窝公社张榜公布，我被四川音乐学院录取。戴着这个荣誉光环和满满的自信，我开启了我的音乐人生之旅。

　　1975年，我的歌曲处女作——少年儿童歌曲《党的阳光照耀我们天天向上》由重庆艺术馆编辑出版，在市新华书店发行，1977年，被四川人民出版社出版的少年儿童歌曲集《金色的少年》收入。1990年，我的作曲专辑——43首少年儿童歌曲《快乐的歌》由成都科技大学出版社出版发行，书序由时任重庆音乐家协会主席、国家一级作曲家叶语撰稿。1992年，《快乐的歌》录音盒带由西南师范大学音像出版社出版发行，并被重庆市音乐家协会推荐给全市中小学及幼儿园作为音乐课辅导参考资料。1995年初，我的抒情歌曲作曲专辑《绿绿的雨》由重庆音像出版社出版发行，叶语主席曾评论说："艾蒙（我的笔名）是我市少年儿童歌曲作曲家中的佼佼者。"2000年，我的少年儿童歌曲专辑《巫山的故事在梦里》《小青蛙》（共71首少年儿童歌曲）CD激光唱盘由西南师范大学音像出版社出版发行，时任重庆市委副书记的邢元敏专门批示："像《巫山的故事在梦里》这样的作品，一定要推广，唱开，唱响。"

　　或许，冥冥中自有天意，在茫茫人生的拼搏和探索中，随后和重庆出版社共事合作的一段音乐人生，也成为了永远定格在我内心深处的美好记忆。

　　我亲身参与争取、组建的重庆出版集团天健电子音像出版社，相对纸质媒体的图书出版来说，出版队伍更具有年轻化、专业化的特点，出版工作的科技含量也更高。一方面，音像电子网络出版在当时是一个新兴产业；另一方面，音像电子出版物市场盗版又十分猖獗。为了使出版社工作尽早打开局面，尽快上一个台阶，天健社少而精的年轻团队真可谓是摸着石头过河地开篇布局。出版选题是出版社的生命，选题的精心策划，精准定位，着力打造精品更是出版社工作的重中之重！为此，他们向我发来了热情的邀约。

　　2007年，我的原创器乐曲《嘉陵江水》，展现了嘉陵江的历史风貌和历史变迁，讴歌了嘉陵江作为母亲河与人民的感情。作品具有浓郁的巴渝风情，被四川爱乐乐团看好。为此，乐团的负责人专程到重庆和我洽谈，成立了7人小组，负责乐曲的编曲，还从北京聘请了优秀的青年指挥家，负责乐曲演奏。但因社会筹集出版资金的落空，致使作品由乐团演奏流产。重庆出版集团天健电音社果断出手，及时申报出版选题，先后获"国家十一五重点音像制品规划项目""党的十七大重点音像制品项目""国家农家书屋推荐目录""重庆出版专项基金资助项目"。由于出版社对作品的精心打造，在上海国际图书博览会上，原创器乐曲《嘉陵江水》CD激光唱盘受到不少参展者的青睐。

2011年，我的原创器乐曲《将军》，作品以新民主主义革命为题材，成功塑造了中国共产党将军的音乐形象，乐曲具有浓郁的民族特色，具有较强的艺术性和收藏价值。天健出版社通过对选题充分论证和精心策划，拟作为精品加以打造，并及时申报。当时，我已退休且罹患乳腺癌，正在化疗中，时任重庆市新闻出版局局长杨恩芳到家看望我时，非常高兴地对我说："芳宪，《将军》选题非常好！局里马上就要批下来了！"随后，选题又入选"重庆出版专项基金资助项目"。

为满足市场需求，天健社又将我曾经入选"国家十五重点音像制品规划项目"的少儿歌曲专辑《巫山的故事在梦里》提上出版日程，交由国内一流的动漫制作室制作动画，出版了《巫山的故事在梦里》VCD激光视盘，收到了较好的社会效益和经济效益。同时，为填补少年儿童歌曲空白，天健社适时出版了我的少儿歌曲作曲专辑《乡村校园歌曲》CD激光唱盘，再次入选"国家农家书屋推荐目录"。

为弘扬社会主义主旋律，2017年，充满创作激情的我又创作了器乐曲《丰年》专辑，作品具有浓郁的民族特色，表现了东西方不同的艺术风格，天健社非常看好作品的艺术价值和收藏价值，于2018年初正式出版发行。同年，为纪念香港回归20周年，汶川大地震10周年，颂扬新时代社会主义祖国的大好河山，我满怀信心，又将原创器乐曲《梦圆》和《格桑花开》交付给了天健社，拟在今年年底出版发行。

实践证明，一个优秀的电子音像出版社，除了要有优秀的领头人，还要有一个高知识高技能的出版编辑队伍。天健电子音像出版社有今天的成长和业绩，都因为他们具备了这两个重要因素。借此机会，我要衷心感恩这么多年来天健社给予我的支持、帮助和厚爱！我的音乐人生之旅，我的昨天、今天和明天的每一个音乐成就，都有来自天健社的鼎力相助和关爱！特别是近几年来,重庆出版集团在高效、务实、廉洁、团结的领导班子带领下,全集团上下风清气正,团结勤奋,尤其在今年疫情来袭的境况中,重庆出版集团充分发挥精卫填海的大无畏精神,努力走出灾情困境。

  白驹过隙,时光荏苒,转眼间我已是退休10多年了,我感恩且庆幸,我的音乐人生之旅有幸搭载上了重庆出版集团这艘远航的巨轮,我得以和这艘巨轮风雨同舟,同舟共济。我深信,它必将满载着希望和梦想,驶向辉煌的彼岸!

水调歌头·重庆出版社七十周年

李蜀霖

千古典籍事,刊刻助流传。诗文万卷存世,点点润心田。回首渝州编纂,也历冰霜雪雨,行走自多艰。胸有凌云志,一步一层天。

东风劲,群雄起,竖征帆。弄潮商海,扬手斩浪不回还。坚守传承高地,播撒文明星火,百姓赞连连。把酒南滨路,来日奉宏篇。

我与重庆出版社的缘分

林文郁

引 子

说到火锅,人们就想到了重庆。这也不奇怪,不说悠久的中国火锅历史,单说以毛肚火锅为滥觞的重庆火锅的历史,也有100多年了。至于说激情四射的重庆人对激情澎湃的重庆火锅的爱,可以这样说,从毛肚火锅发端的那一天起,经过抗战的洗礼与20世纪80年代的复苏,到如今,绵绵无绝期。火锅,一直是重庆人的最爱,乃至于大街小巷无不开满大大小小的火锅店。当年的火锅之城,如今的火锅之都,名实两相副——"一方水土养一方人"之说不虚矣;说到重庆火锅的味道,更是三个字:不摆了;两个字:安逸;一个字:绝!——红汤清汤两重天,醇厚浓郁世无先;红汤麻辣惟巴渝,清汤巴适味道鲜。

与重庆出版社的缘分始于2013年。那一年,我编著的《火锅中的重庆》由重庆出版社出版发行,一不小心,此书成为重庆乃至全国研究重庆火锅历史文化的第一本专著。

话还得从头说起。2009年春的某一天,在与同学赵光明(也是重庆出版社资深编辑)的侃侃而谈中,提及到地方文化的挖掘与传承。我们从华严寺谈到巴蔓子墓,从民风谈到食俗。投机中,重庆火锅成为共同的话题:"何不写一本谈及重庆火锅的书!"于是,我们谈到了以什么方式来写的问题与不同的关切点,从而促进了我编写这本书的决心。

  为此,我开始了对重庆火锅源头的考证,经过3个年头的"埋头故纸堆,抬首新网络"的收集、整理、研究,使我渐渐理清并接近了重庆火锅的真正源流及其他,写出了35万字的《火锅中的重庆》。

  编著这本书的初心很简单:正本清源、守疆固土、传承光大。即整理出最接近重庆火锅源头的真实,理清与解析重庆火锅的前世今生与文化密码。

动　机

  要编著这本书,是因为:

  一、重庆火锅事业高速发展,文化挖掘相对滞后,乃至于一有风吹草动,就有些摇晃,如源头、文化、档次等。

  二、同一件事或曰同一现象,各种说法、概念各异、莫衷一是,使人困惑、无解;需要厘清线索与脉络,也需要挖掘历史表象后面的深厚文化,如自从20世纪80年代重庆火锅第二次复兴以后,关于重庆火锅的起源及历史却众说纷纭,莫衷一是。就笔者所见,就有认为重庆火锅来自船工的伙食方法——连锅闹,来自江岸码头的小商作为——闹龙宫,来自远古巴人祖先的烹饪方式——和锅,来自街头担子摊子——水八块等等。那么,重庆火锅究竟是什么方式演绎而来？究竟是在哪个地方诞生？重庆的第一家毛肚火锅店是哪家？这些问题值得回答,值得研究,值得探讨。因为只有这样,才能使重庆火锅的文化遗传基因恢复或者接近正常,才能使重庆火锅健康成长乃至延续万代而不衰,真正做到:江湖不灭,渝菜千秋;生命不息,火锅不止。

  三、当时所能见到的研究及整理重庆火锅文化的现实与全国唯一的火锅之都的"国字号"荣誉不相匹配。大量关于重庆火锅的研究,只存于个别散落的文章之中,多是只言片语,且语焉不详,甚至不乏错误及含混,缺乏系统及认真的研究,所写文章严重缺乏厚重感与历史感,更缺乏说服力。

过 程

为此,我确定了编著原则:以史实为依据,以史料为准绳。

于是,我开始了对重庆火锅源头及文化的考证,经过3年"故纸堆、新网络"的查询,经过对图书馆、档案馆、文字、影像、图片、绘画及亲历者的探访、找寻,我渐渐理清了重庆火锅的源流及文化,终于成就一部为家乡文化尽点绵薄之力的专著,写出了35万字的《火锅中的重庆》一书。

特 点

《火锅中的重庆》具有如下特点:

一、此书第一次为百年重庆火锅历史"断代":(孕育期1821—1911年、发生期1912—1937年、发展期1938—1949年、断档期1950—1977年、恢复期1978—1989年、扩张期1990—1999年、繁荣期2000年—现在);

二、实证性。此书以大量的历史图片、绘画、文字资料加以论证,做到凭史实说话的原则;

三、文献价值。此书第一次比较全面地收集、整理了历史资料;

四、写作方法上,此书是一部带有学术性的通俗读物,故通俗、易懂、风趣、轻松,读来饶有兴致。

意 义

《火锅中的重庆》一书出版发行,至少具有如下意义:

一、此书对重庆火锅百年历史的勾勒相对清晰,阶段特征的概括也相对明晰,文化气质的描写也相对突出,读后使人容易了解、掌握;

二、此书对蓬勃发展的重庆火锅事业有"锦上添花"的支撑作用;能为重庆餐饮事业的大发展添砖加瓦、夯实文化基础;

三、此书在文献、学术、思想等方面也具有一定的开拓价值,对于传承健康的重庆火锅文化具有重要的现实意义。

尾　声

此书出版发行后,重庆市商业委员会专门举行了图书首发式,重庆市各大媒体都竞相报道,随后新华社、中国新闻社、《人民日报》及新加坡、香港有关媒体也积极跟进,或报道或转载,在社会上引起强烈反应,受到普遍欢迎。图书上市与上网后很快售罄,被大家广泛赞誉,称之为"重庆火锅的奠基之作"。此书也极大地夯实了重庆地方文化特别是饮食文化的基础,使具有重庆第一文化符号的重庆火锅文化得到进一步的传扬。

毋庸讳言,地方文化的传播得益于全社会的共同参与。就一部著作而言,则得益于作者、编者及出版社的共同配合与协作。作为地方重要出版力量的重庆出版社,一直致力于对本土文化的挖掘、整理与介绍。《火锅中的重庆》一书的出版就是很好的一例,它为弘扬重庆饮食文化做了一件实实在在的、有意义的工作,正是出版社的见识、参与与努力,才使重庆味道的好声音越传越响、越传越远。

在成书过程中,责任编辑赵光明提出了不少好的建议,使本书的思路更清晰、眼界更开阔。他当时正对汉字着迷,写了不少对汉字的见解。区别他人对汉字的"训诂"与"考据",他独辟蹊径,望"文"生义,其对单字的解析别有情趣。如他对"烫"字的解释,活灵活现,惟妙惟肖,十分贴切,我便采取"拿来主义",融入《火锅中的重庆》中,既增加了此书的文化厚度,也增加了此书的审美情趣。当然,他也责无旁贷地成为此书的副主编。

这之后,我与出版社有了更深度的合作。2017年,我编著的《重庆味道》出版发行,在同年全国"一带一路"伊尹美食图书评比活动中荣获提名奖,是当时重庆市唯一入围图书。2020年,由我与陈小林编著的《重庆江湖菜大典·每天一道江湖菜》出版发行。我相信,随着党和国家对传统文化的重视及对地方文化的宣传,随着出版社对地域文化的进一步挖掘与整理,这美好的缘分还将继续下去。

我的世界客车之旅

王　健

我的第一部客车著作《世界客车图解指南》是由重庆出版社2000年出版的,它不仅是我个人客车专业领域的重要起点,也是中国客车行业(特别是客车制造领域)第一本系统展示世界客车产品的大型图鉴式中文图书。这本书引发的第一个现实应用案例是:大陆地区第一辆美国校车就是根据《世界客车图解指南》来订购进口的,重庆美心防盗门公司的老板是一个汽车收集者,他看到《世界客车图解指南》介绍的美国校车之后,萌发想买一辆美式校车作为职工通勤班车的念头。秘书就到处找作者的联系方式,看到封面作者信息上面有中国公路学会客车分会,于是找到学会领导咨询购买图书上的校车,学会领导告诉他作者就在重庆,于是联系到我。我很惊讶,这是美国制造的客车,中国市场没有,最后他们通过中美合资企业的身份进口了一辆校车。这辆雪佛兰蓝鸟(Blue Bird)校车在重庆上路后,立刻成为城市里一道流动的风景线;10多年后,这辆校车又成为中国编制校车标准的样板车辆,全国各地的客车专家来渝现场体验,校车在洋人街公园里的众多豪华汽车阵容中也特别引人注目。

《世界客车图解指南》为国内客车技术人员打开一扇窗口,帮助他们了解世界客车行业的状况,有助于国内客车制造商把握全球发展潮流,具有很高的参考、实用价值。配合图书出版还推出多媒体光盘《客车世界》,特别受企业设计人员欢迎。

《世界客车图解指南》还成为国内一起客车座椅法律纠纷案的参考依据。被告座椅厂家联系我,要求说明图书中的某一座椅图片资料的出版时间,因为原告在这本书出版后,依照图书中某一车型座椅造型申请了中国专利,被告将图书出版时间作为引证，反驳抄袭原告专利。

中国客车专业领域的图书资料奇缺，客车行业主要依赖自主研发，缺乏国际客车产品资料，中文世界只有《香港巴士手册》。直到20世纪80年代才有少量日本、匈牙利进口客车作为旅游和公路客运车辆，20世纪90年代开始引进欧洲客车产品，1995年成渝高速客运的兴起，标志着中国客车制造进入一个新的历史转折阶段。从这个时期开始，我为《重庆日报》撰写了《豪华大客车：成渝路上竞风流》（1996年1月21日第一版"新闻大视角"），为配合交通部在重庆组织召开"全国高速客运发展战略研讨会"，我在主编《汽车城》杂志时，特别编辑出版过一期《成渝捷运》专刊；当时主管重庆工业的黄冶副市长致力于促进中国高等级客车项目，委托各种关系搜集了欧洲客车制造商的产品样本资料，他把多年来搜集到的国外客车样本送给了我。我在《电脑报》杂志社工作期间，创办了大陆地区第一个中文《汽车城》网站，记得是在重庆直辖市政府机构正式挂牌的前一天，李德水副市长在政府办公厅的会议室宣告《汽车城》网站开通，并希望重庆的汽车工业企业驶上信息高速公路。利用互联网，我可以收集、翻译大量国外客车产品资料，终于编辑成《世界客车图解指南》一书。

重庆出版社《世界客车图解指南》的出版，奠定了此书在中国客车行业的信息权威地位。2001年，总部在比利时的世界客车博览（Busworld）进入中国，组织世界客车亚洲展览会（Busworld Asia），他们也是依据《世界客车图解指南》来邀请我担任"21世纪中国客车工业与中国客运发展战略高峰论坛"的主席；同年我组织中国代表团到比利时参观世界客车博览欧洲展览会（Busworld Kortrijk），并开始参与到中欧客车行业的技术交流与项目的商业合作中。

2002年以来，我编辑出版了"中国巴士与客车"系列年鉴书，具体包括《中国巴士与客车：巴士快速交通指南》（2005）、《中国巴士与客车：年度客车报告》（2006）、《中国巴士与客车：车型索引》（2007）、《中国巴士与客车：发展历程》（2008）、《中国巴士与客车：国际化与市场营销》（2009）、《中国巴士与客车：制造商竞争力调查》（2010）、《中国巴士与客车：智慧巴士及解决方案》（2012）等8册，这些专业年鉴书都收录在《中国年鉴全文数据库》（CYFD）。

从重庆出版社出版的《世界客车图解指南》启程，到上海的世界客车亚洲博览会

(Busworld Asia)、比利时的世界客车博览欧洲展览会(Busworld Kortrijk);从印度的孟买到班加罗尔,从土耳其的伊斯坦布尔到伊兹密尔,从俄罗斯的下诺夫哥罗德到莫斯科,从哥伦比亚的麦德林到古巴的哈瓦那,从印度尼西亚的雅加达到哈萨克斯坦的阿拉木图;我的客车之旅遍及美国、英国、法国、德国、瑞典、荷兰等地,服务中国客车制造与运营管理企业;20多年的客车专业经验累积,也被媒体称为"中国客车先生",并成为世界客车研究院(Busworld Academy)的中国籍专家、国际公共交通联会的亲善大使,让我感到最自豪的是近10年,在世界各地的客车展览会上,为越来越多的中国客车制造商站台和代言,就像游客在世界各地的道路上看到中国客车一样高兴。

20多年过去了,庆幸的是《世界客车图解指南》仍然受到读者的关注,在孔夫子旧书网上还有《世界客车图解指南》在流转;在互联网的一些客车专业群组中,居然有电子扫描文件共享(虽然既不是出版社授权,也没有经过我的同意)……

感谢重庆出版社选择并出版我的《世界客车图解指南》!

重庆出版社出版我的
《1949：川东，川东》

陈启兵

由重庆出版集团、重庆出版社正式出版的32万余字长篇纪实小说《1949：川东，川东》送达我手中的那一刻，头脑中生起的第一个念头是："一场马拉松式的长跑，终在此时有了个结局。"唇边尚有绒毛的帅气快递小伙言："你就是作者老师！"语气与神情，明显透露出钦佩。如今尚有人特别是年轻一代看重文学与文学作者，无疑彰显出不管世事如何变幻，文学依然有其顽强的生命力。

我故土系渝东云阳城，年少时常听他人讲述活动于渝东的川东游击纵队的血火故事。随着年龄的增长，对世事认识的参透，我感悟到川东游击纵队特别是江竹筠夫君彭咏梧创建、领导的奉大巫支队的悲壮历程，类似苏联反映达曼游击军的名篇《铁流》。鲁迅先生对达曼游击军与《铁流》高度评价，约请当时尚在莫斯科的翻译名家曹靖华先生译成中文本，鲁迅亲自校编，并由曾任中共最高领导人的瞿秋白写序言。

20世纪90年代中期，我赴下川东奉大巫支队活动主要区域奉节县寻找尚存于世的游击队员。为便于我在奉活动，中共重庆市委党史办《红岩春秋》杂志社给我开具了介绍信。最终收集到的第一手原始素材，写满密密麻麻两大本，奉节党史办也提供了相关党史资料。回到重庆主城后，即着手案头准备。

根据对采集到的诸多原始素材的深度消化，对这支队伍的把握，我思绪上感到如同军旅作家黎汝清先生反映红西路军的长篇历史小说《碧血黄沙》中的一句名言：

"历史的尘封似乎覆盖了一切,就像黄沙湮没了楼兰古国,但终究不会久久湮没,经过岁月激流的冲刷,它像泉边岩石那样更加清晰地显露出来。"

毫不夸张地说,就是把这支队伍放在整个中国革命史上,也是功勋彪炳。这支队伍的发生、发展、壮大,系由中共上海局下达指令,在国民党大西南防线、蒋介石视为心患、紧要处的三峡腹地插上一把尖刀、燃烧烈焰大火,控扼三峡出口,阻滞国民党将四川兵源、粮源运送出川,缓解人民解放军正面战场压力。这支队伍出生入死,累立奇功,引起国民党各级政权犹如骨鲠在喉,惶然不安,痛下杀手,重兵"围剿",除之后快,致使这支队伍损失殆尽。

改革开放后,思想活跃。就文学领域而言,伤痕文学、反思文学、寻根文学、先锋文学、新写实文学等,轮番登场,各自演绎。文学圈内朋友劝言:"你要做的这种选题,已经潮落,不合时宜。"就连出生于奉节本土的朋友也言:"你咋个还要做这种选题?"我当时很敬重的石油重庆仪器厂朱姓朋友善言:"莫做无用功!"

但我自认是做一件有意义之事,执意而为。先写出反映奉大巫支队的万余字短篇,继写5万余字的中篇,先后被《中华儿女·海外版》《文学大观》《厂长经理日报》《现代工人报》《西南经济日报》等媒体单篇或连载推出,赢得编者与读者关注,有的媒体还转给我读者来信。接下来,便通盘构架,欲做长篇。

如果囿于党史资料,除了所写文字会被人视有剽窃、抄袭之嫌,阅看亦会味同嚼蜡,欲要出版,除得自掏腰包,且会是读者寥寥。一部好的作品,若要富于感染力,无疑得运用文学元素,遵照大事不虚、小处不拘的原则,定位纪实小说,使用了人物刻画、环境描写、场景烘托、气氛渲染等文学笔法。这亦是流行文学文本,如央视高收视率的《周恩来在重庆》《长征》《延安颂》《历史转折中的邓小平》等等,所使用的表现手法。

定位确定,迅行动手。白天公干,每晚以2000字的速度,用半年多的时间拉出40余万字的第一稿《毁灭》。时逢重庆市掀起弘扬红岩精神活动,我所写长篇与之合拍。我将此书送到重庆出版社文艺编室,继之按时任文艺编室主任的杨希之先生所提方案"手术",杨先生看重此书,又亲自动手操刀,重写内容提要。《重庆日报》头版发布的即将出版发行的几部红色革命书籍,《毁灭》列于其中。很遗憾,此次因故未能最终出版发行。

  我很佩服畅销书作者,他们算得上"市场英雄",善于吸纳市场信息,把准市场动向,掌握市场脉搏。把自己的作品纳入到我们这个特殊文化背景和社会背景下来推广,其书动辄发行几万甚至几十万册,从而为自己赢得空间,增添财富。自我衡量,我所具备的能量,达不到畅销书作者行情。但我会始终赞同并拥戴习近平总书记所言:"中华优秀传统文化是中华民族的精神脉搏,是涵养社会主义核心价值观的重要源泉,也是我们在世界文化激荡中站稳脚跟的坚实根基。"我的理解是习近平总书记此言核心要点在于文学艺术要释放正能量。我所写所书,当然属正能量之列,释放只是个时间过程而已。

  2012年天气转热之际,我阅到《作家视线》报上发布的关于重庆市扶持重点文学作品创作签约的通知,但我阅到之时离申报截止期只有几天时间了。抱着试试看的心境,拨通承办部门电话,并按接话的重庆市作家协会工作人员陈梅小姐吩咐,先到居住区域的江北区作协签字、盖章,由我自己速将再稿名曰《烈焰三峡》的书稿送达具体承办部门。半个多月后,我接到市作协电话通知,吩咐我与专家组成员之一、重庆出版集团、重庆出版社原副总蒲华清直接联系。我向蒲总致谢,蒲点头答曰:"专家组一致认为这本书有价值!"当我与蒲华清、出版社部门负责人杨耘会聚商谈修改意见时,杨耘当面宣读专家组通过评语:"……选题特殊,靠情节发展、人物刻画取胜,其中陈太侯、吴伦碧、宋海清刻画最为成功……"当盖有重庆市作协鲜红大印、党组书记王明凯亲笔签名的一次性资助5万元人民币的签约合同证书到达我手上时,旁人说我脸上笑容灿烂。陈梅小姐对我言"申报的太多了,挺不容易的"。

  重庆出版集团、重庆出版社接受了书稿出版,最后商定书名为《1949:川东,川东》。原稿中因特殊时期所发生的主要人物最终命运走向、令人扼腕的事件,均有其历史本来面目和具有人物命运走向的原生态文学价值。重点图书编室领导人与我交流言:"你没有捏造,是事实,我们也知道,但不宜公开披露,必须舍弃不要。"我接受善言,最终删去没用。

  最后确定的本书责任编辑为重庆出版社重点图书编室的徐飞小姐,系该社新锐力量。几个月后,中共重庆市委宣传部给重庆出版社关于《1949:川东,川东》书稿专题报批的批复和重庆市重大历史题材项目审读领导小组办公室"渝审读办(2014)11号"关于《1949:川东,川东》书稿的审读意见转到我处。审读领导小组办公室在写作上予以充分肯定,称:"……作者在收集、消化和融会奉大巫起义的史料上下了很大功夫,小说文字流畅,人物个性鲜明,形象饱满,情节高潮迭起,写景状物颇契合当时当地特色,以艺术之笔,细致入微地展现革命先烈们忠于革命,艰苦奋斗,甘于奉献的精神。全卷展读完毕,下川东风土人情宛似历历在目。这些都为近年同类型作品中所较少见……"按审读意见所列书中不当与错误,我作了最后的修改。

重庆出版集团为扶持和培育本土原创文学人才,设立"巴山夜雨原创文学作品出版基金",专门用于资助出版渝籍作家、在渝工作的签约作家和集团特约作家所创作的优秀原创文学作品。我又填写了"巴山夜雨原创文学作品出版基金"表格。

此书真算蹉跎岁月,当初写作完稿虽只用了半年余,而等待、选择时机、审读,前后达10余年。如此漫长的时间内,不时苦思苦想,面壁思索,真得要有顽强的意志与毅力,但我不弃不离,坚持了下去。真算是凿山九仞,终成一事。我到解放碑、观音桥、沙坪坝等处新华书店选购自己所需的图书时,看到《1949:川东,川东》均是置于售架醒目处,内心感言:正是在于重庆出版社的给力,此书才最终面世。

我们的特色十年与重庆出版
——写在重庆出版社成立70周年之际

胡 方

"夜发清溪向三峡,思君不见下渝州。"重庆,作为西部唯一的直辖市,有着大城市、大农村、大库区并存的特殊市情,经济社会发展的不均衡、城乡二元结构的现实差距,使得不同群体享受优质资源的机会不均等现象客观存在。

2006年,重庆市总人口3200多万,其中2300万为农村人口;中小学8000多所,其中农村学校4000所左右。这一年,重庆"两基"人口覆盖率已达到100%,学校硬件得到巨大改善,教师工资和学校办公经费有了财政保障,但老百姓对优质教育的现实需求与社会优质教育资源不足的矛盾却日益凸显。

面向未来,重庆基础教育的突破发展之路该怎么走?

2006年,重庆市教委牵头在全市范围内组织开展了全国教育科学规划"十一五"重点课题"中小学特色学校发展战略研究"。项目启动之初,全市180余所学校参与研究。当时,我们对何谓"特色学校"尚存分歧:如学校足球队多次获奖算不算特色?如传统的优质学校各项目发展均有成绩,拿什么来作为特色?当时,各学校对能否建成特色学校尚存犹疑:学校是民工子弟定点入读学校,生源不理想,能建设特色学校吗?学校校舍陈旧,连个像样的大门都没有,可以建设特色学校吗?学校教师专业水平参差不齐,靠什么建特色学校?……

面对这些争议和问题,作为在全国率先推进特色建设的我们,找不到一本专业的书籍可以参考,也没有人给出一个公认的标准答案。从特色建设的理论基础入手,如何在学校变革的视域下理解特色学校建设,如何在多元文化的背景下开展特色建设,特色学校的内涵、特征、要素、发展战略……我们探索构建了特色学校建设的理论体系和实践模式。2008年,时任重庆市教委副主任的钟燕女士和华东师范大学郑金洲教授为我们做序的《学校变革之特色学校发展战略论》在重庆出版社出版了。一本装帧设计并不那么"高大上"的书,成为了重庆乃至全国特色学校建设的理论破冰船!也许是为了体现与其他凑热闹的诸如《特色学校100例》之类的书籍的不同,编辑在装帧上为我们选择了在今天看来仍然觉得十分"严肃"的深咖啡色……当然,这也确实是我们选择的路!

问题越多,思考也就越多;思考越多,解决办法也就越多。我们以课题研究为核心,以研究机构为纽带,构建了纵横联合推进模式。我们以理论学习为先导,充分发挥专家团队的引领作用,聚焦特色建设不同阶段的关键命题进行专业探讨。我们以实验学校为主体,学校师生员工全员参与,在对学校资源进行全面梳理诊断的基础上,找准特色定位与突破口,系统建构,全面优化。

"忽如一夜春风来,千树万树梨花开"。九龙坡区杨家坪小学以书法特色为突破口,"立字立人";北碚区中山路小学挖掘书院文化历史,"国学立品,双语达人";沙坪坝区金沙街小学以集邮为载体,"方寸修身";南川区鸣玉中学挖掘所处区域中"牛文化"资源,"不待扬鞭自奋蹄"……一大批薄弱学校充分挖掘学校的传统与优势,以特色建设为突破口,全面推进学校整体改革,在优化教育资源的过程中最终形成了自身特色,成为了新的优质学校。2010年,我们即将迎来全国教科规划课题的结题评审会,如何反映前期的建设成果,向专家、向兄弟省市的同行进行交流展示?重庆出版社为我们设计并出版了"1+N"的"中小学特色学校发展战略研究"系列成果。"1"是时任重庆市教委副主任钟燕女士主编的《特色学校:教育发展的内涵突破》,"N"是一批特色中小学的成果专著,有特色教育体系化建设的成果,"与学生脉搏一起律动"的巴蜀小学律动教育,"为智慧而教"的大渡口实验小学启慧教育,"让学生学会担当"的南坪实验小学责任教育;也有反映学校特色建设历程的成果,江南小学从项目到整体建设的"走好每一步",莲光小学以文化为引领的"映日荷花别样红";更有反映特色学校要素建设的专题成果,南开中学基于"公能教育"高中特色课程,云阳中学的特色德育……每所学校的文化标识——校徽、校标都与封面设计相融合相呼应,应该说,这些书的出版,本身就是学校特色文化的一个重要组成部分!

2006—2016年,重庆特色学校建设10年整,10年的实践证明,我们在探索过程中总结形成的"政策驱动,学术引领,学校主动发展"的特色学校建设策略是卓有成效的;重庆基础教育,在全国教育界亮出了自己的特色名片。站在10年的节点上,如何走好发展的下一步? 如何让重庆的特色建设经验成为全国的规范或者说蓝本?"谁制定标准,谁就拥有话语权;谁掌握标准,谁就占据制高点。"习总书记指出:"标准决定质量,有什么样的标准就有什么样的质量,只有高标准才有高质量。"2016年,我们在重庆出版社出版了《基于质量标准的特色学校建设研究》一书,以标准引领特色学校建设的重构与创新,也开启了我们以标准建设为标志的发展新阶段。

感谢重庆出版社与我们在特色建设的道路上一路同行,去激发、去点燃;去交流、去展示;去引领、去导航。我想,这是我们共同的责任与担当,也是我们共同的成果与收获!

三十春秋情谊浓

傅开国

我有幸成为重庆出版社的作者,是从20世纪90年代初开始的。而今,我仍然是重庆出版社的作者。时间过得好快啊,转瞬已三十春秋!我常常感叹:而立之年,我能与重庆出版社相遇相识,是缘分;年逾花甲,我仍与重庆出版社相伴相随,更是为了事业发展的精诚合作与执着坚守。人道时光无声,我说岁月有痕,与重庆出版社交往的幕幕往事,渐渐在眼前浮现,从依稀到清晰,挥之不去,萦绕心间。

1989年,我从学校调到万县地区中小学教学研究室(后来的万州区教科所),因为从事的是教学研究工作,所以我写的稿子都与教学有关,自然,我同重庆出版社打交道的,是教育编辑室(教育分社)的老师们(重要的组稿改稿会议蒲华清总编也出席)。蒲总编、宋杰、赵天惠、岳芩、杨勤、叶小荣、张培华、蒋薇、李蓓、侯孝军、秦益……这些老师,他们不愧良师,堪称益友——他们的敬业精神与专业能力,让作者肃然起敬;他们的热情真诚与周到服务,让作者宾至如归。在袁家岗重庆出版社的旧址长江二路205号,那一次次畅所欲言的写稿研讨,那一次次相聚改稿的工作场景,还有那熟悉的门厅,那旋转的楼梯,那虽不丰盛但可口的工作餐,那虽不豪华但洁净的招待室,连同夏夜写稿时听到从出版社那边袁家岗露天火锅店传来豪放的划拳吆喝声,都一一留在记忆深处。时光流逝,不知不觉中,电子文档替代了纸质稿件,与编辑老师们面对面交流的机会少了,交稿点击鼠标,问候敲打键盘。但交流更便捷了,工作更高效了。仔细想来,近几年同我合作的编辑老师我们甚至都从未谋面,但这丝毫不影响工作,人在天涯,合作愉快;如若比邻,情深谊厚。

为了整合教育资源,发挥区域协作的作用,在20世纪80年代末、90年代初,重庆出版社组织川东北重庆、万县、涪陵、黔江、达县、南充六地市,多年来精诚团结,共同研究中小学学科教学课题,开发项目,协作攻关,物化教学改革成果。蒲总编和教育编辑室的老师们带领我们几个地市的教研员,辛勤劳作,"中小学生学习指导丛书"(包括《小学语文》《小学作文》《小学作文序列训练范文评析》)等等一批精品成果诞生了。这些成果,受到了广大教师、学生的热烈欢迎。这些成果,提高的是六地市这片广大区域的教学质量;收获的是一代又一代中小学生的学业进步;促进的是重庆出版社的不断发展。

  人在旅途,本来是苦差事。但是,一次次到重庆出版社,我觉得是幸福的旅程。2000年前,从万县到重庆,交通工具是坐轮船,上水正常行驶需要一天一夜24个小时。冬季遇到"扎雾",三四天才能到达也是有的。所谓"扎雾",就是江上雾浓,轮船无法航行,随即停靠,等雾消散。1992年初春,我到重庆出版社交《小学阅读学法指导》书稿,船到忠县石宝寨就"扎雾"了。乘客中有急事的,性情躁的,坐立不安。可是,我不急。我利用这次所乘轮船断断续续"扎雾"三天三夜才到达重庆的充裕时间,仔细阅读修改书稿,悠然自得。后来,记得宋杰老师(他是责编)对书稿十分满意。

  一次次乘船往渝,溯流西上,审读书稿,的确是一件快事。那次,我承担了出版社编写《小学作文序列训练范文评析》四年级分册的任务:一是组稿,征集筛选学生作文;二是修改、点评每篇作文。与我同舱室的是几个安徽的朋友,他们是出差到武汉,再往重庆的。一路上,他们打麻将混时间。船到涪陵,他们见我这一天多除了吃饭睡觉就是蜷在床上看稿子,问:"你是作家?""不是。""是记者?""也不是,我是研究语文教学的老师,在看学生作文,准备送到重庆出版社出版作文集。"于是,他们成了这本书的首批读者。先是一个,接着便纷纷围过来读作文。他们夸《挑水》中"两边的水桶和我三爷子一样高,我摇摇晃晃,肩膀好痛……"写得好。称赞《猪》的作文中这些句子写得传神:"人们常说'笨猪',其实猪一点儿都不笨,反而很可爱。我家有一头小黑猪,只要我一给它抓痒,它就立即躺在地上,慢慢地四脚朝天,觉得舒服极了,享受极了。"他们传看题目为《爸爸,您放下麻将吧》的作文。那篇作文写的是"爸爸爱喝酒,喝了酒就打我,打妈妈"的内容。作文里的爸爸"还爱打麻将,很晚很晚才回家。打牌输了,回家更要打人,我和妈妈都不得安宁"。作文的结尾写道:"爸爸,你不要打我,不要打妈妈,好吗?""爸爸,请你放下麻将吧!女儿给你跪下了。"读了这篇作文,他们有的愤怒,有的沉默。我注意到,从涪陵到朝天门下船,他们再也没有打麻将了。看得出来,这篇作文触动了他们。可以预料,这本质量不错的作文集会受欢迎的。《小学作文序列训练范文评析》1993年1月出版后,果然深受欢迎。

在与重庆出版社合作写稿的过程中,我不止一次地真切体会到:成长需要平台,成功需要激励。教师的专业成长,学生的学业进步,概莫能外。我曾带领一批批语文教师同我一道,为重庆出版社写稿——我们撰写《小学阅读学法指导》书稿,编写"小学语文学习指导"丛书,编辑重庆出版社和江苏、湖北、四川、陕西人民、北京、黑龙江、贵州、大象等全国九家教育出版社联合出版"百分百作文超市"丛书(高中、初中、小学版共5册),提炼课程改革成果专著《变革课堂教学的区域推进》,编写《小学语文学习指要》……从与重庆出版社的合作中,我收获了专业成长——我被评为"全国优秀教师"、特级教师、"享受政府津贴的有突出贡献的优秀专家"……在我带领写稿的同为重庆出版社写稿的作者群中,一个个语文教师茁壮成长,有的成为大学教授、专家学者,有的成为特级教师、重庆名师,在语文教学、教研、科研、教改中发挥着引领作用。我和他们的成长,重庆出版社提供的这方平台功不可没!

教师的成长需要激励引领,学生何尝不是!我当教研员之前教书10年,带过3个班的学生。在我教过的这些学生中,工作后当老师的比较多。于是我就顺理成章地成了许多孩子的"师爷爷"。2003年那段时间,我应邀负责《作文大本营》的"名师坐堂"栏目,常常收到重庆市内外老师们寄来的,当然也有叫我"师爷爷"的孩子们的习作,也常常接到他们的电话。一天晚上,我正在准备第二天课程改革教师培训的幻灯片,电话响了:"师爷爷,我的作文在《作文大本营》发表了。翻开杂志,那油墨的味儿好香啊!我仔细看了您修改的地方,读了您写的评语,我要继续努力,不断发表作文!这次,爸爸奖励了我两百元,我从下学期开始,就要订阅《作文大本营》……"这孩子,一口气讲了这么多!言间语里,满满的喜悦,满满的期待,满满的向上的力量。不由得想起自己读小学、读初中、读师范的时候,我天天盼作文课,盼望的其实是老师在全班念自己的作文,享受那获得成功的喜悦。感谢《作文大本营》,你让多少孩子获得了成功,喜欢上了作文!

世间人来人往,人们擦肩而过,互不知道从何而来,去往何处。但是,重庆出版社教育编辑室的老师们和我们作者,彼此知道要去往的地方——为了教育美好的明天,为了孩子们美好的未来。这,就是我们梦中的橄榄树。我们为此而坚守,而执着,而无怨无悔!

回忆往事,我很留恋,很珍惜这段与重庆出版社真诚合作的岁月。对重庆出版社、重庆出版集团为我、为老师们、为学生们搭建宝贵的成长平台,我充满了深深的感激之情。

在重庆出版社成立70周年、重庆出版集团成立15周年之际,回首来路,感触良多——

渝社成立七十年,栉风沐雨,硕果累累,天高地广,笃志已行千里路;

集团诞生十五载,继往开来,捷报频频,江阔潮平,奋楫再过万重山。

祝福重庆出版社和重庆出版集团,乘着新时代浩荡春风,奋斗精神不息,创新之树常青!

祝福重庆出版社和重庆出版集团的各位新老朋友健康快乐,工作顺利!

它是那自由的歌者

王 莉

适逢重庆出版社70华诞,《今日教育》杂志约我写一写我与刊物的故事。作为本刊的专栏作者,我欣然应允——不仅是欣然,真的是很高兴很兴奋,因为《今日教育》已然是我的知心好友,是我每个月持续发表教育观点、交流教育思想的一个与众不同的平台。说她与众不同,因为她是重庆嘉陵江畔一位自由的歌者,总是那么曼妙又奔放,那么坦荡又包容,所以我特别钟爱她。在我每个月要为之写专栏的诸多教育刊物中,《今日教育》的确是我最喜爱的一位自由的歌者。

真要提笔了才发现,其实我和《今日教育》自相识至今也不过5年多,可是为什么却觉得已然是心心相印的知心老友了呢?5年前我为多家出版社写教育书籍的书评,出版社编辑把我的书评推荐给各大报刊,有一天我突然收到一本刊发了我写复旦附中黄玉峰老师一书书评的样刊,居然是从重庆寄来的。孤陋寡闻的我这才知道身在西部的重庆还有一本这么大气、这么开放的杂志。翻开杂志我便觉得此刊与众不同,在全国各省都有的常规类教育刊物中足以脱颖而出。可是哪里不同我一时又说不上来,我把样刊珍藏起来,待慢慢回味。

直到3年后我从北京搬到了上海,采访了我当年为之写书评的黄玉峰老师,又采访了其他多位名师、名校长。这些采访直击当下的教育问题,努力探求解决之道。于是我想在教育刊物发表我的这个教育访谈录系列,我前前后后联系了10多家刊物,总体遇到了3大障碍:第一障碍,有些刊物说他们不接受非本刊记者的采访,仅此一句话便将我拒之门外,我毫无他法;第二障碍,有些刊物说他们不接受非教师身份的作者的文章。这个理由其实也很牵强,教育什么时候成了只是教师的事了呢?教育不应该是全社会的人都应该关心、参与的事情吗？就因为我不是教师身份，我就不能在教育刊物发表文章了吗？对于这样的刊物，我也无可奈何；第三个障碍，有些刊物说他们不发批判性文章。其实我的采访录只是真实地呈现当下的教育现状，并表达我的思考和受访者的观点，只是希望更多的人听到"多种声音"，一起来让我们的教育更美好。但是一些刊物都没细看文章就草率地向我关上了门。

正当我苦恼于这一系列精心准备、饱含了名师、名校长们有价值观点的访谈录无处发声时，一位名师向我推荐了《今日教育》，他说这是一本很好的刊物，你怎么不投给它呢？我豁然开朗，突然想起来这是我多年前的一位老朋友啊！我马上联系了这位名师引荐的资深编辑蒙石荣老师。没想到他和其他一些刊物的编辑大不同，第一次接触，他既没有问我是不是老师，也没有介意我非本刊记者，而是迫不及待地向我要了一篇文章看看。

我怀着忐忑的心情等待着过几天后收到蒙老师的答复，没想到当晚他就回信给我："王老师，看到文章如获至宝，您做了这么多年来我们一直想做的一件事……"一看到这句话，我就知道高山流水遇知音了。《今日教育》，这是一位和我一样对教育怀着赤诚之心的执着的歌者！这位知音绝对不会问我什么出身、什么来历，它看到了我的文章知道了，我也是和《今日教育》一样，想为教育自由放歌的人。

就这样我们一拍即合，《今日教育》连载了我的多篇访谈录之后，我收到很多朋友和读者的微信，都说非常好，这让我感到非常幸福。我做采访的初衷不是为名利，就是想真诚地放歌，自由地发声，让教育界能听到更多的不同的声音。《今日教育》帮我实现了这个梦想，它本身是一位自由的歌者，同时也是一个能帮助更多的歌者更自由歌唱的平台。有意思的是，一些之前拒绝我的刊物读到《今日教育》发的访谈录后找到我，也想发我的访谈录，我果断地拒绝了他们，告诉他们我已经心有所属。

更自由的"歌"还在后面呢，访谈录做了一系列之后，我开始在《今日教育》写家教专栏，这是我最喜欢的一块园地。其实我在别的多家刊物也写专栏，但是一些刊物总会对我进行要求：王老师您的文章不能超过多少字，必须按我们这个固定的体例来……但是《今日教育》从来没有约束过我，我写2000字也好，3000字也好，写教育叙事也发，教育评论也发。它就有这样的胸怀、气度与格局，任我随心写，让我不受约束地发挥,我就真的写出了最好的文章,展现出了最好的状态。

  我真心喜欢这样一本刊物,它虽然地处中国西部,却有着毫不逊色于沿海城市的开放与包容。我爱《今日教育》,我爱这自由的歌者!一个世界,多种声音,中国的教育就能越来越好,未来可期!

  值此重庆出版社70华诞之际,真诚祝福《今日教育》越办越好,越歌越美!

我与出版不期而遇

韦永胜

金秋十月，我的第一本扶贫专著《坪坝花开》顺利出版，恰逢重庆出版社成立70周年暨重庆出版集团成立15周年，甚是欢喜！

记得小学六年级时，语文老师在全班把我的一篇习作《童年的那条小河沟》作为范文讲了一遍，我高兴得半个月都蹦蹦跳跳的。从那以后，我慢慢喜欢上了文字，喜欢上了写作。念中学时，我就不断去寻找那一支属于自己的笔。"满分作文""高分作文""四大名著"等丛书成了我书包的常客。在老师的指导下，我用横线画上关键句子，用波浪线画上喜欢的句子，用实心点画上生动形象的重点词，还会将有哲理有感情的句子抄写在笔记本上。在读书分享会上，我可以像讲评书一样讲述《水浒传》的英雄好汉；在学校手抄报上，我会把自己的小文章给编进去；在校园广播站，我每天都会送达一篇稿子。

我坚持写作，期待有一天，我的文字会真正变成铅字。每一篇日记，每一篇读后感，每一篇作文，我都用心地去写，反复地改。凡是有资格参加的作文大赛或者有机会向杂志社投送稿子，我都不会放过。稿件寄出之后，我就会隔三差五到邮局、学校传达室静候佳音。在那悠长寂寥的场镇小巷，留下了一个不断奔跑的小孩身影。虽然屡屡失败，甚至有同学冷嘲热讽，我仍在努力寻找那一支属于我的笔。

上师范后，我遇到了现实生活中第一个将自己的文字变成铅字的老师。他是开县师范学校教授王代轩，也是重庆市作家协会会员、重庆市儿童文学家，他写的童话《一条想唱歌的蛇》获全国首届少年儿童报刊好作品一等奖，中篇小说《吃饱汤圆以后》获四川省第三届儿童文学奖，儿童小说集《滴泪谷》获首届重庆儿童文学奖。虽已毕业二十载,但王老师的满脸笑容、满手白斑、话语幽默的样子历历在目。记得他给我们上第一节课时,一口气给我们讲完了整本《一条想唱歌的蛇》。从那时起,王老师孩童般的心灵和发散思维的形象在我脑海留下深深印记。我知道了要写什么,必须进入角色,把真情实感用朴实无华的文字表现出来。从那时起,我的小文章已经出现在一些杂志的小角落,校园广播也时常播放我的心声。

后来,我当了村里的小学老师。在那遥远偏僻的小山村,语言文字就是我和那些孩子最快乐的记忆。一节节讲话课,让他们说出心里话;一节节习作课,让他们描写最快乐的童年。语文课给了他们一个快乐成长的世界,也同样给了我一个学习提升的天地。每天晚上,我都会用笔记下校园里的分分秒秒,写下孩子们的欢声笑语,悟下教育教学心得。正是由于爱学爱写,区里面的教学教研交流会议,我都必会参加。功夫不负有心人,我的文字终于变成了铅字。论文《中职语文综合性实践活动"2+2+2"教学模式探讨》在重庆市涉农中等职业学校论文比赛中获二等奖,相关书籍出版;论文《发挥科研在职教改革发展中先导性作用的研究》在《科学咨询》上发表;《省域职业教育现代化指标体系研究——以重庆市为例》《教育学视角下现代职业教育体系国家制度建设审视》在核心期刊《中国职业技术教育》上发表;参与编写《重庆市职业教育十三五发展规划》,成果被市教委采纳;《科研引领"四项改革"破解赛教"两张皮"的研究与实践》荣获国家级教学成果二等奖。

小文章的进步是我前行的动力。方块字组合的逻辑与思考,美感与享受,是在平淡中用心体会,孤寂中用心感受,盛宴中用心品尝的一大乐事。2017年,我与重庆出版社不期而遇。我参编了《〈中等职业学校学生公约〉学习践行指要》《民办教育供给侧改革研究》《一起学汉字》,主编了老年扫盲语文读本《能说会写》,这些都是重庆出版社出版发行的。儿时的梦想,就在这不经意间却又很用心的场景下实现了。但是,不知为何,我心中却始终高兴不起来。

主编不是独著,我要完成一个人的书。这才是写作之梦要到达的地方。正当我徘徊不前的时候,在一次工作之余闲聊,重庆出版集团的王梅老师一本正经地给我讲:"韦老师,扶贫工作是国家当前的大事,也是全世界消除绝对贫困的伟大事业。你恰有幸参与脱贫攻坚,站在脱贫攻坚战的最后一公里,面对群众,面对困难,面对人心和人性，应该有很多切身体会，有更多感人至深的故事，这么好的题材和经历，为何不抓住机会写一本扶贫专著，把中国扶贫事业的点点滴滴浓缩于一本书呢？"她的一席话如醍醐灌顶般叫醒梦中人。扶贫工作中的每一件事，我都参与；每一个困难的解决和突破，我都践行；每一份酸甜苦辣，我都历历在目。习近平总书记站在全面建成小康社会、实现中华民族伟大复兴中国梦的战略高度，把脱贫攻坚摆到治国理政突出位置，提出了一系列新思想新观点，作出了一系列新决策新部署，推动中国减贫事业取得巨大成就，对世界减贫进程作出了重大贡献。全国各地在党中央的坚强领导下，建立了一系列行之有效的扶贫政策和实施机制。我能够用最详实最真实的文字把它记录下来，用小小的露珠折射中华民族在脱贫攻坚战上取得的伟大胜利，是多么棒的事情啊。

从2019年初开始，我对前两年的扶贫工作随笔加以整理和提炼。在重庆出版集团王梅、钟小恬等人的指导和帮助下，在重庆市教育科学研究院的大力支持下，《坪坝花开》于2020年7月初稿审检结束，10月底顺利出版。

当我手捧着这本沉甸甸的《坪坝花开》时，心绪万千。工作不仅仅要好好干，干出成绩，更要不断思考和创新，最好能变成文字，不仅仅是记载和还原当时工作的情境，更是创作时的深入思考，有利于工作经验总结和推广。这本书不仅仅是我个人工作的积淀，更是重庆出版社、重庆市教育科学研究院在扶贫工作上理论与实践相结合深入研究的呈现。

书籍是人类进步的阶梯，是人类文化传承的主要途径，更是无数人追逐梦想、实现梦想的载体。重庆出版社担当历史大任和助推社会文明发展，用七十年如一日的坚持与奉献，不忘初心，追求卓越，在中华民族伟大复兴的道路上，贡献着出版人的智慧和力量。

十年情系《职教新航线》

卢元胜

结缘《职教新航线》，已有10多个年头了。走过的岁月，留下了该刊编辑们对我校师生的深情厚谊，留下了我和学生笔耕不辍的奋斗足迹，更留下了职教苑里艰苦跋涉的文学梦。弹指一挥间，10年匆匆而过，幕幕往事，历历在目，仿佛如昨。

初识《职教新航线》，是在2009年的初夏。那时，我刚从区县调到重庆市旅游学校任教，并担任学校校报《职苑》第4版编辑。一天，我批阅学生的周记，惊喜地发现了一篇文采较好的文章——《我心中的秋色》。稍加修改后，我就将它登载在当月的校报上。

作者看到自己作品得以发表，欣喜不已，写作的兴趣得以激发。作为语文老师和校报编辑，我突发奇想：能否为我校中职学生的佳作找到一个更高的平台？

正当我寻找无门时，学校编辑部赵洪建总编向我推荐了专门面向职业学校的刊物《职教新航线》。我豁然开朗，如鱼得水。说干就干，将学生周记《我心中的秋色》发到《职教新航线》投稿邮箱。一个月后，作者收到了稿费和杂志，全班同学都争相传阅当月的《职教新航线》。星星之火，可以燎原。此后，同学们的写作热情空前高涨，中稿文章越来越多，一篇，两篇……数十篇文章登载在《职教新航线》上。

是啊，处于弱势的中职学生，多数是中考时名落孙山的失望学子，是家长经常责骂鄙夷的"不肖子孙"，他们能在公开出版的刊物上发表一篇文章，是多么荣耀，多么自豪！这也许是他们人生的一道亮光，驱散了心灵久积的阴霾；这也许是前行的航标，指引他们奋进的方向。

2009年12月，我被借调到重庆市教科院职成所中职技能大赛办公室工作。一个偶然的机会,我认识了《职教新航线》当时的编辑朱永诚老师。那时我刚写好一篇文章,名为《职高生,我为你们喝彩》,自认为文笔流畅,感情真实,发表应该没有问题。

我把文章发给朱老师审阅,静候佳音。没想到,朱老师大刀阔斧、毫不留情地进行了删减,将1200字的文章精简为600多字。朱老师鼓励我用简单、流畅、较有文采的语言去叙述一件事情,甚至还建议我再去读《聊斋志异》,感受书中精练的语言。

聆听他的教诲,当时真有"如听仙乐耳暂明"之感。此后,我反复琢磨朱老师的建议,并在以后的写作中不断践行,确实受益匪浅。

随后,朱老师退休,我又认识了《职教新航线》的年轻编辑李欣先生。每遇全国中职学校技能大赛,李编辑总是提前通知我,让我把学校优秀的获奖选手事迹撰写出来;学生即将毕业,李编辑开辟了《毕业季》栏目;学生走上实习岗位,他们又开辟了《实习正当时》《职前实验室》等栏目;学生技能优秀,可上《酷我小匠》栏目;学生成长遇到烦恼,可以关注《轻松超链接》栏目……

2020年,面对突如其来的新冠肺炎疫情,李编辑更是迫切关注学生的网课学习和顶岗实习,频频预约相应稿件,让《职教新航线》真正成为了中职学生成长的指南。

在与《职教新航线》编辑接触的过程中,他们做事细心负责的态度让我印象深刻。每次稿费寄出前,编辑总会先在QQ里通知我:"你的文章《×××》已发第×期,稿费×元,请注意查收,谢谢!"有的学生发表了文章,但外出实习,无法收到稿费,编辑也总是尽力联系作者或指导教师,让学生能尽快领到报酬。

这些年来,我有幸成为《职教新航线》的特邀作者,多篇文章在上面登载。2019年,在李编辑的建议和指导下,我的第一部短篇小说《来自腾冲的孩子》,几易其稿,最终成功登载在《职教新航线》上。每次拿到散发着墨香的期刊,别具一格的版面设计、创新有趣的新增栏目首先吸引着我。然后,我再对照登载的文章与我发出的文章的差异,从标题、正文到排版,每次我都暗暗惊叹编辑们的创新用心、精益求精。

十载芳华,笔墨留香。每篇文章的登载,都离不开他们的精心付出;每位作者的成功喜悦,都浸透着他们的辛劳汗水。

感谢《职教新航线》,它是中职学生健康成长的陪伴天使;感谢编辑,你们的付出,是职教师生文学梦想的得力助手。

结缘图书出版,遇见最好的自己

田博文

我与出版结缘,已经有近20个年头了,在重庆出版社70周年社庆之际,我在大脑里不止一次地重温了我与重庆出版社天下图书公司邂逅的点点滴滴,心中涌现得最多的是激动、是兴奋、是感恩!

我出生在农村,父母都是农民,有左邻右舍的援助,我才有机会踏入大学之门,这些经历在我脑海里深深地印下了9个字——重教育、重乡情、懂感恩!为此,我不断地提升自己的能力,送走一批又一批毕业生,工作之余努力写出一本又一本高质量的畅销书。另一方面,我也竭尽所能地帮助一些家乡的孩子。

一、大学毕业结缘出版

2001年我大学毕业进入重庆11中,2002年调入重庆巴蜀中学。在重庆举目无亲的我,一心扑在教学上,课余仅剩的一点时间我几乎都用在写稿上,不停地向《课堂内外》杂志社投稿,我的诚意打动了周永才主编,我也有幸结识了重庆出版社天下图书公司的前身——《课堂内外》教辅编室。

二、支教归来天下成立

我的底子薄、起点低,但能吃苦,也勤奋,2003年我响应重庆市教委的号召,主动到开县支教。到2004年支教回来,这期间我一直在为《课堂内外》教辅编室写稿。2005年,重庆出版社天下图书公司正式成立了,我第一时间成为重庆出版社天下图书公司的写稿作者。多年的坚持写稿,大大地提升了我的教学教研能力,我的教学业绩也有大幅度提升。

结合自己在教学一线的理解和感悟,我参与了重庆出版社天下图书公司策划和编写的一批新图书,其中"中考必读""中考预测卷""3+2""点石成金""易错题",在市场和行业都引起了广泛的关注。

三、读研期间码洋过亿

写稿过程中发现自己知识的薄弱,于是我开始准备考研,繁忙的工作让我5次与北京大学擦肩而过,终于,不懈的努力也让我圆梦北大。2008年我在重庆出版社天下图书公司提出了"题行天下"的策划,后改为"天下通",就是因为这个灵感,2011年重庆出版社天下图书公司与重庆新华书店携手推出"天下通",在定价极低的情况下成为爆款,第一年仅重庆市场销售码洋就突破1个亿,"天下通"被行业和师生传为佳话,也让我感受到图书的魅力和价值。

读研充实了我的理论知识,也提升了我的眼界和格局,我在重庆出版社天下图书公司出版的作品越来越丰富,其中"赢在28天""中考母题金卷""中考必读""中考在线""赢在中考""课时优化"等系列丛书获得了更多人的认可和肯定。

四、直赴北京人教社得到认同

由于敢于创新和业绩突出，2013年我开始担任重庆巴蜀中学化学教研室主任。同时，我在出版领域的敏锐和悟性获得了重庆新华书店教材出版中心的肯定，我代表重庆新华书店两次赴北京向人民教育出版社的各学科的专家进行汇报，提出"同步解析与测评"地方化改编的一些建议，最终我们的努力得到了人民教育出版社的领导和专家的认同，全权委托重庆出版社天下图书公司负责"同步解析与测评"的地方化改版。一举奠定了"同步解析与测评"在重庆市场的霸主地位。随后，我在重庆出版社天下图书公司参与策划和推出的"课时作业本""中考总复习""实验报告手册""单元测评卷"等反响都很好。

五、课时精练再创经典

2017年我把近10年的写稿心得体会进行整理加工，由重庆出版社天下图书公司全新推出蓝色经典"课时精练"，一度成为行业的焦点。教育图书被很多人看不起，甚至误解，但在教育一线，我更明白高质量的图书也是给学生有效地减负，让学生的学习事半功倍的工具。但要持续推出畅销书是非常困难的，而且教育图书同质化非常严重，但在重庆出版社天下图书公司的支持下，我永远不放弃努力。随后推出"优题专练""初升高衔接教材""寒暑假生活"等系列图书，厚积薄发，"课时精练"更是又创造了2020年单本销量新的奇迹和辉煌，为重庆出版社70岁华诞献上真诚的礼物，让更多人喜欢重庆出版社、铭记重庆出版社、感激重庆出版社！

六、与书为伴人生无憾

近年,我跟重庆出版社天下图书公司正在酝酿和劳动教育、核心素养落地相结合的《跟着语文去旅行》《跟着化学去旅行》《跟着科学去旅行》《跟着物理去旅行》《跟着生物去旅行》《跟着地理去旅行》等图书。

与书为伴,收获硕果,我荣幸地成为西南大学、四川师范大学、重庆师范大学"国培计划"的专家教师,被西南大学化学化工学院、重庆师范大学化学院聘请为校外硕士生导师,针对教师和学生,先后受邀开展了几十个讲座。

这些年,在重庆出版社的支持下,我也在不断地成长,更珍惜与图书的缘分,坚持教育情怀和担当,努力用图书回馈社会,让更多人受益。2011年5月,我向江津3所学校捐赠价值4万元的图书,《江津日报》给予报道。

2012年4月,我在江津农村建成了一个藏书6000多册的田园书屋。对此,2018年4月23日世界读书日,人民网专题报道,《重庆日报》也给予报道。

最后,我用重庆巴蜀中学王国华校长在一次大会上说的一段话来与大家共勉:"相信梦想、相信奋斗,与好人一起,做一件有价值的好事,傻呵呵地一直做,然后傻傻地等待时间的回报!"期待重庆出版社有更多佳作传承,祝福重庆出版社的明天更美好!

书本之外的感怀

江 锐

5年前深秋的10月,我揣着两本书前往重庆出版社。两本书是我分别在2009年和2012年铅印的校本教材,是我选编的我们学校两届文科、理科清北班的《随笔精章选》。最初我只是想将我的那些考上清华、北大等名校的学生的文章结集出版,以激励我今后的学生能像当年的我一样,爱上读书、爱上写作、爱上文字。

我是20世纪八九十年代典型的文青,一个月几十块钱的工资就要用三分之一去订阅或购买《诗歌报》《诗神》《诗林》《星星诗刊》《小说选刊》《作品与争鸣》《十月》《山花》《萌芽》《杂文报》等,以至半个月后连吃饭的钱就没有,只好在学校食堂赊账。为此后来的岳母到学校来打探我,对她(我后来的夫人)说:"一个吃了卤鸭儿还下个月才当账的东西,会有啥子出息嘛!"我当时确实没有什么出息,但自己却毫不在意,一上完课便躲在学校实验楼的阁楼里读诗、写诗。阁楼低矮压抑,梁高不足一米九,蹦跳一下便能摸到天花板,夏天正午五十多度,一支蜡烛立在桌上晚上回去就已弯成九十度。她便拿着一折纸扇看我写诗,直到看到我写诗得了全国一等奖,她便下嫁给了我。于是,我就更加意识到读书与写作的魅力,不仅能满足淡褪自卑的虚荣,而且还能"骗"到芳香的"颜如玉"。但我终究没能成为诗人、作家,同当年许多文青一样,最终我也告别月亮,走向麦地,与物质妥协,同生活和解。于是,我很失落很痛苦地完成了一个由诗人向教师的转型,但著书立说的梦想一直还藏在内心深处。

30年后,我遇到了出版社的一干老师。他们看着我拿去的两本印刷粗糙、排版无矩的《随笔精章选》,像捧着一个沾满草屑灰尘的婴儿。他们当中一个当头儿模样的人说:"就这样,我们等江老师把书写好,我们就准备出版。"这个人就是段昌兵老师。其他几个老师也从旁鼓励我,说"一年内江老师能写出这五本书",后来我才知道这几个人是王梅、林立、曾源、胡高阳老师。我当时只是觉得重庆深秋难得的阳光透过午后玻璃,照在他们脸上十分亮堂温暖,让我一下子想起了30年前我在阁楼上写的一首诗歌《午后玻璃的反光》,"我看见/午后玻璃背后的反光/打在我虚荣的脸上/我便吹起一种力量/等候风行水上……"于是,他们又唤醒了我久违的30年前带有"虚荣心"的著书立说的梦想。

一年内写的五本书就是后来重庆出版社出版的"五力"丛书,包括《章法规范力》《文化厚载力》《语言表现力》《思想辩证力》《情感冲击力》。准确地说,是在一年半内写了六本书,还有一本也是重庆出版社出版的《"五力"创新型教学模式论》,共计120余万字。我著书立说的"虚荣"害苦了我:在写书的那一年多时间,几乎就是睡醒就写,写累就睡,睡醒又写。很多次我想放弃,但编辑老师给我打一管鸡血后我便又弹跳起来接着写。我写得很辛苦很细心,我将我考上状元的学生的文章收进书中,我同样也将30年前落榜后种田的学生的优秀习作翻找出来;我将自己30年来写的"下水作文"楔入书中,也将自己多年浸淫的作文写作技法告诉读者。也许就是心理学上的"补偿机制心态"作祟,我做不了一个写手,我希望我的学生能做一个写手——他们能提升自己的写作水平,书写高考场上最美的答卷;他们能用清澈的眼睛去抓拍历史的沧桑和风吹过的声音;他们还能用阳光般温暖的词汇擦亮他们崇高的精神、放飞他们美好的感情。由此角度,我便觉得我的"著书立说"的梦想和做法并非全是虚荣。

"古佛拈花方一笑,痴人说梦已三生""半生落魄已成翁,独立书斋啸晚风"。回溯人生半世,作为一介教师,我自认为最得意的莫过三事:一是30年前她不顾她父母打断两根竹棍而义无反顾、飞蛾扑火似的上嫁于爱下嫁于我;二是所教学生同一年获得重庆市文科状元和理科状元;三是能以一个教师身份在大城市最大的书城举行新书发布会暨签售会。我自鸣得意地认为,这三件事,在全国教师范围内恐怕也难有其二。于是我的"虚荣心"得到了极大的满足。

写完这篇文章,抬头看看窗外。窗外是深秋时节难得的和煦温柔,阳光一节节地挨过阳台,阳台上晾晒的被单在秋风里轻轻摇曳,对楼传来一阵公鸡打鸣的喔喔声,她坐在秋千上目光低垂安静地看书。这是我四五年前写书时常见的一个场景。

  这个场景我总记起。寂寂无声,落叶冉冉,安静温和,一片空茫。——肯定与过往有关,绝对与虚荣无关。

我与出版之缘

李永永

我生于乡村长于乡野,童年与泥土为伴,牛羊作陪。在那峥嵘岁月,当上了一名美术教师,如今已有30余年。说起30余年来的教学生涯,从幼儿园、小学到中学的美术课都教了个遍。或许,正是因为一直都保持着质朴而倔强的乡野秉性,自从踏上美术教育讲坛的那一刻起,从来不曾离开过。这不是坚持,而是骨子里饱含对艺术教育的情,对孩子的爱,深知孩子们享受真正的优质艺术教育很不容易。

不同的人,对梦想的追求不同,其实当年作为一个在学校很不受"待见"的美术学科,能本分地耕好那"一亩三分地"已算功德圆满,但随着岁月的日增,对于艺术教育之梦追求愈烈,除了教好自己的学生,课余还开启了美术教学的研究与写作之路,数十年的积累日渐增多,当然想法也就不一样了。

第一次获冰心儿童图书奖

当年美术课上的众多"小不点"大学毕业后又从事与艺术相关的工作,看到他们的成才内心充满了万般愉悦。

2007年春天的一个上午,经重庆出版社的一位优秀编辑夏添的推荐,与重庆出版社当年的郭宜主任相识,谈起教育似乎有讲不完的故事、说不完的话。在半天朋友式的交流中,分明感受到重庆出版社美术出版中心的远见卓识,他们对当下美术教育的认知,其观念的前瞻性让人惊讶,一个长期搞出版的人,说起美术教育来居然还那么"内行",观念还那样前沿！后来才得知,原来那个郭主任还是西南大学美术学院的校友！他,对艺术及艺术教育充满了期待,拥有无限的情怀。出版,其实就是文化的一部分;出版,也与育人密切相关。如何以优质的出版物来影响教育行业的良性发展,出版社实在是重任在肩。这个半天,与高手过招,与善人相叙实在是受益良多。就这样,确定了由重庆出版集团、重庆出版社出版我主编的第一套图书"赢在美的新起点"少儿美术教育丛书,随后我组织了多位一线少儿美术教育专家通力合作,经过一年的编写,于2008年顺利出版。为进一步传播编辑理念,与出版社一起在观音桥步行街举办丛书首发式,举办儿童现场绘画展赛,在重庆儿童公园举行图书推广会……功夫不负有心人,我主编的第一套丛书(包含国画、版画、色彩、泥塑等)6本,一并获得2008年度国家冰心儿童图书奖。

四条汉子四本书

"他们,四条汉子……超越时空地走到一起,为纪念鲁迅先生倡导中国新兴木刻运动80周年,在重庆出版集团大力支持下,出版'鲁迅少儿版画教育奖'书系……"。著名美术教育家尹少淳教授为我主编的第3套少儿美术教育丛书作序。因为少儿版画,把天涯海角的少儿美术教育同道相聚,也因为尹少淳教授"四条汉子"的定义,由此"四条汉子""四兄弟"广为流传。该丛书分别以《版画创作》《绝版套色版画》《综合版画》《橡皮KT苯板版画》为题进行深入浅出的撰写。版画表现的4大创作程序、9大创作规律成为教学的经典;3本基本版画创意表现图书,融表现方法与经典作品欣赏于一体,呈现了一个百花齐放的少儿版画世界。

该书原出版之际,著名美术教育专家张桂林、龙念南、张德想、侯令老师盛情撰写专家寄语,一经推出即受到全国一线教师的热烈喜爱,被众多读者誉为"少儿版画教育的案头书"。感谢重庆出版集团、重庆出版社对教育事业的大爱,再次为美术教育的百花园增添了一抹明亮的色彩。

紧扣时代发展脉搏

曾几何时,传统文化与孩子们、与我们的课堂渐行渐远。2011年应重庆出版社美术出版中心之约,研发将传统文化融入少儿美术教育的系列课程,在与重庆出版社美术中心的多次探讨下,确定了"中华优秀传统文化儿童艺术教育丛书"出版选题,正式将经典古诗、民间传说、乡村童谣作为主题实施专项教学研究,在重庆出版社专家团队的大力支持协同下,该丛书分《画意传情》《画意生趣》《画意启智》3册,由著名少儿美术教育专家龙念南写序,中国美术家协会副主席、四川美术学院庞茂琨院长推荐,"以绘画的方式切入传统,以文化的视角创作绘画作品,'中华优秀传统文化儿童艺术教育丛书'是一套培养儿童文化修养,塑造儿童审美心灵的宝典,是一把拨开儿童智慧、激发儿童潜能的启蒙钥匙"。该书因其较强的针对性、实效性与可读性而倍受家长和孩子喜欢,2012年再次荣获国家冰心儿童图书奖。

2017年1月25日中共中央办公厅、国务院办公厅印发了《关于实施中华优秀传统文化传承发展工程的意见》,提出:"各级党委和政府要从坚定文化自信、坚持和发展中国特色社会主义、实现中华民族伟大复兴的高度,切实把中华优秀传统文化传承发展工作摆上重要日程……"重庆出版社对于图书出版远见卓识的前瞻性,紧扣时代发展脉搏,与社会需求紧密相连。10余年来,先后编著出版了"创造美的新起点"少儿美术教育丛书、"新起点少儿美术名师课堂丛书"、期刊《中国少儿版画》……重庆出版社为编者、读者、专家搭建了学术交流与共建的平台,出版了有品质的艺术图书,赢得了社会的广泛信赖。

值重庆出版社成立70周年暨重庆出版集团成立15周年之际,写此短文,观照前行之足迹,以此文表达数十年来,对支持、帮助本人艺术事业发展的各位领导专家及同仁的谢意,对重庆出版集团、重庆出版社的敬意,并以此增强对未来艺术教育事业持续发展的动力!

深秋忆往事
——我与重庆出版社的缘分

吴红丽

与重庆出版社的缘分,是新课改牵的红线,是程一凡老师搭的鹊桥。一路走来,我都心怀感恩。

2018年11月,因给《堂吉诃德》一书作批注一事,在程一凡老师和钟亮老师的邀约下,我加入到了这个走在课改前沿的团队。为了明确怎样给这本书作批注,在钟亮老师的召集下,我们先后几次面对面商量、讨论,在批注样本出来后,又反复修改,然后各自领取任务。疫情严重期间,大家还"网聚"讨论。虽然时间很紧,但大家执行力很强:分享参考书目、交流批注方法、互改批注点……在这个团队中,除了熟识的、才华横溢的钟亮、肖龙云老师,更让我认识了优秀的成都外国语学校的李洁老师、树德中学的钟群老师、都江堰教研室的傅一老师,他们都让我的视野更开阔了,思路更清晰了,战斗力也更强了。虽几易其稿,但一群专业的人,在专家的带领下,做一件专业的事情,是一件多么幸福而光荣的事情啊!这难忘的经历,也是重庆出版社给予我们相识、相知、相携的机会。

2019年11月,在程一凡老师的带领下,我参加了重庆出版社组织的《乡土中国》批注指导课的授课团队。因为最近我去过云南昆明几次,到过西南联大的旧址,从情感上也就更愿意再读费孝通老先生的《乡土中国》,能成为《乡土中国》批读指导课的授课老师,也更是我的一种使命与荣光。我先后去了广西防城港、钦州,广东韶关、普宁授课。每一次上课的过程中,程一凡老师都认真记录我课堂教学中的得失,下来和我交流。在防城港上课以后,程老师点评我的这一节课有温度、有高度、有深度、有效度。我知道,我远远没有程老师说的那么好,但我会朝着他说的方向去努力。

2020年9月去普宁上课,因刚刚开学,同学们彼此还不熟悉,也没有系统地读过《乡土中国》,上课时,我已感到有点吃力。一节课下来,我也知道教师的"导"和学生的"学"完成度不高,带着遗憾,有点忧伤。恰好重庆出版社的段总来听课,听完课,段总把我叫到一边,跟我及分析这一类文章的特点,并强调批读是读书的手段,要区分现象和概念,抓住核心概念,引导学生理解作者的观点。一节课要有方法解答、答疑解惑、任务布置这几个环节。短短几分钟的交谈,让我深深地佩服这位儒雅帅气的出版界的智者,也暗自庆幸有缘接受段总的指点。后来到普宁去上课,程一凡老师说我比上次进步多了,我心中的感激之情真是无以言表。在回成都在机场等候飞机的空隙时间里,程一凡老师给我梳理了几点上课还需要改进的地方。程老师专注的态度、深厚的专业素养和无穷的人格魅力带给我的影响也在我的体内渐渐地发酵。这正是榜样的力量,于我也是无形的鞭策!我也正是在优秀的人的引领与带动下,不断地走向更好的自己!也把更好的思维,更好的方向带给我的团队。因结识重庆出版社而更深入地了解、认识这些专家学者的我是何其幸运。

从2018年到2020年,我经历着、思考着、成长着。感恩遇见!更希望不负遇见,不负嘱托!

职业教育与出版

余 跃

当出版社约稿,看到《职业教育与出版》这个题目时,我内心一阵澎湃,坐到电脑前,思绪万千——从教20年,和重庆出版集团初识、相知、"热恋"……点点滴滴,涌上心头。

2000年9月,大学毕业后,重庆市垫江县职业教育中心接纳了有情怀的我。这20年,走过了一山又一山,不敢说我把最美好的青春贡献给了职业教育事业,但至少这20年我以职业教育为伴,与职业教育同成长,共进步;职业教育的教辅书,成为我为师者助力职教学子前行的风帆。如今想来,所有的经历,或甜或酸,都是我职业生涯的一抹亮色。

2015年,重庆出版社组织全市优质职业学校高三一线教师参与编辑出版"对口高考复习指要"系列丛书以及"冲刺测试卷"系列丛书;2016年重庆出版社再次组织全市优质职业学校高三一线教师参与编辑出版"对口高职同步导学""课时解析与阶段测试"系列丛书,为此,重庆出版社触动了我出版心灵的一刹那悸动,也点燃了我关于职业教育与出版的一辈子的记忆。我们一群人,带着一丝懵懂和无比兴奋的心情乐在其中,一直参与改版、修订、更稿、用户反馈……和重庆出版社的过往,伴随着心动被一一唤醒,涌上心头。

2015年,教务处主任带领学校高三教师一行,风风火火赶往重庆出版社。那一天,温暖一直荡漾我们心头,印痕一直烙在我们心底:那一天,我们喝了酒,说了些热血沸腾的定要为职业教育和教辅刊物出版"鞠躬尽瘁,死而后已"的酒话。

回来后,一行人,热情洋溢,激情飞涨,兴奋满怀,荣耀满面。在编辑部的要求和所分任务的驱动下,大家奋勇向前、锐意进取。组稿时,学校领导特别重视,把重庆出版社分配给我们学校的任务当作一个课题来对待,组织全校任课教师分组研讨高考考纲和教学大纲,每位教师竭尽所能对任务进行梳理、归纳、整理,条分缕析列出重点和难点。一群人,在繁忙里充实,在充实里忙碌,忘记了烦恼,在收获里体会了胜利的喜悦:平日教学心得和典型知识汇聚资料变得越来越厚,成为了第一辑资料。

忙碌的节奏,淬炼了素质,清晰了疑惑,知晓了捷径。我们又通过投影,逐一审定每个知识点,不断商榷,经过删减、重组,形成了第二辑资料。

定稿像一片轻柔的云一直在眼前飘,整齐的电子文档仿佛荡漾着春天般美丽的笑容。在快交稿的日子里,我们总能捕捉到宁静、热烈、聪颖和敏感。分管教学的行政和教研组长带领我们这群人进行第三次审定,形成第三辑资料,然后把第三辑资料交付给重庆出版社的编辑小组,最后根据要求进行审定。

在编辑的悉心指导下,我们一次又一次更改、修订,接受无数次近乎苛刻的要求。一群人,在"对口高考复习指要""课时解析与阶段测试"里不断地自我修炼,不断地提高个人素养。那段时间,我们这群人把自己关在"对口高考复习指要""课时解析与阶段测试"安静的世界里,没日没夜,宵衣旰食,让自己随时可以听见自己心跳的声音。

一本又一本书把我们辛勤的汗水凝结成铅字,捧着那一本本散发着油墨香味的书,我们第一次体味了出版成功的喜悦。在后来再版的过程中,重庆出版社要求更严,做到"五必须":每年必须改版;必须改变题型;必须自主开发题型;必须在考纲和大纲的覆盖下知识点无遗漏;必须考虑学生在学习过程中的具体适应情况。

我们用教学中的点点滴滴编写内容,升华题型,表达我们对对口高考的理解。在教育教学中,我们用"对口高考复习指要""课时解析与阶段测试"释放;用"对口高考复习指要""课时解析与阶段测试"调节;用"对口高考复习指要""课时解析与阶段测试"分析;让学生在"对口高考复习指要""课时解析与阶段测试"中获得精神上的滋养;用"对口高考复习指要""课时解析与阶段测试"探索中职学生对中职高考奥秘的冲动;让"对口高考复习指要""课时解析与阶段测试"变成为教师教育教学、学生学习应考的一种需要;在"对口高考复习指要""课时解析与阶段测试"里,我们获得真正的自由——让情感自由流淌,让思想自由飞翔。

在"对口高考复习指要""课时解析与阶段测试"这块新奇的园地里,我们就像伟大的天才作家托尔斯泰说的那样:"艺术永恒,人生短暂。"我们一群人一起用短暂的人生撞击永恒艺术的大门,哪怕靠近艺术的殿堂百分之一、千分之一、万分之一步,我们坚信我们的精神品格一定会有一百分、一千分、一万分的提升。

学生通过我们自己编辑的教辅丛书,在平时测验、期中检测、期末考试、高三联考、高考中大获全胜。通过"对口高考复习指要""课时解析与阶段测试",一届又一届孩子用青春阳光的笑容来阐释那缕阳光,我们一起沐浴在阳光下,听到花开的声音。虽然花开得很静很静,静得悄然无声,但是我还是听到了花开的声音。那是心房开出的花,无景可比。

对口高考,吹落一季又一季的故事,有温度,没有声音,只有一种心跳在冥冥中闪烁,成功的幸福水晶高杯溢出时光的酒,让录取通知书显得分外唯美。在这连续5年不能再回来的夏日中,无论我们如何地去追索,年轻的学生只如云影掠过,他们微笑的面容逐渐隐没在日落后的群岚,只有我们在讲台上重新翻开重庆出版集团的教辅资料,含着热泪一读再读,却不得不承认,重庆出版集团的教辅资料的的确确是一系列的好书,好似在旭日初升的清晨,碰见一位绝世美女,过后忽然想起她迷人的眼睛,想起5年前的那个夏日,她从主城缓缓走来,阳光耀眼,而她衣裙如此洁白,幸福闪耀。

回望自2015年和重庆出版集团一路走来的日子,在重庆出版社的带领下,我们一起深化教育教学改革、提高人才培养质量,我们一起服务于加快转变经济发展方式。

在编辑出版了一些书后,我也感悟多多,收获多多。人的一生中,最大的敌人不是别人,而是自己,只有战胜自己,才能战胜困难;别人不明白的时候你明白了,别人明白的时候你行动了,别人行动的时候你成功了,别人成功的时候你富有了。这就是:超常思维,先见之明;聪明人看得懂,精明人看得准,高明人看得远。智者的声音是愚者的方向,无法放弃过去的无知,就无法走进智慧的殿堂。偏见比无知更可怕;手指脏了,大可不必把手指砍掉;帽子小了,大可不必把头削掉。蒙住自己的眼睛,不等于世界就漆黑一团;蒙住别人的眼睛,不等于光明就属于自己。

　　三尺讲台,道不尽酸甜苦辣;二尺黑板,写不完人生风景。在职业教育与重庆出版社的合作交往中,我深知作为一名职教人的责任,只有不断创新,不断反省,才能取得更大的成绩。"捧着一颗心来,不带半根草去",陶行知先生的真知灼言,也将伴我在职业教育生涯中不断前行……

以文为马,向时光最深处漫溯

沈鑫杰

唯物辩证法的发展观认为,任何事物的发展都必须经历从小到大,从不完善到完善的过程。就如宇宙起源有个奇点,每个人都有初心,我的写作初心是与《作文素材》结缘开始萌生的,这种初心由稚嫩到坚如磐石,由分裂状态变得完整、系统。我写作初心的萌生有个浪漫的由头。那时是深冬时节的清晨,我喜欢的女孩子到书店阅读书籍,偶然的一次机会,我与她在小县城中的书店邂逅。隔着书架,我看见她扎着马尾辫,左眼底下有颗小泪痣,手捧书籍的模样在琥珀色的阳光下显得恬静、美好。后来仿佛有一种使命感驱使我,只要她到书店我就必然要到书店,即使未曾有任何语言交流。虽然与她失之交臂,但逛书店成为了我的一种习惯,深冬也是我最喜欢的季节。

逛书店多了,久而久之就对书刊有所研究。重庆出版集团出版的"作文素材"系列属于引人入胜类型的,作为语文教学类读物,里面却有妙语华章,抒情文采斐然,释理鞭辟入里,常常使人废寝忘食。后来便试着投稿,第一篇写南宋爱国词人辛弃疾,原本是班级演讲比赛只得"优秀奖"的演讲稿,题目是《仗剑怒吼为谁哭》,以散文化的笔触,情景再现的手法,重塑了一个铁血丹心的爱国词人形象。在《作文素材》中发表,当时润笔只有50元人民币,但领取到绿色邮政汇款单的瞬间,我觉得世界一片冰清玉洁。也就是在文章的撰写过程中与韦主编相识,那时她还刚大学毕业不久,却尽心尽责,对我的文章悉心指导,鼓励我在写作道路上走下去。她现在已是年销量1亿册的《作文素材·高考版》的执行主编,并编有"冲刺60天"系列、"备考抢分"系列等多套高考作文类畅销书籍。尽管我常因缺乏灵感或者工作、生活的干扰而拖稿,甚至开天窗,但她仍对我不抛弃、不放弃。得益于韦主编的指导和关怀,我在繁忙工作之余,也在耕耘自己的初心,成就虽小,却乐此不疲。其中《初生牛犊应避虎》运用逆向思维,发表后被11家报刊转载,入选青海、泰州、福州、济南、成都等地语文试卷,也因此文得到贵人的赏识,成为了《中国应急管理报》的约稿作者。

在读与写的交融中,我认识到自己的初心是用文字认识世界,甚至改造世界。认识世界的主要途径是阅读,是我现在仍在坚持的事情,但改造世界或许也已在潜移默化中实现。有读者读过我的文章后,历经重重困难找到我的QQ空间,给我留言"我愿意以我的一滴血换你的一个字";有读者在网上找到我,表达对我乐观生活的赞许。那时候的他们通过文字与我同频共振,从未见识过世界的辽阔与世俗的强势,但他们有着和我同样质朴、蓬勃的心。如今他们已经不再青葱,有的在泉城攻读医学研究生,有的与我同城却极少联系,有的已散落天涯杳无音讯。人无法强求时光为你留下美好,但曾经的美好就足以回味终身。也让我深刻理解到:改造人心即是改造世界。

法国意识流小说家普鲁斯特说过,唯一真实的乐园,是我们已经失去的乐园。我有个乐园,现在看来卑微又渺小,是由一个小书摊构建的。初中时我遇见了一位年轻的书贩。那是在校门口,一辆三轮车缓缓下了斜坡,停在校门口赭红色的砖墙前,一个皮肤黝黑、微胖的年轻书贩拉下手刹走下车,逐个搬下装满书籍的蛇皮袋。他先在水泥地上铺上一层空蛇皮袋,是那种白色与银色小方格子相间类型的,再摆上古典文学、外国名著。我走近他的书摊,成为了他的第一个顾客,映入眼帘的是《汤姆叔叔的小屋》《简·爱》等书,油墨飘香令人对书中自在世界心驰神往。后来我经常在课前学后,到那个年轻书贩的书摊上"啃书"。彼时尚且年幼,未经沧海、未履桑田,只对书籍作文字层面的理解。从此以后,无论寒冬酷暑,那个年轻书贩总是如期而来,雷打不动。生意可以用惨淡来形容,偶尔只有几个学生驻足停留,一般也是只阅不买。年轻书贩的目光也不转移,只顾埋首阅读掌中书。在现在的我看来,那种力量是异常强大的,抵御了世俗的洪流,以及无法遏制的人欲。

毕业后,到了大城市深圳工作,聒噪的车流、忙碌的工作、疏离的人情,都经常使人如堕迷雾,人生是为了什么?在高楼林立之间伫望,耳边也有清脆的鸟鸣,也有蔚然的绿景,却总有一种怅然若失。或许是再也见不到"一蓑烟雨任平生"的淡然,或许是听不到"安得广厦千万间"的悲悯,或许是在乎已失的"恰似一江春水向东流"的闲愁。我想,信息爆炸的时代,物欲沸腾、思想芜杂,缺了纸质书,文字就失去了悠闲的、自安的灵魂,很难再为初心留一隅。

在纸页间,在淡淡的书香中,能找到拉回时光的力量,是电子书、公众号等新传媒所无法取代的。以文为马,向时光最深处漫溯,你会找到最真实的自我,如同《智利之夜》中那个濒死垂危的讲述者,他在军政府独裁和社会迷宫中逐渐丧失自我,弥留之际那个勇敢疾呼的年轻人——原来的自己,却一直如影随形,从未离开。时光从来未曾改变,被篡改的只有初心,正如《牵风记》引用白居易诗所写:"七弦为益友,两耳是知音。心静即声淡,其间无古今。"

那一夜,编辑部为了我们灯火通明

张益建

对重庆出版社没有全面系统的认识,问及对重庆出版社的印象,便化作与几个对接的编辑陌生又熟悉的面孔。

说陌生,是因为总共才两面之缘。说熟悉,是因为每次见面的印象太过深刻,也是因为那种气质太过熟悉。

时光回到2017年,"小梅花"系列丛书修订再版。

7月28号,数学组率先完成了初稿,交稿给重庆出版社。为了便于工作,和出版社编辑部建立QQ工作群。

此时的我们,已经有过和教育科学出版社合作出版的经历,我们也能算印张数,也能调页边距,也会操作排版,也会做插图,从出版"菜鸟"到初窥门道,我们和重庆出版社的编辑们也能"你来我网"地对话了……

作者:我们是提供PDF,还是Word文档?

编辑:还是Word文档吧。

作者:稿子这里还要修改一下。

编辑:好的。

作者:这里我们准备这样修改一点点。

编辑:你确定这是"一点点"改动吗?

作者:不好意思,这样改动后更好。

编辑:稿子定了原则上我们一般不做大的修改,因为涉及到印张数量和编辑的后续工作。

作者：我们修改之后，算了印张数，没有问题。

编辑：好吧。

……

定稿再修改，修改再修改，不到送印刷厂的最后一刻，检查、修改、完善就始终不会停下来，这，源于谢家湾小学的专业追求，也源于重庆出版社的卓越追求，源于我们共同的选择。终于，一校稿出炉。

在一轮又一轮的网络探讨中，修改红稿越摞越高，时间也推移到了8月10日，网络交流的效率已经不能满足工作的需要。怎么办？派人去编辑部？可是校内的修订还在继续。编辑部听闻学校有困难，毅然决定让编辑们到学校办公，可是学校电脑没有专业排版软件，六位编辑第二天就用小货车运来六台专业电脑，进驻数学组。这是我们第一次见到编辑们，也是第一次知道原来出版社也提供"外卖"服务。各年级组一边组织老师们修订，一边当面和编辑们校稿审核。从清晨到中午，从黄昏到深夜，五天后，二校稿终于完成。

二校稿虽然完成了，但是修订工作仍然还在继续。8月20日，又积累了好些优化完善意见。编辑部老师告诉我们，月底实在太忙了，确实没有办法派编辑到学校来办公了。怎么办呢？我们说："能不能专门安排半天时间，我们带上稿子到编辑部来？"编辑感觉到了我们的急切："行，明天下午来吧，我让同事们把时间都挤出来。"

8月21日下午一点，我们准时来到重庆出版社编辑部。没有主人的客套，也没有客人的矜持，大家默契地直接投入工作。对接我们三年级组的是周朝丽老师，她手指如飞，目光如炬，投入而专注。

晚上六点，还没有一个年级完工。办公室又响起编辑的声音："我们是明天来做，还是吃了晚饭接着做？"我们当然是希望接着做。但是编辑部的老师们呢？还没等我们往下想，"吃了晚饭接着做吧，早就听说谢小老师能扛，他们过来一趟也不容易，况且外面又下着雨，是天留客人啊！"一位不知名的老师声音响起。引起大家一片叫好。

六点半，一份热腾腾的乡村基外卖就着一份暖暖的情义，吃在嘴里，甜在心头。

晚上十点,四年级完工了,一位编辑说:"我这里结束了,哪个年级比较多？可以分一半稿子给我。"窗外大雨滂沱,室内热火朝天。

晚上十一点,还剩三个年级。

严昌兵老师说:"已经完成的年级就先走吧。""我们再审核一遍,万一再找到一个错别字,我们请校长奖励。"其他老师们说。编辑们说:"我们也再核对一遍,找到问题,请刘希娅校长奖励。"

凌晨两点二十分,最后一个组完美收官。

室外,雨和风声。室内,额手称庆。

……

再后来,听闻其他学科,也一次一次上演着我们的故事。

今天,听闻重庆出版社70周年庆,愿十月金风送去我们的祝福:祝福重庆出版社越办越好,祝福老友们越来越年轻。

转型出版：用匠心，淬炼"一套好课"

胡 淼

今天凌晨，将最后一期音频发送给刘雯老师后，我终于松了一口气。电脑屏幕上，40个整齐排列的音频文件，仿佛在跳跃，与这一个多月的画面交织着，在我眼前闪现。

"太好了！我先发一篇文稿给您，麻烦您先录一两段样音，可以吗？"在听过我的声音后，刘老师很激动，发来信息邀请我试音。刘雯老师是重庆出版集团天下图书数字产品部的负责人，正在制作一套名为《2020高考作文考点解析》的音频课程，将在喜马拉雅平台独家投放。我先前已从一个与她有过合作的同事那里得知，这家出版单位的社会影响力大，对作品的审核精细严格，正在数字出版领域进行探索，尝试转型。此时，收到刘老师的约稿，我感到很激动，又有些忐忑。作为一名语文老师，我虽喜欢朗诵，且以配音录音为乐，但要录制在线课程，虚拟课堂的感觉，却是从未尝试过的。

反复试录了几个版本，我挑选了一个最满意的样音发送过去，然后就静静地等待着刘老师的回复。

"您的音色不错！"没过多久，刘老师发来信息，"还能加点讲述的感觉就更好了。"简单的话语正说中了我心中的难处，但我深知，多年来形成的朗诵腔岂能一下改过来？深夜，我把自己关在录音间，对着墙壁讲述，可墙壁没有回应。没有听众，怎来讲述感呢？我陷入了深深的困惑。

"您可以听听这个节目，做一下参考。"第二天清晨，刘老师发来了一个节目链接。正在焦灼的我赶紧点开，里面是著名主持人马东老师的一个线上谈话节目。马老师轻松活泼的语调、口语化的表达，以及趣味的内容瞬间吸引了我，听这样的谈话节目就像有一位熟悉的朋友在跟你聊天。我突然明白,我只把注意力放在声音塑造上,不自觉地忽略了我的听众(学生)的感受,于是便少了讲述感、对话感。发现了这一点,我激动得要跳起来了。

为了摆脱朗诵播音腔,在试音之前,我特意给好友打了几通闲聊电话,然后反复听电话录音中自己的声音,体会聊天的感觉。果然,当我把注意力放在所讲述的内容上时,声音就变得自然了。打破这道瓶颈,很快,试音得到了课程团队的认可。

万事开头难,我迈出了第一步,也收获了一份从容。在之后几十期节目录制中,我更深刻地体会到刘老师及其团队对数字产品的追求之精细。通过课程团队的严格把关,我在录音中出现的不必要的儿化音、读错的多音字等都得到了及时纠正,文言古诗中的字词读音也得到了规范。有一次,等了好几天之后,我向刘老师催要录音文稿,刘老师马上给我回复:"我们需要校对、修改、送审,可能会有点慢。"我强烈感到,作为文字工作者须在文字上严谨推敲,这是对读者负责;作为数字产品传播者,须在产品上精耕细作,这是为听众担当。于是,在刘老师团队的影响下,每次录播前我一定先将文稿反复多读几遍,确保无误读错读方才罢休。

现在,看着上线的节目点击率日渐攀升,我内心便丰盈起来。我想,与刘老师团队合作的这段时光是我收获的一笔财富,与金钱无关。它让我在柳暗花明处找到了一片新天地,它让我在切磋琢磨中学会了严谨细致,它更让我明白卓越追求的背后是出版人的责任在鞭策。

重庆出版集团旗下的数字产品团队,他们能在数字出版领域如此严格地打磨一套课程,堪称匠心。我有幸参与,见证了其中的艰辛和不易。团队的精益求精、创新精神,颠覆了我对传统出版社的固有印象。

重庆出版集团作为一家老牌出版社,却能在如此崭新的领域去用心探索,它拒绝呆板、拥抱创新的姿态,让我深受感动!或许,只有去创新,去做新形态的内容,才能不被市场淘汰,才能越变越年轻,越变越有活力,以此收获更多的年轻读者。

2020年是重庆出版社成立70周年暨重庆出版集团成立15周年,祝愿重庆出版社、重庆出版集团以及旗下天下图书公司在新型出版的道路上卓越创新,取得成功!

我与重庆出版社的十八年

徐铭莲

十八年前
跟着老教师参编《高考优秀作文》
从此督促我训练学生的批判性思维
如一柄利剑,划破长空

十年前
作为副主编组织编写《高考阅读60秒》
从此潜心学生阅读素养的培养
专栏特约之光,点亮黑暗

三年前
作为草根主编,策划揭开整本书阅读的面纱
在此出版《名著阅读导学案》
工作室兄弟姐妹们的心血,得以推广

我与重庆出版社
早已不仅仅是业务关系
这些年的友谊一一再现

那年美丽又精干的迅总

带领团队小伙伴

与我们座谈,她开辟新项目

我荣幸地作为他们的特约编辑,年年相聚

一半叙旧,一半商议

那年我和《作文素材》的韦一主编

同时被朋友邀游四面山景区

不料,她却随身携带稿件,陷入审稿旋涡

广大而精微

一半工作,一半执念

天下图书公司擎起阅读与作文的火炬

在同类出版物中灼灼闪耀

让学生快速而优质成长

成为更好的自己

一半超前,一半极致

海与舟
——我与《读写舫》的故事

顾诗静

于我而言,文学创作是一望无际的海,而我是在海边孤独摸索的人。

在这片大海面前,我始终期待着我的痛苦、挣扎与迷茫除被波涛吞噬以外还能得到海螺的回答,我始终盼望着我分享的快乐与幸福能够随着洋流抵达更远的地方,我始终期许自己能够在洋面上体会沉浮,探索未知,看到更多更美的风景,而不只是在大陆边缘不断地遐想。

入"海"的愿望,是我在听一次讲座时萌发的,那会儿我还只是高中母校文学社的一名普通社员。台上人分享自己的文学之路时提到,"我写作的原因是因为心中有话想说给千千万万人听"。我的精神为之一振,因为他提醒了我:精神世界里那些稀奇古怪的想法,那些说不出口但写得出手的情绪,那些想要跟很多人讲却没有时间去一遍遍重复的故事,都可以用文字的方式记录下来,通过杂志说给各种各样的人听,甚至或许还能在某一天收到回应和肯定。

那天之后,我拿起了笔,开始在长夜里与灯为伴,慢慢地将自己的情绪和想法化作一页页纸上的字,并通过校园杂志分享给身边的同学们。这一年里,我在校园杂志上陆陆续续发表了数十篇或大或小的文章,并成为了文学社的社长。写作习惯的养成与身份的转换,让我意识到,我与社团里的朋友们都需要一个更大的输出文字的平台,一只能返回更多肯定、批评和建议声音的"海螺"。

为了寻找目标,我翻阅了同龄写手的公开简历,看到一位我颇为欣赏的作者提到"自己曾在《读写舫》推出个人专辑"("个人专辑"指《读写舫》杂志上"写作达人"栏目)。于是,我关注到了这家远在重庆的杂志社,并暗暗下决心:我也要在这本刊物上发表主题作品,并把它介绍给我的社员们。

从"一拍即合"栏目的生活剪影,到"秀才来了"栏目的校园写手;从"梦想悦读馆"栏目的美文佳篇,到"魔方微作文"栏目的主题作文……我仔细地研究《读写舫》的每一个栏目,去体会它们的风格,揣摩它们的特点。在读完3期《读写舫》后,我决定在"魔方微作文"栏目上小试牛刀。犹记得我投的第一篇"微作文"只有300多字,但我反复修改、研读了近10次才自觉满意。而幸运的是,我这第一次的投稿就被选用了。看着从重庆寄来的样刊和稿费,我变得大胆"肆意"起来,开始给"一拍即合""秀才来了""来翻书"等栏目大量投稿。在一次次的写作、修改、投稿中,我笔下的文字似乎"舫化"——变得更加温暖、清新,而曾经梦寐以求的"个人专辑"也水到渠成一般地达成了。在《读写舫》2018年11期的"写作达人"栏目上,"顾诗静《在花开雨来的瞬间,目睹成长的轨迹》"的标题伴着朵朵桃花绽放在第30页的纸面上。和"个人专辑"一起来的,是社员们收到的印有自己名字的样刊——在我自己不断投稿的同时,我也发动文学社的社员们组队投稿。一时间,文学社里的创作热、投稿热如春水涨潮一样日见高升,连《读写舫》的编辑都开玩笑说:"你们仙居中学文学社现在是《读写舫》最大的供应商。"

如今,文学创作于我而言依然是深不见底的海,但庆幸的是我已经拥有了同舟共济、共同探险的大船与伙伴。所以,我要感谢《读写舫》,引我入海,渡我远航。

出版篇

说干就干，要干就干好
——记韬奋出版奖获得者沈世鸣

刘向东

沈世鸣同志于1983年10月调至重庆出版社，任副总编辑；1986年4月任重庆出版社总编辑。

沈老升任总编辑不久就罹患癌症，她"把生命的每一天都当作最后一天"，抖擞精神与病魔赛跑。尽管身体每况愈下，但她毅然主持了大型出版工程——"中国抗日战争时期大后方文学书系""中国解放区文学书系"和"世界反法西斯文学书系"（即"反法西斯文学三大书系"）的编辑出版工作。丛书卷帙浩繁，凝结着沈老和编写团队的全部心血。"反法西斯文学三大书系"梳理了中国抗战文学和世界反法西斯文学的辉煌成就，荣获了国家图书奖、中国图书奖等众多奖项，在全国产生重大的影响。沈总还主持了"重庆出版社科学学术著作出版基金"资助图书和"国外马克思主义和社会主义研究丛书"等其他大型项目的出版，使重庆出版社的图书在短短几年内上到一个新的台阶。辛勤付出和突出贡献，让她被授予四川省劳动模范称号，被国务院批准为有突出贡献的专家、政府特殊津贴专家，1995年获得韬奋出版奖。四川省新闻出版局和四川省出版工作者协会，先后都发出向她学习的号召。

从沈世鸣身上，我们可以看到优秀出版人有胆有识、开拓创新的榜样力量，矢志不渝、顽强拼搏的奉献精神，心系作者、礼敬名家的宽广胸襟，精益求精、勤勉务实的工匠气质，作育新人、锻造团队的管理智慧。

有胆有识、开拓创新的引领者

"说干就干,要干就干好。"这是沈世鸣就职总编辑时的铿锵誓言。她给自己立下了军令状:卧薪尝胆,三年改变出版社的面貌。她向社党组提出建议:抓两头,压中间,出版具有重大社会影响的富有学术史料价值的图书。

1986年4月全国第一届书展的一次座谈会上,石西民、夏衍、童小鹏、张友渔、廖沫沙等当年战斗在重庆的许多老同志建议出版抗战时期大后方文学,认为这是填补空白,积累文化,功德无量的事。对于这一倡议,沈世鸣带领出版社进行了充分论证研究,提出编辑和出版"中国抗日战争时期大后方文学书系"的设想,并决定拿出100万元资助这套大型丛书的出版。当时纸张和印刷成本猛涨,严肃的、学术性的图书往往滞销,出版事业十分困难,做出这样的决定,沈总的勇气和决心令人敬佩!

说干就干,1989年9月沈世鸣组织带领重庆出版社推出了20卷的"中国抗日战争时期大后方文学书系"。由此开始,重庆出版社一大批优秀的图书走向了全国。要干就干好,紧接着她一鼓作气,又主持了"中国解放区文学书系"和"世界反法西斯文学书系"的编辑出版工作,在出版界产生了巨大的影响。时任新闻出版署副署长的刘杲同志称赞说:"这是个壮举!"

矢志不渝、顽强拼搏的实干者

"生命在,事业就在。"执着于出版事业的沈世鸣,即使身患癌症,也要以生命拼搏。

为了落实"中国抗日战争时期大后方文学书系"(以下简称"大后方"书系)编委会成员,1986年年底沈世鸣带着两个编辑到了北京。55岁的她在零度以下的严冬里挤公交四处奔走,即使以她正厅级的出差标准完全可以打出租车;一日三餐都是西红柿黄瓜就着烧饼,最多加个煮鸡蛋。从早到晚她都奔波不停,脚疼了,回来泡泡热水又接着再跑。有志者事竟成,编委会搭建成功。

1987年春,沈世鸣带着编辑团队又踏上新的征途,兵分几路,拜访了欧阳山、杜埃、陈残云、秦牧、杨康华、黄秋耘、许杰、王西彦、郭风……从桂林到广东、香港,从海南到上海、福建、新疆……为了编好"大后方"书系,沈总走遍了"大后方"的每一处历史遗迹,查阅每一份资料,聆听老作家的每一段回忆。

一切工作有条不紊地进行着,然而沈世鸣的病情却进一步加重。闪过她脑海的是:"我没有生病的时间,'大后方'书系不能停。"

家人朋友、医生都劝告她立刻手术。她决定在北京做手术,因为"大后方"书系的编委多半住在北京,如果情况很好很快就可以开始工作。术后的第3天,沈总就打了吗啡止痛,听工作汇报。第7天拆线后就在病房里开起了"大后方"书系编辑会议。医院叮嘱她出院后半休,3个月后才可以上班。但术后20天,她就立马回到重庆,争分夺秒,要把住院的时间抢回来。

沈总以顽强的毅力,一边治病,一边又陆续主持了其他两套书系的编辑出版工作。从1986年起,历时8年,出资600万元,94卷5600万字的出版规模,沈总呕心沥血,以她的坚守与奉献圆满完成了"反法西斯文学三大书系"这一史诗般的巨著。

心系作者、礼敬名家的探行者

"大后方"书系选题确定之后,沈总就明确指出,作为一套高品位的重点图书必须要有第一流的专家学者把关审定。但是,像重庆出版社这样一个名不见经传的地方出版社,又怎么能得到那些德高望重的文坛泰斗们的支持呢?

"得道多助,心诚则灵。"这是沈世鸣的事业信条,也是她的具体行动。为了首先确定总主编和编委会,她按照事先理出的专家学者名单,逐一登门拜访。在拜访过阳翰笙与夏衍后,翰老与夏公都赞成林默涵当总主编。沈总委托朋友去邀请,但林默涵先生回复说他对大后方情况不够熟悉。事情眼看要陷入僵局,沈总鼓足勇气敲响了林老的家门。她详细汇报了工作进展、领导同志的谈话、翰老和夏公的愿望,一句话,总主编非他莫属。林老仍有难色,但也未彻底拒绝。于是不轻言放弃的沈总又请刘白羽同志助一臂之力,几天后,当她把总主编的聘书呈到林老面前,又有白羽同志"说情",林老再也不能推辞了。

"每位作家都敬重。"这是沈世鸣的处世原则。她珍惜每一位作家的意见,即便是不同的意见。这是她和作家交往的原则。古人云:"敬一贤则众贤悦。"因此她赢得了一大批著名作家、诗人、文坛泰斗的支持。

精益求精、勤勉务实的实践者

多出好书,多出精品。这是沈世鸣的事业追求。在她担任总编辑之初,就与新组建的领导班子达成共识:如果在我们这一届拿不出一批高质量、高品位的好书,不仅对不起子孙后代,也对不起重庆出版社。

沈总编书审稿一向一丝不苟,即使是选择书的作者、主编也绝不马虎。"反法西斯文学三大书系"最终确定的参与者都是精兵强将。"大后方"书系副总主编、老诗人方敬率领着创作研究人员团队,跑遍了全国的图书馆、资料室和书店,在年深日久、浩如烟海的文档材料中,认真细致地进行着抢救、挖掘、甄别、筛选、精编的工作。仅以林亚光教授编选的《外国人士作品》为例,这60万字的内容就是从多达2300万字的资料中精选出来的。每一个字、每一句话,他们都反复推敲打磨。在"反法西斯文学三大书系"的编辑过程中,沈世鸣带领着团队从编辑、校对、设计直到发行的每一个环节,都发扬工匠精神,精益求精。他们有的掉了十几斤肉,有的"熬白了少年头",有的推迟婚期、推迟生育,婚假都没休。

作育新人、锻造团队的管理者

沈世鸣认为,一个人的生命是有限的,但出版事业的发展是无止境的,为了出版事业的繁荣发展,她充分发挥传帮带的作用,培养年轻编辑茁壮成长。她的一言一行,也深深地感染着她周围的年轻编辑们。如今,这批年轻编辑不断成长,大都走上领导岗位,带领重庆出版人继续拼搏。

在此之前的重庆出版社,缺乏叫得响的图书品牌。沈总带领着全社同仁,齐心协力,从"反法西斯文学三大书系"开始,誓要做亮重庆出版社这块招牌。之后,一代又一代的重庆出版人在沈世鸣的精神感召下,以"书行天下,传承文明"为己任,坚持出好书,深耕马克思主义中国化时代化大众化和社会主义核心价值观的出版阵地,设立"马克思主义中国化研究出版基金",策划组织出版了"当代资本主义研究丛书""当代国外马克思主义研究丛书"等上百个马克思主义理论研究和通俗读物系列。《马·恩·列画传》被刘云山同志称赞为"推进马克思主义大众化的有益尝试";《马克思画传》(纪念版)作为中宣部纪念马克思诞辰200周年三种重点图书之一,荣获第八届优秀通俗理论读物、2018年向全国青少年推荐百种优秀出版物、"2018中国好书";《恩格斯画传》(纪念版)和《列宁画传》(纪念版)入选中宣部2020年主题出版重点出版物选题;《列宁画传》(纪念版)入选中宣部2020年"优秀通俗理论读物出版工程"。1988年设立的由著名科学家钱伟长任主任委员的"重庆出版社科学学术著作出版基金",延续至今已经资助出版了110多部学术著作,获得中国出版政府奖等155项奖项,使该基金成为了全国科技界和出版界的知名品牌。重庆出版社还发扬老一辈出版人的光荣传统,推出了100卷的"中国抗战大后方历史文化书系",全方位立体展示中国抗战大后方为抗日战争和世界反法西斯战争胜利所作出的重大贡献,11卷19册的《大足石刻全集》填补了中国大型石窟考古报告全集出版的空白。在畅销书方面则有累计销量超千万册的《三体》系列和累计销量600多万册的《冰与火之歌》系列。

不忘初心,勇做先锋。"说干就干,要干就干好。"沈世鸣总编辑远去了,她的精神永存,她无愧韬奋出版奖的称号,无愧为中国出版界的优秀代表,是我们出版人奋进新时代的标杆。她的精神品质、工作作风,必将薪火相传,激励着重庆出版人不断开拓渝版图书出版事业的新局面。

父亲是写在心里的一部书

张 茗

2012年5月21日是我最悲痛和难忘的日子。哀乐声声,响彻庄重肃静的大厅,窗外大雨倾盆,老天也在哭泣……父亲穿着他最喜欢的那套灰色中山套装,身体上覆盖着中国共产党党旗,安详地躺在鲜花丛中。父亲的故乡,四川阆中市政府发来了唁电,送来了挽联,悬挂在大厅两旁"九秩英容,号角齐鼓,峥嵘波谲,登鹤寿;一身豪气,编著等身,放怡丹青,歌大风"。重庆出版社领导致悼词……

家乡人民的深情厚意诠释了父亲一生对艺术追求,多姿多彩,不平凡的一生,让父亲在天之灵感到温暖,何憾之有。

父亲张克仁,笔名张朔,享年95岁。1933年红四方面军徐向前率部队路过阆中,建立苏维埃红色政权,点燃了革命之火,还在读书的父亲看到中华民族危机四伏,到处寻找救国、救民真理,1936年参加革命,加入了民族革命先锋队组织。1937年又经革命烈士赵世炎的胞姐赵世兰先生的介绍加入中国共产党。父亲通过木刻、漫画、诗歌、绘画、街头剧、写标语、办壁报、组织抗日救亡游行、募捐、募寒衣、做军鞋、抵制日货,满腔热血地果敢投入到抗日救亡运动的洪流中。那时父亲曾受到特务的追捕,坐牢,严刑拷打和假枪毙,遭受了各种迫害,但父亲从来没有动摇过对党的忠诚。

1938年父亲受组织安排赴延安鲁艺学习,临行前党组织又安排他留在四川一带组建党的工作,他毅然留下,以教师身份组建歌咏队、介绍解放区木刻、苏联版画、开展抗日救亡美术活动,在四川各地白区做地下党的组建工作直到新中国成立。

解放后父亲在四川阆中宣传部任副部长兼部长工作,文联组建,积极组织宣传抗美援朝保家卫国的宣传工作。父亲曾在阆中古城大门墙上画了一巨幅抗美援朝的宣传画——一个即将奔赴战场的志愿军战士,在当时起了很大的宣传鼓动作用,反响很大,老人们现在都记忆犹新。

父亲1953年调入重庆出版社从事美术编辑工作,后调入四川美术出版社,80年代初期重庆出版社恢复建社,父亲又回来组建美术编辑部,在全国各地挖掘培养的专业美术作者、编辑人才都是美术界的栋梁之才。父亲顺势而为,编辑出版了《四川美术学院选集》,引起了全国美术界的瞩目,又编辑出版了《第六届全国美术作品展览获奖作品》画册,引起了美术界很大的反响。编辑出版的《李初梨珍藏书画选》至今在重庆三峡博物馆收藏展出。父亲这一辈子编辑出版的美术图书有三百多册,还编辑出版过宣传画、年画等,参加过世界各地图书展、博览会,说是编著等身一点都不为过。他还获得了很多荣誉和奖章,如获得中国文化部、宣传部、新闻出版署、中国美协、中国书协、中国出版工作者协会等颁发的各种终身奖、贡献奖、荣誉奖,获得中华人民共和国成立50周年纪念勋章,重庆市委宣传部颁发的中国共产党成立90周年的纪念荣誉奖等。

父亲原系中国文联名誉主席,中国美书家协会会员、四川省、重庆市美协理事。1938年毕业于四川艺专(现四川美术学院)受教于苗勃然先生,学习油画,水彩画。1940年就读江安国立剧专(现中央戏剧学院),受教于余上沅、曹禺、吴祖光、洪深等先生学习戏剧、舞台设计。毕生从事戏剧、音乐、美术教育、宣传、新闻出版工作,40年代就举办个人画展,60年代钻研水印木刻,版画《拦马》《新春》《长江第一桥》等作品参加全国美术作品展,他的绘画作品被全国各大博物馆、世界友人收藏。

离休后父亲艺术创作激情厚积薄发,创作了国画《乾坤正气》《金秋》《白莲花》《石兰》《英雄花》等花鸟国画作品;出版了《张克仁画集》和各种画册、邮票、格言等。父亲用超越了一般常人的生命激情,一生都在生命美术和艺术美术的天地里驰骋,展现自己的思想光彩。

父亲一生对党无比忠诚,他信仰坚定、信念执着。

"文革"初期,父亲被打成了叛徒,我也被学校开除了红卫兵,心里很怨恨父亲。

一次父亲从批斗会回来，叫了我一声"茗儿"，但是我不想理他，背对着他，父亲继续用沙哑但很坚定的声音对我说："相信爸爸，爸爸是个好爸爸，爸爸从来没有出卖过党组织，我不是叛徒。"瞬间我的泪水夺眶而出，转身抱着父亲那痛苦疲惫的身躯，哭着告诉他："我相信你。"

1969年我在綦江当知青。冬夜，我背着鼓鼓的两书包自己的劳动果实，一个人摸黑走山路，翻山越岭，不知跌了多少跤，整整走了一天一夜，终于来到了万盛区九锅箐农场看望久别的父亲。当时晚雾又笼罩了森林，朦胧中我看到了一队下工归来队伍，"茗儿你来了"——好熟悉的声音，我这才认出队伍中的父亲，他头戴护耳棉毡帽，身穿发白的蓝色棉袄，腰间扎着粗草绳。我愣在那里没动——从没见过父亲这般装束，我心痛得如刀割一般。父亲笑着走过来帮我卸下沉甸甸的书包，高兴地说："怪不得今天喜鹊一直在树上叫。"那天晚餐有肉，父亲激动地告诉我，因为我是第一个上山的家属，他又在农场多次被评为采茶能手，大队长特别批准多给父亲一份肉。在那个物资极度匮乏的年代，能多领到一份肉，那真是天大的荣誉。那种荣誉对那时期的父亲来说真是来之不易的荣耀，让父亲十分兴奋。晚上父亲把我带的食物全部分给了那些叔叔、伯伯、阿姨们，他们很亲切地拉着我的手，高兴得就像见到了他们自己的亲人一样，那天我还为他们唱了一段现代革命样板戏《我家的表叔数不清》。

第二天是元旦节，白雪覆盖了山林，山上寂静无声、寒风凛冽，与世隔绝，我身上感到一阵阵的寒冷。父亲一直兴高采烈，一边兴趣盎然地带我参观了他们的农场，给我表演他是怎样采茶，评上采茶能手的，一边还唱着《采茶歌》。然后又带我去看他们冒着生命危险在深山老林里悬崖边上采摘的各色野果，这些野果在父亲的精心设计下，变成了每一个房门外镶嵌摆出的"忠""红心"等字样。红彤彤的野果在雪地里显得是那样的艳丽、醒目、温暖。热泪又打湿了我的双眼。父亲还是那样多才多艺、心灵手巧。

在那样恶劣的生活环境下，父辈们是那样的乐观、坚强、忠诚，热爱生活。

父亲一生节俭，画画的草稿纸都不舍得丢，用来当手纸。保姆都嫌他节约、吝啬，对他有意见，但遇到国家遭灾、家乡建设、贫困山区孩子上学，他就会慷慨解囊，捐钱、捐物、捐画。他常常告诉我们儿女要自食其力,勤俭持家,他的房屋和存款,以后全部都要交给党,他的绘画作品全部要捐给国家博物馆和家乡纪念馆,绝不会留给我们儿女的。父亲为了党、为了国家可以牺牲自己的一切。

社里评正高职称,父亲完全有资历评上,但想到僧多粥少的情况,他为领导分忧,写了退出评正高职称的申请书,放弃了唯一的机会,缓解领导压力。

最后一次社里分新房,父亲已经离休在家。他又放弃了分新房。他说让上班的年轻人能分上房,他们上班方便些,又一次为社里组织分忧。缓解领导分房的压力,父亲说:"与人方便、自己方便。"

父亲从小要求我们写日记,看红色书籍,给我们讲革命历史故事,我还记得我小时候看过《过年》《和爸爸一起坐牢的日子》等。

父亲多才多艺,除了绘画,弹钢琴、拉手风琴、小提琴、二胡、唱歌、唱京戏,还会做木工活,还能做得一手好菜饭,讲究色、香、味俱全。父亲热爱生活,热爱大自然,常常带我们全家外出旅游、野炊,在大自然中去寻找创作灵感、积累素材。

父亲乐观、幽默、诙谐、有趣,深爱着家人。

我母亲早年被诊断出来患有阿尔茨海默病,后长期卧床20多年,父亲为了让我们儿女安心工作,一人承担了照顾母亲的全部重担。然而这从来没有影响他的创作激情,每天坚持画画、写字,积极参加活动,晚年还多次举办个人画展。父亲每天必抽时间去陪伴母亲,亲吻母亲,拉着母亲的手给她讲故事、唱歌、唱京戏,对母亲百般呵护、不离不弃,创造了医学生命奇迹。

父亲还常给我们讲他的爱情浪漫史,常使我们儿女开怀大笑,他在40年代画的一张水粉画《同学》,画面是一个女同学在弹钢琴的背影,此画一直挂在他的画室。

记得一次我们全家儿女、亲戚朋友、画友好多人在一起聚会,他在台上指挥我们合唱《游击队之歌》《志愿军军歌》。他有力地挥打节拍,那神情完全就像是一个年轻的战士。后来父亲马上一变,又变成一个活泼、可爱的孩子,坐在板凳上,边唱边用双手拍打膝盖,为大家表演儿歌,用童声为我们演唱"排排坐,吃果果,幼儿园的朋友……"等歌曲,让大家高兴、快乐了一天。

父亲一生没有虚度年华,一生都在抒写生命的真理,他的精神永存儿女心中。

父亲离开我们八年了,抬头再看着父亲的画像,往事如潮……父亲的音容笑貌,历历在目……

父亲是挂在墙上的一幅画,是写在儿女心里的一部书。

他是一名真正的共产党员

——纪念原重庆出版社副社长左明德同志

梁子高　李晓峰

在欢庆重庆出版社成立70周年,重庆出版集团成立15周年的日子里,我们每一个重庆出版人的心里都充满着喜悦和自豪,也都在收获着属于我们的幸福和感动。

当我们回顾出版社和出版集团光辉的历史的时候,我们不会忘记的是老一辈出版工作者那种爱岗敬业的精神,艰苦奋斗的传统和他们留给我们的宝贵精神财富。我们的事业,正是由于一代又一代不计名利、勤勤恳恳为人民忘我工作的出版工作者的团结奋斗,才能不断地发展壮大。左明德同志,就是我们重庆出版人的优秀代表。

2005年6月19日,有着60多年党龄的左明德同志离开了我们。临终前,他没有向组织提出任何个人要求,也没有留下气壮山河的遗言,更没有给亲属留下丰厚的财产,他就这样默默地、安详地走了。可他却用60多年的革命生涯,在世上留下一串闪光的足迹;他用对共产主义的坚定信仰,用对党的事业的无比忠诚,用对人民群众的拳拳爱心,诠释了共产党员光荣称号的内涵;他用一生艰苦奋斗,勤奋工作,无私奉献,实践了自己在党旗下的誓言。他的高尚品格,他的奉献精神,赢得了大家由衷的敬佩。他是人民的好儿子,他是一名真正的共产党员。

左明德同志,1922年3月出生于重庆涪陵,1939年3月在中共中央创办的新华日报馆参加革命工作,1943年9月加入中国共产党,1956年初加入中国民主促进会,1983年10月离休。

抗日战争和解放战争时期,左明德同志在《新华日报》社从事发行工作,历任郊区发行股股长、北碚发行站主任。1947年3月,因国民党反动派对《新华日报》社发动突然袭击,左明德同志按党的指示,隐蔽回老家涪陵增福乡从事小学教员工作。1949年12月重返《新华日报》社,任发行科副科长。

新中国成立后,左明德同志于1953年2月调任西南新闻出版局任出版组组长、重庆市文化局出版科科员,1955年12月任重庆出版社编务室副主任,1962年4月任四川人民出版社重庆办事处出版科干部,1979年4月任四川人民出版社重庆办事处材料科副科长,1981年7月任重庆出版社副社长,1983年离职休养,享受副局级待遇。

1939年,风华正茂的左明德怀着一颗抗日救亡之心和满腔革命热情,从老家涪陵来到弥漫着白色恐怖的山城重庆,毅然参加到周恩来同志领导的《新华日报》发行工作的行列,历任郊区发行股股长、北碚发行站主任等职。面对特务、宪兵的威胁、盯梢、恐吓,面对艰苦的斗争环境,他和同志们一起,与反动特务斗智斗勇,巧妙周旋,及时把《新华日报》送到广大群众手上,让党的声音传遍重庆的大街小巷。由于左明德同志工作出色,1943年,他被《新华日报》社授予"毛泽东奖金",并光荣地加入了中国共产党。

艰苦的革命斗争环境锻炼了左明德顽强的意志,也培养了他"节省每一个铜板,用于革命事业"的优良品质。全国解放后,身居领导岗位的左明德同志仍然发扬他在《新华日报》养成的"人走灯灭"的勤俭作风,不论是在工作岗位还是离休后,每天他都最早来到办公楼,逐层楼地将门口、过道、走廊、卫生间的电灯关掉,将仍在淌水的水龙头拧紧,数十年如一日,几乎从未间断。而他自己的生活也相当简朴,一年四季的衣着,大都是子女们穿过不要了的处理品,床上陈旧破烂的枕巾舍不得丢,沙发和凉席补了又补。他节衣缩食省下来的钱,大多用来捐助了贫困学生和家乡的文化事业。他先后捐助了重庆市渝中区、涪陵、南川、云阳、奉节、秀山和四川宣汉的20多个贫困孩子上学读书,临终前,仍然在捐助着12名贫困学生。奉节县明水中学校长覃爱民代表受左明德同志捐助的王强同学来信说:"是您给了他努力学习的信心和克服困难的勇气,给了他人生路上锐意拼搏的动力。正是由于有了您的资助,才使一个饱经沧桑的少年沐浴着阳光雨露,重新认识了生活。"如今,曾经受到左明德同志捐助的孩子们都顺利地完成了九年义务教育学业,有的还考上了大学。虽然大多孩子没有专程来看望过他,左明德同志也从来未图回报和感谢,只要孩子们不失学,并且成为有文化的栋梁之材,他就感到无比的欣慰和满足了。

由于从小家境贫寒,左明德没有读多少书,但他深知书籍对人成长的重要,更懂得如何发挥图书的价值和作用。1995 年,他在家人的支持下,将自己珍藏的 5000 多册、价值 3 万多元的藏书全部捐给了涪陵图书馆。在捐赠仪式上,他表示今后将坚持年年为家乡捐书,为家乡的精神文明建设和民族文化传承作出贡献。10 年来,左明德坚持为家乡图书馆捐书,每年捐书价值约在数千元以上。为此,左明德被涪陵市枳城区图书馆聘为名誉馆长,并专门设立了"左明德捐赠书刊借阅部",将左明德同志捐赠的万余册图书单独布展、借阅。

左明德订有 10 多种报刊,他将报上有用的资料都分类剪贴、整理保存,30 多年下来,竟有两吨半之多。2001 年 4 月,他将这些珍贵的资料全部无偿捐赠给四川省图书馆,该馆向他赠送了"有心人做无私事"横幅。

1983 年,左明德同志离休了。在他看来,副社长的领导岗位可以"离",共产党员为人民服务的精神却永远不能"休"。离休 20 多年来,他几乎从没有休息过。他主动承担了《新华日报》《群众》周刊史学会的工作,联系在外地的战友,撰写回忆录,编辑出版史学会会刊,收集、整理、抢救了大量珍贵的革命文史资料。他还亲自出面为电视连续剧《新华方面军》的编剧李晓峰请创作假,保证了该剧的顺利拍摄并在中央电视台播出。该剧后来获得中宣部"五个一工程"奖。

人民的疾苦,群众的困难,共产党员决不会视而不见、撒手不管,这是左明德同志恪守的信条。左明德爱"管闲事"也是出了名的,从他所从事的新闻出版业到城建、环卫、交通以及精神文明建设,事无巨细,只要被他听到、看到,他都要管一管。某院校翻修人行道,施工时没有栽行道树,他便找到该院领导,反复宣传"绿化环境,造福子孙";某药材市场管理不善,某交通要道经常堵塞,甚至某个路段有个大坑长年积水,他都要为民请命,或书面建议,或电话反映,或登门反映……一位拄着拐杖、身体瘦弱的老人成了政府职能部门的常客,而且大家都知道,他每次来,都是为了反映群众最关心的事情。

左明德同志离休后,多次被评为重庆出版社、重庆市直属机关优秀共产党员,被重庆市精神文明委员会授予"重庆市文明市民"。这些荣誉,记载着他信仰坚定,廉洁奉公、作风正派、严于律己、不图享受、不计名利、不徇私情、按原则办事、平等待人的人生轨迹,是对他忠于党、忠于人民的革命精神和高尚道德情操的肯定。他不仅赢得了身边群众的尊敬,2003年4月初,在"红岩革命文化座谈会"上,左明德汇报了工作情况后,中共中央政治局常委李长春同志和在座的领导一起鼓掌表示赞赏,并同左明德同志合影留念。

毛泽东同志说过:"一个人做点好事并不难,难的是一辈子做好事……"左明德同志就是一辈子做好事的共产党员。他的一生,并没有惊天动地、轰轰烈烈的壮举,从少年参加革命起,一直在自己平凡的人生档案里书写着对党和人民的忠诚,他以毕生的勤勉,展示着共产党员的世界观、人生观、价值观;他以自己的执着,在物欲横流的尘世间树起一面精神的旗帜,无言地讲述着一个朴实的真理:真正的共产党员,无论为官为民,永远都是人民的公仆。

在重庆出版社已发展为出版集团,正在实施跨越式发展战略的今天,更需要有一大批左明德同志这样的共产党员冲锋陷阵,拼搏努力,才能不负众望,不辱使命,实现打造百亿集团的宏大目标。

他依然深情地关心着出版事业
——拜望钱伟长先生小记

叶麟伟

2006年5月21日,重庆出版集团总编辑陈兴芜率"重庆出版社科学学术著作出版基金"原联系人夏树人编审、现联系人叶麟伟编审在南京拜望了中国科学院资深院士、著名科学家、教育家和社会活动家钱伟长先生。

钱伟长先生是1988年设立的"重庆出版社科学学术著作出版基金"指导委员会主任委员。拜望钱老,亲耳聆听他的指导意见,是我们由来已久的愿望。早在2003年重庆出版社新一届领导班子决定扩大出版基金规模,进一步做强做响科学学术著作基金书品牌时,陈兴芜总编就计划率队拜访钱老,请他对我社下一步的基金工作提出指导意见。后来由于种种原因,几次动议未能成行。这次,趁钱老在宁视察几所大学的空隙,我们终于实现了拜访钱老的愿望。

2006年5月21日下午,经全国政协秘书局孙建宁秘书协助,在苍松翠柏掩映中的南京东郊国宾馆,我们有幸见到了敬爱的钱老。年届93岁高龄的钱老,依然面色健康,精神矍铄。当我们怀着高兴而激动的心情与钱老握手做自我介绍时,他风趣地说:"都是眼镜。"陈兴芜总编首先代表重庆出版集团领导向钱老表示问候,感谢他20多年来对我社出版工作的关心和指导,并送上我集团新近重印出版的《费孝通九十新语》等基金书和《重拳出击——周恩来在"九一三"事件之后》等重点书。钱老高兴地说:"谢谢!"陈总编回忆说:"钱老,我们在重庆见过面,还合过影呢!"钱老说:"对!对!"(那是1999年10月,时任全国政协副主席的钱老,在视察重庆时出于对我社出版工作的关心,专门抽时间来我社视察。他当时在座谈会上对我国教育和出版发展前景所做的预测后来都应验了,令我们印象深刻,钦佩不已。)随后,因工作曾多次拜访钱老的夏树人编审向钱老汇报了重庆出版社资助出版达21年之久的中文版《应用数学和力学》月刊近况,并表达了重庆出版集团愿继续合作出版该杂志的愿望。该刊于1980年由钱伟长院士创办并任首任主编,现已是一个国际著名的科学学术期刊——国际工程索引(EI)及我国力学类核心期刊、科学引文索引(SCI)源期刊。钱老高兴地表示,这个刊物在国际上更受欢迎,英文版发行量更大。关于继续合作,他说:"我很支持,应该继续合作。"他还在今年新出的该刊上为我们签名留念。最后,叶麟伟编审向钱老汇报了2005年增补新指导委员以来"重庆出版社科学学术著作出版基金"发展情况,当谈到我集团出版基金迄今已资助出版90多部优秀学术著作,并计划在基金书出版满100种时在京召开座谈会时,钱老高兴地说:"你们提名单吧。"

  钱老在耄耋之龄,仍如此关心出版事业,令我们深受鼓舞,十分感动。当我们带着精神上的收获、以不舍的心情与钱老道别时,都真诚地、异口同声地祝愿这位智慧的长者、令人尊敬的钱伟长院士健康长寿!

原载《重庆书讯》2006年第7期(总第114期)第1版

我的出版琐忆

瞿邦治

1984年7月,我跨入出版行业。一副崭新的重担沉甸甸地压在肩头,既兴奋又忐忑,生怕有所闪失。

一、为温总理献诗

2005年12月初,我退休后已经移居法国。但人退心不退,胸中还有"我是重庆出版人"的不变初心,还有一定要为重庆出版人争气和争光的想法;哪怕无人知晓,哪怕默默无闻,也要付出火热的情怀和加倍的努力。

当时,温家宝总理即将赴法访问;侨界一片欢腾,侨领们纷纷在法国大小报刊上发表祝词恭贺。我呢,决不能缺席。于是,我冥思苦想,终于草就一首《中法双赢》诗歌,真诚地表达了重庆出版人的热烈情怀,而且说动了《欧洲联合周报》原创空间的编辑,赶在温总理赴法之前,见诸于报端。

虽知这是在定稿定版的情况下做出的一个特例处理,虽然未曾与专栏编辑蒙面,但在诗歌上方添加的"为预祝温总理访法成功,献诗一首"却恰如其分地表达了我们共同的心声。

二、为出版社争气

1987年岁末，首届国民音乐教育研讨会在广东省中山市召开。时任国家教委副主任彭珮云特邀出席。我当时有幸参会，且正在组稿编辑《创造性音乐教学新探》一书。我想通过这次机会宣传重庆出版社的正面形象，表现我们是一个注重社会效益和经济效益高度统一协调发展的综合性出版集团，同时也借此机会回应那种对教辅读物的种种责难和偏见。于是我试着请中国音乐家协会荣誉主席赵沨老前辈邀请彭珮云预览《创造性音乐教学新探》书稿。这在当时的背景下，我为捍卫重庆出版社名声和教辅读物成果总算尽到了一份菲薄的力量。

三、向温元凯组稿

1987年深秋，我途经合肥。闲暇时，与当年最年轻的教授温元凯通话，提出想拜访他的要求。落座后，我主动发话："您是成功殿堂里纵横驰骋的名教授，我是出版园地中默默奉献的小编辑，但愿我们能在日后的交往中，共同敷设一座友谊的金桥"。温教授听后很开心。于是拿出几部书稿让我挑选。我选中《创造学原理》后说："我带回去试一试。"他很放心，不看我的工作证，也不要我留下收条。日后，我出版社在短短的8个月左右为这部学术专著出版了8 000册；而且，我在《人民日报》发表了一篇介绍《创造学原理》的文章，温元凯教授及其合著者十分满意。特别是我对脚注高度负责而贴切的处理，更是让他们十分赞许。为了将该书第243页关于潘金莲的一则脚注处理好，我在名家之间鸿雁传书：通过寄信给魏明伦求教修改准确；然后寄信给作者征求意见；最后形成定稿脚注。

四、《幼儿教育实用手册》

该书系本社主编,我任组稿和责任编辑,以及"幼儿喜爱的歌和实用表列"部分的作者,但我并不计较没有分文收益。

1. 书封上的悄悄话。

书封上的悄悄话
——《幼儿教育实用手册》书封赏析

瞿邦治

爱书的人,几乎都有欣赏书籍封面的癖好。渝版《幼儿教育实用手册》的书封就引人注目、撩拨人心,是令人爱不释手、浮想联翩的艺术佳品。

幼儿教育在人的一生中具有异乎寻常的作用。书封以象征金秋和富足的黄色作底色,从而巧妙地暗示出涉及千家万户、村镇城乡的幼儿教育,在家庭、社会、现实和未来中所占据和拥有的至为重要的地位和作用。

书封下方,是凝重清晰的黑体书名。上面是一张大方得体、人见人爱的幼儿照片。照片上那位衣着淡雅、脸色红润的小姑娘,头上扎着一对小小的羊角辫,几缕飘逸的秀发自然地垂落在额前耳边。最可爱的是小姑娘那一张稚嫩甜美的小圆脸,一双水灵灵机敏的大眼睛闪射着聪慧的光芒,满含企盼的目光凝神地望着远方,好像有许多悄悄话要贴在你耳边诉说。小姑娘右手抚琴,左手微微向上扬起,食指和中指并拢轻在嘴唇的下方,似在默想,似在陶醉……

打开扉页,那象征吉祥,有如朝阳喷薄的粉红色的底面带给你一种温馨的气息,扉页右下方,状似蓓蕾、面如幼儿的嫩芽迎风招展,左右两瓣嫩叶宛如幼儿一双活泼好动的小手在频频呼唤……设计者巧妙的构想和浪漫艺术再现,有效地烘托出《幼儿教育实用手册》这一明快、爽朗的主题。

《幼儿教育实用手册》1988年由重庆出版社出版后很快脱销,1991年1

月再版已将告罄。在此,我们不能不感谢该书的责任编辑和几易其稿、追求最佳艺术效果的书封设计者。

(原载《书刊报》)

其封面照片来源于我在市内各大照相馆橱窗的寻访。为了不产生纠纷,我两度拜访该女孩家长,征求到他们的一致同意,免除了日后的纠纷。

2. 本书一大特色。收录著名儿童歌曲《一分钱》作者潘振声《怎样为幼儿写歌》等篇章,成为本书独出心裁的一大亮点。

3. 在"幼儿教育问答"中,作者来稿《10. 幼儿玩具是韩信点兵多多益善吗?》经编辑加工改写为《10. 自制玩具的好处在哪里?》,既不伤害玩具多的家长,又迎合了自制玩具家长的勇气和骨气。

4. 该书1988年初版脱销。1991年再版告罄。

四、与教材同步的修订

大约是在20世纪80年代中期,我在签署1本教辅读物付印样时偶然发现教材有很大变动。为了不影响按期出版,我接受了按教材同步修订的任务。整整一个星期,熬更守夜,我终于完成了任务,并且通过了外审和多方认可。此举为出版社赢得了良好的信誉和丰厚的效益。

五、改错闯过鬼门关

1986年7月,为了早日出版《电大学习辅导丛书:外国文学辅导与练习》,我到达县印刷厂协助工人搬运沉重的铅板改错,突然咯血。为了不影响改错进程,我强忍着。其间,为寻找僻静地点咯血,我发现一处灵堂,有遗像,有挽联,心想踩到鬼门关了,但是,我不能中止任务。晚上,我去医院打了点滴。次日一大早,我乘坐早班火车回重庆第三人民医院住院。后来,我听说曾尧勋同志一行人等专程赶往医院看望我,令我十分感动。我不得不再次表示十分感谢。

六、更多同仁申请专利权

我曾经申请多项专利,并且获得授权。提及这些往事,是鼓励更多的年富力强的同仁申请更多的专利。当然,也包括图书和出版方面的。

1. 广告服饰。
2. 内容可随意增减顺序可前后调换的活动图书。

七、勤练笔多原创

白衣天使

瞿邦治

我听过天使的传说
从未见到她的真身
如果世上真有天使
那就是护士和医生

啊
可尊敬的白衣天使
每每听见您的声音
我会感到格外振奋
每每看到您的身影
我会感到特别可亲

因为你们从来都是
为了减轻病人苦痛
打针喂药悉心呵护
哪管家人天天担心
为了呵护人类健康
熬夜太多红了眼睛

因为你们从来都是
为了挽救病人生命
不惜用圣洁的躯体
去挑战死神的降临
甚至在临终的时候
来不及留一句口信

啊
可钦敬的白衣天使
如果没有您的操劳
人的生命兴许为零
红花绿草无法感受
世界兴许鸦雀无声

啊
可崇敬的白衣天使
您在我火热的心中
点燃了一盏又一盏
永永远远不熄灭的

催人奋进的航标灯

孤芳吟

瞿邦治

我是一个孤身
但却向往成双
扪心自问
孤的滋味如何
沉吟片刻
掬笑作答
那就是黄连的苦
苦后体味着甘
良药苦口的甘
品过中药的人
谁都尝过的甘

我是一只孤雁
但却追逐成群
独自奋飞
孤的感受如何
沉思良久
微笑作答
那就是婴儿的哭
哭中孕育着长
不可压抑的长
当过婴儿的人
谁都经过的长

我是一盏孤灯
但却不曾落寞
孤的前程如何
苦苦思索
含笑作答
那就是夜半的光
黑中闪烁的亮
登攀顶点的亮
读过万卷的人
谁都喜欢的亮

我是一只孤掌
但却不甘难鸣
捻指作响
孤的浪漫如何
不假思索
畅笑作答
那就是海中的帆
蓝里飘悠的白
点缀汪洋的白
漂洋过海的人
谁都回味的白

我是一束孤芳
但却不想自傲
陋室幽香

孤的氛围如何
放言窗外
抿笑作答
那就是花繁的景
姹紫嫣红的春
百鸟歌唱的春
做过春梦的人
谁都留恋的春

（原载《欧洲时报》周末版 2003 年 6 月 7 日—6 月 8 日）

情到深处知艰辛

邓士伏

1984年底,我从部队转业来到重庆出版社从事美术编辑工作。

初来乍到,总觉得自己在十多年前开始就陆续为武汉军区编绘过《连队美术资料》,为总参编绘过《"三防"(防原子、化学、细菌)训练挂图》及幻灯片,为总政编绘过《惩治军人违反职责罪暂行条例》等,还出版过诸多美术作品,这所谓美术编辑工作,还不是轻车熟路、手到擒来的事儿?

嘿!我还真想错了。刚一踏进办公室,就遭遇了尴尬。美编室某领导甩过一叠年画清样:"你将这些画签一下样。"随即溜之大吉。"签样"?我可从来没听说过,搞得我丈二和尚,摸不着头脑。想起在部队时,打样出来,让你"签个字"就拿去付印了,从没签过什么样。于是我不得不求助于老编辑。始知这"签样"除了"签字",还得要签上修改意见,从画面色彩的调节到文字的正误乃至版式的优劣等,都得签上自己的具体意见,以便印刷厂修改时有个依据。

唉!此时方才明白,部队那个时代,出书都是低水平的,也没有个编辑过程,作者就是编辑。根据自己设想的版式,把图画出来,文字一配,丢给印刷厂,打样一来,大名一签,便大功告成了,只等印刷厂交货。那时写书编书,自己都是把精力集中在美术作品的艺术质量上,至于其他的环节,从未考虑过。书到手一翻,只是觉得我们那样漂亮的作品,被印刷得一塌糊涂,心中免不了有点愤愤然罢了。

到了出版社,不一样了。时代不一样了,要求也不一样了。美术编辑可不是你自己画画儿。更重要的是调查市场,策划选题,组织作者,修改稿件,设计版式,核算成本,监督印刷,还要参与发行等等,一揽子乱七八糟的事儿都得自个儿一管到底。

然而整个这一连串繁杂的事务中,唯一能发挥自己特长的只是替作者修改作品。为此我还很苦闷了好一阵子呢,编辑就是为人作嫁干杂事儿?毕竟,这是工作。为了把工作干得像模像样,不要辜负了出版事业,思索再三,权衡再三,我还是不得不强迫自己跳出了象牙之塔,放弃了一己之爱,投身到所谓"编辑"工作之中,一切从零开始。

然而,编辑个中事,辛劳寸心知。

前十年被分配搞年画编辑工作。众所周知,艺术界有一种偏见,年画总被一些人另眼相看。就像搞民间文学和儿童文学的被搞所谓纯文学的人另眼相看一样,不屑一顾。有人经常用"喜庆""鲜亮""大红大绿"之类的词来幽默嘲讽你一番,尽管是玩笑,那滋味还是不好受,自己只能苦笑。其实艺术史对一切画种和流派都一视同仁,但现实生活中却不是这样,它们被分成了高低贵贱,文人圈子的就高贵,人民大众的就低贱。甚至殃及池鱼,编辑也遭了殃。

为了消除门户之见,也提高年画的艺术品位,我曾于80年代先后组织过三期年画创作班,邀请了全国较有影响的年画作者来渝进行研讨和创作。我声明自己的艺术主张,探讨如何摒弃传统年画中的大量糟粕,从内容到形式进行全面的革新以适应新时代的需要,希求探一条新路,创作出既为广大读者所喜爱,又被专家们所认可的"雅俗共赏"的作品。作者必须根据我们的要求进行创作。当然,我自己还身体力行,大胆尝试。

这样做果真还起到了一定的作用,达到了预期的效果,也为我社提供了丰富的稿源。前后还有十多幅作品参加了全国美展。此后我便再也难以听到什么"喜庆""鲜亮"之类的幽默言子儿了。如果不是自己也有几幅作品参加几回全国美展,还获个奖什么的,至今鄙人恐怕还未翻得了身。

我也曾参加过两届版协举办的全国年画创作班。本人不揣冒昧,公开宣扬自己的主张。当然免不了有人反对,不过道不同不相与谋。

对于自由来稿,我依然要提出自己的要求,希望作者根据我们的标准和要求进行修改,而不是简单退稿了事。久而久之,很多外地作者从构思开始就和我联系,寄来草稿或色彩样征求意见。我则是有稿必复,甚至亲自操刀,企望着用我的笔去改变他们的画风。尽管增加了成倍的工作量,一度搞得成天晕头转向,然却因此结识了一大批有较高水平的年画作者,形成了一个相对固定的庞大的创作队伍。

常有作者来信将我"粉起",用当今时髦的话说,我还有了一大帮子"粉丝"。什么"你是我遇到的对作者最诚恳最有水平也是最乐于助人的美编"啦,什么"没有您,我早就离开年画道路了"啦,什么"邓编啦,恩师啊……"之类,哎呀!向来低调的我,哪里消受得了?

然而时运多变,市场残酷。至90年代初,年画市场渐趋萎缩,就像80年代后期连环画的命运一样,短短三四年间,从宋金时代的《隋朝窈窕呈倾国之芳容》算起,年画这么一个在民间延续了七八百年的画种竟然一下子销声匿迹了,就剩下挂历那个进入中国不过十多年历史的"舶来品"还在苟延残喘。我苦心经营的作者队伍,顿时作鸟兽散。唉!"长江后浪推前浪",可怜我的那些"粉丝"们,不是改行干了其他,就是"死在了沙滩上"。

还好,我还没有"死"。

1995年,我社承担的国家重点出版工程《中国美术分类全集·中国石窟雕塑全集》正式上马。

大浪淘沙,却把我推到了另一块高地之上。鄙人又可施展拳脚了。

这可是我社继"反法西斯文学三大书系"后的又一部重点出版物。它是我社总编沈世鸣于1992年在中宣部、国家新闻出版署及国家文物局组织召开的有关该《中国美术分类全集》的工作会议上主动请缨,争取到的一个国家重点出版项目。

对于这样一部书,我们岂能掉以轻心?又岂能不全身心投入呢?

然而,这套书的美术编辑又岂止仅仅从事广义的编辑工作,编辑们还得要参与田野考察及资料的甄别和遴选,甚至图片的拍摄工作。其实是既当编者,又当作者。

关于这套书的意义和编辑宗旨、编辑指导思想、拍摄思路和原则、美学尺度的把握等等均不在此赘言,单说说实施过程中的艰辛吧。

一旦进入实施过程,很多意想不到的困难都凸现了出来。全集中除《敦煌卷》外,其他九卷均需我们自己拍摄或组织专业摄影师拍摄。多数美术编辑的足迹都跨越数省甚至十数省,行程一般都达到上万公里甚至数万公里。其间遇到的困难超出想象。

考察期间,在一年中最寒冷的季节,我和谢学康根据线索沿唐蕃古道深入到关山阻隔、高寒缺氧的青藏高原,强忍着高原反应翻山越岭,涉水跨涧,挨冻受饿,举步维艰,顶着凛冽刺骨的寒风,在茫茫的雪域旷野中度过了1996年的元旦佳节。拍摄照片时,手指头冻得都没有感觉的。高原上如此艰辛劳作,身体如何经受得了?当时真担心,我们俩这各一百多斤怕是要奉献给雪域高原了。

结果是我大病一场,回到兰州,蒙头大睡四天,头疼发烧虽有所缓解,咳嗽却持续了两个多月。谢学康因故退出后,我们俩负责的两卷书,就落在了我一个人头上,此外还要负责全套书的地图绘制工作。压力大呀!

谁料想,我所负责的这个工作,是如此的困难重重。

《南方八省卷》是空间跨度最大的一卷。石窟分布面积广,零星而又散乱,且都散布于人迹罕至的荒山野岭,拍摄难度极大。往往需要茅草丛中挥竿驱蛇,山崖顶上悬空取景。连当地的陪同都说,我们像在玩杂技。当拍摄工作推进到江南一带时,适逢盛夏水灾。仅安徽巢湖王乔洞一地,就让我们吃尽了苦头。该洞位于一山涧旁,洞内坑坑洼洼,流淌着一两尺深的污水。连续几天雨不停水不退,又不能长时间等待,只好冒雨进行。没有电源,需从几里外的村庄接过来。同志们牵电线,架线桩,泥里来,雨里去。拍照,相机须架在水中,灯光得扛在肩上,洞内雨脚如麻,还要为相机撑伞,就只有委屈自己了。雕像散乱分布,必得忽上忽下,忽前忽后跟随雕像位置移动,煞是困难。从外而内的雨水,从里而外的汗水,硬是将全身湿了个透。拍完照片回到驻地,才发现,一双脚丫子早已泡得打皱发白。

有失必有得。通过本全集艰难的组稿和拍摄工作,本人在各石窟点和各级文管部门与文物考古专家和学者们建立了广泛的联系,为日后扩展编辑思路、开拓选题范围提供了多种可能。如我社日后出版的《河西简牍》及由此衍生出的"简牍书法系列""中国古代壁画精华丛书""甘肃彩陶""中国历代书风系列"中的诸多古代分册等等一系列具有丰富文化含量,深得读者欢迎的出版物,可以说都是《中国石窟雕塑全集》的副产品。连大洋彼岸的老教授也打来电话联系购买,这也是在下艰苦工作的回报。

时间进行到了世纪之交,我办公室还没有配备一台电脑,一切都还是手工劳作。本人策划的一套八卷本"西藏民间艺术丛书",除了需要整理作者提供的资料,还要对作品一张张进行剪裁、组合。唉!单是版式设计就把我折腾得够呛。为了给出版社节约一点费用,本可交给印刷厂干的事,都自己动手。可数千张照片,80个印张,1280个版面,要折腾到猴年马月去了?于是,只有牺牲了自己的休息时间。细算起来,足足耗费了我两个国庆长假、一个元旦、一个春节、一个"五一"长假。一年多时间里,没有休息一天。月东升,日西落,茶余饭后,行间寝前,脑壳头装的心里头想的,都是那些玩意儿。写呀……写呀……写呀……画呀……画呀……画呀……三更灯火五更鸡,没日没夜地整。往往我一干就是一个通宵,腰酸了,手软了,头昏了,眼花了,站起来伸伸懒腰,不觉东方之既白。

抱起稿子南下深圳,去印刷厂排版、修图、制版、印刷。人家工人是三班倒,我一个人是一对三,一天24小时守在电脑旁,哪得休息?还给印刷厂出了不少难题。单说那封面,一次打样不行,二次打样不行,三次打样不行。干脆,修改设计方案。我提议先将白纸印上一层金浆,上面再印图。咳!可把印刷厂搞苦了。又是一次打样不行,二次打样不行,三次打样不行。技术人员可能觉得我有点"刁歪",反映到印刷厂老总处,老总却说:"我们要专门为此搞一个技术攻关,非拿下它不可!"当然,最后是皆大欢喜。

末了,老总对我说:"难啦!难啦!我看你也是,就像下个儿一样!"我只有对以苦笑,可不是,那不就是我的儿吗?

坦率地说,没有情感的深层投入,就不会经历这般艰辛,但同样也不能体会到这抱着"儿子"的喜悦。还是那句老话:一分耕耘,一分收获。我收获了众多的"儿子",颇让人有了点志得意满的感觉;当然,还收获了一头白发,供我守望终生。

二十多年的编辑工作,我历尽了艰辛,饱尝了苦涩,也增长了才干,品尝了喜悦。一盘算,还是值得。

还有不到两个月,本"邓编"就要告别出版事业第一线,一想起来,还真有点不舍呢。

《中国石窟雕塑全集·四川　重庆》卷
——记国家重点出版工程的启动

邵大维

1993年,我在重庆出版社书籍装帧艺术设计室工作已经好几年了。

5月的天,云轻气爽,阳光灿烂,望着办公室窗外的春阳,我心里不由得泛起一股想要出行的冲动,春天,对于一个喜爱绘画的人来说,那是一种难忍的诱惑,我仿佛感到大自然中的山川、大江、一片片蔚蓝、一片片新绿,都在向我召唤。

耐不住寂寞的我,信步来到美编室。美编室里正在开会,编室主任周永健主持会议,大家正热烈地议论着什么。永健与我既是同行同事,又是好朋友,于是我好奇地走进去,想凑凑热闹。

美编室正在讨论关于编辑出版《中国石窟雕塑全集·四川　重庆》卷的启动事宜。当时,这套《中国石窟雕塑全集》是国家重点出版工程,此石窟全集的出版,将弥补我国自蜀汉、三国、南朝以来,以及我国古代各时期的佛教艺术史研究的空白,对于当时年轻的重庆出版社来说,这可堪称是一项工程浩大的出版伟业。

《中国石窟雕塑全集》的前期工作是,拍摄大量的可用于印刷出版的反转片。除知名的佛教造像点之外,还要在四川和重庆境内浩瀚的大自然中,收集拍摄大量散落在民间的佛教造像资料:要在偏僻乡村的大山溪流边,密林悬崖下,农舍屋前屋后,甚至牛圈猪圈旁,探寻到一个个隐秘的大小洞窟,寻觅到一尊尊从未面世的精美佛教石雕像。任务艰巨,就像在大海里寻找到一颗又一颗湮灭了几千年的珍宝那样的难,这是我社建社以来从没有经历过的。

首次《四川　重庆》卷的启动拍摄,应该算是全集的开山之作了,除要完成全部专业工作外,还要总结一系列人文地理信息和经验、教训,以供全集全面展开时参考。所以,担任全集启动开篇任务的美编和文编,是重担在身。

在此次任务中,特别是美编,不但要担起属于本职的审美与摄影效果把控这一块,还要与佛教艺术史研究员刘长久,担任摄影重任的王大军打交道,沟通艺术观念,以期更好地完成任务。由于此次任务重,时间紧,责任大,没有经验可借鉴,美编室的同事们都有些犹豫畏难。永健看到我一直在旁,似乎对这事兴致颇高,抬头看着我,像有话要讲,还没等他开口,我忍不住抢先说道:

"我去,我行!"

"好,就是你吧。"永健和我一拍即合。

永健对我比较了解,对我的能力,他应该也是放心认可的。于是,我跨编室跨本职,成了美编的特邀美编,有幸获得了这难得的机会。参加这次启动任务的人有:四川省社科院研究员刘长久先生,《四川画报》主编王大军(担任摄影,越野车驾驶员),重庆出版社文编李哲良先生,还有美编,即本人。我们一行四人很快就启程了。

一路上,并不像如今自驾游似的轻松自在,有时的艰苦甚至可以说是"风餐露宿""饥寒交迫",但大家依然兴奋情绪不减。有时车陷入泥塘里,不能动弹,人只有跳进齐腿深的泥浆里,在泥浆里打开"山鹿"越野车的四驱功能继续行进。在成都当兵,驾车往来川藏线多年的王大军,已是部队团级干部,他成了越野车驾驶员,这让一些知情人肃然起敬,以为车中坐的尽是师级干部。

我们拿着国家有关部委的"红头文件",畅通无阻,去了已知的石窟石刻景点联系,拍摄。根据各地的文物管理部门上报的资料,以及各乡镇的文物管理员陆陆续续的新发现,又立即驱车前往,力争不漏下任何一处石窟。

在探寻石窟和拍摄资料之余,还遇着许多有趣又难忘的事。

一次,一行人驾车去往了丹棱(地名不确定),亮出"红头文件"后,当地相关的人员全程陪同,路到了丹棱一大山脚下,就是尽头了。车到山前没了路,大家只好徒步而行,向导带路,山民挑着摄影器材,我们拿着各自的行头,在崎岖山路小道上爬行。

大约两小时后,来到一片丘陵山地。眼前是几个不显眼的小山包,围绕小山包,生长着低矮茂密的灌木杂树,拨开灌木丛,光线暗淡的崖壁下,显出一个个长满青苔的小洞窟,架起反光伞,探头一看,眼前是个小空间大世界!在不大的空间里,展现了一个令人神秘惊奇,震人心魄的佛教大世界:一尊尊石雕像栩栩如生地静立其中。洞窟里,如凝固了几千年的时空,虽经数千年沧桑变迁,霜冻寒露,风雨侵蚀,石雕像曾经华丽惊艳的彩装已褪,但仍能从石雕像的神态中,从斑驳风化的石纹样中,感受到盛唐时期的佛音佛乐,细细端详,人们似乎能在凡尘的喧嚣与浮躁中获得一份宁静。

当地的乡村文物管理员闻讯赶到,这是一个中等个子、筋骨健壮的山民,据说他上过初中二年级,后辍学在家务农,在当地,他也算是很有文化的人了。他带来了一包自家采摘制作的新茶,一壶开水,热情地为众人各冲泡了一杯新茶。我们则继续忙着,在山岩石壁下寻洞窟,架相机脚架,打反光伞,找最佳拍摄角度……不经意地回头一看,那玻璃杯中刚泡不久的新茶,竟在阳光下发出一道灿烂金色的光来,那光色之纯净,之自然鲜亮,是我这个美院毕业的画画的人根本用颜色调不出来的,这是大自然春天的色彩啊!

我突然私心大发,马上宣布:那剩下的没泡完的新茶归我了!我小心翼翼地包好这剩下的半包新茶,放入背包,心中一阵窃喜。但我忘记了时空的流转……当我回到出版社时,那半包新茶已色泽暗淡,新茶变老茶了,遗憾!

文管员带着我来到一座古祠堂也有些像古庙宇的老建筑里小憩。这古建筑旁,有堵一米高的石垒墙。当时,据我们一行人之中有些考古知识的人考证,这墙应是唐朝时期的遗址,按此推论,那这古祠堂或者古庙宇,也应该是建于唐朝时期的了。

我拿着尼康相机在古祠堂里四处观看着,这古建筑属木结构,空间不小,在当时应该是算大房子吧,祠堂里可供多人聚会议事。由于年代久远,加之后来风吹雨打,房瓦脱落,墙壁漏雨导致壁泥垮塌,人们没有资金进行专业的维修,一年只有象征性八元钱工资的文管员自己想法,用白石灰浆补上了墙上的窟窿。

我急忙找了个光线亮的地方,一看,大吃一惊:白石灰补巴下,竟是一幅幅不同字体、不同墨色、不同风格的古代书家的墨迹,其中有些书法字体似乎熟悉。看样子,这些书法墨迹应是即兴挥毫之作,书法或大气磅礴,或轻灵飘逸,定是古代的文人骚客酒后吟诗作赋,趁醉意在墙上一挥而就,绝不是近代人,更不是现代人所为。

我一时愣住了,心底一阵焦灼一阵难受:那白石灰浆补巴下,究竟还湮埋了些什么呢?

我再往墙上那些远看就如一块块灰色补巴的地方看,啊,更是让人震惊不已,那些灰色的地方,原来竟是古人绘制的一幅大型壁画。细看,画中的人物造型,线条的勾勒,整幅画的填色,真可与《永乐宫壁画》媲美呢。我仔细搜索着大脑里的记忆,确认自己从来没在资料上见过,我浑身震颤着,心想:如此绝美的壁画,为什么就没人发现?为什么它会被岁月遗忘?又被白石灰补巴彻底埋葬了呢?难道是我的记忆和感觉有误吗……

看到我惊惑的神情,那位乡村文管员平静地向我解释道:

"不补,整个墙怕都要塌下来,没法,我只好用修自家老屋的石灰来补了。"

看来他对自己的做法并无任何遗憾。是啊,这事想来,确实不能怨一个没有相应知识的人。

我赶紧拿出相机,对着墙壁上那些缺失了大块大块的壁画局部拍摄起来……屋外的同事们又在喊要去拍摄了,忙乱之中,我竟忘记了用相机对着那些残缺的书法猛拍一阵。这真是一大遗憾啊。

如今,我拍的那些壁画照片还压在我画案的抽屉下,时间一久,恐怕也要被忘记了。

下山的路上,我一直在想,我希望这是我孤陋寡闻,见识少,以至于"杞人忧天",闹了一个笑话,如果真是这样,我的心会平静下来的。

下山后又听老乡说了一"骇人听闻"消息:在我们这队人马之后,始终悄悄尾随着一伙人的阴影,据说这伙人说的是外国话,也扛着专业的摄影器材,用外币买通了当地有关人带路,我们前脚走,他们后脚到,然后做着和我们同样的事……

我们听说后,当即询问有关文物管理部门,回答是:绝无此事。

没有证据,仅是听闻而已,又没有时间来深究此事,这事就不了了之了。但这事在我心里一直耿耿于怀,始终是个未解开的结,我想:如果确有其事,那这伙说着外国话也可能扮成了旅游者的人,他们可能拥有世界上最好的摄影器材,也可能有第一流的摄影技术,更可能有最完美的印刷出版实力,但这伙人肆无忌惮的做法,那海盗般掠夺似的拍摄,无疑是一群贪婪的盗宝者的偷窃行为,我想,任何一个有自尊有良知的国人都是难容忍的。

近二个月的劳累奔波,我们拍摄到了大量高质量的反转片,收集了大量新的佛教雕塑艺术资料。

我社出巨资实施的《中国石窟雕塑全集》国家重点出版工程,从社里到各具体实施的编室,自上而下,通力合作,尽全力而为。特别是《中国石窟雕塑全集·四川 重庆》卷的具体实施,为我社以后全面铺开的《中国石窟雕塑全集》的实施,提供了可参考性,可执行性的极好的经验。

我个人认为,从某种意义上来说,《中国石窟雕塑全集》的实施和编辑出版过程,其实就是年轻的重庆出版社成长的过程。

从更大的意义上来说,重庆出版社出版的这套佛教造像图集,用精美的艺术图片形式,把中国古代佛教雕塑艺术的精粹呈现给了世人,为国家,为民族文化,为全人类做了件大好事、大善事,否则,还不知有好多珍贵的文化艺术瑰宝会被人们遗忘,被湮灭在历史的长河中。

如今,已出版的十卷精美《中国石窟雕塑全集》,是专家和学者们研究和欣赏佛教艺术的经典力作,也成为了那些热爱艺术热爱书籍之人的藏书之爱,书柜里的镇柜之宝。

《中国石窟雕塑全集》拍摄记

刘庆丰

《中国石窟雕塑全集》(以下简称《石窟全集》)是我社于90年代中期实施的一个大型出版项目,是国家重点出版工程《中国美术分类全集》的重要组成部分。中宣部在规划这套全集时,起初给我社分配的是《漆画》部分。我社沈世鸣总编觉得与其不温不火地搞这个不太受重视的门类,还不如搞个重点的大型项目,主动要求拿下了《石窟全集》。

这套重点书籍对质量的要求非常高,要代表中国出版界的最高水平。在学术方面,我社找到美术界的泰斗王朝闻为本书领衔,并对各分卷都找来对本卷内容最权威的专家作主编。作为画册,它最重要的稿源就是需要高质量的120彩色反转片,这基本上是没有现成的稿源的,只能组织拍摄实施。当时美编室已经为此行动购置了一批高档摄影器材,但临启动实施时,购置并管理这批设备的戴前锋打算"留职停薪"下海创业,美编室负责人周永健就把我从科编室调来做了摄影编辑。

《人间》杂志解体后我去派出所待了大半年,"人口普查"工作结束后回社进科编室干了一年多。到美编室后一下子成了"全社首富",手中的摄影器材计有哈苏503相机加五个镜头、尼康F4及FG20机身各一,再加上长长短短的一堆135镜头,以及"布朗灯具"什么的,总价值共数二十多万,弄得我时刻都高度谨慎,背器材出门时不管任何时间、任何场合都是包不离身,也绝对不让别人帮我提器材。这习惯一直持续至今。

1993年春,《石窟全集》开始启动,第一站从云南开始。我们邀请了王朝闻先生一家来我社,再由本系列画册的西南部分主编、四川省社科院专家刘长久和我社文编李哲良陪同他到云南考察。我则先到成都去和特邀摄影师王达军会合后,再飞到昆明集中。

云南的主要拍摄地是剑川的石宝山石窟。这里的主体民族是白族,以前是大理南昭国的重要部分,带我们上山的文物局负责人居然姓段……我在这里拍摄了一个多星期,然后返回昆明拍摄西山龙门石窟等。拍摄结束后王达军独自飞回成都,我们则陪王朝闻去西双版纳继续考察后才回重庆。

回来后分析王达军拍的片子,周永健总觉得还是不十分满意,"看来以后拍摄时,我们不但要去文编,还要去个搞美术的,从艺术上把把关"。虽然《四川卷》是整个承包给了刘长久的,但是刘长久开始和王达军一起筹备拍摄时,周永健还是决定,把隔壁书艺室的邵大维征用过来,加入刘长久、王达军团队,作"艺术把关"。

四川卷的拍摄分两个阶段。第一个阶段是初夏,拍摄广元邛崃等地;第二阶段是国庆后,拍完了巴中到达合川,又让我带器材到合川一起参加拍摄。由于他们的小车坐不下,合川拍完后去安岳我只好乘坐长途大巴自行前去。

这些实际上只能算预热,直到1995年秋整个拍摄行动才正式进行。首先是拍摄大足,特邀摄影师仍是王达军。整个拍摄大概持续了一两个月,我们美编室成员是分为若干小组,每星期轮换一次。我则始终固定守在大足那里。

此后,分卷实施全面展开。各卷分头行动,在当地组织拍摄或就地组稿。1996年春由金乔楠领队重返云南拍摄,我们乘坐新配发给我们《石窟全集》组的小面包车去成都,驾驶员是蒋老三。接上王达军和刘长久后从西昌方向进入云南,逐一拍摄禄劝、挖色等地石窟,直到剑川石宝山重拍。完成后他们二人仍是从昆明飞回成都,我们则经贵州驶回重庆。贵州省内的一些石窟点则由我来拍摄。不过贵州的石窟都比较粗糙,审美价值不大。

其后一个多月的初夏,我又驱车和蒋老三一起赶往西安,去支援金乔楠、邹禾的陕西宁夏实施组,然后一堆人前往陕北。除了石油,这里还有一大丰富宝藏就是石窟雕塑造像众多,就连延安的重要机关部门印刷厂都是在一个石窟点内。

在陕北拍摄了十多个县,我们送别了陕西和北京的宾客,进入宁夏。宁夏须弥山石窟在宗教上有特别重要的意义。这里就是由我们自己来拍摄了。不过由于进石窟点的当晚我羊肉吃得过多,又连吃两碗冰淇淋,结果肚子拉得昏天黑地,处于半休克状态,拍摄基本由金乔楠来操作,我只在每个镜头拍摄前撑起来测测光就又倒地昏睡。不光是我,这次行动中我们四人都曾轮番倒下,每个人都有"尸体"镜头。

1997年,我社一直策划的驱车去西藏拍摄方案被大大压缩,改为我和王庆伦二人加上主编刘长久,三人飞去拉萨。出发前就被告知到达的前几天不能乱跑,不然肯定高反。不过我当天就背上120器材全拉萨到处拍,除了当晚小腿酸以外没其他异常。但一出市区才知道厉害,由于氧气不足爬山特别吃力,基本上是每走几步就必须坐下喘半天。就这样我们包出租车跑了西藏的十多个县,包括海拔近5000米的岗巴山区。由于紫外线太强,没几天我就晒得比喇嘛还要黑。

当年秋后,仍是我们三人一起去广西拍摄,以完成《云南　贵州　广西　西藏卷》。广西的石窟比较有意思,基本都在旅游区内,导游还不断叫游客去抚摸,说是摸了这个可以保佑什么什么,结果多数石刻造像都被摸得黝黑发亮。

拍摄完毕,都快编辑完成后我们才发现一个问题。四川(除大足外)卷本已整体包给刘长久实施了,而且文字图片已基本编定了,但是重庆已经脱离四川直辖出来,该怎么处理呢?我提出是不是加上一句"本卷行政区域按1997年前划分";但多方商议后认为还是需要把《四川卷》改为《四川　重庆卷》。于是在1999年初夏,我们重新启动拍摄,由我掌机拍完了新的大重庆范围内的几乎所有石窟点。

2000年初,十卷本的《中国美术分类全集·中国石窟雕塑全集》正式出版,成为我社出版史上非常重要的一部异常精致的高档画册。

走近马恩列与伟人同行

——《马·恩·列画传》诞生记

吴立平

在人类历史上,马克思、恩格斯、列宁是对世界现代文明进程影响最深远的思想家和革命家,他们所创立的马克思主义科学体系和理论学说,是全世界无产者及其政党的战斗旗帜和指路明灯,是世界各族人民团结奋斗的共同思想基础。

如何让思想的光芒更好地照亮现实,让人民群众"走近伟人,与伟人同行",这是马克思主义中国化时代化大众化的重大命题。重庆出版集团与中央编译出版社于2012年联袂出版的《马·恩·列画传》丛书,即为人们架起了一座桥梁。

八年过去了,我作为丛书的项目负责人,至今对编辑丛书的艰辛过程记忆犹新,对编译局专家们编纂丛书的科学精神和严谨态度感佩不已,更为马恩列三位伟人的壮丽人生所震撼和折服,以及被他们为追求真理而展现出的崇高品德与革命精神所洗礼,至今难以忘

怀。为此，今特将《马·恩·列画传》的编制过程与自己的感悟撰文如下，是为纪念。

——题记

盛夏的北京，炎热而干燥，在西城区西斜街36号的院内，三个来自重庆的出版人正在火热的日头下，从大楼里搬出形形种种、大大小小的画框、雕塑、书籍等物品，逐一拍照，然后又搬进大楼送回库房……

这是2009年7月，我和另外两位同仁在北京中央编译局里近半个月的日常，也是《马·恩·列画传》由务虚、发轫到具体实施的第一个阶段——摄取图像资料；同时也由此拉开了长达整整3年的编辑出版《马·恩·列画传》艰辛历程的帷幕。

2009年，对于中央提出的推进实施"马克思主义理论研究和建设工程"来说，是具有开创性并硕果丰盈的一年——经过近6年的艰苦努力，10卷本《马克思恩格斯文集》和5卷本《列宁专题文集》即将出版。

正是在这漫长的过程中，经典的编译者——中央编译局的理论研究专家们深切地认识到，要实施好"马克思主义中国化时代代大众化"，使经典"浅"下来，使伟人"活"起来，让人民大众能够真正"走近伟人"，从而更好地坚持真理，毫不动摇地走中国特色社会主义道路，就必须"建一座桥通向经典"（韦建桦语）。于是，他们酝酿并形成了编纂《马·恩·列画传》的思路。

而我社，一直以来都有着坚持出版马恩列理论著作的光荣传统，上世纪八九十年代陆续出版的"国外马克思主义和社会主义研究"丛书和本世纪策划出版的"当代国外马克思主义研究"丛书，都受到了理论界的广泛推崇。2005年起，我们又开始与中央编译局合作，出版了以"马克思主义经典著作基本观点研究参考"丛书为重点的一系列马列研究学术成果图书。

正是在这种良好的合作基础上，两家决定再一次携手合作，于2009年马恩列文集推出的理论盛年，开始马克思主义大众化的创新工作。

于是，便有了本文开头的场景。

中央编译局在西单附近不远，一条东西向的胡同——辟才胡同串连两头，编译局在西,西单在东。位于胡同西口的蝴蝶泉宾馆便是我们的住地。每天清晨,当北方的第一抹阳光照在胡同里的时候,我们便像上班一样,胸前挂着编译局的工作牌走进了大院,开始一天的工作。

中央编译局是我国编译、研究马克思主义经典著作最权威的单位,因此收藏有国内最多最全的相关物品:绘画、雕塑、手稿、图书、报刊杂志、图片资料、各类物件等等。我们每天在院内架好相机后,便去库房与编译局的同志一道搬运物件,搬一件拍一件,还回去再搬一件,又再拍……如此往复。在搬运和拍摄的过程中,听编译局的同志讲述,每一件物品都是一个历史的和革命的印记,都有一个不同寻常的故事。

这次近半月的工作,所拍摄和收集的图片资料近六千件,是最终选定出版的两千件作品的三倍之多。其中,就艺术价值而言,最有代表性的是蒋兆和、董希文等国内艺术大师和苏联人民艺术家尼·茹科夫的画作,堪称艺术珍品;而真真夺目耀眼、令人惊叹并撼人心魄的,是1848年第一版的多个语种的《共产党宣言》和马克思的《资本论》、《德意志意识形态》等伟人的残页手稿。

这些弥足珍贵的实物,无论是从历史的价值还是从艺术的价值,都是举世无双的,特别是它们所反映的伟人们对真理不懈追求的精神和最终形成的伟大哲学思想,以及所吹响的一个新时代的声声号角,真正是让我这个年轻时读过哲学专业的学生以及后来又从事过政治课教学的教师,血脉偾张、膜拜不已。试想,有多少人能有如此的经历和殊荣,能亲眼见、亲耳闻、亲手摸这些反映伟人人生轨迹和卓越贡献的珍贵的历史真品呢?

离开北京回到重庆后,我们双方便基于第一手的电子版资料,开始了各自的工作:

作者方——以局长韦建桦、原副局长顾锦屏为首,集全局几十位专家学者之力,从画传的立意构思开始着手。他们认为,画传不同于文字传记,也不同于学术专著,不求理论的高度、学术的深度,而求图文并茂,言简意赅,深入浅出,言近旨远,引人入胜,做到思想性与艺术性的统一、号召力与感染力的融合。

出版方——以总编辑陈兴芜为首,统领全局,先期调动重点室、设计公司,后期加入出版印制部等相关部门,组织精兵强将,形成画传的出版团队,在人员、资金、时间等各方面提供强有力的支持和保证。

出版过程中,初期阶段,我们投入大量的时间和精力,力图设计出大气端庄、高贵典雅,符合伟人精神风范的画传版式。几易其稿后,确定了几个小样,便由我和向阳同志专程带往北京,供专家们挑选、确定。

而编译局方,在反复论证总体思路并确定后,即开始了谋篇布局,并据此遴选图片和斟酌各章各节的文字。看到版式初样后,即召集专家团队与我们开会,从整体到细节,从构图到用色,至纤至细地探究,提出意见。

我们回来后,双方又通过网络几度商榷,几经修改,最终把版式初样定了下来,接着便是初排了。

版式的选定,并不代表工作有了大的进展;相反,只是两条最初各自发展的平行线开始了相交、相磨、相容、相契的过程,走上了一条漫长的、逐步完善的长征之路……

从2009年7月的拍摄资料开始,到2012年7月的正式出版,整整3年的时间,我作为《马·恩·列画传》的项目负责人,把全部的精力都投入到了这个浩大的工程中去。我,或在兴芜总编的率领下,或单独,或与设计公司的向阳同志一道,达20多次地往返于京渝两地;记得2011年的一年里,我几乎平均每月一次飞往北京,去中央编译局与领导和专家们深入探讨和完善有关版式与封面、内容与形式、文字与图片、色彩与构图的合理搭配与结构完美,以及精装本的用纸和简精装的函套、豪华精装的木盒的设计用料等各种大大小小、继继绳绳的问题。

专家们用编译经典著作的科学精神来从事画传的编纂工作,除了对各章导言和各节提要进行逐字逐句地推敲外,还对涉及的历史事件、历史人物、政党组织、报纸杂志、理论著作、笔记文稿也进行审慎的考证,大到篇章结构的调整,小到标点符号的应用,无一不认真论证而后修改。一本图书本就是一个系统工程,更何况是如此卷帙浩繁的鸿篇巨制,且丛书三本,血肉相连,牵一发而动全身,因此来来往往、反反复复,我们的改样也达数十次之多。

去北京时间长了,次数多了,进编译局就像回单位一样,与领导和专家们亦师亦友亦同志;上午下午大家一起在会议室讨论书稿,中晚餐便在食堂吃自助餐,亲切而友好。但是这些日子里,最让我记忆深刻和由衷敬佩的,是他们那浸入骨髓的对伟人的崇敬之情，以及由此而来的对理论事业和研究工作一丝不苟的态度。

后来去北京，都住在西单的西西友谊宾馆。这样去往编译局大院，便要由东向西穿过辟才胡同。十几分钟的路程，每次都让我有一种急切的心情在胸中涌动，恨不得胡同的路短点再短点，因为每次参加对书稿的讨论，都是一次学习的机会，聆听专家们的分析、讲解，都有"听君一席话，胜读十年书"的受教感觉。

但是在这些讨论中，最让人心潮澎湃、灵魂激越的，更有三位伟人那"生而伟大，死而不朽"的革命人生和他们思想的光芒。因此，每次从头至尾讨论稿子的排版画面、图文搭配，以及后期处理和修改编校提出的问题时，我都有一种"走进伟人，与伟人同行"的感觉，飞扬的心灵在洗礼中得到一次次升华。

认识在讨论中明晰，细节在讨论中完善。如何更好地用群众听得懂、听得进的话语来介绍伟人、阐释经典，用群众乐于接受的形式来展现伟人风范、崇高品格和理想追求，这样的想法让《马·恩·列画传》稿子在一次次的讨论中得到修正和成熟，从而一步步地日臻完善直至最后确定清样。

后期，在稿子日渐完善的过程中，我们在兴芜总编的统领、关怀或直接参与下，还进行了印刷厂和纸张的严格选择，及函套、木盒、手提袋等配套物品的设计、制作一系列工作，我和郭刚、向阳、潘波还专程去深圳考察了相关的印刷和制作企业。

2012年5月，《马·恩·列画传》正式开机印刷。

2012年7月17日，"《马克思画传》《恩格斯画传》《列宁画传》出版座谈会"在北京京西宾馆隆重召开。参加会议的有中宣部、中央文献室、中央党校、新闻出版总署、教育部、光明日报、求是杂志等部门的领导。

会上，中宣部常务副部长雒树刚同志宣读了刘云山同志关于《马·恩·列画传》出版的贺信并致辞；《马·恩·列画传》主编韦建桦同志介绍了画传的编纂情况；重庆市委宣传部常务副部长周勇同志介绍了《马·恩·列画传》的出版情况；其他嘉宾也发了言。

刘云山同志充分肯定了三部画传出版的意义和作用，以及编纂者和出版者为此所付出的辛勤劳动，并致以崇高的敬意！

雒树刚同志称画传的出版，是"马克思主义理论研究和建设工程"的又一重要成果，是向党的十八大献礼的精品力作。

《列宁画传》编辑手记

徐 飞

2020年4月22日是列宁150周年诞辰纪念日,中共中央党史和文献研究院为此精心编纂了《列宁画传》(列宁诞辰150周年纪念版)并由我社出版发行。4月20日接到中宣部审读通过并可以付印的通知,拿到书号和图书在版编目(CIP)数据,我悬着的一颗心这才落地。

《列宁画传》(列宁诞辰150周年纪念版)是在2012年编辑出版的《列宁画传》基础上修订出版的。这次重编,因有2018年出版相同系列的《马克思画传》(纪念版)的经验,所以当我在2019年接手《列宁画传》(纪念版)的出版任务时,胸有成竹,信心满满,没有半点担忧,以为后续的编辑出版工作都是顺风顺水、马到成功的事情。可理想很丰满,现实却很骨感。一本好书的诞生哪有不经过千锤百炼就唾手可得的啊!

《列宁画传》第一版修订稿2019年6月到手时,我大吃一惊,这哪里是修订呀,完全近乎于重写!一般来说,通常意义上的修订只是在原稿的基础上修改之前的错讹,或是增删少部分的内容,而像这样基本上每页都有大量粘贴勾画、打满了"补丁"的修改,真是前所未见。然而,令我更愕然的是,当9月收到第二次修改稿时,我怀疑这是初稿还是一审稿?又是满满当当的修改痕迹,好像是"重写"的一样!但我心中却油然而生对作者的深深的敬意和钦佩,他们对工作是如此的认真负责!治学的严谨和敬业,真值得我们好好学习!

为了把《列宁画传》打造成精品,2020年1月,我和负责排版设计的同事来到寒风瑟瑟的北京,走进深藏在小巷里的中央党史与文献研究院,与负责《列宁画传》纪念版的作者团队握手见面、精诚合作、促膝共编,面对面地对书稿进行第三次修改。

作为新中国建立伊始就成立的马恩列斯著作编译机构,原中央编译局一直秉承着对工作科学严谨、一丝不苟、精益求精的传统,在这并不很长的五六天相处中,从专家们身上便可深深地感受到这种传统。对于编译出版了《列宁全集》《列宁选集》等大部头著作的专家们来说,《列宁画传》不过是"小菜一碟",但就是这样的"小菜"他们也下了烹制满汉全席的功夫。出版《列宁画传》(纪念版)的初衷是做一本能让广大读者都喜闻乐见的、可以真实全面反映列宁生平和贡献的书。它不同于列宁理论著作的艰深,它要通俗易懂,在语言叙述上也要力求简洁生动且富有文学性,但又不失学术著作严谨的"血统"。要将列宁波澜壮阔的一生凝练到仅有十三万字文字并配有大量的图片的画传中,谈何容易!在容纳十几人的小会议室里,满头华发的老专家和二十来岁初出茅庐的年轻硕士、博士一起,轻言细语地对每一段文字字斟句酌地研讨,从周围放满各种权威版本经典著作的书柜里找出原文,核对每一处引文,商讨态度认真严谨,气氛热烈,在他们脸上还不时掠过会心的微笑。冬日的暖阳从窗外斜洒进来,在满桌的书稿上留下斑驳的光影,直到夜幕低垂才"功德圆满"、欢庆握别。经过这段时间与他们的朝夕相处,令我深有感触,学人的学术素养和对"真、善、美"的执着追求,深深地烙印在我心中。将来面对每一本待编的书稿时都会警醒我,作为一名出版人应该持有这样的态度。

有了扎实的内容还需要有精美装帧的"加持"。《列宁画传》(纪念版)根据内容需要,配合文字精选了586幅图片,有珍贵的历史照片,有列宁的手迹图片,还有中外知名艺术家创作的美术作品。书中需要拍摄几张珍藏书籍的图片,设计师从重庆带了单反相机专程到北京中央党史和文献研究院的恒温书库现场拍摄。为了保证《列宁画传》中图片摆放产生显著的效果,简单的一张照片往往就要调换各种位置、摆法,拍摄几十张。为确保画册美观又便于阅读,每一个页面上图片的大小、与文字的距离、放置的位置,都经过了作者、编辑、设计反反复复地思量和讨论,最后才拍板定案。

编校质量是评判一本书的硬指标。《列宁画传》(纪念版)内容几经修改,而在每次内容调整后,都需要重新审校。疫情期间为了保证按时出版,书稿打印交接不便,编辑和校对人员就在电脑上进行编校。不能当面交流,大家就用纸笔记录整理好各自发现的问题,充分利用各种现代通信工具,在线讨论、电话沟通解决各个问题,想办法克服了各种困难,使书稿的编辑出版得以顺利进行。封面设计是我们要突破的最后难关。我们前后设计了十几种方案,大家都不甚满意。在经过反复尝试和修改后,终于在付印前制作出了让大家眼前一亮的封面设计方案,用列宁十月革命后1918年拍摄的肖像图为底,经过多种加工处理,采用银色印刷,烫玫瑰金的书名与浅玫瑰红色的列宁手书签名组合搭配,使之相得益彰,整个封面显得简洁雅致又醒目大方。《列宁画传》(纪念版)大功告成,作者、编辑们疲惫的脸上都绽出了成功的喜悦!

《马克思画传》(纪念版)在2018年出版发行后,受到广大读者的喜爱。相信同样由众多作者、编辑心血凝成的《列宁画传》(纪念版)也会让读者耳目一新,争相阅读。相信广大读者能从书中领略到革命导师列宁的领袖风采、学者襟怀和战士本色。

《忠诚与背叛》出版前后的"红色记忆"

赖义美

在重庆出版社成立70周年之际,凝望重庆出版集团内镌刻的巨幅《出版颂》,聆听重庆出版人70年前行的坚实足音,穿越时空,总有那么一些人令人景仰和内心感动,总有那么一些共同拼搏的场景令人难以忘怀。重庆出版社出版发行《忠诚与背叛》的历程就是令人记忆特别深刻的一个"红色记忆"。

《忠诚与背叛》是国内首部还原红岩历史的纪实报告文学,由著名作家何建明执笔,红岩历史文化专家厉华提供文献资料和研究成果参与合作打造。《忠诚与背叛》图书及其网络出版物分别荣获中宣部"五个一工程"奖和中国政府出版奖,销售40多万册,成为实现社会效益和经济效益有机统一的典型范例。《忠诚与背叛》这部精品的成功出版,凝聚了作家、史学专家和重庆出版人的汗水和心血。

重庆出版集团已有系统研究《忠诚与背叛》成功经验的相关文章见诸报端。当时我在集团从事宣传工作,有幸了解、见证了打造《忠诚与背叛》的相关过程,为纪念那段难忘的岁月,更为不断汲取前行的磅礴力量,也就打算以文字记录其中的故事片断。

史海寻珍异彩纷呈

20世纪60年代,小说《红岩》面世后在全国引起轰动,并激励了一代又一代人成长,成为家喻户晓的红色经典。随着白公馆与渣滓洞历史档案越来越多地被公布于世，真实的红岩革命斗争史里所发生的故事甚至比小说《红岩》更加精彩与深刻、生动与悲壮，且意义更加深远……

2007年，应中共重庆市委宣传部和重庆出版集团的邀请，何建明在创作完成纪念重庆直辖十周年报告文学《国色重庆》后在重庆采访。何建明在采访时任红岩革命历史博物馆馆长厉华的过程中发现：在重庆解放前夕，被国民党反动派关在白公馆、渣滓洞监狱里的共产党员和其他革命志士的许多故事未在小说《红岩》一书中得到反映。何建明敏锐意识到，开国大典上毛泽东主席在天安门亲手按动电钮升起第一面五星红旗向全世界宣告新中国成立之时，重庆仍处于黎明前的黑暗。在1949年10月1日至1949年11月30日重庆解放这五十多天里，被国民党反动派关押在白公馆、渣滓洞监狱里的共产党人和其他革命者得到北京传来的新中国成立消息，眼前却面对敌人的屠刀，这是作为胜利者最痛苦的时刻。这批共产党员的灵魂受到拷问，他们的忠诚在烈火中经受了考验。何建明觉得有责任把这段历史真实地再现出来，使小说《红岩》塑造的革命烈士形象更加丰满、更加真实。何建明萌发了创作一部还原红岩真实历史的报告文学作为庆祝建党90周年献礼书的想法。

这一创作想法得到了时任中共重庆市委常委、市委宣传部部长何事忠的充分肯定和大力支持，当即决定由时任重庆出版集团党委书记、董事长罗小卫，总编辑陈兴芜负责搭建出版工作班子，为何建明执笔创作提供便利条件，大家还一致赞同何建明将书定名为《忠诚与背叛》，约请时任红岩革命历史博物馆馆长厉华作为《忠诚与背叛》第二作者，请厉华提供其多年积累的大量有关红岩历史的资料和从事红岩文化研究的诸多成果。罗小卫还将父亲根据参加重庆地下党工作经历整理的珍贵文录《难忘的1948》提供出来。

《忠诚与背叛》被列为"十二五"国家重点图书出版规划项目，入选中宣部、原国家新闻出版总署庆祝建党90周年重点选题和主题出版重点出版物。中宣部、原新闻出版总署对《忠诚与背叛》出版工作给予全程指导与支持。图书《忠诚与背叛》定于2011年7月1日前正式出版发行。

精诚所至金石为开

以报告文学形式还原红岩历史，体现对红色经典小说《红岩》的传承与升华，这对创作者和出版者都是一个很大的考验。《忠诚与背叛》创作和出版工作面对有三大难点：一是切入点难以寻找。一部作品要打动人心，需要一个契合点以引起读者的共鸣，因此作者需要花费很多时间、精力去思考和寻找这样一个入笔之处；二是由于题材限制，《忠诚与背叛》创新难度很大。新中国成立几十年来，以红岩精神为核心的文学作品层出不穷，要打破以往形成的固定模式，以一种崭新饱满的形式去展现红岩文化，是该部作品成功的关键，需要以纪实的方式去创新，文学化地运用史料；三是要处理好文学创作和讲述真实的关系。对书稿反映的故事需要逐字逐句作历史核对，以保证作品的真实性和准确性。

2007年，何建明从重庆回北京时带上大量有关红岩革命历史的资料，工作人员用了一个月时间才完成这批资料复印工作。图书《忠诚与背叛》正式立项后，出版工作却意想不到地出现了一时难以逾越的难题。何建明是我国新时期最重要的报告文学作家之一，当时身兼中国作协副主席、作家出版社社长等多项重要职务，公务繁重，创作任务多，很难专门抽出时间来创作《忠诚与背叛》。在一次出差途中，何建明随身带的电脑出现故障，陆续完成的《忠诚与背叛》部分书稿文档意外丢失了。

"在我几十年的出版经历里，《忠诚与背叛》出版是我投入精力最多的一本好书。回顾组稿过程，从邀请何主席创作到最后成书，在近5年的时间里我们工作团队拜访他几十次，联系电话几百个，短信达到几百条。"陈兴芜后来感慨说。

因前期创作文本在电脑中意外丢失且工作特别繁忙，何建明起初一直没有答应按原计划时间完成《忠诚与背叛》创作。在这种情况下，面对《忠诚与背叛》这部已跟踪几年的重点书稿，是坚定决心作最大努力争取按原定计划时间出版，还是退而求其次？2011年春节假期后刚上班，陈兴芜带着社里的两位同志专程到北京面见何建明。在位于北京亮马河附近的重庆饭店里，何建明如约与陈兴芜等同志见面了。在见面交流时,陈兴芜反复提到,这么难得的红岩英烈题材只有像何主席这种大手笔才能驾驭好,才能出新、出彩;《忠诚与背叛》若能在2011年如期出版,将成为庆祝建党90年的一份厚礼。错过了这个出版时机,《忠诚与背叛》的创作出版工作就只能是下一个五年的事了。精诚所至,金石为开,何建明终于表态说:"我很忙,好多省市部门都有约稿,手头要写的东西实在太多。你说得有道理,今天我以70%的把握答应你。"

峰回路转,《忠诚与背叛》创作出版工作终于崭露新曙光。2011年4月,何建明完成了《忠诚与背叛》全部初稿。这些书稿是何建明很多时候半夜就起来写就的。

书写忠诚铸造精品

2011年夏天,热浪翻滚,重庆城内最高温度达到37℃,《忠诚与背叛》出版工作也在"火热"进行。由于作品需要经过反复打磨,出版时间显得紧迫。为了在7月1日建党节前圆满完成《忠诚与背叛》出版任务,在陈兴芜亲自带领下,编印发团队全面进入紧张工作状态。

编辑团队全力以赴,编辑修改书稿达到十余轮;打印书稿校印样2万多张,并多次专门邀请厉华等红岩研究专家逐字逐句核对史实,集体讨论解决相关疑难问题。在长达一个多月的时间里,编辑团队常加班至凌晨三四点钟。

集团设计公司花费大量心血拿出了十几套封面和版式的备选方案,对书中字体字号、每一个图片的摆放位置等都做了"苛刻"要求;集团还调动美术中心技术骨干参与设计任务。设计团队不分白昼,按时完成了书封的设计任务。

集团校对室工作人员把办公室当成了饭堂、寝室,饿了随便叫点饭填饱肚子又接着干,困了就在沙发上随便小躺一会又投入到工作中去。几个通宵下来,大伙儿一个个都成了"熊猫眼"……

印制部门精选印刷厂,制订了周密的印制方案,倒排工时,派出专人前往印刷厂现场全程监督印制质量,确保按时高质量完成印制任务。

集团外宣部提前筹划宣传推广工作,约请专家撰写评论,连续加班精心整理和撰写大量宣传稿件,提前与全国各地媒体沟通报道意向和报道安排,为开启富有声势的媒体宣传作好了充分准备。

为了赶在"七一"前将《忠诚与背叛》送到用书单位,集团发行公司组织人员服务上门,深入机关企事业单位进行征订以确保及时将图书送到用书单位。

……

在审核过程中,中共中央党史研究室、中宣部出版局、中共重庆市委党史研究室提出了宝贵意见,确保了书中故事的真实性和准确性,并以最快的速度完成相关审核程序。

精心创作,反复打磨,严格把关,让这部具有强大生命力的红色力作横空出世。

信仰之书震撼心灵

2011年6月26日上午,《忠诚与背叛》图书首发式在歌乐山红岩魂广场隆重举行,部队官兵、人民警察、学生和烈士家属代表等社会各界代表共1000多人参加了图书首发式。中宣部向中央媒体推荐宣传报道《忠诚与背叛》一书。人民日报、新华社、光明日报、中央电视台等中央媒体以及市内各媒体对图书首发式给予报道。

《忠诚与背叛》包括"血染红岩""背叛的代价""女人无叛徒""另一种背叛""忠诚之忠诚""以革命的名义,让真实的'红岩'永存"等章节。内容真实是最能打动人的力量,何建明查阅了大量有关红岩历史的资料,为作品创作实现历史真实与文学艺术真实相统一打下扎实根基。作者以心执笔,倾注了大量笔力真实立体表现人物,故事情节扣人心弦,深刻诠释了"忠诚与背叛"这一宏大主题。通过革命者内部叛徒们"背叛的代价"、富有的剥削阶级家庭出身的革命者和特务内部的"另一种背叛"、"女人无叛徒"的历史解读和当下思考等,折射了"忠诚"与"背叛"交织的故事和复杂人性,直指内心。在渣滓洞和白公馆两座监狱里,历经万难的女革命者们不仅没有一人当叛徒,还以她们的坚贞不屈、聪明机智留下了感天动地的故事;书中揭秘凝聚当年红岩革命志士血泪嘱托的"狱中八条",揭露了背叛革命者卑鄙的灵魂,鞭挞着党内腐化堕落分子,引发人们的沉思与警醒……《忠诚与背叛》以其推陈出新的创意、异彩纷呈的内容亮点和可亲可信可敬的人物形象,绽放出精神理想绚丽的光芒,奏响了信仰之歌。

中国作协原党组副书记、书记处书记王巨才撰文指出,《忠诚与背叛》突破时代和艺术的局限,以更加客观和理性的目光,重新审视并实事求是地还原了那场斗争、那些事件和那些人物,从而赋予了作品更深广的历史内容和教育启迪意义。著名文艺评论家梁鸿鹰指出,《忠诚与背叛》是一本主义之书、信仰之书。北京大学中文系教授、著名文化学者张颐武则认为,《忠诚与背叛》是一部走进中国年轻人心灵的著作……

《忠诚与背叛》图书作者巡回演讲签售活动也如火如荼地开展。2011年9月,作者何建明结合《忠诚与背叛》创作体会分别在中共重庆市委党校、西南大学、重庆文理学院举办了"弘扬红岩精神、坚定理想信念"专题讲座,场场爆满。作者厉华携《忠诚与背叛》奔波于南昌、西安等全国各大城市的机关、部队和学校开展宣讲活动,反响热烈。《忠诚与背叛》成为理想信念教育的重点读物被广为推荐传诵,干部群众和莘莘学子被红岩烈士坚守理想信仰的真实故事所感动,思想和心灵受到强烈震撼、启迪。

好评如潮　畅销全国

"来自全国各地的不少游客来到纪念馆图书销售柜前,连图书价格也不问就直接点名要购买《忠诚与背叛》。这么多游客慕名购书,这种情况不多见。我们感受到这本图书在全国走向畅销了。"歌乐山革命纪念馆一位负责人当时曾感慨道。

在《忠诚与背叛》正式出版前的20天内,《中华读书报》《北京青年报》《羊城晚报》等媒体以整版的篇幅采访作者何建明,报道《忠诚与背叛》创作经历、创作体会和新书内容,众多网站予以转载。《忠诚与背叛》的内容亮点成为各大网站论坛讨论的话题。《羊城晚报》还配发评论,认为《忠诚与背叛》注重有效宣传预热是红色读物推广营销工作的创新。

《忠诚与背叛》出版一周时间内,20多个省市的60多家重点报刊、电视台先后以专访、连载、新闻报道等形式报道,人民网、新华网、新浪网、搜狐网、凤凰网等全国主要网站均做了重点推荐,媒体报道热潮不断掀起。

在2011年上海书展,重庆作为主宾城市参展,《忠诚与背叛》作者访谈会成为书展的一大亮点。访谈会后,读者自发排起了长队请作者签名。

深厚的红岩精神文化底蕴,时代赋予作者的创作灵感,重庆出版人强烈的出版使命感,共同造就了红色畅销读物《忠诚与背叛》。

大规模的媒体宣传、作者巡回演讲推广和销售渠道有效推广,《忠诚与背叛》推广宣传汇聚成了强大的影响力,在图书市场上掀起了强劲的"红色旋风"。全国先后共有200多家媒体宣传报道《忠诚与背叛》。

首印的5万册《忠诚与背叛》进入市场后很快销售一空,此后又多次重印,被评为全国"2011年大众喜爱的50种图书",入选中宣部、中央文明办、原国家新闻出版总署联合推介的"2012年100种优秀思想道德读物"。

2012年2月,在北京举行的《忠诚与背叛》作品研讨会上,原国家新闻出版总署出版管理司负责同志对《忠诚与背叛》出版工作给予高度评价。翟泰丰、高明光、桂晓风、梁鸿鹰、吴义勤等出席研讨会的领导专家从不同角度盛赞《忠诚与背叛》,原计划时长两小时的研讨会延至近三小时,领导专家仍余兴未尽……

《忠诚与背叛》"叫好又叫座",畅销大江南北。"在我创作的作品中,《忠诚与背叛》是社会反响最强烈且最好的畅销作品。《忠诚与背叛》的打造过程,让我真正深入认识了重庆出版社这么一支团结拼搏、能打硬仗的优秀团队。"何建明发自内心地说。厉华表示,《忠诚与背叛》取得如此显著的成功,远远超乎意料,对创造性传承和弘扬红岩文化具有重要启示意义。

出版精品是出版事业永恒的主题。重庆有着丰富的革命历史文化资源,蕴藏着出版"富矿"。70载岁月悠悠,记载着重庆出版社艰辛创业、改革创新、锐意进取的铿锵步伐。踏上新征程,重庆出版人正以新作为彰显新担当,致力打造更多像《忠诚与背叛》这样的精品,携手谱写新时代出版事业发展精彩华章!

繁荣年画创作，美化人民生活
——重庆出版社一九八五年年画工作简介

潘隆正

年画是中国民间艺术最流行的形式之一，是我国特有的艺术，它历史悠久，影响深远。新中国成立后，党和政府一直重视关怀年画的创作与发展。在今天，年画对于美化人民生活、建设社会主义精神文明，担负着更为光荣的任务。

我社恢复以来，在书店、印刷厂等有关单位的大力支持和配合下，年画出版物从无到有、从少到多，由1983年的9种，总印数20余万张，到1985年的85种总印数达1400万张，比增长幅度大的1984年还多200多万张。

在1985年年画工作中，我们注重信息，抓现实题材，抓品种多样化，抓质量，抓特色。在现实题材方面，我们抓了年画《红岩英烈》《草堂咏怀》《红岩乐园》《山城新貌》《热爱祖国》以及门画《黄继光、邱少云》《光荣人家》等20余种，其中重点抓了《红岩英烈》一套年画，用年画形式反映革命先烈们的光辉业绩，进行共产主义思想教育，这对我们来说也是一次尝试。为了创作这套年画，我们曾组织作者多次深入生活进行社会调查，到烈士墓陈列馆参观，与展览馆的同志反复讨论研究，几次易稿。目前，作品已参加了省年画展览；《中国青年报》《四川日报》《四川支部生活》等报刊已先后刊发；省、市电视台录了相，并在中央电视台新闻联手节目中播放过，受到有关领导同志及群众的好评。我们搞门画时，注意内容丰富，形式多样，既有现实题材的《黄继光、邱少云》，又有历史题材的《岳飞、郑成功》以及广大群众喜爱的《秦叔光、尉迟恭》；还有本省梁平、绵竹的门画《武将》《秦将、胡帅》；甚至还有外地天津的杨柳青门画《呼延灼、董平》。在表现手法上，既有国画的工笔重彩，又有擦笔水彩月份牌；有写实、又有夸张变形……我们大胆进行探索、争取逐步形成自己的特色,以满足广大农民群众各方面的喜爱和要求。

在年历画的发稿中,我们重视质量,从500多张(件)稿件里精选出了35张(件),包括人物、花卉、风光、动物等等。其中的《秋色》《硕果丰盈》《仙客来》《向往》和《悄悄话》等都以色彩鲜艳、新颖生动而受到人们的喜爱。

品种规格上我们也力求多样,有对开年画、全开中堂,对开条屏、横幅;三开、四开年历、挂历和台历等,尽量做到设计精美。

目前,我国社会主义建设欣欣向荣,人民对物质、文化生活的要求不断提高。繁荣年画创作,美化人民生活,已成为我们义不容辞的责任。我社1985年年画总发行量比去年有所增长,但平均每种订数却下降了不少,与全国一些出版社相比差距甚远。品种成倍增长,平均订数不断下降,这是近年来全国年画的变化趋势,因此,要做到社会效益和经济效益的一致,其间还有一定的难度。我们只有虚心学习,继续发扬我社艰苦奋斗、奋发图强的创业精神,才能不断开创年画工作的新局面。

序言的故事

刘 嘉

童恩正先生，四川大学历史系教授，四川大学博物馆前馆长，德国科学院考古研究所通讯院士，美国哈佛大学访问学者，先后受聘于美国加州大学、宾州大学、华盛顿州立大学和匹茨堡大学、威斯里安大学从事科研与教学工作，中国著名考古学家；同时，童先生又是中国著名科幻小说作家，其《珊瑚岛上的死光》被拍成电影搬上银幕，《古峡迷雾》《西游新记》等作品在20世纪七八十年代影响了很大一批人，被日本人评为中国科幻小说四大天王之一。1997年4月20日，童先生病逝于美国，享年62岁。

作为先生的学生，童老师的离世引来我极大的悲恸。老师西归后，他的研究生们编辑整理了一部《童恩正文集》，分为学术卷和文学卷各3册，共计6册，联系到我。当时我刚刚调来重庆出版社文史编辑室，还算一个新编辑。我对《童恩正文集》的出版建议，得到文史编辑室主任周定国老师的大力支持。接到书稿后，我与编辑部几位同仁一起认真审稿，于1998年12月正式出版。

《童恩正文集》的出版，也深深牵动了他的一些挚友的心，这其中，就包括两位世界级的历史学者，一位是哈佛大学文化人类学系主任、世界著名考古学家张光直教授，一位是匹茨堡大学荣休历史学教授许倬云先生，他们先后为《文集》写序。

张光直先生是台湾"中央研究院"前副院长、院士，美国科学院院士，美国文理科学院院士。他与童老师的交往始于20世纪80年代初，童老师到哈佛大学访学时相识。二位先生一见如故，策划在四川大学筹办当时在中国还非常前卫的石器微痕研究室，但由于时代的原因，种种努力最终化为一阵清风，却由此开始了他们长达二十年的友谊。

童老师去世时,张光直先生已经卧病在床。当年,师母杨亮升老师去医院看望张光直先生,说到重庆出版社拟出版《童恩正文集》后,张光直先生当即表示,这部《文集》的序言由他来撰写。

然而,当张光直先生开始写作时,却遇到了极大的困难。当时,张先生已病重无法下地,只能教人扶起坐在床头。他用颤抖的手想要握笔,却几次脱手掉落。无奈之下,张先生只能教人记录,由他口述。即便如此,气喘不已的张光直先生也不能一口气述完,而是分几次完成。

张光直的序言,虽然只有700余字,却见证了那一代学人之间的深厚情谊。

两年以后,张光直先生病逝于马萨诸塞州。二位挚友在天国相会时,想必也一定会有一番感叹吧。

《童恩正文集》出版6年后,应读者要求,重庆出版社决定再版重印,这一次,我们决定只再版其学术部分,更名为《童恩正学术文集》,改32开本为小16开本,整体装帧设计重新调整,由设计室颇富才情的王多女士负责。

虽然只过去了6年,可中国的图书设计装帧风格出现了很大改变。当时的设计室主任邵大维老师,还特意烦请美术编辑室的邓士伏老师绘了一方书名篆刻朱文印谱,将其放置于封面以增添书卷气。新设计的《童恩正学术文集》典雅大气,同第一版比较发生了翻天覆地的变化。

望着电脑中的封面和版式设计,我突然想,能否再请一位世界知名历史学者写一篇再版序言,由此才可与新《文集》相配?我把想法写信告知了身在美国的师母杨亮升老师。师母非常赞同我的想法,当即回信表示,她出面请童老师的好友许倬云先生写一篇再版序言。我不由得大喜过望。

许倬云先生,著名历史学者,台湾"中央研究院"院士,曾任台湾大学历史系教授、系主任等职,1970年赴美,任匹茨堡大学历史系教授,1986年当选为美国人文学社荣誉会士。20世纪90年代后,他先后受聘为香港中文大学历史系讲座教授、夏威夷大学讲座教授、杜克大学讲座教授、匹茨堡大学历史系教授及退休名誉教授等职。

师母联系好以后,便把后面的联络工作直接交给了我。

那个时代，没有互联网传送信息，而且作为老派学者，许先生也不惯于使用这些，我们的联络，仅靠一部传真机进行。

我收到许先生传过来的序言文稿，是他用手写的，字迹歪歪扭扭，一多半我都不识得。杨老师告诉我，许先生幼年患病，手有残疾，所以用手书写的文字颇难辨识。

为了准确识读手稿中的每一个文字，我只能反复去传真请教。

许先生年事已高，作为后学，理当尽一切可能为先生着想。鉴于匹兹堡与重庆的时差关系，我理当在许先生一天最好的时间段给他去传真请教。因此，每天出版社下班以后，我就一个人待在办公室里等待最恰当的时间点。

那时我们还在袁家岗出版大楼办公。大楼中静悄悄的，窗户下面，是来来往往不断的车流声。渐渐地华灯初上了，一溜灯带串起重庆的夜景来，对面重医的大楼上灯火闪烁。这时，我拿起早已打印好的文稿送入传真机中。传真机的对面，一缕阳光透过华盛顿山顶薄薄的云层斜照而下，阿勒格尼河与莫农加希拉河交汇处的河水泛起金色的微澜，坐在传真机前的许倬云先生，此时一定沐在一片上午的阳光里气定神闲吧——我总是这样想着。

面对我的反复请教，许先生总是不厌其烦地认真解答。与许先生的这些交往，虽然隔着一部机器，却有如沐春风的感受。那一代学人，尽管早已功成名就，却绝无分毫虚浮之气，更无半分傲人的颐指气使。学问做到一定等级的人，应当都持有一种道者的风度，许倬云先生如此，张光直先生如此，童恩正先生亦复如此。

我与《中华大典》

李盛强

2008年底,在我离退休仅有两年的时候,社领导安排我到《中华大典》编辑室工作。作为社里唯一一个具有汉语史专业学习背景的研究生编辑,我没有推辞的理由,相反,用我学过的专业知识,去完成这项光荣而艰巨的任务,是我理所当然的选择。于是,我欣然接受了这项任务。

说参与编辑出版《中华大典》是一项光荣的任务,是因为《中华大典》是国务院批准的重大文化出版工程,是国家文化发展规划纲要的重点出版工程项目,被国家新闻出版总署列为"十一五""十二五"国家重大工程出版规划之首。我国历来有盛世修典的传统,在几千年的封建社会中,从三国魏文帝时期由桓范、刘劭、王象、韦诞、缪袭等人奉敕编纂《皇览》开始,历代相继效仿,先后编纂了《艺文类聚》《太平御览》《太平广记》《永乐大典》《古今图书集成》等古代著名的大型类书,这些都可看作是古代封建王朝"盛世修典"的产物。一般而言,我国古代大约二三百年才会有一次编修大型类书(即"修典")的机会。因此,能参与"修典",历来被封建文人士大夫视为莫大的幸事!而今,我也有机会参与无论在规模,还是在内容上都大多超越历代类书的《中华大典》,自然感觉幸莫大焉!

说编辑出版《中华大典》是一项艰巨的任务,其原因有三:首先,作为一项国家重大文化出版工程,对于编纂和编辑质量都要求甚高。类书是辑录各种已经出版的书籍中的有关资料,按照一定的体例,分门别类进行编排,以供后人查阅检索的百科全书性质的工具书,是世界文化史上一种独具特色的书籍载体。编纂好这么一部大型工具书,无论对作者,还是对编辑,都要求必须具有专业素养,尤其是我国古代绝大多数的古代典籍都没有特点,要对这些图书进行点校,不仅要有相关的专业学科知识,还必须具备中国古代文献学及古汉语的专业基础,否则将难以胜任《中华大典》的编纂出版。

其次,《中华大典》的编纂必须依靠国家重点事业单位和高等院校。作者单位必须投入大量的人力物力和经费,方能完成相关内容的编纂。因此,许多单位和高校都不愿意承担这项艰苦繁难的任务。2008年,我接手这次工作时,我社承担的地学典还有四个分典未落实作者单位。能否尽快落实这四个书典的作者单位,我的确心里没底,感到压力很大。

其三,《中华大典》对出版单位的编辑队伍有很高的要求。因此,承担此项工程的出版单位,基本上都是像中华书局、上海古籍出版社这类专门性古籍出版社,因为只有这类出版社才有古籍编辑的队伍。作为一家综合性地方出版社,我社在古籍编辑方面的力量,远远不能与中华书局、上海古籍出版社等实力强大的专业出版社相比,即便与巴蜀书社、岳麓书社、中州书社、豫章书社等地方古籍出版社相比也相去甚远。我社具有古汉语、古代文献学学历的编辑甚少,编辑力量远远不够。在《中华大典》编辑室成立之时,仅仅只有我一个人。要在规定的时间内确保我社承担的《天文典》和《地学典》这两个典共两千万字的编辑加工出版,仅凭我一人之力,无论如何也无法完成!更何况除编辑加工的案头工作,我还要经常参加大典办召开的各种会议,要去财政部申请专项出版基金,要寻找会谈并落实四个书典的作者单位,要对现有的作者单位进行业务指导。对于如此众多繁难的工作任务,我纵有三头六臂也难以完成!

然而,开弓没有回头箭。既然我接受了这项任务,就必须想方设法,克服重重困难,认真、圆满地完成好这项任务,为重庆出版社争光!

与我国历史上编纂出版的大型类书相比,《中华大典》有两个显著特点:一是规模浩大,二是浩繁。全书共分24个典,总计8亿多字,更加科学合理。我国古代的综合性类书,一般都是按照经、史、子、集分类,很多学科并未收入。随着时代的发展,这种分类已经远远不能适应当代读者的需要。针对这种现状,《中华大典》打破传统大型类书的分类方法,按照现代学科进行分类编排,将全典分为政治、军事、农学、商业、交通运输、文学、哲学、天文、地学、医学、药学、生物、民俗等二十四个典,各典内部又细分为若干分典。比如,我社承担的《天文典》便分为"天文""历法""仪象"三个分典;《地学典》则分为"气象""地质""海洋""测绘"和"自然地理"五个分典。如此分类编排,不仅更加科学合理,而且大大地方便了读者查阅检索,极大地增强了综合性类书的实用性。在这两个方面,《中华大典》都大大地超越了我国古代的任何一篇综合性类书。

到了大典编辑室后,我首先抓紧落实四个分典的作者单位。我多次去北京、跑武汉、到青岛、上成都,分别与中国地质大学、中国海洋大学、武汉大学、成都地质学院等高校的领导、专家们洽谈编纂大典事宜。由于《中华大典》编纂系古籍整理,专业性极高,工作量极大,要求作者不仅懂专业,还必须懂古汉语和古文献,而且国家制定的稿酬标准又很低,因此,很多高校和专家都不愿承担这项工作。经过我近一年时间苦口婆心地动之以情,晓之以理,终于落实由中国地质大学承担编纂《地质分典》,武汉大学测绘学院承担编纂《测绘分典》,中国海洋大学承担编纂《海洋分典》,西南大学承担编纂《自然地理分典》。

作者单位落实后,我又向陈总编打报告,申请从别的古籍社引进人才,加强大典编辑室的力量。陈总编立即给予大力支持。于是,通过我在巴蜀书社工作的一个师弟引荐,我从该社引进了南京师范大学古代文献学专业毕业的硕士研究生康聪斌。小康不仅古代文献学功底扎实,而且工作非常认真负责。他的加盟,极大地增加了大典编辑室的力量。又过了两年,杨希之副总编退休后,也被返聘到大典编辑室。从此,我们三人便一起工作,直至2016年《天文典》和《地学典》全部编完出版。

这些前期工作完成后,两个典的编纂工作陆续展开。为了保证稿件的质量,我和杨总、小康一道,不顾舟车劳顿,拖着花甲之躯,常年奔走于北京、上海、青岛、武汉等地,帮助作者单位解决一些我们所能解决的困难,解答他们工作中遇到的诸多疑问,指导他们按照大典办制订的编纂要求编纂初稿,确保稿件质量。由于我不辞劳苦,工作认真负责,大典办的领导给予了我高度评价,多次在全国大典工作会上点名表扬。

2016年,经过我和杨总、小康的共同努力,还有社领导尤其是陈兴芜总编的高度重视和大力支持,我社承担的《中华大典·天文典》和《中华大典·地学典》终于如期出版付梓。2018年,《中华大典·天文典》被评为我国出版界三大国家将之一的中华优秀出版物奖。

  回顾自己在大典编辑室工作的这8年,我为自己能参与《中华大典》天文、地学两个典的编辑出版工作而倍感欣慰！这两个典凝结了我和同事们长达8年的心血。我们为之付出了大量的精力和艰辛的劳动,其中的酸甜苦辣,唯我们自知。如果说,在我近20年的出版生涯中,有什么最值得欣慰的劳动成果,编辑了什么最让自己满意的图书,那就是《中华大典》!

沃土勤耕耘,书香系童心
——记"中国孩子阅读计划·名家原创"的诞生和成果

冰 清 云 伟

一、项目策划缘起

少年儿童的阅读问题关系着文化的延续与民族的未来,一直受到国家和社会各界的高度关注。在各类网络媒体和电视、报刊上,我们常常看到众多专家、学者在积极提倡:应关注少年儿童的阅读,认真思考孩子们究竟该读什么书,把健康、有益的读物介绍给他们,并对他们进行科学的阅读指导,营造良好的阅读环境,为他们的健康成长提供科学全面的精神食粮。

在少儿读物市场上,一直以来存在着两种现象:其一是国内原创作品的同质化、平庸化问题较严重,一些作品缺乏个性化艺术风格,在语言和叙述上惊人地相似,甚至陷入了某种套路,缺失"自己的美学"。甚至还有一些作品凭借丑化变形、恶俗搞笑来取悦审美阅读心理尚未成熟的小读者,存在一些思想性文学性低下的作品,这些作品一旦充斥市场,必将导致小读者审美趣味和能力的降低。其二是真正优秀的作品较少,即便是畅销书,和中国儿童这个庞大的数字相比,仍然是稀缺的。作为少儿图书出版工作者,深感遴选出优秀的国内原创儿童文学精品,成系列地推荐给少年儿童的必要性。因此,"中国孩子阅读计划·名家原创"这一选题的设想与策划渐渐在我们的脑海中成型。

一个人的精神成长，与他的阅读息息相关；而一个民族的精神境界，在一定程度上取决于全民族的阅读水平。少年儿童寄托着民族的希望，他们的阅读亦关系到民族的未来。只有有益且有质量地读书，才能更好地续接优秀文化血脉，提升人文素养，筑牢文化自信。

而儿童文学，对于提高孩子的审美能力、人文素养，乃至塑造健康向上的人格心理至关重要。所以从策划开始，我们的编辑宗旨就是：通过精心遴选国内优秀的原创儿童文学精品，对少年儿童的阅读进行指导——引导少年儿童在良莠不齐的图书市场中挑选、阅读一批可为终身打下坚实精神基础的优秀读物，使之真正对读书产生兴趣，把读书作为自觉的需要，有更多的文化积淀，让自己身上多些书香、多些书卷气，成为有着高尚品质和情操的人。

二、项目策划出版的优势

在最初的国家"十一五"选题项目申报表的"组织单位"和"策划主持人"优势上，如是填写：重庆出版社是全国首届百佳出版社。根据新闻出版总署2010年7月公布的数据，重庆出版社在2009年全国出版社总体经济规模排名中，位列全国第三、地方第一。本套书的策划与项目主持人郭玉洁，曾荣获全国首届新闻出版先进个人（国家部级劳模）、全国首届百佳出版工作者等称号，策划编辑上百部优秀青少年读物，如"中国婴幼儿百科"系列、"（彩图版）中国共产党历程"丛书、"儿童科学与环保启蒙"丛书等。曾荣获国家图书奖、省"五个一工程"奖、国家"三个一百"原创出版工程奖等数十次奖项，有着丰富的青少年读物的编撰经验。

集团对于此原创项目非常重视，给予了最大力度的支持。2009年，"中国孩子阅读计划"成功地申报为"十一五"国家重点图书出版规划项目。后期，我们又将此项目延伸发展，推出了全新的"中国孩子阅读计划·名家原创"系列。

三、选名家的原创，做孩子的文学

2011年，我们便以最初的蓝图为出发点，铺开了"中国孩子阅读计划·名家原创"系列丛书的成型之路，精心组织了国内优秀儿童文学作家的原创作品，这些作品都贴近孩子生活，立意健康向上，充满了爱与美的教育。同时，我们还积极邀请国内优秀的插画及设计团队加盟，以最美的文字加最美的图画，为小读者奉上最精良的精神食粮，让大作家牵手小读者，开启中国孩子阅读的美好人生。

其间，我们坚持将项目向纵深发展，不断推出国内有分量的儿童文学作家的原创精品。该系列书自立项起便被列入集团及市局重点项目，并成功获得基金资助，项目计划出版25册。经过反复地沟通、研讨、精心打造，最终成功推出李东华、汤素兰、孟宪明、杨鹏、张国龙、赵菱、汪玥含、王巨成、肖定丽、许廷旺、韩宏蓓、周志勇等目前国内知名儿童文学作家的原创精品，如2012年推出的《远方的矢车菊》《初夏的橙色时光》《布鲁斯的芨芨草》；2013年推出的《银杏路上的白果》《红丘陵上的李花》《不得不另类》《神秘的后花园》《我的花样同学》《逆光的精灵》；2014年推出的《闪亮的日子》；2015年上半年推出的《桃源战记》《勇敢吧，一可》《胆小鬼的梦想漂流》《嘉嘉的四驱车》，2015年年底推出的《麻雀为邻》《背包为家》《成长的故事》《独个历险记》《今冬水瘦》《少年棋王》，2017年、2018年推出的《大荷花小荷花》《纯白心事》《黄想想的别样生活》等。

该系列作品，主题都高度关注少年儿童的精神成长和内心世界，力图以健康向上的思想格调、清新质朴的文字风格、朴实真切的叙事语言，让更多的孩子得到心灵的滋养和文学艺术的熏陶，从而真正实现"中国孩子阅读计划"的初衷——推出有思想有内涵的作品，为中国孩子铺好精神底色。

四、精心设计和插画环节

用沃土铺好了花园，又精心挑选了种子，接下来便是编辑最本职也最细致的工作——在作品原稿的文字基础上，用编辑的细致努力和悉心照料，让这颗卓越的种子在深厚的土壤上生根发芽，开出绚烂的花朵来。

"中国孩子阅读计划·名家原创"系列丛书，从文字到图画质量，都力求深刻意涵与唯美精致，可以说是最美的文字与最美的图画强强结合，力图呈现给读者一种全新的文本阅读体验。

其间，作为该系列丛书的策划和责编，我们对每本书都是一样地尽心尽力：从文本内容、思想内涵、文学艺术等去细细品读和编辑修改，精心地体会内容的风格，寻找适合的插画师和设计者，在插画和版面设计环节一步步试稿、上色、设计，最后再一点点地进行细节调整，逐渐成型。记得有一次，当我们把精心绘制和完善的内文插图拿给作家张国龙看时，他非常惊喜地说："这和我写故事时想象的景致一样啊！"从他的话语中我感受到了他的那种欣喜！作为责编，此时的我们更是倍感幸福，无比欣慰。

五、出书获奖和社会影响

"中国孩子阅读计划·名家原创"系列自立项起，便受到业内的瞩目与好评，先后被列入集团及市局重点项目，并获得优厚的基金资助。图书出版后，这些作品不但市场反响良好，得到小读者的欢迎，获得作家及业内人士的一致认可，更收获了一系列荣誉，如《初夏的橙色时光》成功入选新闻出版总署第四届"三个一百"原创书目，《远方的矢车菊》获冰心儿童文学优秀图书奖，《银杏路上的白果》入选全国新闻出版总署向青少年推荐的百种图书，《大荷花小荷花》获重庆市"五个一工程"奖、全国城市出版社优秀图书一等奖;《红丘陵上的李花》获重庆市"五个一工程"奖、全国城市出版社优秀图书二等奖等。此外,还有多种图书入选全国农家书屋书目,其中有半数以上实现加印,整套书总体印量近50万册。

并且,该系列的全部图书均输出国外版权,向全世界展示了中国儿童文学与中国故事的独特魅力。国内著名专家学者对此项目给予了充分肯定。

中国作家协会副主席高洪波对这一项目如是评价:

"当前童书市场鱼龙混杂,我们的家长和孩子很多都不知道该如何选择,往往以搞不搞笑、做得漂不漂亮为标准,结果读了很多思想性文学性低下的作品,不仅没能获得阅读的好处,反而影响了他们对优秀作品的鉴赏能力。这次重庆社选取的作家都是国内非常优秀的儿童文学作家,他们的作品历经时间检验,无论是文字内容还是思想主题,都是非常适合当前的孩子阅读的。把这些优秀的作家作品集合起来,一起呈现给现在的小读者,无疑给了他们很好的取舍标准,家长也大可以放心购买了。

另外,我也看过这个系列的一些排版稿,这个系列的装帧设计都做得很漂亮,配有精美的插图,我们不光要把最优秀的作品给孩子看,还要考虑到孩子自身的审美趣味,让他们能真正接受喜欢上这些作品。这就是我说的第二个问题:该如何满足孩子的需求,在这一点上,这套书无疑也是成功的。"

北京师范大学文学院教授、博士生导师、中国儿童文学研究中心主任王泉根参加了本项目最早的讨论,他指出:

"重庆出版社做的这套'中国孩子阅读计划·名家原创',最早的论证我也参加了,它是真正站在科学指导中国孩子阅读的理论高度上,从立意上就比市场上很多同类书高出一等,只有心系高远,才能有高度的责任心与使命感,去做好儿童文学阅读推广这件事。与此相照应的,本系列入选的作品都是能为中国孩子打精神底色的精品，内容贴近孩子的生活，主题健康向上，文字充满了美感，另外这套书的装帧和插图也做得很有特色，非常期待这个系列能顺利出版，能为更多的中国孩子带去更丰盛的文学阅读大餐。"

著名文学评论家樊发稼评论道：

"这次，重庆出版社推出'中国孩子阅读计划·名家原创'，我觉得是一件很好的事情，它不仅仅是优秀作品的资源整合，里面入选的作家都是秉持着严肃而认真负责的创作理念，他们的作品也都是文学性、思想性和趣味性俱佳的精品。而且这个系列的编排我感觉是站在比较高的理论基础上的，并且融入了编辑选择和审美的理念，能让读者认识我们优秀的作家、优秀的作品，把优秀的作品推荐给孩子们，让他们快乐地阅读、快乐地成长。

我真心希望越来越多的国内出版社能和重庆出版社一样，真正重视儿童文学优秀资源的整合和推介，让更多的孩子能选对真正优秀的原创作品。"

2018年，"中国孩子阅读计划·名家原创"系列顺利结项。看着书架上整齐摆放的25本书，回忆着这个项目从雏形到完成，我深深地感到：作为青少年读物的图书编辑，为孩子们奉献出健康有益的优秀读物，是我们工作最基本的要求和准则，一辈子都应当兢兢业业地关注少年儿童成长，关注他们的精神需求，精心地为孩子们编好每一本图书，使每一本好书犹如一颗富有顽强生命力的种子，在他们的心中开花结果，温暖他们的心田，为他们的成长助力！编辑出版一本或一套好书不算什么，要不断地为少年儿童推出优秀的作品，让好书伴随孩子们健康茁壮地成长！

一次难得的"冰火"历练

唐弋淄

"×××大咖对《冰与火之歌》欲罢不能""《冰与火之歌》缘何大热""《冰与火之歌》披着魔幻的外衣说史诗""《冰与火之歌》比魔戒走得更远"……看着网络上铺天盖地的新闻,我知道《冰与火之歌》是成功的,但在付出了大量时间和精力并收获了成功与喜悦之后,我思考更多的是如何在当前竞争激烈的形势下做好编辑工作,如何让自己继续在工作岗位上发光发热。

毋庸置疑,《冰与火之歌》的成功问世,凝聚着卡通分社和集团各部门同事的心血,见证了大家共同的努力和辛勤付出。参与《冰与火之歌》的编辑工作,经过尝试、拼搏、磨砺、成长……我的收获良多,思想也经历了冰火两重天。

2011年底,我刚进集团不久就开始了《冰与火之歌》系列小说卷一的编辑工作。为了抓住出版发行的最好时机,我们在文字编辑、封面及版式设计、发稿、出片、印刷时间等环节上几次加快进度,但同时又必须保证图书的出版质量,因此,那段时间整个编辑团队几乎天天加班,有时甚至是一个通宵。体力的透支让我这个职场新人开始有些吃不消,再加上入行不久,许多出版流程都不太熟悉,更谈不上什么工作经验,只有边学边做,常常在设计室、校对室、印刷厂之间来回跑。

为了让《冰与火之歌》能按计划出版,我放弃了N个节假日,加班熬黑了眼圈,从不长痘的脸也开始长痘。我开始抱怨,甚至后悔选择成为一名编辑。庆幸的是,在我最消极迷茫时,公司的领导和团队的同事们及时给予了我鼓励与支持,让我意识到我不是一个人在战斗。经过一段情绪上的冰点期,我和同事们又一起投入到如火如荼的编辑工作中。检查胶片、核实封面内容、核对条码,一个英文字母、一个标点,我们都不能放过,必须确保万无一失。由于市内的印刷厂产能有限,不得不安排几家印刷厂同步生产,同事们也都轮流奔波在各个印刷厂检查图书质量。当第一卷如期出版,北京、上海、深圳三地同时首发活动取得成功后,我的心里才稍稍松了口气,同时也对后几卷的出版增添了信心。

  2012年,我们继续推出了《冰与火之歌》系列的后四卷。虽然有了出版第一卷的经验,但要保质保量地完成每三个月推出一卷的出版任务,我仍感到压力巨大。在领导和同事们的帮助下,加上前期积累的经验,我逐渐理解"做书"二字里"做"字的深层含义,它不仅要在书稿上下功夫,确保内容的准确无误,还要与发行、校对、设计、印刷等多个部门协作沟通,每一个环节都不能落下。在集团领导的关心支持和各部门同事的通力配合下,卷五《魔龙的狂舞》终于按时出版上市,让期待已久的粉丝读者们得偿所愿。看到自己参与编辑的图书上市,在读者中引起强烈反响,并获得良好的社会效益和经济效益之时,我的脸上也绽放出笑容,心里涌动着不可名状的幸福感,感到所有的付出都值了。

  我突然明白,不论是做一名编辑或是从事其他任何职业,只要付出努力,定会收获甜蜜。很幸运自己能参与《冰与火之歌》的编辑工作,这是一次难得的锻炼机会,我很珍惜,虽然会感觉辛苦,但痛并快乐着。现在,每当我走进书店,看到摆放在书架上的《冰与火之歌》,心里就充满了自豪,而这段经历也将永远成为我人生中一段美好的记忆,给予我不断前进的动力。

编辑手记:做好重大项目的几点感想

王 娟

自参加工作以来,先后有幸参与《抗战记忆——台湾征集图片集》(上、中、下)、《大足石刻全集》(11卷19册)、《来知德全集(辑校)》等国家级重大项目的编辑出版工作,跟着经验丰富的前辈们学到了很多,自己也进行了一些思考与总结,详情如下:

一、密切关注国家相关的鼓励与支持政策,做到学懂、弄通、把握准

一个好的项目,尤其是重大项目,需要重要的财力、物力支持。国家层面的政策支持,是培育优质选题的重要养分与原料。作为出版人,要密切关注国家相关的鼓励与支持政策,对政策内容,要做到学懂、弄通、把握准。自党的十八大以来,以习近平同志为核心的党中央站在新的历史方位,从留住文化根脉、守住民族之魂的战略高度关心和推动文化和自然遗产保护工作,作出了一系列重要指示和全面部署。习近平总书记在十九大报告中提出,深入挖掘中华优秀传统文化蕴含的思想观念、人文精神、道德规范,结合时代要求继承创新,让中华文化展现出永久魅力和时代风采。作为地方大社,我们有责任在挖掘和弘扬传统文化、巴渝文化方面作出贡献。我们应该密切关注并认真学习与领会国家基金办、重庆市出版专项基金等有关部门的相关政策。

二、选准选题对象，做到认真分析其出版价值及实施要因

优质的选题对象是重大项目成功的关键。一个优质的选题是建立在选题对象本身具有重大价值的基础之上的。大足石刻是人类石窟艺术史上的丰碑，被联合国教科文组织列入《世界遗产名录》，是重庆本土珍稀的出版资源。在得知大足石刻研究院自2003年启动大足石刻的保护研究课题之后，我们多次到大足与作者商谈选题。双方从考古学与出版学的角度，反复商讨、论证选题。理学大师来知德作为巴渝历史上的文化名人，其全集的整理与出版，因而也具有重要的价值和意义。

三、组建科学合理分工、专业能力强的人员团队

《大足石刻全集》之所以能历时14年取得成功，离不开集团领导的支持和兄弟部门的帮助，同时还有其出版团队的分工科学合理、人员专业能力强，为项目的实施提供重要的人力支撑，是项目能够成功实施的重要条件。人员总体上分为编撰、出版两个板块。编撰方面分为学术委员会、编辑委员会、编纂三个工作团队。出版方面分为审稿、校对、印制、发行、编辑等五个工作团队。参与人员多达200余人，专业涉及考古、文博、测绘、艺术、历史、社会、文献、统计、英语等多个学科。他们为项目的实施提供重要的人力支撑。

四、时刻保持大胆探索、敢为人先的创新精神

创新是一个民族进步的灵魂，作为目前国内第一部针对一个大型石窟群编写

的比较全面的考古报告集,无论编写,还是出版到处都闪烁着创新的光芒。《大足石刻全集》不仅真实客观反应大足石刻摩崖造像当前的生存现状,同时,也重现了造像的历史原貌与艺术风貌。《大足石刻全集》代表着21世纪大足石刻研究的最新成就,是对传承中华民族优秀民族文化作出的重要贡献,也是对世界石窟艺术的研究发展作出的重要贡献。

来知德作为重庆本土的历史文化名人,其《周易集注》《来瞿唐先生日录》,分别收入《四库全书》和《续修四库全书》,后世尊其为"一代大儒""崛起真儒",建来公祠以祀。其学术思想和文学创作,别开生面,卓然成家,对后世影响至深,研究者遍及海内外。虽然来知德的部分著作有零星出版,但存在着诸多的不足之处:比如其易学巨著《周易集注》,图书市场上流通有多个版本,质量良莠不齐,而且编排的内容方式也各有差异。目前,市场上仍然缺少一部收录有来知德全部著作以及相关文献的合集。此次由古籍文献专家栾保群牵头,组建了强大的编校团队,针对通校、参校20余种明清善本,对来知德著作进行了全面搜罗、严谨比勘、精细注释,这些都是大胆探索、敢为人先的创新举措。

五、树立精品意识,认真完成各项环节的出版工作

正确的导向与精品意识,是孕育优质选题的沃土,是《大足石刻全集》历时14年的不竭动力。重庆出版人坚守出版人的初心、切实担负起用精品奉献人民的使命,承担并出色完成了国家出版基金项目20余项,出版成果丰硕。认真的工作态度,严格的选题论证会制度、三审三校制度等制度的实施,使得我社各大项目无论是内容还是印装,都以高质量、高水准、高品质面世。

六、以争做传承文明的文化主力军为目标

石窟考古报告、古籍整理等的编撰出版,是一项科学又浩繁,具有挑战性的系统工作。集团作为国有的文化企业不辱使命,攻坚克难,自加压力,屡屡创新,我们应当向着共同的目标努力,以争做新时代传承文明的文化主力军为目标!

我和我的绘本世界

夏 添

策划一本书真的有那么难吗？一个年轻编辑，怎么能联系到知名的作者？怎样让作者能够信任你，把他的作品放心交给你？年轻编辑常常会为这样的困惑绊住前进的脚步。其实只要做出版工作的有心人，做任何事情都发挥到极致，以小见大，机会一定会光顾你。

从兴趣点出发去思考，大胆地做你想做的书

由于自己学美术，我很喜欢绘本，特别关注一些自己喜欢的作者。工作后我也利用各种机会去学习，去增长见识，去拓宽自己对艺术认知的深度和宽度。我喜欢去研究大师及其作品背后的故事，进一步提升自己在艺术领域的眼界，因为我知道作为一名编辑，一定要有过人眼光和超前思维，才能对出版物有更好的取舍和驾驭。我相信机会是给有准备的人，只有你在一个领域研究得足够透彻，才能具备更专业的眼光和判断力。后来我加入了尼诺的绘画班学习国画，在那里我认识了尼诺的创始人虫虫，也就是我后来出版《跟我去新加坡》的作者，那本书的出版得到了新加坡旅游局的高度认可，还为我们提供了5组家庭的免费新加坡之旅，以及当地公园门票打折的优惠。图书出版后不到3个月就加印了，取得了较好的市场反响。和虫虫结缘后，我们也时常在做书之外探讨艺术、绘本以及生活，所以通过做书，我收获的不光是作者，也收获了人生中一份真挚的友谊。

有天一大早，虫虫的电话把我叫醒，她在微博上看到了扫把有本新书想要出版，公开征求出版社，她让我一定得试试。挂完电话我一边很激动，一边又觉得全国那么多出版社，扫把是插画圈的大红人，这个希望好渺茫啊！来到办公室我还是鼓足勇气抱着试一试的心态给她写了一封信。在信中我表达了对她作品的关注与喜爱，同时梳理了她已经出版的图书的优劣和我的个人看法，以及新书如果是由我来做编辑的一些打算。发完邮件，我松了一口气，至少勇敢地踏出了第一步。没想到三天后，居然得到了她的回复，还约我见面，天啊——我没有看错吧？！我兴奋得差点跳起来，我的偶像要见我，真是一件不可思议的事情。

我怀着忐忑的心情，带上了自己编辑的新书《日本古书店的手绘旅行》作为见面礼，在星巴克与她见面了。从那以后，便有了后来的第二次、第三次的见面，于是就有了如下图书的出版：《大英国小宇宙》《就在伦敦》《阿拉斯加——扫把的手绘旅行》《饿龙谷·吃》……以及今年的新书《在重庆等鸟来》。

用巧思打造别样图书，让爱发光！

《就在伦敦》是一本充满着爱与温暖，关于伦敦的绘本。我初读到的时候就在想，能不能让读者有拆开不同信封的阅读体验呢。我想让它变成一本极具梦幻色彩的书，一本香气四溢的书，一本有温度的书。最终我做到了，这本书也受到了读者和扫把的喜爱。书中所呈现的四个神秘信封，每个信封里都有不一样的惊喜——香味绕满鼻尖的勿忘我干花、精心设计值得珍藏的藏书票、与你见字如面的亲笔书信……预示着在伦敦，总有美好的事情发生！

《饿龙谷·吃》这本书在设计上我是花了一些心思的，比如大家想要珍藏的谷主插画，我把内页工艺设计改为击点线的钢刀形式，便于读者可以把喜爱的作品拆卸下来收藏。谷主手中的铃铛，我也想办法由画中延伸到了现实版的书中。书的飘带在一头系上了同款铃铛，每每翻动书页的时候就可以发出清脆的铃声，希望读者在翻阅的时候能够会心一笑。

《在重庆等鸟来》记录了扫把在重庆观察到的100只鸟，我把内页设计成了明信片的形式，可以拆卸下来送给友人，并配上观鸟日记和手账。书的封底还固定了一个纸质的口袋，手账韵味十足。我想就是这些小小的闪光点汇集起来，才让我在做书的时候学会思考，用心揣摩，使得我做的书那么独一无二，让人爱不释手！

用心打磨，精益求精，定能让图书绽放光彩！

绘本书之所以能由一本书变成插画家系列，是因为我策划每本书的时候都用心在思考，你的真心付出作者是能感受和体会到的。所以我和许多作者也从工作关系变成了朋友关系，他们又把他们的作家朋友介绍给我，壮大着我的作者队伍——虫虫、卡斯丁多、扫把、大鲸、瓜几拉、芭芭以及《镖师虎墩》的导演……图书让我收获了满满的友谊。我想说：把自己感兴趣的点，运用到工作中去，发挥自己的特色和优势，做好每一本书，就能形成自己鲜明的图书特色！那么做书道路上的难题自然会迎刃而解。希望自己能在出版事业这条大船上，乘风破浪，勇往向前！做有温度、有态度、有理想的出版人！

读王雨小说《碑》有感

罗玉平

读完《碑》，首先给我这个地道重庆人身临其境的感觉，虽然背景是20世纪30年代末至50年代初抗战陪都到重庆解放时期，但许多当时生活在重庆的人物，熟悉的街道，甚至是嘉陵江的一个堤岸，万灵古镇的一条小道，以及当时重庆人的语言性格都被作者描绘得栩栩如生。重庆的历史在王雨笔下穿梭，大街小巷的记忆在宽广的背景上舒缓展开，一种悠长浓郁的抒情性语感贯穿始终，使久远的故事变得鲜活起来。

督邮街、佛图关、精神堡垒、磁器口、歌乐山、十八梯、朝天门、临江门、东水门、储奇门、大阳沟、依仁巷、来龙巷、曾家岩、长江、嘉陵江、赖溪河、罗汉寺、洪崖洞、老君洞、黄葛古道、万灵镇、民生公司、宽仁医院、涂哑巴冷酒馆、抗建堂、胜利大厦舞厅、扬子江舞厅、南国音乐厅、新世界游艺场、盟友联谊社、夜总会音乐厅、中亚音乐厅、福音堂音乐厅、皇后舞厅、颐之时、味苑、皇后西餐厅、星星咖啡馆和《渝报》《重庆日报》《新华日报》馆都是小说中人物的活动之地；大青砖、小青瓦、穿斗高墙、长板门、木板墙、格子窗、抬梁柱里重庆的大米店、常家煤行、宁氏船运、生化堂、喻门旅馆、敖氏商号、小雅钱庄、乔大食店、王艾粑、河水豆花等店铺商号餐馆挨一接二；做布匹丝绸买卖的，做银钱生意的，做水上活路的，做苦力的，乡下人、官员、地头蛇和袍哥大爷都有涉及；中华剧艺社、中国万岁剧团、中电剧社、中国艺术剧社、中央青年剧社、孩子剧团、怒吼剧社、中国业余剧社，夏衍、吴祖光、张骏祥、史东山、王瑞麟、王班、田禽、朱铭仙、舒绣文等名流都有出场。作者不仅对冯玉祥将军住地特园接待参加重庆谈判的中共代表毛泽东一行做了详细的描述，在歌乐山巡查路过林庙5号的土墙

房子,老舍、巴金、郭沫若、臧克家齐聚谢冰心的潜庐,亦做了详细的描述:

  勤于写作又生活饥馑的冰心病了,这些大文豪是来看望问候她的。郭沫若在屋里踱步吟诗赞她:"怪道新词少,病依江上楼。碧帘锁烟霭,红烛映清流。婉婉唱随乐,殷殷家国忧。微怜松石瘦,贞静立山头。"屋里人都拍巴巴掌,老舍的巴掌拍得响。郭沫若笑问老舍,你这位"文协"的领导,深居在北碚林语堂的屋子里笔耕,你的小说写得怎么样了?老舍呵呵笑,感谢我夫人给我带来了百万字的长篇小说。冰心问,啥长篇小说?老舍说,我夫人九死一生从北平来渝,带来了她在北平的所见所闻,触动了我的灵感,我正在写长篇小说《四世同堂》,写了十之有三了。臧克家伸拇指,好,我等翘首以盼!这时候,进屋来一个要员,都认识,是陈布雷先生。一番寒暄之后,陈布雷说,想请冰心加入国民党。冰心笑说,谢谢你的好意,我要在国民党受压时加入还有点儿骨头,现在你们当权了,我对国民党也没有什么汗马功劳,就不入了吧。陈布雷显得尴尬,就言说起其他的事情去了。

  诸如冰心谢绝参加国民党之类许多的历史,都是有史可查的,在作者笔下显得非常生动有趣。记得在一次参加全国出版会上,一位同行问,陪都在历史上时间长,许多名人生活在重庆,这一块没见到多少图书。其实反映陪都历史的图书在重庆出版了不少,但是像王雨这样集中全面反映的还是第一次。作品着眼历史叙事,史实含量大,涉及领域宽广,有一定的思想深度,其艺术价值,自是不菲。《碑》无疑将为了解重庆这段历史的人提供了很好的阅读实例,也填补了全方位讲述重庆陪都历史的空白。

  不仅如此,王雨笔下的重庆写得真情感人。同样的中山公园,在当年美国《时代》周刊驻中国战时首都重庆的远东版主编白修德笔下:"登上公园里的高坡,俯视着远处的长江和原野,以及脚下大片的鳞鳞黑瓦,然后马上就有穿越几个世纪,回到古代的感觉。"这个美国牛仔看到的是明显的贫穷落后。而在王雨笔下却是倾注了无限深情:"来自大雪山的江水悠悠,哼唱着不完的歌。吊脚茅屋背靠怪石林立的后侍坡,壁画般挂在崖壁上,风吹摇晃。后侍坡与金壁山连着,金壁山脚曾有川东道衙、重庆府衙、巴县县衙。明郡守张希召在山上筑有'金碧山堂',登堂饮虹览翠,清香沁人,有'金碧流香'之说。民国十八年,这里建了'中央公园',三年前,重庆设陪都,更名'中山公园'。"很明显王雨笔端流露出的是美,是对家乡的爱。

作品的文字流畅,故事完整,书中人物的命运、斗争场面及情节的描写精彩程度完全具备市场畅销图书要素。作者凭借旺盛的创造性和创作热情,为我们塑造了对党忠诚有着坚定信念的革命家黎江、涂姐、赵雯的人物,开启了许多人不曾知晓的历史记忆之门。作品中的人物携带着强大的对党的坚强信念,精神信念有高度,生活情感有广度,思想智慧有力度,因而气势高远,气韵生动。孕育包含作者的思想、信仰和激情穿越历史,建构了庞大复杂、激情四溢的历史叙事。这部长篇小说,主人公的命运贯穿始终,其他的人物也在各章节中反复登场,故事也有明晰的连贯性。在整个篇幅中,始终能保持情绪饱满的叙述,那种坚定信仰的激情和想象在那个年代特殊的背景上开辟出一个空旷的叙述语境。

在《碑》中,信念与事业结合在一起,叙述的激情与历史感结合得颇为精当。革命的历史从颇为浪漫的故事开始,而后充斥着变异断裂和转折。20世纪40年代的中国处于动荡不安的革命进程。作品秉持的那种坚定的共产主义信念,也是那个时代典型的进步的知识分子和革命人士的精神。作者的眼睛注视着那个社会和人群,小说中的主人公宁孝廉从小生活在富裕的家庭,后考上重庆大学,投笔从戎一心参加抗战的他由于作战勇敢,由国军的连长到营长、副团长、独立团团长、师副参谋长,抗战胜利了,他厌弃了内战,在党组织的感召下,他成为了有用之人,留了下来为党工作。作者由此把个人与家庭史与中国剧烈动荡的历史构成一种关系,同时也与作者的自我反思构成一种对话。这使小说有了一种广阔的视野,一种苍茫悠远的背景,小说叙述空间因此显得独特而富有情趣。

宁孝廉勇敢顽强敢爱敢恨,对前途未来充满信心,坚持抗日救国,不怕牺牲,也就是他的这种性格和精神使他和老大哥黎江最终走到了一起,他的毛庚朋友窦世达的性格刚好背道而驰,他贪生怕死做了汉奸最后死在了他的妻子涂姐的枪下,袁哲弘虚伪凶残,就像两条平行线不可能有任何交叉点一样,也就注定着他们走的是截然不同的路。作品看似在写碑,其实更是在写人,碑的变迁和演绎过程折射出光明必将替代黑暗的历史必然性,碑的过程也是主人翁宁孝廉不断成熟的过程,是吹尽狂沙始到金的过程。

这部小说不只是反思中国20世纪中叶的历史,反思父辈的历史,更是尖锐地批判了当今社会现实纠结的信仰危机的精神困境。当然,它同时又以内省的笔调去写出"我们"的历史,写出父辈的命运。小说对历史与现实的反思敏锐而透彻,对我们上一代人的书写真挚而深切,作者能够客观平静地审视上一代人,揭示那一代人的独特性,反思、崇敬融为一体,有一种通透之感,留下他们那一代人饱满的精神传记。

作品的语言是本土的,读来总是带着诚挚的温暖,如同与朋友握手谈心,那种亲切和诚恳溢于言表。作者的崇敬经常而激烈,但能让人感到他对正义与善的不懈追求。那种亲切感,在含量如此丰伟的叙事中,同时有非常细致和微妙的感受随时涌溢而出。那些细节刻画得栩栩如生,形成了小说在艺术上饱满充实的根基。那些激越的情感表达并不空洞,而是有着扎扎实实的生活质感,那些具体的描写与感受总是被结合得相当精当。在叙述党内同志的交往时,他对友情的思考,总是与同代人的敏锐而亲切的注视相关。值得庆贺的是《填四川》的主人公宁徙,是《开埠》的主人公宁承忠的高祖母;宁承忠是《碑》的主人公宁孝廉的曾祖父。移民女中豪杰宁徙及其后代的故事得以延续,作者成功完成了厚重的重庆移民三部曲。

作品有强大的自信,才有勇气倾尽心血构造。在小说叙述艺术方面,已经磨砺出自己的风格,但它已经不是简单的小说艺术,它证明了王雨高尚行为支配下的文学创造能力,也必然会证明《碑》在中国文学之林有自己的一席之地。

有故事的音乐
——记第一张本土流行音乐唱片的出版

天健电子音像出版社编辑部

  天健电子音像出版社成立后，于2007年策划、制作和出版了重庆本土的第一张流行音乐唱片《有故事的音乐——彭春霞的时间》。时至今日，在豆瓣网上，这张唱片仍然保有7.4的评分，为此，我们撷取了唱片上市前一个月间，发表在当年推广博客上的编辑手记，来回忆那段五彩缤纷的出版岁月。

小编手记之一：首唱会——春霞的美丽绽放

  累死，时刻准备倒在地上不再起来了，呵呵。
  总算，累有累的收获，《有故事的音乐——彭春霞的时间》首唱会圆满成功。
  这次选择的地点是全国图书博览会重庆展团的现场，一来浓郁的书香气质和春霞自己的调性很搭，二来书博会的隆重氛围更能加重媒体的关注，三来出品方就是重庆出版集团，春霞主场作战，勇气更甚。条条道理都讲得通，可也正因为卖点太多，整个展览现场过分热闹，也给首唱会带来诸多意想不到麻烦。
  首先在头一天，原定的主持人重庆电视台的主持兼最年轻的女制片人，也是春霞的好朋友王姝突然有采访任务，临时被抽调走了，幸好春霞的另一个好朋友，重庆音乐广播的大美女主持海培接力顶上，才让众小编惊出的满头冷汗得以蒸发。
  然后，今天上午，同一个场地依次安排了三个活动，由于协调出了问题，第一个活动并未按时开场,而春霞的首唱为了积累人气,选择了11点左右开场,被排在第三个,于是,众小编就被不晓得能不能按时开唱的恐怖念头不停折磨。还好电脑报社的帅哥通力配合,终于搞定开场时间。

还有,由于场地太大,人流汹涌,所有的媒体记者都被困在1楼门口上不来,小编们像疯了样不停地上上下下,耗时近40分钟,总算把二十几号记者朋友安排停当。

最后,也怪小编们自己考虑不周,为了照顾书博会的时间安排,导致了大量重庆本地的歌迷由于上课或者上班,不能来到现场为春霞打气。幸亏美女主持海培颇具魅力,站出来暖场,吸引了大量人流驻足观看,接着春霞出场演唱,华丽丽的小夜礼服造型,引起一片小小的惊叹,再发声唱歌,哇,不得了,大家干脆拥上舞台,纷纷抢夺镜头拍摄最佳阵地。编辑鱼摆摆身手太不敏捷,被挤到最后一排,只能踮着脚尖高举DV,至于拍到了什么,只有天知道。

决定要郑重感谢一下以下的朋友们:

小猪汪汪,太强了,所有到场的媒体都被你吓到了,10多岁的小妹妹当歌迷不让人觉得稀奇,可您的出现,简直是个奇迹!呵呵。话说回来,春霞的这张唱片,何尝又不是一个奇迹呢!

不晓得名字的造型师姐姐(怪闹闹没记性,实在没记住您的芳名),为了给春霞全新的华丽造型,半夜两点还在街头狂奔,早上7点就被我们闹醒,辛苦啦,鞠躬!

当然还有大美女海培,成功救场,再次鞠躬!

还有谁?呵呵,实在是有很多很多人,还有那些因为现场听了春霞美丽声音,马上就进行预购的朋友们,感谢你们对我们的信任。要是你们知道设计师静静姐姐还在没日没夜地赶班设计稿并披头散发中,请千万不要忘怀,因为静静姐姐刚刚电话来,说一定能准时出货。

5月28日,我们不见不散。

小编手记之二：意外惊喜

长假前夕，工作异常杂乱，除了忙春霞的首唱会，还要安排编辑部的其他产品参加书市，和行政部一起接待全国各地的合作单位，敦促发行部联络各地发行渠道，基本上，大家无不人仰马翻，一个接一个地生病。

于是，大家一商量，决定好好去放松一下。30号一到，除了闹闹和小倩被指定留守，所有人马跑得精光。那边，春霞也背起背包，徒步去跋山涉水。

当然，录音师耀哥是没得跑，设计师美女静静也是被关在家里，一个负责内容，一个把握外表，劳动了整个长假，对你们鞠躬。

今天一上班，鱼摆摆就跑去录音棚守候，等待完整小样的出炉。一等就是8个小时，晚上7点，样盘终于放到了闹闹的随身CD机里面。因为是小样，当然还有这样那样的一些瑕疵，但整体感觉已经相当完整了。

耀哥根据自己的专业感觉，重新编排的歌曲顺序，相当有道理，也让整张唱片的可听性整整提高了一个档次，实在厉害！佩服！此为意外惊喜一。另，为了今天的小样，耀哥和春霞又熬了一个通宵，辛苦。

《风中的早晨》被制作成了无伴奏合唱版，春霞一人分饰多个声部，一首差不多有30年历史的老歌被改得既好听又时髦，但民谣特有的神韵依然还在，实在难得，厉害！佩服！此为意外惊喜二。

《时间》作为标题曲，在专辑里面受到了特别礼遇，除了制作了一个百老汇轻歌剧式样的版本外——这个也是首唱会演唱的版本——还准备制作一个清新的吉他版本，这个也是春霞最擅长的。但没想到的是，闹最后听到的竟然是一个Bossa Nova[①]版本的《时间》，天哪，完全没想到春霞可以唱得这么慵懒，实在无限惊讶！太厉害了！此为意外惊喜三。

在做这张唱片的时候，也有和春霞讨论过唱片的销量，其实我们都知道，也许这

[①] 巴萨诺瓦，融合了传统巴西森巴和北美爵士的一种音乐类型。

条路有些狭窄,甚至不合时宜,但我们始终坚信,好的音乐,好的声音,始终有人会听,而且,不会因为时间被湮灭。因此,春霞可以说是拼尽可能,在12首歌曲中,尝试每一样她不曾尝试的东西,我想,她这份心力和勤勉,我们都看到了。

小编手记之三:意外惊喜(续)

之所以是(续),实在是因为春霞这个专辑给的意外惊喜太多太多。

出差一整周,今日傍晚才刚刚落飞机回家,闹闹就急电同事,央求带份下午才从工厂拿回的样品来听。晚上9点过,才和同事接上头,是在一家常去的音像书店门口,拿了完整的碟,等不及回家,就跑去店里,央求相熟的帅哥店员放来听听。先听了《爱的故事》,再放《回旋曲》,才放第一节,就有个气质美女走过来,问,什么碟什么碟?

我很得意,把外包装递给美女,笑嘻嘻地和她说,这个是样品,碟要28日才上市!喜欢的话,过几天请你再来啊!

美女并不认得春霞,但马上被春霞的声音强烈吸引,再听了一段,非常热切地说,可不可以,就把这个样品现在就卖给我?

全面兴奋了,但想到是人家店家的地盘,不敢造次,由不得为难地看一边的店长。店长也是个极好的小伙子,马上回答,可以啊,这个你就自己收钱吧,等以后的货到了,才算我们的!

美女马上开荷包,拿现金,生怕不答应,可爱死了!

我简直快昏迷了,因为实在是太兴奋了!

第一个不是春卷的普通顾客,第一个哦!

美女把闹闹的样品"据为己有"后,才发现竟然是限量春霞亲笔签名版,强烈高兴之余,说这个是要送朋友的,竟然有签名,真是太棒了!然后又有些腼腆地问,我自己也还想要张签名版的,可以不可以?

人家是第一个顾客哦!而且一下就买两张,这下闹闹完全要昏迷了!

实在没有多的样品在手,只得留下这个非常有特殊纪念意义的美女的联络方式,准备随后通知她来编辑部取 CD。而且,很想把美女亲自留的便条装裱起来,以供日后纪念,哈哈!

太好啦!!!

小编手记之四:再次回答专辑相关问题

随着专辑的上市,越来越多的朋友开始有这样那样的疑问,所以,闹闹决定打包来作个详细的解答。

关于装帧的空白页——

专辑的包装被设计成随记本,共 160 页,采用进口蒙肯纸,牛皮卡封面,前 16 页是春霞的造型照、歌词、亲笔博客,后面的空白页,供所有歌迷作笔记本使用。如果把专辑作为礼物送给别人,除了可以听歌,还有非常实际的用处。

关于造型照片——

这次的造型照片前后共拍摄了两组,一组偏冷偏个性化,一组偏暖偏故事性,后来和负责造型、设计的同事反复沟通,大家一致决定采用第二组。其实两组照片都很不错,而且后来为了宣传的需要,大量的照片都提供给了媒体,所以才出现有很多照片并没出现在专辑的设计里,但各种各样的平面媒体却在使用。这个也是我们宣传策略的失当。不过,春霞的专辑,我们更多关注的是音乐本身,当然,为了弥补我们的过失,我们也会在之后把所有的造型照陆续制作成桌面,逐步发布到官博上来,提供给大家下载。

关于购买盗版或者正版——

很过朋友在贴吧里面讲希望可以买到盗版,呵呵,其实这种心情我们都可以理解,因为只有畅销的专辑才可以有盗版买。虽然不太了解全国其他城市的情况,不过就重庆、北京和刚刚去的深圳来看,盗版 CD 的踪影已经很少可以看到了,国家在治理盗版音像制品方面的关注度,最近是相当大的。小编自己也是发烧友,就品质而言,CD正版的品质要大大好于盗版。

说回正题,关于春霞这张唱片,之前我们就有说,春霞在做唱片的时候,并没打算进入娱乐圈,只是希望和大家一起分享自己的音乐,所以才在这张唱片里面,尽量多地揉入了能揉入的各种各样她愿意尝试的音乐部分,而商业元素和市场角度,是基本上没怎么考虑到的。当然,大家如果爱护春霞,希望能听到她的第二张、第三张充满个性,不必考虑过多商业和市场角度的唱片,支持正版,应该是很恰当的举动。

关于发行渠道——

重庆因为是大本营,所以铺货比较及时,28日所有"时代回响"加盟店,主城各区的新华书店都会上架,稍边远的城区大概要在下周末左右新华书店才会上架。成都因为是春霞的比赛地,有大量歌迷,也因为离重庆很近,所以28日以后城区的音像店也应该可以上架。此外,全国的发行这次是由广州的俏佳人公司代理的,整个发行周期大概要7—10天,所以,广州应该可以在28日之后就会上架,全国其他地区,大概还要再等一周左右。如果当地实在无法购买,可以通过网络的形式购买,或者呼吁音像店主直接跟俏佳人公司订货。

关于签名限量版的CD以及签售活动——

签名限量版的CD的一共只有200份,首先供应贴吧春卷的预订活动,其次是首唱会的部分预订,最后是春霞最近一段时间上的所有电台节目的热心观众,所以最后能剩下的,基本上是没有了。至于以后是不是要举办签售活动,要看春霞的工作是不是安排得过来,毕竟,我们都没把这个唱片当作一个商业活动来做。

重要的,是春霞带来的12首作品,其他的,应该是次要的问题吧。

彭春霞,土生土长的重庆姑娘,一直在重庆读书、工作。2006年,参加湖南卫视《超级女声》成都唱区的比赛,获第五名;推出首支个人单曲《冬天想起你》。2007年,出版个人音乐专辑《彭春霞的时间》;同年,举办"幸福·时间"彭春霞2007答谢歌迷演唱会。2008年,出演音乐剧《花语梦相随》。2009年,淡出娱乐圈,继续从事保险行业。《有故事的音乐——彭春霞的时间》是重庆出版集团天健电音社社成立后,出版的第一张音乐作品集,随后的日子里,天健社不断推出各类原创音乐作品,民歌、儿歌、器乐协奏曲,有的入选国家重点出版规划,有的获得国家和省部级出版奖励。随着天健社的不断成长壮大,原创音乐作品始终是其出版作品里闪耀的一抹亮色。本文中提及的许多人物、行业,随着时代的变迁,也发生了天翻地覆的改变,但不变的,唯有我们对出版事业的热爱与坚持。

我与《论语》的二三事

符 蕾

在"整本书阅读任务书"系列丛书中,我分到的是《〈论语〉整本书阅读任务书》。我在得知这一消息的那一刻,首先的反应是:《论语》,哦,我知道。然后再仔细一想,发现自己也不是很知道。

我想,《论语》对于大部分人来说都是既熟悉又陌生的。说熟悉,是因为《论语》已成为文化常识,大部分中国人都知道《论语》。说陌生,是因为在知道的人里有绝大部分没有真正阅读过《论语》,没有认真去了解过儒家的仁与礼。

接下来,我便开始阅读《论语》。第一次阅读,我阅读的仅是原文,在读的过程中,根据自己以往的古文积累,去理解原文的意思。这一遍,仅读的是我自己理解的《论语》的字面意思。第二次阅读,是结合杨伯峻给出的译文和注释去读。这一遍,我读的是《论语》的字、词。第三次阅读,我结合《论语》总的二十篇做勾连阅读,发现在不同篇目里,有孔子对同一事件的不同言论,它们有的是相互补充的,有的是完全不一样的,这与孔子的人生经历有关。这一遍,我读的是对孔子的理解。第四次阅读,我仍然是在二十篇内做勾连阅读,这是这一次我把阅读目的定在梳理孔子对仁、孝、礼、智、君子的所有言论上。这一遍,我读的是对儒家的理解。第五次阅读,因《论语》中有很多是孔子与其弟子的对话,且其弟子众多,所以我在这一次阅读中梳理了孔子弟子的人物信息、性格和代表言论。这一遍,我读的是人物。

基于以上阅读过程,我在构思《〈论语〉整本书阅读任务书》的结构时就有了思路。因为这是一本引导学生怎样去阅读《论语》以及理解《论语》及其所代表的儒家文化的一本书,所以这本书有两个功能:一是能起到引导作用;二是能让学生理解

《论语》及其所代表的儒家文化。首先,原文、译文和注释是必需的,这对应的是我的第一次阅读和第二次阅读。其次,要对孔子言论的理解起引导作用,就要有相应的阅读导引,且这些阅读导引不能只针对某一条语录,要对整个二十篇里相关的语录都有引导作用,这对应的是我的第三次阅读。然后,在读完整本书之后,要有一个梳理,这对应的是我的第四次和第五次阅读。

我们在以上思路的基础上,组建名师团队,论证这一结构的合理性,提出完善意见。几经讨论,最终定下来了,并在以上结构的基础上,添加了思考探究和测评试题。思考探究是对阅读导引的补充,阅读导引为篇内勾连,需要结合本书内容进行互相论证,思考探究为本书与其他经典名著和当今社会热点话题之间的勾连,需要结合自己的理解进行辩证思考,这利于学生更全面地理解《论语》。测评一共有三套测试题,由浅入深地测试学生读过没有、读懂没有、读透没有。

确定好最终的结构,接下来就是作者的写稿时间。在这一过程中,我的主要作用是给作者打下手,提供作者需要的资料,在初稿完成之后,主持会议,让作者集中审稿,交叉阅读,发现问题,讨论问题。然后开始第二轮的写稿,第二轮的作者审稿。在这之后,终于定稿。

接下来便是编校过程。因来稿中引用了很多其他著作中的古文,所以编校过程中的其中一个大工程就是核对引文。另一个大工程是核实来稿中的繁体字。这其中的具体过程在此就不赘述了。

最终,以上所有辛苦的过程有了结果,《〈论语〉整本书阅读任务书》出版了。从市场的反馈来看,这本书可以帮助学生提高语文素养、培养良好的阅读习惯、树立正确的人生观,有很好的经济效益和社会效益,具有很好的出版价值。

这个结果让我由衷地为自己感到骄傲,也对我未来的职业规划有了一个引导,我要继续为读者带来更多有价值的书,为社会创造更多的价值!

多出好书,为精神文明作贡献

李炳振

重庆出版社是一家大型地方综合性出版社,其前身是1950年组建的西南人民出版社,1980年恢复建制,改称现名。1996年时,重庆出版社有在职职工289人,其中党员113人(不含离退休),高级职称33人,中级职称138人,编辑118人。设有政经、教育、科技、文艺、文史、少儿、译著、旅游、美术、书艺、综合、对外合作部、总编办公室等13个编室;有出版处、发行处、发行部、物资处等4个与编辑部门相配套的经营部门;有办公室、机关党委办公室、人事处、老干处、保卫处、财务处、总务处等7个行政政工部门。另外还有文化艺术公司、电子音像公司、电脑中心、大宽商贸公司等部门以及《农家科技》杂志。

出版社作为精神文明建设的一个重要窗口,不仅要搞好自身的精神文明建设,同时更要多出好书。"以优秀的作品鼓舞人"是我们的天职。优秀图书对于引导人们树立正确的世界观、人生观、价值观,培育"四有"新人都起到了不可低估的作用。因此,能否多出好书,是衡量一个出版社办得好不好以及精神文明建设搞得如何的一个重要标志。党的十四大以来,由于我社党组的指导思想明确,重点突出,出版了一大批优秀图书,没有出过一本坏书。优秀的图书包括以下几个方面:

一是具有显著社会效益的精品书。如"世界反法西斯文学书系"是我社继"中国抗日战争时期大后方文学书系"和"中国解放区文学书系"问世后的又一巨著。该套书系共52卷,3000万字,耗资300万元,选编了60多个国家和地区的600多名作家的名作,组织了全国近300名翻译,历时五载,于1994年底终于全部出齐。当时样书送到北京后,李鹏同志欣然亲笔题词:"殊死搏斗,辉煌胜利,弘扬正气,荡涤邪恶,激励后代,维护和平。"江泽民同志还曾把它带到莫斯科,作为珍贵礼物赠送给当时的总统叶利钦。此书荣获我国最高出版奖,即第二届国家图书奖。《人民日报·海外版》称此书是"一套爱国主义的教科书""我国社会主义出版史上的壮举"。

二是大力资助科学学术著作的出版。学术专著由于读者面窄,属赔钱书,所以,多数出版社都难以出版。为解决学术著作出版难的问题,我社率先在全国出版界设立百万元科学学术著作出版专项基金,由著名科学家钱伟长任该基金出版指导委员会主任,先后出版了一批具有国际国内领先水平的科学技术专著。有的书直接指导生产实践,产生了显著的经济效益。如《胶东金矿成因矿物学与找矿》一书出版后,使胶东金矿、弓长岭铁矿等一批废矿得到挽救。《结构振动分析的矩阵摄动理论》一书所述有关理论,成功地解决了我国长征二号捆绑火箭系统动态特性预测问题。1992年以来,我社在此基础上,又投入资金,相继出版了多种科学专著,有几部正在编辑过程中。如1993、1994年出版的《烧伤病理学》《胆道流变学》《城市昆虫学》《重磁异常波谱分析原理及应用》等书都填补了我国有关学科的空白。钱伟长称这批书是"含金量"很高的书。

三是有利于提高学校教学水平和教师素质的书。精神文明建设的根本任务是培养"四有"新人。学校作为培养人的重要阵地,从战略的高度看,多渠道提高学校教学水平和教师素质,这对加强精神文明建设具有深远的意义。因此,十四大以来,我社先后出版了《课堂管理学》、《班主任工作概论》、《语言教学原理》、《中学教学实用全书》、《教育评价实用手册》、"文化教育"丛书以及各种思想品德教材。这些书均获国家教委、全国城市出版社和西南西北九省区教育图书优秀奖等各种奖励。尤其值得一提的是,我社在近两年纸价猛涨、拖欠款严重、资金运转非常困难的情况下,不惜贷款,保证了每年"课前到书,人手一册"这一严肃政治任务的完成。

四是积极配合全市的政治形势教育,出了一大批革命传统教育的政治读物。如1996年3月,我社为响应中共重庆市委提出的"弘扬'红岩精神',塑造当代重庆人"的号召,以实际行动贯彻落实"以优秀的作品鼓舞人",社党组多次召开会议,决定新出多种弘扬"红岩精神"的书,重印"红岩英烈"丛书8种,还出版了以"弘扬'红岩精神'、塑造当代重庆人"为主题的系列宣传画一套共4张。在这之前,还出版了我社《爱我中华》《学什么？百人大讨论》等几十种政治读物,这些书、画,有力地配合了全市精神文明建设的开展,受到普遍好评。

五是高扬主旋律的书。针对我市大工业和大农业的特点,尤其是目前我国农业基础薄弱,生产力低下,长期制约我国经济发展这一状况,近几年我社加大、加快了经济建设方面图书的出版,在认真办好《农家科技》杂志的基础上,十四大以来又相继出版了"乡村农技员绿色"丛书(共15本,分粮油、蔬菜二辑)、《江泽民同志倡导的64字创业精神》《增强大中型企业活力对策研究》《大潮》《雄风》《先锋曲》、"三峡工程系列报告文学"丛书。不少农村读物帮助农民脱贫致富。如《农家科技》杂志在成渝沿线大力宣传推广杂交中稻和蓄留再生稻新技术,取得较大成效,受到农业部表扬。

六是出版了一批具有较高史料价值的书。重庆是一座具有光荣革命传统的城市,在长期的革命斗争特别是抗日战争和解放战争中写下了光辉的历史,这是重庆一笔宝贵的精神财富。为了把这笔财富世世代代传下去,我社已出版了"第二次国共合作历史资料丛书""南方局党史资料丛书"等一大批反映重庆政治、经济、历史、文化的图书。1992年以来我社又陆续出版了长篇历史小说《重庆谈判》(上、下集)以及《中共重庆地方党史大事记》《国共关系70年纪实》《抗战时期国共合作纪实》《史迪威与中国》等图书。

党的十四大以来,我社多次受到中央和中宣部、新闻出版署的表扬,为繁荣我国的出版事业和我市的精神文明建设作出了应有的贡献,也为重庆市争了光。

在市场经济的新形势下,我社能坚持做到多年来不出坏书,出好书,我们有这样三点体会：

第一,要有一个政治上过得硬的领导班子。1994年初,市里对我社的领导班子进行了调整,调整前后两届班子都始终坚持正确的办社方针和出版方向,讲政治、讲大局、讲正气,不管遇到什么困难,出好书的决心始终不动摇。1994年我社新党组刚开始工作就遇到了难题,即中国加入伯尔尼公约后,我社52卷"世界反法西斯文学书系"受到国际版权组织的制约,迟迟不能开印。如果强行出版,会引起国际版权纠纷。当时有人说,把办公大楼贴进去也不够赔版税。不少人甚至提出取消这套书系的出版,这样既少贴钱又免担风险。在压力面前,党组经过认真研究,决定尽力工作,争取早日出版,决不半途而废。最后在国家版权局的帮助和支持下,以我们的执着和诚心,终于较好地解决了版权这个关键问题。

历届班子成员在献身于党的出版事业方面也为全社职工做出了榜样。以原总编沈世鸣为例,她于1987年不幸身患肺癌,手术后7天就在病床上开始工作,而且只住了20天就出了院。在"反法西斯文学三大书系"的编纂过程中,她的病几次复发,几次住院,但她都以惊人的毅力,克服了许多难以想象的困难,与死神抗争,争分夺秒地工作,终于看到了最后一套书系即"世界反法西斯文学书系"的问世才含笑离去。

第二,坚持在育人中出书和在出书中育人。为保证出书质量,上届党组响亮提出"不信马列不能当编辑",本届党组于今年初也提出"要出红岩书,先做红岩人"。十四大以来,全社的110人先后参加了各级举办的培训班,培养了一批思想素质和业务水平较高的业务骨干,已有24人先后被评为全国、省、市优秀图书编辑。

第三,正确处理两个效益之间的关系,始终把社会效益放在首位。多年来尤其是党的十四大以来,我社对如何摆正社会效益和经济效益的关系,思想越来越明确,执行过程中自觉把社会效益放在首位,决不干富了出版社少数人、害了社会多数人、对精神文明建设不利的事。始终坚持以质量取胜,而不是靠出版格调低下的书或"卖书号"赚钱,这一点已成了大家的共识。

回顾过去,我社虽然在社会主义精神文明建设方面做出了一定的成绩,但也存在着不足之处。今后,我社将始终不渝地坚持"二为"方向和"双百"方针,订规划,抓选题,保荣誉,上水平,出精品,争取为我市的文明建设作出更大的贡献。

感恩遇见

王 梅

2005年，重庆出版社转企改制。这一年，我从象牙塔步入社会。青葱岁月，心怀梦想。蓦然回首，十五载春秋，如白驹过隙。在您的羽翼下，我亦不断成长，逐渐成熟，从懵懂少年成长为少年之母。在这里，我邂逅了许许多多的亲人，温暖了我。

仍记得信息中心，在袁家岗出版大楼的十楼，办公室人手不多，但女孩就我一个，他们都很照顾我，像是家人。十几年来，我一直称呼当年的信息中心主任为"刘哥"，称呼我的"师父"为"珅哥"。

我穿梭在各个办公室。或许那时学计算机的女孩比较小众，做电脑维护的女孩就更不常见了，所以，每次初见新的前辈，他们都会惊讶。那时还有不少笨重的主机和显示器，不似今天这样轻便，每每需要搬动或拆开时，他们都会过来帮我，并会附上一句："这么重，怎么能让一个小女孩来弄呢。""没事，我可以。"我微笑作答，利落完成。当我挺着大肚子，去给当时的陈总编，现在的陈书记维修电脑时，陈书记立刻制止了："小王，你现在是特殊情况，怎么还让你来呢。"她不仅不让我动手，还再三叮嘱我要多注意。

十楼尽头有个办公室，是一位长者，他总是面带微笑，和蔼可亲。我帮他处理了一次电脑问题，才知道他是蒲华清蒲老，他曾是出版社的领导，也是儿童文学家。此后，他每次见我都会关切地跟我说："小王，最近怎么样？我这里有几本书，你拿去看嘛。"这时，我会小跑到他的办公室，抱起那厚厚一摞书，如获至宝。后来，他退休了，偶尔在出版社才会见到。再后来，出版社搬到了南滨路，见面的次数就更少了，有一次在出版社食堂，我无意中聊到，我的女儿喜欢看书。过了几日，他竟专程赶来，把他写的一本珍藏版专著送来给我的女儿。

我继续奔走在这栋十三层弧形建筑的每一层。工作间隙,听前辈们诉说重庆出版社的故事,诉说这栋弧形建筑的故事。前辈们在说的时候,眼里闪着光,头微扬。原来,这栋楼曾是九十年代袁家岗的地标性建筑,亦如当今的网红打卡地。而这栋楼的建立,与当年红极一时的"海淀"教辅有莫大的关系,我肃然起敬。

因怀孕,不便继续维护电脑,我调到了教育中心——"海淀"教辅的缘起之地。我学的是理工科,理科基础还不错,文科也还将就。于是我除了看数学、物理稿件以外,文科稿件也看。教育中心有"老带新"的传统,因我接触的稿件门类多,所以带我的前辈也多。带我的老师叶小荣、黄坚、赵剑都很专业,也很有耐心,他们不仅有几十年教材教辅编辑策划经验,还是"海淀"教辅的原创人员。关于"海淀"教辅,他们娓娓道来,给我详细讲述了策划的始末。编辑团队在北京的蹲守,与作者沟通的点点滴滴,一字一句,都在我的心里扎了根。还记得,我拿到第一本自己担任责编的书时,那种欣喜,就像看到自己孕育的孩子;那种忐忑,源于不知道书中是否存在没发现的错漏,会对不起读者。多年后的今天,这种感觉依然清晰,也依然存在。

从事编辑工作5年后,我又调到了当时的经管办。在这里,我遇到了亦师亦友的主任易扬,他帮助我快速转换角色,告诉我很多会务接待需注意的事项,亲自帮我批改文字材料,让我学习经营管理的知识。时间在走,我也在成长。某天,当时的总经理喻总语重心长地跟我说:"小王,年轻人,要能吃苦,也要不断学习,做经营管理,首先要懂财务知识,能看懂报表。"于是,我发愤图强,买了很多财务和管理的书恶补,同时,报考了研究生。

后来,我又先后到了五洲公司、至弘公司。不管是在信息中心、教育中心、经管办,还是在五洲公司、至弘公司;无论是搞技术,还是做编辑和经营管理,都遇到了很多值得铭记的人和事,我已悉数牢记在心。希望在下一个十五年,打开记忆,继续书写。

我与出版事业的缘分

胡 杰

2005年我从学校毕业就来到重庆出版集团,自此与出版事业结下缘分。最初我在教育出版中心(现集团教育出版社)工作,教育编辑室历史悠久,它首开全国教辅先河,配合中高考,打造了在全国有巨大影响的"海淀教辅"系列。工作期间,我一直从事教育类图书的编辑出版及管理工作,其中在同一办公室相处时间最长、影响我最深的是赵剑老师,他是20世纪80年代的少年大学生,学数学专业,为人真诚率真,从他身上,我学习到一个资深编辑对这份事业的执着和对产品精益求精的精神。当时教育出版中心编辑部的主要产品是同步类教辅——《学习指要》,从知识结构到体例框架,从加工稿件中的一字一句到标点符号,从每一道题目运算逻辑到演算答案的正确性,赵老师都耐心指导。那些年,从最初我们提出的问题赵老师都认真解答,到后来我们经常在一起讨论编辑的相关话题,赵老师经常挂在嘴边的话都是:"我们做的是针对学生的产品,每一个细节都不能马虎,产品质量对我们至关重要。"从赵老师等老一辈出版人身上,我们日常看到的是平凡,但加上时间这个维度,我们更多读出了伟大。

2012年受集团安排,我有机会被选派到中央宣传部工作。从一个地方文化企业到党中央主管意识形态和宣传思想文化工作的重要综合职能部门,对我一个基层工作者来说,确实从环境到个人的认知都是一个巨大的跨越。在中宣部办公厅工作期间,主要做好办文、办会、办事和综合协调服务工作。虽然日常工作忙碌而辛苦,但我们处室李韬主任是个特别爱读书的领导,他是社科院经济研究所的博士后,主要研究马克思理论、政治学与行政管理、伦理学等,而且,他还主编了"百年学术精品——通识教育高阶读本",包括文史与哲学卷、政治学与法学卷,以及经济学与社会学卷。工作之余,由于我之前有编辑工作经验,所以有幸参与很多分卷和文章的校核,自身也通过参与校核工作阅读了大量经典,开拓了视野,收获颇丰。后来这套书顺利出版并收到不错的反响。

2013年回到集团后不久,我被调往重庆新华印刷厂工作。新华印刷厂诞生于20世纪50年代初,是解放初人民政府整合正中书局、独立出版社印刷厂等形成,工厂最初从李子坝搬到杨家坪,后来退二进三搬迁到九龙工业园区,工厂最高峰时员工有一千多人。当时新华厂的主要业务之一是教材印刷,为了确保完成"课前到书、人手一册"的政治任务,每年冬季最冷、夏季最热时都是工厂的大忙季节。印象最深的是,每年夏季8月份时,工厂都要组织全部员工到一线掐光盘、打小包,平时各个职能部门的工作人员按照安排聚在一起,虽然厂房内最高时有40度左右的高温,汗水浸湿了衣服裤子,但大家顶着高温,一派热火朝天的生产场景,同事之间时不时开个玩笑,又充满了欢声笑语。这期间,我深刻感受到了工厂一线工作的繁杂和压力,更深切感悟到身在出版一线岗位上,责任重大,使命光荣。

2014年9月,我再次回北京,到集团北京宏图华章文化传播有限公司工作(以下简称北京公司)。北京公司是当年集团实施"走出去"战略的重要举措和窗口,出版了一批有影响力的经典畅销图书,比如"重述神话"系列(《碧奴》《后羿》《人间》等)、"重现经典"系列(《源泉》《阿特拉斯耸耸肩》《阿甘正传》等)、《藏地密码》、《女心理师》等。在北京公司,还有机会近距离聆听和接触一批大师和名家的作品和现场演讲,比如美国著名科学作家、新闻记者艾伦·韦斯曼到北京,就《没有我们的世界》和《倒计时》两本书作宣讲活动,我现场聆听了他关于环保话题的演讲。公司还策划了"火星三部曲"作者金·斯坦利·罗宾逊和国内科幻作家刘慈欣对谈人类移民火星的话题;来自加拿大的清华大学政治哲学教授贝淡宁和耶路撒冷希伯来大学社会学系教授艾维纳·德夏里特在考察了世界著名的城市及其各自独特的精神气质,讲述了他们合著的《城市的精神》等活动。这些大师们的作品和演讲,思想深邃、思考长远、视野开阔、内容丰富,对我产生了极深和长远的影响。

2017年我再次回到集团下属重庆新华印务公司工作,公司是2016年由原重庆出版集团印务公司、重庆新华印刷厂和民营旭阳印务公司三厂合并而成,主要业务之一是印刷全市的中小学教科书,确保"课前到书、人手一册"依然是重要的政治任务。印象最为深刻的是,2019年7月22日新华印务公司厂区所在区域,突降一场十多年未遇的特大暴雨,由于工厂所在位置较低洼且工厂租赁场地的排水管网设计和施工排水能力有限,造成地面排水管网发生倒灌,生产车间也大面积积水,当时正值2019年秋季教材生产旺季,机器设备和生产成品、半成品以及主要原材料等面临较大风险,危机时刻,在集团领导的亲切关怀与指导下,在公司班子成员共同努力下,全体员工发扬特别能吃苦、特别能战斗的精神,临危不乱,众志成城,积极应对,果断处置,我也在现场组织参与了抗击特大暴雨,并在后续的几个月中付出艰辛的努力,最大程度地获得了保险公司的赔付,将水涝灾害损失降到最低。后续公司通过积极组织和统筹生产安排,最终完成"课前到书、人手一册"的政治任务。

  这么多年,虽然横跨集团编辑出版、印刷多个部门单位,甚至到党中央主管意识形态和宣传思想文化工作的重要综合职能部门工作,但始终都没有离开大出版这个事业,我从出版前辈同辈们身上看到他们对出版事业的坚守和执着,为此付出的艰辛努力,我自身也通过跨区域、多部门工作,培养了自己较强的韧劲,面对困难和挑战能够主动创新地寻求解决问题的思路和办法,付出行动,迎难而上,最终克服和战胜困难。我和出版事业的缘分会一直长久,直到永远!

我与出版十几年

——献给重庆出版社成立70周年

张铁成

自2006年进入出版社工作,至今已经有14年的时光了。回首这一路走来,思绪万千。人到中年,这段经历对于我来说是百感交集的时光,可也是一笔难得的财富,一片永恒的记忆。

我最初的出版生涯,可以说是中国出版界百花齐放的时期,各类图书奔涌而出,出版业内的浮云沧桑都被文人墨客记载成册,许多名人轶事在业内广泛流传。但对我来说,记忆最深的似乎就是从业第一年的秋天。

刚进入这个行业时我负责书稿的编纂工作,那时候的图书对上市要求似乎更为严格,好像晚一天出版就会有千万元的损失一样。对一个刚进入行业的新人来说,做自己喜欢做的事情,在任何时候都会充满活力。我记得当时负责一本市场书的组稿,同类竞品繁多,但就看谁家的封面、文案做得好。因此,为了能够在众多竞品中脱颖而出,我连续一周都是住在办公室。那时候年轻、单身,没有什么后顾之忧。有的只是一腔热情和用不完的精力。

北京仲秋的天气清爽宜人,但到了深夜却夜凉如水。连续几天的加班工作加之饮食不规律,还是有些累的。期间的细节现在回想起来不是很清晰了,但为了能够在编室主任要求的时间内保质保量地完成那本书的工作,我清楚地记得,由于太困了,我在办公室的沙发上直接睡着了。凌晨两三点的夜风带着特有的寒意从半开的窗户徐徐袭来,熟睡的我却毫无知觉。

当第二天的太阳带着耀眼的光线透射进来时,外面已是一片车水马龙。对于我来说没有什么特别,只有身体略感不适,但想到马上要完结的工作,便浑然忘了所有的疲倦。顺利交稿后,直至中午时分,身上的酸痛感和头部的疼痛感隐隐传来,午饭时,毫无食欲。这时,我意识到自己可能是感冒了,但依旧没有当回事儿。回到办公室,当时的主任,我们都亲切地称她梁姐,发觉我不在状态,便问我怎么了,我说只是有点儿不舒服。梁姐说,如果实在不行就去先医务室看看,或者回去休息吧。我笑着拒绝了。但后来我才意识到,年轻是资本,但精力不可透支。晚上下班,终于结束了连日的加班和夜不归宿,回到宿舍后我便开始头疼欲裂、全身疼痛。此时接到梁姐的电话,问我现在怎么样,当时难以再坚强,只能如实说了。梁姐说她马上过来送我去医院,北京的晚高峰是一件很恐怖的事情,平时30分钟的路程此时就得一个小时。果然,一个小时后,梁姐和她爱人驾车赶到,把我带到医院安顿好,直至深夜两个人才回家,要知道的是,那时候他们的大儿子才进幼儿园大班,小儿子才两周岁。事后,梁姐对我说:任何时候,身体都是最重要的,哪怕是有再重要的事情,没有好的身体都是不行的。感动和感谢一直都在,因此即便多年后的今天再回想一起,当时梁姐真诚关怀我的画面依旧清晰。虽然她只比我年长10岁,但却是我人生成长路上的一名关键老师,无论是在业务工作上的指导还是人生观念上的影响,都是令我受益终身的。

当然,那次的连日付出还是有很大回报的,因为在一个以销量论英雄的时代,那本书算得上是成功的。这也奠定了日后我在一个小圈子内一时的基础。从组稿编辑到文字编辑到责任编辑再到策划编辑,每个阶段都会有令我成长和感怀的人和事。

其中一位古稀之年的作者一直令我感动着,他是研究清皇陵的史学专家徐广源先生。与徐先生的结识,首先我要感谢当年社里的两位前辈,是他们把我介绍给徐广源先生的。当时我还算是出版界的新人,很难接触到一些真正的作家。但当我接到徐先生的稿件时,出于对本职工作的下意识和对他作品的喜欢,《清朝二十六后妃》很快就出入了出版流程。从文字编辑到封面设计可谓一气呵成,与发行和营销部门的配合更是天衣无缝。从这本书上我深深地体会到,凡事只要用心去做,就一定会有好的回报,这是真的,真真的。虽然这本书已经出版多年,但这本书在市场上依旧在卖,每年都会有加印,成为了真正的"畅销书"和"常销书"。回到出版这本书的时候,书刚刚上市,徐先生接到样书后,第一时间就给出版社的社长和总编写了亲笔信,肯定了我的工作。那时候真的很高兴,一方面是因为作者对我的认可,一方面是因为自己对自己的肯定。再后来,又陆续为徐先生出版了几部作品。乃至今日,徐先生一直对我说,只要他有新作出来,一定会第一时间给我。真的感谢前辈对我信任,我只有以更精心的工作作为回报。徐先生的身体不是很好,但依旧是全心创作,而且对每一部作品的文字、配图、用纸、封面等要求都是非常地严谨。即便图书印刷上市之后,他还要亲自再做梳理,查错找漏,力争让每一部作品更完美。这样的精神一直感染着我,对我在工作中的态度有着潜移默化的督促力量。

另一位是前央视的副总导演赵立凡老先生。赵老一生的荣耀和成就无数,习主席莅临其在澳大利亚的书法书画展,并给予高度的评价和重视。与赵先生的结识很神奇,我当年做过一本以大运河为主线的历史题材小说《运河码头》,在图书上市前做预热营销的时候,竟然被赵先生看中,并主动要为本书作序。原来赵老先生的祖籍就是宿迁,老先生对家乡一直都是深深眷恋,在看到有以故乡为原型的小说后,仔细认真读了全文,对作品给予了很高的评价,不仅提笔作序,还亲题书名。这不仅让作者本人、作为责编的我,更让当时的社领导都深深地感动。通过此次的机缘,赵先生对我工作的态度给予了肯定和激励。

赵老先生不仅在书画上有很高的成就,在诗词上更是有很深的造诣。即景生情,随时都是一处风景,随处都是一幅作品。这些作品大多以唐诗的韵律和宋词的词牌再现,展现了深厚的文化底蕴。每次有佳作的时候,在发朋友圈的同时一定会私信给我分享。尤其是在结识不久时,我有一次怀着打趣的心理向赵老先生求一幅墨宝,没想到赵老先生第一时间利爽地答应,并且在一周后就收到了老人家的亲笔题字:"精益求精——献给铁成小友"。我除了欣喜还有更为深刻的感动。感动老先生的真诚,感谢老先生的馈赠!

也许这些,对他人来说都是人生中的一些小事,但它们却在我的生命中真实地发生了。这些小事平淡无奇,甚至不会让我之外的任何人觉得它们有什么奇特的深刻,但我却深深地清楚:这些发生在我工作中的小事,正是他人对我的态度和我对人生的态度,与我心灵的归属和情感的真实有关,让我在深远悠长的时光中不能忘却。因此,在很多平淡的日子里,我都会真诚地去为一些作者做一些力所能及的事情。只是我不知道是否有人因为我而真实地感动过,如果有,那实在是我给他们的一份财富。我想,一定会有的,因为我们都是平凡而懂得感恩的人。

虽无事业的成功,也无人生的辉煌,但在多年的出版工作中,我渐渐悟出,梦想中的鲜甜苹果,不是名声显赫亦不是万贯家财,只是在美好的环境中,经过自己不懈的努力,开创一处安静的住所,过宁静的生活——真诚做人,淡泊名利,活出人的真性情来。

因此,每当我想到自己因为从事的行业,能有机会和许多文学界前辈们交流时,心中总会有很多感动,为自己平凡的工作而兴奋、骄傲,这所有的一切都会成为我出版生涯中最美好的一页、成为我一生中最珍贵的记忆。生命依旧前行,一切都在继续,因为我知道这所有的美好和感动都凝聚了我对出版工作的虔诚。

脚踏实地的行迹

曾 嵘

我于2007年进入重庆出版集团的博游文化传媒有限公司办公室负责行政和网络方面的工作，主要是给公司下属的一个刊物出版发行搞后勤工作。在这里我感受到了出版社浓浓的文化氛围和生活场景，还有就是各个工作者的奉献和努力。

当时还在袁家岗，刊物宣传是以旅游和娱乐为主。在那里，见识了一群近乎疯狂的记者和不知疲倦的编辑，还有经常参与各类宣传活动的读者和志愿者。为了一个选题、某个景点、当地的旅游部门或者某个娱乐名人来渝（路过也不会放过）的新闻，记者会不停地跑，不停地问，只要一有机会，就抓紧时间拍摄、采访、追踪……有时候出去就是几天。那时候网络没有现在这么便捷，他们的工作装备都是个人自备，所有的资料和图片收集完成后都要在最短的时间跑回出版社进行整理、筛选，再交给编辑制作。因为各个记者和广告商资料送回的时间不一样，所以，加班和熬夜成了必须，就是这样的情况下，完成了一期期刊物的出版和发行。刊物的出版让国内外的很多旅游景点和攻略都一一得到了展现和诠释，其中时尚板块的重点报道也是最前沿的，某些娱乐界名人也上了刊物的封面和时尚板块头条，而阅读该刊物的读者感觉刊物有创新，同时让广告商信心大增，只要有活动，就会有不少的读者甘当志愿者积极参与，广告商也会提供必要的赞助，在当时得到了市场的充分认可和高度评价。

2014年，出版集团从袁家岗迁到了南滨路，不久我也转到了现在的至弘传媒行政部担任行政工作。

至弘公司以出版发行中职教材为基础的一家由重庆出版集团控股的合资公司，

公司组建时，重庆出版集团给予了支持，美术中心也在人力物力上参与协助。因为条件比较差，为了节约成本，除了重点岗位的几台电脑和电器设备是新购的外，其他很多旧的电脑打印设备要么是从其他公司借的，要么就是彻底淘汰了的、连财务折旧名单上都找不到的旧设备和一些旧的资产。虽然如此，但是大家并没有怨言，上到总经理，下到普通员工，大家一起面对，知道现在的辛苦，在将来定会得到回报，就是在这样的条件下公司开始了运行。因为自己主要负责行政文员工作，给公司提供后勤保障，物品采购，所以我在最快的时间内添置了各种必需的办公用品和电器，保证了各个部门没有出现后勤供给不力的情形，此外，我还连带搞电脑维护和网络维护，公司一切电脑和打印机的调试应用和网络连接都在这个期间同时进行，初期是很艰苦的，设备的运行需要时间进行磨合和观察，随时会经常出现大大小小的问题和故障，只要出现了问题，我总是在第一时间内处理解决，有时还加班加点地处理问题，经过不停地处理修整，我将公司的设备都调试成功并保证运行良好，还形成了一套完整的电器维护系统。工作顺利开展的过程中，大家也是相互协调，互相支持，克服了许许多多的困难，解决了一个个的问题，队伍也在壮大，团队精神得到了拓展。因为大家的努力，至弘公司在稳扎稳打中平静前行，持续发展，而团队精神也延续到了现在。

在至弘干了这么多年，中间经历过不少的事情，不管是推广活动、外出长途还是公司搬家，都已经在岁月的历练中成为难忘的经典，但其中有两件事情让我很难忘。

第一件事是，在公司成立后，因职教教材销售的需要，我们每年都会去重庆各大区县的职教学校走一趟，找到这些合作的学校，一方面是感谢这些学校使用了我们公司的教材，另一方面也是为了后期能继续合作而进行必要的交流，总共要用三周的时间。而我作为后勤，在公司网络和电脑设备趋于稳定正常后，又开始给部门做专业驾驶员。在这段时间里，我和中职部的同事一起，带上了需要推销的教材，开始了漫长的推销旅程。第一天出发就是渝东北方向的城口，几乎要开一天的车，第二天又从城口职教学校开始，然后翻山越岭地到巫溪职教学校，几乎也要跑一天；第三天开始走巫山职教学校、奉节职教学校、云阳职教学校；第四天到开州职教学校、万州职教学校；第五天到梁平职教学校、垫江职教学校。然后回渝休息两天，又开始了渝东南地区五六天的推销旅程，走遍了丰都职教、忠县职教、石柱职教、南川职教、彭水职教、武隆职教、黔江职教、酉阳职教、秀山职教等当地职教学校；第三周又走北碚职教、合川职教、铜梁职教、永川职教、荣昌职教、綦江职教、万盛职教、大足职教和江津的各个职教学校。每年都要走这么一趟，有时候中途因为需要还会再走一趟。在这期间，我看到了中职部门推销书籍的艰辛和劳累，感受到了这趟行程的重要性，同时也见识了双方合作的愉快。行驶路途中也遇到了不少的意外和突发事情，有大雨造成了山体滑坡冲垮了原定路线，被迫走其他一条不熟悉的路，一路小心翼翼；渝东北行走的路上，山高路窄，大雾陪伴是常事，只能冒险前行；因为翻山越岭，山上山下的天气变化往往让人吃惊；路过乡镇遇上赶集时，人太多，只能慢慢移动；行驶在乡道上面对牛羊当道，只能苦笑无奈地等待避让。如今想想真的让人感慨……一路上经过了㤗谷景区、凤凰廊桥、红池坝、巫山红叶、小三峡、濯水古镇、张飞庙、中山古镇、大足石刻、钓鱼城等各个景区和景点，我却无暇欣赏，无法停下，继续下一站的辛苦行程……就是这每年的行程，平安出去平安归来，每次回来后感觉很累很疲倦，但确实叫人难忘；这样的付出，让至弘公司每年的销售成绩都是比较好的，保证了公司的正常运行。

  第二件事是，虽然职教教材是至弘公司的基础业务，但是公司并没有停步，决定向义教发展，并推出了一套拳头产品——《五力作文》，该书由重点学校名师编写，从五个方面对作文的如何写作、如何构思进行了详细解读。为了推广这套书，至弘公司更是倾尽全公司的力量协助，先是联系场地，安排编写老师对这套书进行解答和签名售书互动。为此，公司的所有部门开始了连续几天的筹备，第一步就是广告制作，大家一遍一遍地设计、打样，不停地修改，相互间不停地讨论，行政部是马不停蹄地奔跑，取稿、送稿，经常加班到深夜。为了保证现场能顺利，我们还提前到会场进行了布置和安排，对一些不足之处进行了处理，对标识粘贴、录音储存也进行了协调。会议当天早上，公司所有员工很早就到了会场，各司其职，在沿途设置了指路牌，让参会的嘉宾不会找错地方，同时在会议现场设置了接待点，为每一个嘉宾提供饮水和会议资料。会议当天还下了雨，但是经过大家努力，会议顺利举行，主编老师的精彩演讲达到了预期的效果，为这套书的热销铺好了路。两天后，这套书在重庆最大的书店进行了签名售书活动,头一天,公司行政部和业务部到书店为明天的签售活动开始给书打包,并摆放在指定位置,忙到晚上9点钟才离开。第二天,公司全体员工和领导都早早地到会场助阵,到了签名售书时间,书店门前排起了长队,来的很多都是重点学校的学生或者学生家长,他们都对这套书表示了认可。虽然人多,但签售老师并没有觉得累,而是一直坚守到活动结束。这次活动带动了这套书的热销,中途因为先前送去的书不够,我们还临时开车回公司拉了些书救急,也因为这次活动,业务部接到了不少学校的订单,当时很是火了一阵。现在回忆起这件事,我都还有点激动。

目前,至弘公司的业务范围不仅仅是职教教材,现在推出的名著整本书阅读系列,也是至弘公司不断进取、不断创新的结果,目前该系列在全国的销售蒸蒸日上,已经成了至弘公司的支柱业务,公司队伍也在不断壮大。繁华亮丽的背后是公司前进的艰辛和痛苦,每本书的售出都凝聚了大家的汗水和劳动,相信自己,相信至弘在出版集团的领导下会更加壮大。

慎始慎终，砥砺前行
——写在重庆出版社成立70周年之际

何建云

2020年，迎来了重庆出版社成立70周年、出版集团成立15周年的光辉、喜庆的日子，我到出版社也将近20个年头，一路走来，我目睹了老一辈出版人的爱岗敬业，见证了集团的华丽蝶变，也分享了集团的辉煌成果。集团从袁家岗老办公大楼搬到了长江南滨路新的办公大楼，工作环境大为改善；茶园职工集资房也顺利交付使用，广大职工住上了环境优美的新家，大家脸上都洋溢着无比幸福的笑容。70年的征程，风雨如磐，硕果累累，它饱含了创业者们的艰辛，饱含了每一批开拓者的智慧，书写了集团的辉煌。在她70岁生日之际，我深情地祝福她，祝福她永远年轻，永远兴旺！

自从我进到集团以来，一直从事校对工作，承担着集团大部分图书的校对，更承担着一些重点图书的校对。记得那是2008年，何建明著的一本关于重庆三峡移民的纪实文学《国色重庆》，是重点书，集团领导亲自抓。由于时间紧，任务重，每个环节都须抢时间。校对室更是严肃对待，把本书作为重中之重。校对室曾祥志主任高度重视，每一个校次都要亲自安排，详细询问和解决校对中遇到的每一个问题，做到绝不放过每一个差错。在一个加班的晚上，集团领导陈兴芜总编、编辑室吴立平主任和责编等都在现场加班，大家铆足了劲，一直工作到了深夜。陈总亲自审阅书稿，逐字逐句精耕细作，她全神贯注，一点不显疲倦。书稿中有这么个事，说某个成功人士从广东回到重庆本地，欲在家乡再大干一番。其中有句话描述他说"正当他得意忘形时"，陈总读到这里时，感到甚是别扭，觉得"得意忘形"一词用在这个人身上感情色彩失当,问该作何改动。此时大家都很疲倦,精力透支,我见一时无人应答,便小心地对陈总说道:"可否改为'正当他春风得意时'?"陈总听后,连说:"改得好,嗯,建云改得好,就这样改。"听了陈总如此肯定的表扬,我顿时非常兴奋,也很激动。陈总全力以赴,夜以续日地忘我工作,让我深深震撼。她对图书加工字斟句酌、精益求精的敬业精神,令我感佩。她不摆领导架子、虚怀若谷、不耻下问的胸怀令我高山仰止,对员工的适时鼓励和润物细无声的人格魅力深深地感动了我。我为能与这样的领导共事感到幸运,更感到幸福。而这也时时催我奋进,催我向上。

要想做一名优秀的校对,一定要有良好的职业素养,坚守思想政治底线,心中常怀质量意识、忧患意识,这样才能做好图书质量的把关人。记得2010年,集团出版《马克思画传》,书稿中介绍一幅画作,涉及一个专业术语"石版画"。我在不同的校次都遇到编辑同志将"版"改成了"板",和编辑交流后,得知是北京方面专家坚持要将"版"改为"板"。但是,强烈的责任心、质量意识以及不服输的劲头都告诉我,不管北京的专家如何权威,一定要据理力争,此处"石版画"一定是对的,绝对不能改为"石板画"。在经过三五次的论辩后,北京专家终于认可了"石版画"。我也长长地出了一口气——这不仅是消灭了书中的一个差错,更是坚守了一个出版人的职业操守,职业底线,真正做到了一个图书质量的把关人。

从此以后,我就更加严格要求自己,不断学习,增长知识,深知书到用时方恨少这个道理,平时见缝插针,挤出时间来多看些文史地理化生农工医方面的书,甚至一些五行阴阳、音律、考古方面的书都去涉猎,做到博采众长。唯有如此,才能做到厚积薄发,游刃有余。2007年,在工作百般繁忙,遑论参加考试培训的情况下,我成功考取了英语C级证书、计算机等级证书,加上以前考取的出版专业中级资格证书,成功被集团聘为一级校对。

作为一级校对,我深知这是集团领导对我的信任。我感到身上的压力更大了。在今后的工作中,只有更加努力工作才能不辜负领导对我的期望。

2017年,《决胜全面建成小康社会 夺取新时代中国特色社会主义伟大胜利——在中国共产党第十九次全国代表大会上的报告》需要紧急出版。由于时间紧、任务重、印数大、要求高,集团和科室指派专人各负其责。校对室曾祥志主任和我临时受命,直接赶赴工厂待命。从北京开完会,带样稿的同志一回到厂里,我们全体人员立即投入紧张的工作。不论是校样的正文还是辅文,不论是书眉还是脚注,抑或是一个标点符号,只要一有疑问,我们就共同讨论,绝不放过丁点儿差错。经过几个小时反复校对,终于完成了全稿,确保无误后交付开机。待一切结束后,我终于长长地出了口气。这样下厂校稿的日子何止一次二次,但我从不叫苦,从不喊累。有曾主任和我一起加班加点,就是对我莫大的鼓励。也正是有这样的领导以身作则,我浑身就充满了力量。出版社也正因为有这样身先士卒、以身作则的领导干部,才能一路凯歌,蒸蒸日上。我为能融入这样一个大家庭深感自豪和骄傲。

校对室历来注重对员工工作能力的培养。由于我工作时间久,也积累了一些经验,室里也不时派我出去学习。2006年到北京参加图书科技术语规范化学习,2014年到西宁参加第二期出版物(图书)质量管理与质量检查培训。但印象最深刻的一次,却是近在北碚的一次学习。当时正值酷暑,天气炎热。不交学费,自愿报名。有这样一个难得的学习机会,我毅然报名前往。学习两天,受益匪浅。此次,我本是带着问题去学,将平时存疑的一些问题现场请教了主讲老师,也和他们进行了交流。不仅是走出去学,在平时的工作中,我也不断收集整理资料,总结经验,不断提高自己的业务能力。2008年,受天下图书公司邀请去给编辑人员作业务培训,2011年,受重庆市版协邀请,为重庆市出版行业编校人员作业务知识培训,2013年为集团教育中心培训,2019年为集团编校人员作《编校脞录》的培训,2020年为集团新进编辑作《初识校对——校对是编辑工作的补充和延续》的培训。其实,这不是纯粹意义上的培训,而是共同学习,每一次培训都是对我的鞭策、历练,它迫使我必须不断总结,不断学习。俗语说,要倒给别人一杯水,自己得有一桶水。每次接到这样的任务,我都战战兢兢,慎重对待,生怕准备不充分,讲得不好而误了别人的时间。须知,浪费别人的时间等于谋财害命。为此,我每次都首先定好题目,拟好提纲,查补资料,丰富完善,尽量把大家不太明白容易弄混的地方弄明白搞透彻,切实做到心中有数。

几次讲解下来,所幸反响良好,就这样教学相长,我也得到了一定提高。经过走出去学习,工作中不断积累,我有幸在2008年获评集团先进个人,2012年获评集团十佳员工,2017年获评优秀员工。面对集团的信任和期望,我更加"如临深渊,如履薄冰",觉得身上的担子更重了。但荣誉是大家的,没有一个和谐融洽的集体,任何人也做不出成绩。室领导关心员工的身体、生活、学习,时常鼓励大家多看书,多看报,要求新进同志报考职称。很多同志非常优秀,很快就成长了起来,并且起到了顶梁柱的作用。正是有了这些补充进来的新鲜血液,给我也注入了新的理念,带来了新的活力。我深知长江后浪推前浪,不进则退的道理,因此我经常向他们请教。大家在这样一种你追我赶、互帮互学的氛围中共同进步,共同成长,业务水平不断得到提高和增强。一份耕耘,一份收获。经我校对的书,近二十年来也不知有多少,像《国色重庆》《熊猫史诗》《大足石刻图集》《马克思画传》等,都获得了各类奖项。所幸这成百上千本图书没有出过一本差书,更没有出过一本坏书,我深知这其中凝结了校对室全体人员的汗水。行百里者半九十,集团的发展离不开每一个人的努力,我们一定要继往开来,做到不骄不躁,把成绩当动力,慎始慎终,砥砺前行,去争取更大的胜利。

　　一个人只有以社为家,兢兢业业,做到胸无杂念,才能把工作做细做好。当集体和个人利益相冲突的时候,要以集体利益为重。那是2007年一个周二,我女儿突然发热,浑身无力,我妻子不在家,父母也远在农村。当时孩子只有8岁,正是暑假,这天我手上又有重点稿子需要校对,看着床上的女儿,我心头不知如何是好。一番激烈的思想斗争过后,我深知,重点图书是集团的生命,不能因为我而耽误。想到此,我便给女儿喂了药,嘱咐她好好在家不要乱动,随后挎起背包毅然离开了家。类似的事,何止一次,但遇到这样事情的人又何止我一人呢?

　　二十年,弹指一挥间。一路走来,经历了风雨,也见到了彩虹,做出了一些成绩,也还存在不足。进入新时代,出版社又迎来了新的发展机遇,在习近平新时代中国特色社会主义思想指引下,在文化强国战略部署下,在集团陈兴芜书记的英明领导下,出版社必将乘势前进,更上层楼。让我们团结一道,昂首阔步,奋勇向前,去创造更美好的明天。

全力以赴,无怨无悔
——我投身出版的经历和感想

黄 浩

爱因斯坦曾经说过:"对一个人来说,所期望的不是别的,而仅仅是他能全力以赴和献身于一种美好事业。"

2007年6月,我从重庆师范大学毕业,去到了万州高级中学开启了我的教师生涯。我曾经梦想过我一生都会投入到教师这个行业,教书育人,诲人不倦。直到有一天,我的大学同学问我一句你教书影响的只是一小部分人,如果让你做出版影响的人是不是更多呢?我当时就蒙了,教书育人不就是让更多学生学会知识同时学会做人的道理吗?出版行业能做到吗?我开始查阅网上的资料和对此的一些评论,原来出版人的责任不仅限于出一本书、做一本杂志那么简单,而是每一本书、每一本杂志都是在给阅读者带来或思考或鼓励的影响。我开始动摇我原先的想法,在2008年10月的时候,我毅然决然地选择了去天下图书做了一名《物理教学探讨》杂志的编辑,因为专业对口,我觉得自己应该做得心应手,可是真正接触到编辑的工作才发现,出版编辑不是想象的那么简单,里面的要求其实很高,除了专业的知识不能出错以外,还要对出版的规范了如指掌,因为很多学生通过这本杂志学到不仅是知识本身,还有编辑对这本杂志的用心。当时我的领导就对我说,我们做杂志其实就是做良心、做责任,我们要对读者负责,如果我们不认真对待所做的内容,读者千万影响何其大啊。这是我初入出版行业就谨记的一点,认真对待每一个策划和每一篇稿件,认真做好我们该做的事情,这就是一种责任。

2012年,由于各方面的原因,《物理教学探讨》杂志回到了它出生的地方——西南大学物理学院,因此我就开始了另外一份工作——发行工作。发行工作对于外行人而言,好像就是把杂志卖出去,其实如果只是卖出去那么简单,这个工作岂不是没有任何挑战性。我一开始也觉得发行工作就是跟客户沟通、传达我们的书和杂志的内容和权威性,但实际工作中却需要做各种各样的事情:书没有收到,要查;书发少了,要查要补发;发货晚了,要解释;经办人换了,要重新拜访做工作;定期要做回访;开票收款,催款……发行人员就是全能的人,什么事情都要做,都要会做。8年的发行工作,让我知道,发行其实就是另外一种责任心的体现。编辑的责任是把书和杂志完美做出来,而我们的工作是把这些作品很好地送到读者手里,并且把读者的意见反馈给编辑,使良性的循环造就更优秀的作品,这就是我们的责任。为了更好服务于读者,我们要把编辑的思想传达给读者,我们的一言一行直接关系到读者会不会接受这本书和杂志,也是把我们编辑出版人的责任心传达给读者的最为关键的一环。其实做了这份工作之后,我感觉到我们的责任不亚于编辑的用心良苦,我们更多做的是把他们的用心良苦转化为直接的影响力。无论遭受冷眼相对,还是苦等数天;无论是不分昼夜,还是没有周末,一切都是为了把这份责任心传达到位。编辑和发行本来就是一体的,都是为了出版人的那份社会责任心。

  出版人的责任,我们作为其中一员,为了这份责任心、为了这项事业应该倾其一生。全力以赴,为了出版人的这项事业,无怨无悔,为了出版人的这份责任心。

我与出版的故事
——谨以此文献给迎来 70 华诞的重庆出版社

肖化化

献给自己心底的那些光亮

2020,就在我写下这个年份的时候,突然意识到自己已经在出版行业干了十七年,十七年,对于一个人的职业生涯来说,应该不算短。我一向是个后知后觉、醒事晚的人,早在高中时期,也许很多同学都已经规划好自己的前途之时,我依然懵懵懂懂,还没想好自己将来要做什么。

不过,说到跟出版最早扯上关系,却也是在那个时候。那一年高考结束,成绩还没下来,大家根据估分填报志愿,我估的分数较高,又因当时心底敬仰某位新闻行业的前辈,悄悄填报了武汉大学的新闻出版专业,高考结果出来,我滑档了,而后被调配到西北一所普通部属高校读历史学专业。接到通知那一刻,我心底拔凉拔凉的,心想这辈子可能跟新闻出版再无交集了。

2003年,我大学毕业去到北京,当过私营公司的总经理助理,后来又做了教辅图书编辑和少儿图书编辑。在做少儿图书编辑那些年里,我感觉这份职业很不错,很有成就感,于是就想,这辈子上不了电视,做不了新闻,做出版也很好呀!当时,我所在的公司与很多家出版社有合作,重庆出版社也在其中。

2010年前后正是重庆发展得红红火火的时候,我虽然身处北京,对重庆也是很向往的。再加上老家恩施离重庆很近,想到与父母聚少离多,考虑到回老家的便利性,我一拍脑袋,卖掉北京的房子,举家迁到了重庆。那一年,重庆出版集团的科技分社正好在招聘,于是我投简历,经过一轮、二轮、三轮面试,很顺利地入了职。来到重庆出版社,一切都很新鲜。就我个人来说,当然希望事事都能做好,成为出色的编辑。

不得不说,我很幸运,入职不久,便被委以重任,担任当年科技分社两部重点图书的责编,一部是纽约时报畅销书《坚不可摧——一个关于生存、抗争和救赎的二战故事》,一部是央视自制电视剧的同名小说《医者仁心》。

如果要说说出版工作给我留下的最深刻的感悟,那么我在编辑这两部图书过程中的收获也许值得一提。在北京担任少儿图书编辑之时,工作令我快乐,我愿意付出时间和努力,勤恳工作。为了完善一个策划方案,我曾下班后直奔图书大厦查找资料直到人家关门赶人;也曾为了一篇一千来字的文章改上五六天;还曾为了一幅配图与画手沟通数十次……然而,直到遇见《医者仁心》的徐萌老师,我的心被扎了一下,套用现在的流行语来说,人家已经是大牛了,却比你还努力!

在编辑《医者仁心》的过程中,有件小事让我印象很深刻。那是一个周六的晚上,我正与朋友在大剧院听音乐,中途接到电话,徐萌老师在电话那头说:"小肖,稿子里面有几处内容,我觉得不大好,我要重新写一下。"那时小说早已定稿、初审工作也已完成,但如果作者要进行小小的修改,我们也是无权反对的。我当然说好。可没想到的是,徐老师并非是进行小小的修改,而是推倒了重来,大删大改。后来徐老师陆陆续续又给我打了好多次电话,都是沟通哪里不妥当,哪里不满意,畅想要怎么修改的事。有几次是在半夜十二点,我躺在床上还没睡着,徐老师在电话那头说,她想到了一个好点子;说自己为了这部稿子改了好多遍,经常夜里一两点、两三点才睡,有时候没有灵感或者困了,就去冲个热水澡,等精神了接着改……这样的交流,一次又一次,对我影响很大,此后,每当特别沮丧或者毫无头绪时,我也会先回家洗个澡,试着重新再来!

很多编辑也许都有这样的经历,就是读到好书稿时,忍不住心花怒放,没错,就是心花怒放。而我在初审《坚不可摧》时就是这样的感受。记得当时,我一拿到这部书稿就读了起来,就像一个着迷的读者那样,稀里哗啦一下子读了好多页,后来我幡然醒悟:不对,我是编辑,就像给树捉虫的啄木鸟一样,可不能光顾着享受精彩的故事,还得发掘隐藏的谬误。可以说,《坚不可摧——一个关于生存、抗争和救赎的二战故事》是让我最难忘的几本图书之一。我还记得当时自己写的初审意见:

  《坚不可摧》是我目前读过的最好的纪实小说之一,其作者乃当今世界最杰出的纪实作家、《纽约时报》头号畅销书《奔腾年代》的作者劳拉·希伦布兰德。据说,劳拉·希伦布兰德为了完成本书的写作,花费7年时间,翻阅了大量资料,对主人公路易·赞贝里尼进行了多达75次的采访。可以说,本书是劳拉·希伦布兰德的呕心之作,也是路易·赞贝里尼永不屈服的生命赞歌。

  劳拉·希伦布兰德不愧是纪实小说大家,她将那个非常时代的非常岁月如此真实地呈现在我们的面前,将如此丰富而又细腻的情感贯穿于全书之中,令人震撼、耐人寻味。她在为我们讲述路易·赞贝里尼传奇一生的同时,也为我们呈现了无数被遗忘的战争受害者的故事,传达了许多意味深长的内容,比如:血浓于水的亲情、患难与共的友情、不离不弃的爱情、坚贞的爱国之情、对普通大众的悲悯之情、对恶毒之人的宽恕之情……当然,劳拉·希伦布兰德最想表达的还应该是这样的主题:当面临战争、面临大自然以及滚滚而来的历史洪流时,人类是那样的渺小、那样的脆弱;而当战争、灾难过去后,很多东西都改变甚至消失了,而人类以及人类所表现出来的毅力、信念却又是那么强大,坚不可摧!无论从内容质量上还是思想深度上来说,本书都是一部上乘之作!……

在我编辑图书的过程中,除了徐萌老师、劳拉·希伦布兰德和路易·赞贝里尼,让我难忘的还有一群老人。他们是贵州非物质文化遗产书系《传衍文脉》中的人物,一群世代生活在贵州大山里的苗族、侗族等少数民族的老爹和老奶——是不舍不弃、以酒伴歌,一唱就是三天三夜的苗族老歌师张定祥老人;是跳起舞来忘记一切、饿了路边买碗粉、连跳十几个小时的芦笙舞传承人杨昌芬老人;是白天观看夜里编歌、走路编歌劳动也编歌的侗族琵琶歌传承人吴世恒老人……他们让我知道,有一群人,虽然我不曾见过,但其精神却是感人的,可歌可泣的。这些老爹和老奶也许一辈子都没有走出过贵州大山,没有见过外面繁华的大世界,他们的物质生活一点也不丰裕,甚至还很贫乏,但精神世界却早已超越了世人俗情。时隔多年,我依然被这样一群老人深深感动着,激励着。

就像张定祥老人说"苗歌像大树,有枝丫,还有叶和花"一样,以"书行天下,传承文明"为使命的重庆出版社历经风风雨雨,走过七十年的路,早已成长为一棵参天大树,生长出许许多多的枝丫,还有绿叶和鲜花……

我与重庆出版社共成长

李春松

我是2010年进入重庆出版集团天下图书的一名员工,从事编辑工作。毋庸置疑,自从进入天下图书那天起,我就与重庆出版社有着千丝万缕、割舍不断的联系,并且从一开始就有了归于母性的悸动和体认。

天下图书是一头驰骋疆场的野马,生龙活虎,勇往直前,甚至所向披靡。在这里我获得长足的进步和丰硕的收获。首先是思想臻于成熟,不再惶惑,不再生涩,不再懵懂,即使偶有失落和惶恐,也会及时调节,旋即抵达良好之境。因为我确认,我是一个无法更改的独特的个体,我要对得起自己的存在,对得起自己的过往,对得起已然成为自己的事实,尽管还模糊、依稀甚至有时尚不确定。我不应该为自己无常的孤寂和感伤而惶惑,不应该为这样的惶惑否定自己。没有人可以永远站在自己的影子中,也没有人能永远站在你和太阳之间。我想,这应该与单位与出版社有着某种神似,有谁永远一帆风顺,有谁永远言笑晏晏?

其次是专业技能不断提升,成绩不断巩固,效益日益显著。多年来,我在单位秉持兢兢业业、勤勤恳恳的工作作风,发扬艰苦朴素、求真务实的精神,深刻领会不忘初心、牢记使命的要义,发扬蹈厉,不断前行。编辑工作看似简单,实际上要在文化、文学、政治、历史、地理、哲学、法律、史志和数学、物理、化学、生物、科技、绘画、舞蹈、音乐以及教育学、心理学、生命教育、道德品质教育、财经素养教育、交通学等学科中自由切换,辗转腾挪甚至游刃有余,还是颇需要一番功夫,颇有讲究的。比如《爱恋,如若生命之初》《希子的脚印》《海底两万里》《朱自清散文精选》《中学生经典古诗词阅读》《中学生作文教程》《让每一个学生都获得最好的发展》《城市流动儿童生命教育服务手册》《小学数学创新活动课程设计》《小学财经素养教育24讲》《实践人类学的意义之境——马克思哲学原生形态研究》《新时期中小学生基本道德品质的专题研究》《初升高衔接教材·语文》《经典作文·初中(上)》等图书的编辑加工,斧正修订,并且还不出任何政治差错以及低级知识性差错,甚至绝大多数是零差评,并颇受作者和读者好评,这是很考究和磨炼心智与精神的。与此同时,顺利考上中级职称,还获得过"十佳编辑""十佳员工"之誉,工作之余也发表过一些论文等作品,并且曾因写了一篇关于语文教材上好几十处错误的论文而获得中国教育学会中语会第19届年会科研成果一等奖,并被中国语文报刊协会课堂教学研究专业委员会授予"研究员"之称(惶恐)——这应该有助于编辑工作的开展和深入。

  在做好数十甚至数百本图书的案头编辑工作之外,也做好策划、谈判、公关以及整体一条龙的全方位的服务。尤其是与一些客户和不少作者交朋友,相互谈心、交心,甚至相互感染,如此不仅人生趣味、境界获得提升,魅力也得到展示和延伸,工作也就顺利开展圆满完成。同时一些选题也就因为自己的用心和专业,慢慢地聚拢来,比如《素养花开任务群》(2017)、《乐为摆渡人》(2017)、《让每一个学生都获得最好的发展》(2018)、《Moodle课堂:融合的力量》(2018)、《中学生领导力:未来的力量》(2018)、《小学财经素养教育24讲》(2019)、《让"活和课程"烹饪出童年的味道》(2019)、《新高考英语课标词汇词典》(2020)、《选择与改变——高中生生涯规划》(2020)、《走进智能的世界——机器人创意设计》(2020)、《重庆市武隆区教师进修学校校志》(2020),为单位为部门的发展壮大尽绵薄之力。这些,我深受罗总的谈判技巧和人格魅力的影响,在此诚表谢意和敬意。我感到,自己在慢慢进步,同时单位发展迅速,效益日益显著,令人欣悦十分,备受鼓舞。

  第三,更注重运动,更显精神,更健康。我崇尚一种叫作静若处子、动若脱兔的状态,该沉静时沉静,该活跃时活跃,沉静时数小时可以纹丝不动,运动时不输于一般人。这一点颇受简总简老师的影响。简老师长年身处高层,虽然要处理繁复芜杂的事务,要经常长时间批改文件写总结写文案或商讨事宜以及接待贵宾、谈判公关,但并不老气横秋、死气沉沉,也并非如某些系统内的人个个大腹便便,而是喜欢运动,四十有余了还保持较快的长跑速度,坚持每天早晨五点左右就起来长跑,刮风落雨下雪从不间断，身体极为健康，精神格外良好；每次单位召开运动会时他几乎都参加长跑项目，活力无限，青春洋溢，将单位的几百号年轻员工都甩在身后；市里的马拉松长跑赛事以及别省的一些马拉松赛事他也参加，并且经常还能位列前茅，成绩骄人；他还和全市商学院同学一起参加戈壁拉练赛事，活力四射，影响极好。运动之树长青，年轻有活力——老态龙钟、思维迟钝、没有活力和敏锐性的人怎么可能干好工作、搞好管理呢？我虽然只学得了简老师的一些皮毛，但我一直在努力，包括精气神、运动姿态和健康状态。因为我想，这必将更有利于工作，有利于单位和自己的共成长。

第四，视野更加开阔，心胸更加豁达，为人更加谦敬。苏格拉底曾说："我比别人知道得多的，不过是我知道自己的无知。"我觉得这句话说得真是太好了。我常常在工作和生活中发现自己的无知，而且涉猎愈广、探索愈深，这种无知感和无助感就愈发强烈。我常常设想一个人走在荒原，面对四周无边无际的广阔和无穷无尽的未知，单是这样想象，就足以让人情不自禁地战栗。因为你无法想象将会发生什么，你将会面对什么，此时的你只会对自然的伟大力量表示震惊和臣服。你不要试图去挑战自然，更遑论黑夜和深渊。人类不是黑夜和深渊，人类主要是荒原，如此已足以摧毁你的意志力和倨傲姿态。所以，对人类尤其是不可知的人类，你最好保持谦敬，心胸保持豁达，视野也才能更加开阔，这样才能认识到你所在的位置是坦途还是悬崖。在这方面，江总江老师做出了最好的表率和示范，我必将努力学习。

第五，更加执着，更加坚定，更加知道人生的意义。"生命并没有价值，除非你选择并赋予它价值。没有哪个地方有幸福，除非你为自己带来幸福。"（梭罗语）我深刻理解人生的意义，至少知道自己存在的意义。我愿意为了这样的意义执着坚定，奋勇向前，因为我想，也许只有这样才能抵达幸福之境。单位想要我们做一个幸福的人，但幸福只能靠自己带来。在追逐幸福的过程中，我也懂得更加合理用力，更加懂得呼吸均匀。

最后，更内敛，也更加外显。这也许是一对矛盾的词语，但有时矛盾也可以共生，所谓矛盾统一体是也。我不断向内看，向内用力，但同时也渐渐地学会向外发力。我确信，我一直在和天下图书共成长，也就是和重庆出版社共成长。感谢出版社领导王董及简总、罗总、江总等提供这样的平台和条件,才让我有这样的成长、这样的进步和这样的今天。也许正是有了这样的动力,我在无形中用自己的努力、用自己的格局默默地为单位为部门的发展壮大倾注心血,包括联系选题、通过在外讲学等途径对单位和单位产品的正能量宣传、业余写作壮大声势,以尽绵薄之力,作出自己应有的贡献。相信有所用处,有所助力。

可以这样说,天下图书给予了我更多雄性的力量,而重庆出版社给予了我更多母性的力量和温柔。也许这个比喻不太恰当,但却是我此刻真实的心情和感受。我感受到两股力量的推动,让我不能沉沦,同时也深觉安全。

"只要我活着,就不朽。"只要我们同在,就可以创造奇迹,创造更大的奇迹!

"娱乐课代表"与出版

周 俊

时光荏苒,岁月如梭。自进入出版集团,已有9年之久。虽比起部分老员工来说,资历并不算老,履历也并不算丰富,但对于几乎陪伴了我整个青春的重庆出版社,一些话语依然无法表达,一些感慨可以感触一生。

我的起点,在发行公司。2011年底,我进入发行公司,这是一个很具有代表性的地方,代表整个社产品的地方。在发行公司,最多的就是书。其实,像我这样不太爱读书的人,整天泡在"书坛子"里,耳濡目染也会对书产生兴趣;更何况自己的职业也需要对图书有深入的了解。这就是所谓做一行,爱一行吧。

在这里给大家分享的不是工作上的种种,而是一个"娱乐圈"的成长史。

我的性格比较外向,天生也是乐观主义,进入发行公司后也很快被大家熟悉。除了我和孙博(原发行公司同事)的工作得到认可,渐渐地我另外一个特点也被一个叫作胡凯(原发行公司同事)的人发掘。那就是,普通话还不错。其实普通话不错也算不上一个很大的优点,但是最早发现的其实是我们社里的一位领导,她在发行公司一年一度的竞聘演讲中,听完我的报告后,我满怀期待地等着她的评语,领导的第一句话却是:"我发现你普通话还不错,播音主持专业吗?"当然不是,可能在北京生活的经历让我习惯和学习了较标准的普通话。虽然北京普通话也不咋的,地方腔调太重了,但是得到领导的认可,我很是开心。接下来,领导决定了一个事情,今年发行公司的年会,由我和另一个同事共同来担任主持人。虽然这个事情在整个公司中是一件很小的事情,但是对于我个人来说,非常重要。

在胡凯的指导下,我很顺利地完成了年会的主持。对于我来说,自信在整个过程和结果中得到了不止一个等级的提升。对此,我特别感谢领导、同事们的信任与支持。接下来的类似的好事情,接踵而至。公司年会情景剧,公司线上阅读朗读,《冰与火之歌》宣传视频旁白、角色配音等,只要是有需要说话的地方,我的声音基本上就会出现在那个地方。

在经历了3年的历练后,原工会主席杨主席,有一天把我叫到了办公室,告诉我了一个消息:今年出版集团的年会,我加入到主持团队中,担任主持人。这样一个消息对于我来说又惊又喜,惊讶这么重要的会议,居然我能够参与主持;喜悦这么重要的会议,居然我能够参与主持!

在三位"老前辈"的指导下,我完成了集团2015年年会的主持工作,虽然有瑕疵,但对于自己又是一个大的提升。也再次感谢"老前辈"的指导和领导的信任。接下来的大会小会的主持,我基本包揽,成为了名副其实的"娱乐课代表"。

2016年,我从发行公司"毕业",转战至弘公司。这对于我来说是一个挑战,也是一个机会,在事业上实现更大的成就。

2019年,西安书展上面对全国省级经销商及全国各地的参会人员,不胆怯,自然发挥。同年,录制我社菜谱书籍线上视频,年底集团宣传视频等。我除了一天天忙碌的本职工作以外,也乐在其中地完成"课代表"的任务。

沉寂4年后,2019年重启的年会,再次担任主持工作,这一次不仅仅是代表集团担任主持。同时也代表至弘公司,参与策划表演节目。结合至弘公司的高强度工作,陪伴我们的除了梦想,没有别的,所以节目"伴·梦"由此诞生。首先是一首中国风的歌曲,歌词大意:不管怎样,总有人一直在陪伴你。串烧第二首,说唱歌曲,体现的就是为了梦,不管吃多少苦,受多少累,最终总能得到可观的回报。虽然唱完后,我已经上气不接下气,还要跑回去继续主持,但是岂能一个"爽"字了得。第一次以C位表演整个节目,心里还是有点忐忑,但完美的结果总是让人欣慰。整个节目,同事合力编排,请老师编舞,自己录和声,也算是原创了吧。虽然最终我们的节目没有得奖,毕竟说唱歌曲又是现场表演,集团应该也是第一次出现,但完美的演出和同事们辛勤付出,都值得大家去回味和颂扬。

说了这么多,其实我想表达不管是工作还是娱乐,都能够发光发亮,都能够得到大家的认可。既要把工作落实到位,也要把娱乐兼并起来,给苦闷的人生增添乐趣。感谢大家一直以来的支持、陪伴和关心,我会继续努力,给生活加点乐!

写给7年前自己的一封信

吴 昊

亲爱的昊：

你好！

这是一封来自2020年的信，而我是7年后的你。

当你读到这封信，请不要感到惊讶。如果可以，麻烦你暂缓手上的工作，平复一下心情，认真读一读这封信。因为我写这封信绝非一时兴起，在这7年时光中，我常常会想到你，总觉得心中郁积着很多话想向你倾吐。我也曾几度试着启笔，却始终难于着墨，或许是不知从何说起，或许是俗事牵绊无暇沉静，于是便挨到今日。如今，机缘凑巧，我终于沉下心来对着耿耿孤灯，守着漫漫长夜，写下寥寥片语，寄托拳拳之心。

我要告诉你，今年出版社将迎来70年华诞，而我们的人生与她也有了7年的交集。你一定会惊讶，原来7年后的自己仍然在这个岗位上坚守。毕竟7年前，那时你刚刚入职，对未来有那么多天马行空的想象，对职业生涯有那么多精细美好的规划。你眼中更多的是人事侘傺、变动不居，你不会让自己未来的生活如安流平川，让人生的舟楫默运潜移。然而你不知道，倏忽7年，当你熟稔了上下班走过的路，当你不再为书山稿海所恼，当你习惯了对一切文字的锱铢必较，当你常坐的这张冷板凳竟也有了些许温存，你会发现这平和安稳的老境，竟在不经意间替代了那热血沸腾的青春；你不再会觉得自己是个不得志的投闲置散的"英雄"，反而更加顺从侘寂的生活和平凡的人生。

仿佛这一切的转变，都是那么悄然而自然。然而当我细细回味时，这7年间的心路历程,却又好似走马灯般曲曲折折,总是在迷失过后方能归于旧辙。

7年里,你将会遭遇焦虑,你会因为无法按时完成任务而如芒在背,伴随着压力袭来的是无助,伴随着辗转难眠的寒夜的是两行不值钱的眼泪;7年里,你将会经历挣扎,你会因为不能忍受每日面对那些空泛无物、牙慧学舌的糟粕而抱怨理想与现实的龃龉,当你再次因形格势禁而倍感低落之际,你也会冲动地攥着辞职信在办公室门前不住徘徊;7年里,你将会体验彷徨,你会因为目睹着身边朝夕相处的同事纷纷离去而平添几许寂寥,你也曾幻想着"人声自人声,我思自我思,两不相干"。然而每当下班独自离开办公室时,对着一墙孤影,你也会忖度未来的时日不过是数着钟声虚度罢了。

当然,对我而言这些"往者已矣"却是7年前的你尚不能感受,甚至尚不曾设想的。然而我也绝非是要你将未来的际遇视作畏途,更非要劝你俗世如客尘幻境,寂寥不堪恋栈。我只是想告诉年轻的你,"人生曲曲弯弯水,世事重重叠叠山",你所要面对的这7年,不仅有每日的尘劳碌碌,还会有寻寻觅觅和求而不得;人生要经历很多泪欲垂落衣襟却依然强颜张笑半颊;人事会常常伴随着曲突徙薪者的失落和焦头烂额者的轻慢。然而,在经历过这一切后,我只愿你到时的心境会如7年后的我一般波澜不惊。因为7年的时光最终能教会你辨知自己的身份际限,就像木槿花,朝绽暮凋,便是尽其本怀。人生绝非只合看尽忧苦,切莫被浮云遮住了望眼。

当然,你大可不必为自己未来将要面对的这些纷扰而感到怅惘,因为你要面对的这7年绝非是充满虚掷况味的7年。时至今日,每当我的心思徘徊于这7年的往事之上时,那些曾被抛诸脑后的吉光片羽般的感动,竟会在不经意间从脑海的深处浮起,并跟着意识的浪潮随波逐流,最终被留在记忆的滩涂之上。而当我如拾贝人般重拾这些像贝壳一样晶莹而珍稀的感动之时,我才愈加体会到,原来这7年来一切的磨砺都不是徒劳,这7年来一切的努力都不致唐捐……

7年前,你或许不曾料想:当你搬离陈旧而逼仄的袁家岗老楼,来到崭新而宽敞的弹子石新厦,对于未来,你会怀揣怎样一种憧憬与向往;7年前,你或许不曾企及:当你在发奋苦读三月,最终拿到编辑资格证书时,对于职业,你会产生怎样一种自豪与骄傲;7年前,你或许不曾体会:当你责编的第一本新书付梓,翻开赫然署有你名字的版权页时，对于收获，你会怎样享受那份成就与满足；7年前，你或许不曾经历：当你在乏味的书山文海中举步维艰之际，忽遇一篇隽永文章如拨云见日，对于倦怠，你的内心会平添怎样一份释怀与超然；7年前，你或许不曾感念：当你在透支了精力赶完一份急件之后，接到作者的一通情真意切的言谢来电，对于认同，你会产生怎样的欣慰与感恩……也许我所说的这一切对于7年前的你，依然是懵懂而陌生的，毕竟你与我相隔的这7年时光，便似一条横亘在此岸与彼岸间的河，但我在此也仅欲在你心中播种下这几粒此岸的种子，待到7年中因缘会际，愿你在彼岸收获几朵忘忧的花朵。

  信写到这里，窗外已是夤夜深沉，几声秋虫的低鸣，竟扰乱了我的心绪。正所谓"书不尽言，言不尽意"，我其实也并不知道以上的聒噪絮叨是否真的就是我这些年来想对你讲的那千言万语，我也并不知道这次借出版社70年华诞之机给你去信，是否真的算是一个好的时机。我只是冥冥中感觉，无论70年还是7年，于她于我，都到了需要驻足回望的时刻。我想，假如出版社也有人格，她也一定会给70年前的自己写一份如是的信吧。

  草草不尽，顺颂时祺。

七十年,我们虽有风雨更有晴

舒思平

2020年,中华人民共和国迎来71岁华诞,而这一年,重庆出版社也成立了整整70周年。七十年的光荣与梦想,弹指一瞬;七十年的追逐与奔跑,风雨兼程。七十年,在历史的长河中也许算不得什么,但对重庆出版社来说,却是几代人的薪火相传。七十年的光阴,让多少嗷嗷待哺的婴孩变成了古稀老人,也让我们一代代重庆出版社人积累了无数的启示与经验。

重庆出版社发展的七十年,也是国家出版行业发展的缩影

1950年以来,重庆出版社历经多次改组,从一家体量不大的单体社,发展到如今的多种业态的综合文化传媒集团,而从重庆出版社的发展过程中,我们也能看到中国出版事业的繁荣发展:共和国成立七十余年来,尤其是改革开放四十余年来,出版行业日益发展,出版物品种日益丰富,出版物市场实现了从"图书荒漠"到"图书海洋"再到如今图书出版规模世界第一的巨大转变,出版行业呈现出一片繁荣的景象。

这是坚持改革的七十年,也是空前发展的七十年

出版业是一个典型的创造性行业,而改革是推动出版行业发展的巨大动力。在

重庆出版社发展的这七十年中,改革始终伴随其中:1950—1980年,从西南人民出版社,到重庆出版社,我们历经数次改组,终于取得突破;1980—1995年,我们在改革开放和市场经济浪潮席卷下,勇敢坚守,积极探索;1996—2004年,我们在激烈的市场竞争和严峻挑战下,稳步发展,酝酿变革;2005年重庆出版集团正式挂牌成立到今天,我们完成了转企改制,朝着"国内一流,国际知名"的出版企业集团而努力奋进。

从"海淀丛书"教辅系列,到《冰与火之歌》《大足石刻全集》《马克思画传:马克思诞辰200周年纪念版》《重庆之眼》等,再到如今集团把融合发展作为优先发展战略,大力推进数字出版生态建设,推动由传统出版向提供优质阅读服务转变,均取得显著成效。不断改革让我们始终能保持经济效益与社会效益双丰收,也让我们始终保持发展的活力、保持强大的竞争力。

我与集团共同成长的七年

2013年,我进入集团成为一名新人编辑,到如今,我与集团已共同走过了七年时光,共同经历了七年的发展。

这七年间,我随着集团从20世纪80年代的出版大楼,来到新投入使用的国家级出版传媒创意中心——重庆出版传媒创意中心。记得我毕业后才进入集团时,办公地点还在袁家岗的出版集团大楼,当时的编室主任赵老师指着大楼,骄傲地告诉我:"这栋楼才建成时,我们社在全国都名列前茅,而这栋楼也是地标性建筑,你能想象我们当时的辉煌吗?"看着赵老师那自豪的神态,我受到了很大的触动,但同时,也有一丝沉重:尽管现在的重庆出版社仍然很强,但出版行业整体都在转型阵痛期,我们还能重塑曾经的辉煌吗?而随着集团改革地持续推进,我越来越能感受到集团一定能够重现辉煌。当重庆出版传媒创意中心的时候,当我们来到新的集团大楼的那天,看着那骄傲地耸立在那的集团大楼,我仿佛看到集团挣脱了一些旧的枷锁,不再沉湎于昔日的辉煌之中,开始发力狂奔。

这七年间,我渐渐褪去了毕业时的青涩,在经历了一次又一次的图书编辑工作,并不断从其他前辈、同仁身上学习经验,不断丰富和完善自我后,我完成了人生中重要的蜕变。才开始工作时,我以为编辑工作就是拿到领导分配的书稿后,看一看书稿内容,挑一挑错误。然而,在看了更多的书稿后,在长期与其他前辈、同仁进行交流后,我愈渐发现,原来编辑不仅要有较强的文字能力,还要有对书籍的整体把握能力,包括内容的甄别、修改、完善等,而对书籍的装帧设计、运营渠道等也要有所把握;要对图书市场有一定的研究能力,能分析热点、对市场做出符合规律的预判等,否则就无法策划选题,这对一个想要逐步上升的编辑来说是致命的;还要有组织能力,包括组织作者团队等。

这七年间,我不仅认识了更多的作者,认识了一些值得学习和尊敬的同行业的前辈,也认识了一些各行各业的专家、学者,还和一些作者成为了朋友。不断与形形色色的作者打交道的过程,也让我一再加深了对"投我以木桃,报之以琼瑶"的理解;而从所有接触过的优秀之人身上,我也学到了更多待人接物之道。

这七年间,我在立足本职工作的基础上,也不再满足于单纯地做一个普通编辑,不局限于审读稿件、处理编辑相关的工作,而且还积极学习其他技能,尽力提高自己的综合能力,争取取得全方位的发展。

这七年间,我和集团都在不断吸收新思想、新技术,发展新思路,不断完成自我更新,以面对不断变化的形势和挑战。

结　语

满眼生机转化钧,天工人巧日争新。当今社会,生产力极大发展、技术不断革新、新媒体层出不穷,也许几年前,没有人能想象到社会会发展到今天这个程度。而我们出版行业也正处于一个逆水行舟、不进则退的关键时刻,只有不断学习新技术、完成自我革新,不断创新理念、内容、业态、机制,才能不被时代的滚滚洪流甩在身后。

将人置于历史中,是渺小的,但历史又是由人组成的。重庆出版社七十年的发展,是几代编辑工作者的辛勤劳动、传承连接;一代又一代的编辑同仁前赴后继、承上启下、辛勤探索,共同铸就了重庆出版社今天的辉煌。作为重庆出版集团的一员,我能亲身参与谱写重庆出版社的历史,亲身感受到这强劲有力的时代脉搏,更可以作为亲历者,站在时代变迁和改革的最前沿,参与集团的蜕变和发展,参与中国文化的传承和发展,这是何等的荣幸和欣慰。

  七十年的栉风沐雨,方有今日的累累硕果;七十年的发展与改革,也是我们未来征程的新起点。回顾过去,我们虽有风雨更有晴;展望未来,我们凝心聚力绘蓝图。

出版缘

滕 洋

小时候的我,并不能完全明白为什么要读书的道理。革命先驱们是"为中华之崛起而读书",而生长在和平年代、年幼懵懂的我,对读书的理解仅仅是,以为能把新华字典上的字认全就能大学毕业了。

经历了小学、中学、大学,我渐渐明白:读书,能让我识文辨字,明辨是非;读书,能让我用知识的力量养家糊口;读书,能让我在迷茫挫败时,重新找到未来的目标;读书,能让我忘却现实的枯燥,去探寻奇妙的宇宙苍穹;读书,能让我穿越时空,被古人的智慧深深折服……

书中自有颜如玉,书中也有黄金屋。书,像一方神奇的潘多拉魔盒,带领我遨游知识的海洋。在我心中,出版人是一群神圣的人,他们能发现好书,并把它一一地递送到每一位读者的手里,将精彩的世界展示给所有人。

我与重庆出版社、与重庆出版集团的缘分,应当说从6岁读书时就开始了。"八〇后"的我,是一个土生土长的重庆人,从小学到初中,我用过的所有教材都出自重庆出版集团。

2008年,我还在读大学,课业总让人感到枯燥无味,每天也总重复着两点一线较为单调的生活。一次去图书馆时,无意中翻到了我社出版的《三体》(2008年1月出版)这本书,开篇便引起了我强烈的兴趣。那一段课余时间,我几乎都沉浸在那个令人大开脑洞的科幻世界里。该书构筑了一个极为奇幻的想象世界,那时我才知道,原来我们的科幻作品也可以有这样无限的想象力。

毕业后刚开始工作时,我被接踵而至的工作压得透不过气来,于是便从书中找寻释放工作压力的一方空间。这段时间陪伴我的是我社出版的《藏地密码》(2008年4月—2011年4月出版)和《冰与火之歌》(2011年12月—2012年12月出版)。这两套书,使我直面生活中的不如意,走过了那段成长的道路。

2014年初,我希望自己能有更好、更广阔的发展平台,通过应聘进入到集团所属的重庆亿图实业有限公司工作。当时,正值出版集团多元化发展的关键时刻,我和领导及同事一道,严格执行集团下达的每一条工作指令,圆满完成了各项工作任务。2016年集团房地产板块整合,通过竞聘,我又顺利进入到集团所属的重庆瀚墨资产经营管理有限责任公司。能留在集团继续做一个出版人,我倍感光荣与自豪。

回首过去的种种,我发现自己无论读书时代,还是参加工作后,都与重庆出版集团这个响亮的名字紧密连在了一起。它伴随着我一路成长,我与着它风雨兼程。在今后的工作、生活中,我会谨记自己作为一名出版人所肩负的责任,努力为集团未来的发展贡献出自己微薄的力量。

我为"九十年图书"做责编

杨智威

我职业生涯中第一次做图书编辑,是在2015年。那是为一所学校编写校史故事,领导决定由我担任图书责编。

这所名叫"川益",坐落于长江南岸、双峰脚下的历史名校,在2015年迎来了生命的第90圈年轮。名校往事,久远流长,校方决定在建校九十周年之际,来一次贯通先后的梳理,将近一个世纪的教育故事记录在册,既作历史纪念,又供现世回味。

一所名校,年近百岁,要借多少文字与图像,才可尽述它的年华与风姿?这是我接到任务后一直在琢磨的。

为尽可能全面且准确地展现该校90年来的荣光,使人物经典亮相,故事精彩登场,我邀请单位的三位资深编辑与我一起,组成该书的采编团队,紧锣密鼓地展开了走访与编写工作。

第一步自然是人物采访。从现任校领导、教师,到历任校长、知名校友,再到学生与家长代表。采访在校内、受访者家里、校友聚会现场等场合进行,登门面访、电话专访、邮件互通信息……单是采访工作,我们四个编辑便进行了两个多月。

其次,是资料的收集与整理。我们一方面对学校已有的历史简报、教学档案、荣誉奖状进行分类,一方面联合学校,向社会发起相关图文资料的征集。印象最深刻的要数学校的历史照片,从60年代的黑白照计起,校方提供的大开本相册就多达10余本。我与采编团队的另一位编辑一道,在学校的资料室里,花了整整一天时间,才从一大摞相册里拣选出所需的图片资料,一一扫描,存档备用。

而后,才是该书的正式撰写。采写团队基于前期获得的翔实图文资料,反复斟酌,不断调整,并结合校方与资深教育专家的相关建议,以该校90年发展的时间脉络为图书主线,展开了各章节的写作。之后便是图书的若干次编校与审定。

最后一项工作,是图书的排版与设计。为了让这本厚重的教育故事看上去更为别致,与市面上传统、模式化的校史图书有所区别,我建议美编采用异形开本,封面与内页的纸张也不计成本,破天荒地均采用了特种纸。内页主色调则选用大气而经典的红色,每章前面另请插画师根据各章所涉的年代手绘了插画,以展示各个年代的特色教育场景。

100页洁白清雅之间,记录了各时期故事40余个,所涉人物更超过50位。我们从总计近8小时的采访录音中,从各位历史见证者的亲口描述中,不断去芜存菁、反复查证,在数不清的电话沟通与当面会议后几易其稿……前后历时半年,这本名为《川益故事》的图书终得以完成。

成书送到学校后,校领导和老师们捧着书翻阅,脸上满是惊喜,这本内容扎实而动人、设计精致而隽永的图书,获得了大家的认可与赞许。该校的一位老校长甚至手书了一封感谢信,表达了对我们编辑团队的谢意与敬意。

五年过去,我偶尔看到桌上的这本作品,回顾起当时的采编过程,当中的无数感触仍历历可数。我们亲眼所见一位位讲述者,因追忆故人往事而一脸热泪;我们亲耳听说那一段段不可思议的真人真事……尘封近一个世纪的故事,人物与故事的细微末节太多太多,尽管我们已尽最大努力力促完美,但编撰过程难免百密一疏,因此,书中一定存有疏漏与欠缺。

或许,字里行间的那些缺憾已随着年月而被逐渐忽略,但作为见证该书从无到有的责任编辑,工作中的那些不足却在后来的从业路上,一路提醒、激励着我——一本图书若要做得更好,必要更真一些,更深一些。

此刻,90载厚重记忆被我再次打开。在漫不经心地翻阅间,我又看到亦听到了那可贵的岁月。

同行中学会感恩

郝 念

2015年,带着青春的活力与对未来的美好憧憬,我有幸加入了本公司。一转眼,入职已将近五年,这几年时光都是我温馨的记忆。从学校园迈进社会,我想绝大多数的同学和我一样,在工作中得到了磨炼,同时,我也在和公司共同成长。

我的岗位是排版人员,主要负责书籍的排版,简单封面的设计等。在实际工作中,我对学校里曾经学过的专业知识有了更加深刻的理解和新的定义,将理论与实践相结合,使我更好更快地适应工作和解读专业知识,并且我也下定决心继续努力,不断学习,走向成熟。而让我印象最深刻的一年则是2019年。

2019年,是忙碌的一年,我们公司重点打造了"名著阅读"书系,我们部门3人,完成了"名著阅读"书系的几十本书,在这一年,我们是忙碌的,是辛苦的。还记得那个时候,每天加班到晚上10点,周末也会加班,但是没有一个人退缩,也没有一个人抱怨。当有几本都急着印刷的书时,当一个人负责完成不了,大家都会协作着来完成,而能这么快速且有效地完成这么多书,就是因为部门之间会协作、会调节、不退让,有一颗共同努力的心,最终,所需书籍都顺利出版。所以我的感想是:

有句古谚这么说:想要走得更快,请独行;想要走得更远,请结伴而行。在我看来,现在社会纷繁复杂,我们无法预知下一秒会有什么挑战,所以我认为,只有以独行的心态结伴而行才可以走得更好。

何谓独行?独行,没有包袱一身轻,这也是其弊:在危难时刻,无人相勉、扶持。一味独行,你将迷失于自我的世界,你会发现自己的力量是多么渺小。

什么又是结伴而行呢?顾名思义,就是找几个志同道合的好友一起前进。有句话说:团结就是力量。在工作中,只有团结一致,互帮互助,才能更加高效率地完成工作,才能走得更远。

同时,在结伴而行的同时,还要拥有一颗感恩他人的心,感谢他人对自己的帮助,少一点抱怨,多一点感谢。

感恩是一个人与生俱来的本性,是一个人不可磨灭的良知,也是现代社会成功人士健康人格的表现,一个连感恩都不知晓的人,必定是拥有一颗冷酷绝情的心,也绝对不会成为一个对社会作出贡献的人。感恩,是一种对恩惠心存感激的表示,是每一位不忘他人恩情的人萦绕心间的情感。学会感恩,是为了擦亮蒙尘的心灵而不致麻木;学会感恩,是为了将无以为报的点滴付出永铭于心。唯有用纯真的心灵去感动、去铭记,才能真正对得起给你恩惠的人!

在接下来的日子里,我们将团结一心谋发展,脚踏实地迎未来,紧跟公司发展的脚步,实现青春的理想。感谢相遇,我作为公司的一员,衷心地祝愿公司繁荣昌盛,再创辉煌!

我们走在大路上，正当时

——重庆出版社成立七十周年暨重庆出版集团成立十五周年有感

寇 馨

好雨知时节，当春乃发生

近日，一项发表于《解剖学杂志》上的论文得出结论，最近100多年来，很多人多长出了一条血管。

这条遗存的正中动脉给人类前臂更多的力量，以减轻手部的疲劳。也就是说，我们以为人类为了繁衍而进化的时代已经过去，但我们的身体却依然在践行"物竞天择，适者生存"这条自然法则。

更深一步地说，可以理解成，当我们把某样待做的事情当成习惯，那么在危机到来的时刻，我们就有了预警的能力。

正如我在集团旗下的天下图书学到的第一课。

要想以编辑的身份"活"下去，就得坐得住，立得稳。

编辑是一门事业，可能需要花费一生去维系的事业。

首先，是责任感的建立。

图书是知识和文化的累积，当它被发行出去的那一刻起，就带着它待完成的使命,成为人类文化传播中的看起来不那么重要但又必不可少的一环。

而干着编辑这份工作的我们,得对得起自己看过的书。

但实话实说,编辑又是一份极度枯燥乏味的工作。

整日在格子间里,对着纸稿,在"眼睛"中找"眼睛",在"a""an"中找"the",对眼都能看成散光。

长期在编校责任感的驱使下,读书这件事情,好像都要拿着书揪出个错处来,才算觉得圆满。但真正这样做了以后,似乎又有一种叫作愉悦的东西在心里发芽。然后暗自打气,说要守护着这枝嫩芽长成大树。

我想正是我们的工作环境,才造就了我们这样的习惯。

在忙中偷清闲,在苦中找乐子。

天下图书的工作节奏是尤其快的,面对加班,我们已经波澜不惊,甚至还能迸发出触及灵魂的创造力。以我们办公室为例:

地点:晚上九点的办公室。

人物:几位加班的"倒霉蛋"。

情景一:

谢琴:哎,我退休了要多活几年,才对得起我加的班。

甘姐:别给国家负担,活到70岁就好了。

谢琴:不行,我至少要活到90。

我:谢琴,你的目标是,保二争三。

情景二:

主编:真情实感地暴躁了。

谢琴:这是什么,范进中举吗?

说起来,这都是一些工作中的琐事,但我想,正是公司有这样的以和谐为基础的文化才让我们不自觉地愿意用这样的方式让自己的工作变得轻松。

有时候加班,出门,有风,拂面。抬头看看,万水千山,那万千读者,和我们仰望的,是同一片星河。

我们真正努力在做的,是让那些压缩在活页纸里的文字变得鲜活,让人们相信,那些有关于想象中的事,是真的存在于这颗蓝色星球。

星河、人间、梦想,都是美好。人心可以阴阳晨暮,洞若观火,也可以像高山大河,欣欣向荣。穿越时间迷雾的,是坚持。

岁月漫长,但正好,我们相信坚持的力量,所以那些所有有关于信念与责任的坚持,都会生长出它的花朵。

青山遮不住,毕竟东流去

2016年,我还是一个刚入职的小白,平日里做得最多的事有两件:给读者回信,给作者回邮件。

长时间的重复工作很难让我对未来走向的编辑身份产生足够的认同,直到有一天,我收到了一封邮件。

寄件人是一位初中生的家长。邮件的具体内容在这里不做赘述,其大概意思是:孩子看了《英语街》很喜欢,但最近大火的《三体》也是重庆出版集团的书,希望可以通过编辑部直接购买。

看到那封邮件,我愣了一下,转过去问我们主编:"《三体》是我们出的?"

主编有些疑惑,开始翻箱倒柜,找他看完的《三体》:"对,《三体》确实是重庆出版社出版的。"

那种感觉,我想了很久该怎么描述,后来我想到一个词,与有荣焉。

对的,就是这种很骄傲的感觉。

在中国科幻小说整体唱衰、刘慈欣还未获奖的背景下,做出出版《三体》这套长篇科幻小说的决定,是慧眼如炬。

而我也由此明白,对文学内容的敏锐感知,对作品艺术性的细微鉴赏,对作品价值观的理性把控,是需要编辑终其一生去修炼的职业素养。

几年过去,身为重庆出版集团的一员,我也对出版人的身份有了更明确更深刻的认知。

《三体》出版的最大意义,是让中国科幻走向国际。

"长征"系列火箭让中国人实现了飞天梦,让中国在航空航天有了一席之地,而《三体》,为中国在完全空白的国际科幻小说领域,为中国人挤压出了太空事务的席位。

第一次,世界认真倾听了中国科幻的声音。

究其根本,对《三体》的信心是我们对自身文化的信心,然后通过出版人的身份,把这样的一份自信传递到神州大地的每一个角落。

用抽象的文字描述能在现实生活中改变人们的思维与逻辑,是图书出版的最大意义。但重庆出版集团做的,远不止一部《三体》。

"走出去"战略是重庆出版集团进行变革的重要一环。从北京的宏图华章,到专门成立的国际版权贸易部门,都是集团进行文化输出与交流的大胆尝试。

"对外输出图书版权445项,成为'中国图书对外推广计划'工作小组首批成员单位之一。重庆出版社参与全球37家知名出版社发起的'重述神话'全球出版项目,使中国文化成功融入西方主流文化圈;联合国外著名出版机构推出"当代中国著名学者论丛",实现了中国主流意识形态对外输出新突破;主导策划'地球村的孩子'、中韩法国际出版合作项目,吸引了来自7个国家的出版机构加盟。"

走出去,让国人听见外部的声音;走出去,让世界看见东方的文化。正如习近平总书记所说:"要推动中华文明创造性转化、创新性发展,激活其生命力,让中华文明同各国人民创造的多彩文明一道,为人类提供正确精神指引。要围绕我国和世界发展面临的重大问题,着力提出能够体现中国立场、中国智慧、中国价值的理念、主张、方案。"

以小见大,这是践行习总书记对文化自信的要求,同时,这也是对出版事业的神圣性的尊重。

通俗地说,出版人的作用就是桥梁,架通读者与作者,通往理性之路。

千千万万个我们,化身成桥,串联起另外千千万万座孤岛,连成世界,然后带着这个世界和其他的世界打招呼,"初次见面,请多关照"。

时代的版图,苍莽肃杀。

做时间的掮客,我们已经准备好。

虽万千人,吾往矣

我们《英语街》是做兴趣阅读的,隔壁《作文素材》是攻作文提分的,总的来说,天下图书和教辅是密不可分的。

刚进公司,就听公司的"老人"说,集团是做教辅起家的,虽然后面改革、创新,但出版优秀的图书依然是一个出版社最原始的竞争力。

每年,集团给我们安排不少的培训和讲座。

这些培训,有讲编辑职业素养的,有讲新兴融媒体创新的,有讲出版政策法规的……

各有千秋,殊途同归。

致力提升新人编辑的专业素养,提醒我们绷紧脑子的思想红线,鞭策大家保持高度的政治觉悟,学习去做一个合格的编辑。

按部就班,日复一日。

2018年,在北京参加书展的时候,和一位发行商的一次对话却极大地打击了我有些过分自信的内容创新。

在此以前,我一直更觉得,图书创新只是单向的内容输出。但那时候,我才意识到,双向的交流才是创新与变革的重要基础,更重要的是,要时刻保持清醒。

乱花渐欲迷人眼,陶醉其中,会让人丧失对危机的警觉。

创新确实是前进的重要动力,但若走错了方向,却是南辕北辙,难回正处。更可怕的是,把图书销量长期建立在自我认知的空中楼阁上,再美丽,终是空。

我们真正需要做的,是在了解读者的需求之后,再把稿件与之相结合,做出让读者满意的,具有阅读价值的,拥有独特的风格的图书。

编辑,要有自己的思想,做出来的书,才有灵魂。

听起来有些空泛,但确是这两年我在集团的所见、所学、所得。

尤其我们图书的受众是青少年学生,更需要我们尤其把好价值观的引导关。

我们希望我们所做的,是让孩子们在我们的书里,首先看到的是一个美丽柔软、万物可爱,虽然有时候会硬实一点,但却是可以通过自己的努力让它变得温和的世界。

其次是可以通过阅读课外书籍提升成绩的信念的建立。这便是我们的信仰与追求所在。

而这正是集团一直坚守着的。

现在是各大出版集团谋求转型的关键时期,纷纷上马不同的电子出版业务、数码阅读平台、融媒体推广程序。

自然,从15年前就开始以变化谋生存的重庆出版集团,也未在此时停下脚步。但我们追求的,是与实际结合,所以,巴渝有声书网应运而生了。

"巴渝有声书网将以重庆出版集团的资源为基础,把西部地区历年出版的图书、经典名著进行有声数字化并分类储存、网络发布,打造一个涵盖互联网、手机、MP3、MP4、PSP等移动便携媒体在内,集听书、娱乐、学习、版权贸易、按需POD等为一体的大型有声书文化网站。"

但集团仍然坚持出版优秀的图书。

"出版《大足石刻雕塑全集》,成为大足石刻文化旅游早期开发的重要基础;出版《中国美术分类全集·中国石窟雕塑全集》、《中国西藏文化大图集》、"中国历代印风系列",成为中国传统文化相关研究领域的权威之作。"

追求变革的道路是属于领先者的路,但重庆出版集团却未忘记初心,不热门之事,在做,不留名之举,未停。

正像欧阳自远院士所说:"要仰望星空。"

星空之上,是理想;星空之下,便是我们的人间。

路漫漫修远,但有志同道合之人同行,便觉得有趣。

我们走在大路上,正当时。

结伴而行

肖 琴

今年是重庆出版社成立七十周年,也是至弘公司成立五周年。

我是至弘公司成立后,首批入职的员工。我们从最初的不到10个人到今天的30多个人;从1996年的几百万业绩到1999年的三千万业绩……回忆起这五年里,脑子里全是同事们一起结伴而行、努力工作的情景;是同事们对工作的倔强和勇敢,对工作的纯粹和激情……

记得去年3月初,段总紧急召唤公司各部门负责人开会,通知我们"名著导读"和"阅读任务书"系列丛书这个项目正式启动,公司上下全部的精力都以"名著导读"和"阅读任务书"系列丛书这个项目为主。这就意味着,这个项目成果的好坏,决定了至弘公司的未来,决定了我们公司所有员工的去留及生存。

这一决定让我们知道,接下来的日子没有时间松弛和喘息;没有时间滞缓和犹疑……有的只是忙碌和辛苦,有的只是为了生存而努力"战斗"。

刚开始第一周,我和部门另外两个"孩子"天天从早上9点不到工作到晚上10点回家。

为什么说是两个"孩子"?因为和我一起排版的,只是两个比我儿子大两岁不到的刚满20岁的小女孩。她们这个年龄,下班应该是回家腻在父母身边,周末应该是约上三两好友小聚……但是她们为了工作,为了保证我们的图书按时交印厂付印,天天任劳任怨加班,从不叫苦叫累。我的心里对她们只有心痛和佩服。

一周下来,感觉工作效率并没达到预期效果。因为每天在办公室除了吃饭、上厕所,我们要连续排版十几个小时。在这种长期高压和疲劳的状态下工作,收效并不高,而且每天加班所产生的餐费和回家的车费,长期折算下来也是一笔不小的费用。

经过大家协商,我们决定改变"战略方法",把工作时间调整为早上9点到下午5点30在公司上班,然后晚上7点到11点在家里办公。大家利用回家途中和吃饭的这一个半小时时间,稍稍休息和放松一下。

于是在接下来的几个月里,每天晚上7点我们三个会准时登录QQ群,默契地发出四个字"开工,加油"。就是这简短的四个字,把我们工作一天的疲劳一扫而光,让我们充满了力量和工作的激情。一直到晚上11点,我们的QQ群又会发出"收工下班,晚安"。然而道了"晚安"并不是大家都会关机休息,有时刚好手上这个篇章没有排版完或刚好排了一半,大家都会默默地、自觉地把这一篇章完成排版后再结束今天的工作。等到关机休息的时候,也许是11点半,又也许是12点或者更晚。

终于在6月,我们的"名著导读"和"阅读任务书"系列丛书,初中36本,高中3本,合计26924页。全部完成排版工作,顺利交付印厂。"名著导读"和"阅读任务书"系列丛书也在暑假之前成功面市,而且市场收效非常好。我们的努力和辛苦没有白费,是有成果的。

"想要走得更远,请结伴而行!"正是这句至理名言让我和我的同事们、小伙伴们累并快乐着度过了这段忙碌而辛苦日子,这让我们坚定地相信——只要大家一起不屈不挠的努力,没有什么是不能战胜!

遇见更好的自己

王 静

人们都说最美的遇见就是不期而遇,我和公司及同事就这样相遇在2016年的夏天,一切就这样美好的开始了。

初进公司,面对陌生的环境、同事,我多少内心有点胆怯,细声细语地说话,诚惶诚恐地做事,生怕自己做错什么事情,但这种状态很快就离我远去了,因为身边的人都很和善,出现什么问题都很热心地帮助我解决,在这种温馨友爱的氛围中,我迅速融入到了这个大家庭中。感谢17楼的你们!

这几年我经历了在公司工作加班到深夜和同事们一起吃泡面的苦和乐;经历了在办公室和大家既温馨又有效率的工作;也经历了和同事茶余饭后一起侃侃而谈、哈哈大笑。这一切都源于遇见,只有遇见才知其中的幸福和所得。

我在公司的职位是排版员,主要是负责公司书籍的排版设计、封面设计等。在工作时为了确保每本书的质量,我必须认真仔细,避免给公司带来不必要的损失,所以工作中一定要仔细、严谨。

虽然,我的岗位可能微不足道,从事的工作也平凡而普通,但只要我是爱岗敬业的、是勤勉有为的,就是无怨无悔的。我一直坚定地认为,我们每个人走出的一小步,就是跨越的一大步,我们添砖加瓦的每一块,就是成就单位发展的一座又一座的里程碑。

其实不管是在哪个岗位,我们都需要努力,因为努力的目的不只是为了让自己有一份赖以生存的工作,不只是让自己看起来很上进,而是为了换来一个更好的自己。让自己可以在生活、工作中更加游刃有余,不再彷徨不再虚度。未来的路还很漫长，通往成功的路才刚刚开始。

  这是我第一次在国企工作，来时的初衷是寻找不一样的平台，给自己创造学习的机会，提升历练自己。虽然来到公司的时间不长，但有的经历因为亲身参与还记忆犹新。初来公司时因为工作繁杂，下班点儿就是我们幸福的时刻，拖着疲惫的身体窝在回家的车里，一天才真正松懈下来；然后再积攒力量，迎接新一天的开始。就这样在一次次奋斗中，在一次次聆听中，我慢慢地在成长中遇见更好的自己。

  其实改变是一件非常有意义的事，若没有改变就不会有发展，这一点对个人如此，对企业也是如此。工作之余我会看看书，也会学习其他知识充实自己。看书不是证明自己有多优秀，而是为了让自己变得更好，而我们也只有在不断的改变中才能够重新发现和认识自我，只有这样才能够遇见更好的自己。

  公司就好像一本书，而我就是一位读者，被它优美文雅的文字深深地吸引。从我迈进公司的那一天开始，每读一页就对它了解更深一些，而这些东西却又吸引着我不停地读下去。

校对新人的初体验

冉炜贇

酉鸡啼晓报好音,正是春塘水暖时节,作为一个懵懂新人,我正式加入了出版业大家庭;子鼠跳枝开新律,时光仿佛从案头纸间打马而过,我已在重庆出版集团工作三年有余。儿时手捧书卷遐想成为一名作家,而今兜兜转转地成为一名校对,也算阴差阳错地接近了曾经的梦想。

2016年有一部大火的日本职场剧《校对女孩河野悦子》将出版校对行业推到了大众面前。女主梦想进入编辑部,却被安排到了无生趣的校阅部担任校对,然而执着于追求梦想的女主,在枯燥乏味的校对工作中也过得跌宕起伏颇有乐趣。或许是这部剧为校对工作增添了美好滤镜,抑或是冥冥之中我的小小执念推着我不断前进,总之,翌年,我怀揣美好期待和无限热情,一头冲进了重庆出版集团,成为了一名校对员,也让自己的爱好变成了工作。

刚刚开始埋头于校对工作是幸福的——无须费心社交活动、工作环境安静自在、工作内容符合个人爱好,目之所及的一切都是如此美好,恍若刚刚坠入爱河,普通的一页纸都带着粉红甜蜜的光芒。每天的工作内容是完成稿件校对,学习校对基础知识和基础实务。作为新人,遇难不决可以先查找资料,还可以请教犹如移动百科全书的前辈,而每一次请教答疑,都让我有恍然大悟和收获颇丰的欣喜与满足。"在工作中学习,在学习中成长"完美地概括了我的入职后工作。

出人意料的是,数月后,我似乎有点不习惯工作中不断累积的枯燥、永不停歇的看稿。上班时安静伏案,校得鲁鱼帝虎,细细勘正,恍惚间如天地仅余我一人与书稿文字作缠斗;下班后呼朋唤友,饮酒号呼笑语沓沓,鲜活的尘世又扑面而来。强烈的反差感、工作的枯燥感令我有些无所适从,乃至开始怀疑自己选择校对行业是否是个正确选择。

困惑萦绕于心时,工作愈是忙碌,自我怀疑则愈是加重。

某一天,主任一手拿着一本我校对过的稿件唤我过去,一手指着稿件上俯拾皆是的校阅红字,让我仔细看同事校对过后的成果。我看看同事的笔迹,再看看自己的笔迹,刹那间我简直报颜汗下!主任的轻声细语犹如当头棒喝,我的困惑突然消失了,脑海里只剩下对自己的诘责:为何同事校对出来的,我看不出来?为何我从没想过翻看一下前辈们校对过的稿件学习一下?情绪被自责与羞愧裹挟着,想到刚开始工作时,前辈曾语重心长地对我说:"校对是一门苦差事,要耐得住苦,要边工作边学习,才能有所长进。"彼时的忠言我没在意,如今在工作中倒是以身体之了。

校对简单吗?简单,在多数人眼中就是查漏补缺、改错修正。校对真的简单吗?不然,或许漏缺谬误就堂而皇之地站在眼皮子底下,你也无法发现它。或许就是在那时,我意识到了"校对"这份工作,本质就是在枯燥、重复与惊喜、学习的冲突中,忍受着职业成长所必须承受的孤独枯燥,保持着学习的劲头与发现问题的敏感度,把校对当成一份终身学习的工作。

来到重庆出版社已经三年了,每当我看到自己曾经校对过的稿件变成一本精美的图书时,每当我又学习到了以往不曾了解的专业知识时,每当参与集团组织的编辑校对培训时,心中都会有满满的成就感和继续前行的动力。

在这个世上,并非每个人都有自己的梦想,有自己热爱的事情,更多的人处在迷茫之中,做着不怎么喜欢的工作,马马虎虎地过掉一生。

"只是当时站在三岔路口,眼见风云千樯,你作出抉择的那一日,在日记上,相当的沉闷和平凡,当时还以为是生命中普通的一天。"当我难以实现理想和现实自洽时,误打误撞地进入重庆出版集团成为一名小小校对,正是我跌跌撞撞选择的一条路。

未选择的路,不可追悔;已踏上的路,将成为往事回顾。或许人生寂寂无名,我终究是翻开了万卷藏书的第一页,汲汲于浩繁书海,甘作书页上一枚小小的铅字。

媒体与出版：
我们的原创登上了《人民日报》！

黄 海

身为杂志社新媒体事业部的一员，微信公众号推文创作与更新，是我们的重要工作之一。一年三百六十五天，每天都是我们的编辑日常。在这样的日常中，推文原创是我们最为"痛并快乐"的工作。

选题策划、图文创作、标题拟定、编辑发布、流量监测，每一个环节都激动人心。我们非常看重阅读量和转发情况，此前为之付出的每一滴心血，都在阅读和转发的回馈中获得激励和反思。

欣慰的是，2017年的10月，我们的图文原创迎来了高光时刻！

2017年9月，教师节到来之前，我们开始了这一年教师节的选题策划。要做什么样的稿子，我们心中有数，如何呈现，并将新媒体与传统媒体的结合在这样一次策划中做到最好，我们颇费了一番心思。

最终确定的选题是"教师的一天"，我们将一位普通老师一天中的工作提炼成8个关键的时刻——从清晨6:30老师们赶往学校开始一天的教学工作，到深夜11点，他们结束工作回到家中，我们将此间的每个教学时刻都以精炼的图文描绘呈现出来，向辛勤的教育工作者们表达敬意。同时，我们根据内容制作成与教师节主题相关的文创产品：一套手工书签，上线以参加活动送出的形式，增进与作者的互动。

教师节的前一天，推文在我们的微信号"今日教育传媒"上发出，很快就收到了不错的点阅量。老师们的踊跃互动让我们的手工书签被一抢而空。阅读量很快上万,还在不断攀升中。包括《中国教育报》微信在内的各类新媒体纷纷发来了转载申请,我们很欣慰,算是认真的付出有了一个不错成绩。

惊喜出现在一个月之后,这一年的国庆节刚结束,《教师的一天》就被共青团中央的微信公众号转发了,紧接着我们收到了《人民日报》微信小编的转载申请,希望全文转载这一篇图文。我们太开心了,这是我们的原创图文第一次登上《人民日报》的微信公众号,这份肯定让我们激动不已。

随着《人民日报》的转载,《教师的一天》得到了更多的传播。有更多的读者透过这篇图文,感受到了老师们的辛苦奉献,他们在文章下面留言表示感谢。也有很多老师很有共鸣,也给我们留言致谢。教师是我们心目中非常辛苦也非常有社会责任感的职业,能为他们发声,并得到他们的肯定,我们感到与有荣焉。

原创的脚步从未停止,一个选题策划圆满结束,另一个选题策划已在执行起步。每一份成绩在我们眼中都是天道酬勤的激励。感谢这一番经历带给我们的喜悦和信心,我们会继续干出漂亮的成绩,答谢读者的厚爱,也答谢自己的努力!

彩 虹

王 浩

2017年初夏,在至弘公司业务分析会上,领导偶然间讲了一句:"遵义毗邻重庆,地缘相近、山水相连、人文相亲,天下职教一家。何不将重庆出版社职教教材出版模式带去遵义?"领导远见卓识,他的话,让我有了开发遵义市场的萌动,也就有了后来的渝黔两地教材合作出版的遵义经验,当然那是后话。

冲动容易,行动却难。我深知这时的遵义对我而言,是一个完全陌生的城市。遵义下辖三区十县(市),意味着有十三所中高职业院校,是每校逐一拜访?还是把所有学校统一集中到遵义?我们只是一家出版机构,有这种号召力吗?如果将重庆职教教材出版模式输入到遵义,他们能接受吗?

一

这一年的6月,离渝黔高铁开通还有一年的时候,我踏上了去遵义的路途。在遵义会址的附近,我觅见了遵义市教育局牌匾,带着惊喜和犹豫不安的复杂心态,我叩响了职业与成人教育科的房门,随着一声"进",一位清瘦且干练的中年男人进入我的眼帘。

"我想找下职教科负责人。"

"我是。"伏案者并没有抬头。

我立马惊喜若狂,争分夺秒地作了自我介绍:我们重庆出版社想集合遵义地区的中职院校一线教师,结合遵义地方产业发展特色,推出具有遵义地方特色的职教实作实训教材,这样既解决通用教材的局限性,又能提高学生的学习兴趣,通过一线教师的深度参与,提升师资力量和教师素养,树立老师在学生心中的崇高威信……听者脸上始终不见阴晴,冷不防地飙了一句:"你们不就是卖书嘛!"只能说,这句话似一把快刀,直接戳中了我的要害。为了打破此时的尴尬,我立马岔开话题,并顺手递上我此行准备好的汽车以及建筑专业实训教材。对方或许是出于客套,随手翻看了一本便道:"学校已有既定教材,不需要!"呵呵,这就是下了逐客令了。

对于我这种做图书销售工作的,面对直白且干脆的拒绝已是家常菜,我敲门之前,内心早已有了"重庆火锅涮毛肚——没个七上八下成不了脆肚"的准备。失望终归是失望,但我还想请他把所带的几十本样书收下,然而对方却说:"办公室狭小不便存放,以免造成不必要浪费。"此时唯有拎书闭门走人,才是我最好的台阶了。

二

第六十八个国庆长假刚过,渝黔高速路旁的枫林已现出片片红叶,层次分明、错落有致的晚稻已是金黄的色彩。再次来到遵义会址,这里依然游人如织,遵义教育局职成科轮调了新的科长,对于我而言,这次依然是陌生的拜访。手提一摞职教专业课样书,面对新科长的我首先递上样书,介绍重庆出版社与重庆所有职业学校的合作模式:职教专家引领,一线教师参与,工厂专业技工指导,共同编撰出实用、好用、够用的地方专业特色教材。打造了课时够用、学生愿学、教师讲学接地气的生动案例。等我说完,新科长接话了:"我也是轮岗刚到职成科,以前负责基教科,对于职业教育目前还在熟悉摸索中,我通知一位职教教研员来和你一起聊聊。"此刻的我内心一阵暗喜,就在等待教研员的片刻,为了缓解内心紧张的心绪,擦拭额头汗水的我借故走出了科室门。

走廊上满是熙熙攘攘的办事人员,随着一扇没有悬挂任何科室铭牌房门的开启,一个中等个、国字脸、眉宇间写满干练、声音还颇浑厚的人,边走边喊道:"小张,你到三会议室来下。"就在看到此人的一瞬间,我有了找到了局领导,最起码是分管领导的感觉。此时,一位抱叠文件的矮个小伙与我擦肩而过,文件上依稀可见《教师资格考试登记表》字样,我立马上前一步问:"老师,请问这间办公室是哪位局长的?分管职教吗?"小伙还算客气,答道:"××副局长,分管职业教育。"我听后连忙道谢。

十来分钟后,××副局长从会议室迎面向办公室走来,我快步向前,在一米开外距离开始称呼并问候,首先自我介绍,然后介绍拜见意图,等对方回到办公室落座,我的个人"演说"也刚好结束,自然而然地停了下来,空气顿时安静了下来,我心里突感庆幸,在这个关键时刻还好没怯场。

"具体的你和职成科对接。"他道。

"第一次拜访贵局职成科还请××副局长引荐。"我说。

××副局长还算豪爽,起身出门走向职成科:"××科长,他是重庆出版社的,你们交流下职业教育教材的事。"说完也就转身离开了。

这时候职教教研员也来到了职成科,科长来了一小段开场白,教研员同时也开始翻看我随身携带的样书,我也抓住时机介绍当下重庆职教教材从选题、编写到出版的三部曲,更是不遗余力介绍教师参与编写、署名、成果共享的深远意义。

教研员也算明白人,还是作了一个正面评价,不过他话锋一转:"但是……"

"但是我们教育局不可能和你们出版社来做这事,"科长继续说道,"你可以与遵义市职业教育学会衔接……"

我心里开始发愁,我单枪匹马,在那里一没有熟人,二没有联系方式,我该去找谁?

科长看出了我的疑虑,拿起桌上电话打给了职教学会相关负责人简明扼要说了情况:"××书记,我就叫重庆出版社的同志与你直接沟通对接。"随后告诉了我××书记的电话号码,对方号码尾数还与我的相同,看来这次运气不错,我感觉看到了曙光。

千恩万谢地告辞下楼,一到楼下我就拨通了××书记的号码,接通之后首先听到对方说:"你这号码还跟我尾数一样的。"也就是这句话让我信心倍增。书记说:"最近很忙,不便见面谈,微信与手机同号加上微信沟通……"

遵义纪念馆里最醒目的一行大字就是"伟大的历史转折"!

三

  时光不居,岁月如流。回到重庆的我,隔三差五地用微信、电话联系书记,唯一的目的就是推进与遵义职教学会的合作,期盼重庆出版社的职教教材定制服务落地遵义,早日服务遵义职业教育。

  11月的月中某日,随着"今天是个好日子"的手机铃声响起,赫然出现盼望已久的一个手机来电:"小王,11月底全国中高职院校联盟年会在遵义召开,到会院校33所,拟邀请重庆出版社、中国人民大学出版社作为特邀嘉宾参会,我给你传送《会议通知》及《会议参会回执》。"此时,我欣喜若狂,倍感此次会议是我们重庆出版社与遵义职教学会达成合作共识的一次契机。寒暄几句后,我挂断了电话,并且连忙向公司领导汇报了前期成果。

四

  11月底的遵义晴空万里,在此时云贵高原的天高云淡体现得淋漓尽致。遵义职业技术学院彩旗飘扬,校门张灯结彩,空乘专业学生着空乘制服亭亭玉立,在校门两旁迎接来自全国各地33所高职院校的党委书记、院长及职教专家。贵州省教育厅、遵义市委、市政府领导悉数到场祝贺年会的胜利召开。此时我作为参会代表,更是欣喜无以言表,我也深知此行的目的,既是学习的机会,更深知这次是落实重庆出版社与遵义职教全面合作的使命之旅。在会议间隙期我见缝插针邀请遵义教育局领导、学会领导共商合作事宜。在场领导拍板择日召开由遵义市教育局指导、遵义市职教学会主办、重庆至弘文化传媒有限公司协办遵义中高职院校地方特色教材编写研讨会。

  功夫不负有心人,花木葱茏不枉种花人!

五

  2018年的初春,枯木逢春竞相开,遵义市职业教育地方特色教材研讨会暨战略协议签署仪式在遵义第四中学对外交流中心隆重举办。在教育行政主管部门领导及15余所中高职院校200余位领导、嘉宾的见证下,重庆至弘文化传媒有限公司与遵义市职业教育学会签署战略合作协议。遵义地方电视台、遵义日报等相关媒体也对签约仪式、研讨会作了专题报道。

  会上,经过15所中高职院校的各科教师充分讨论,确定编写出版高职"彩虹"系列教材《红色塑魂》《蓝色致用》《绿色出彩》,中职《〈中职学生公约〉践行指要》、汽车专业、建筑专业等地方特色专业教材。

  2018年秋天的开学季,由遵义职业技术学院编写,重庆出版社出版的一批新书正式发行,其中包括:以传承遵义红色革命记忆、继承人文历史红色资源为主旋律,引导学生正确认识世界和中国发展趋势的《红色塑魂》;以"劳动光荣、技能宝贵、创造伟大"为主题,用以对大学生进行专业知识培养、技能传授的《蓝色致用》;通过丰富多彩的校园文化和活动,引导学生志存高远、脚踏实地、珍惜韶华,让勤奋学习成为青春主基调的《绿色出彩》。此外,遵义版的《〈中职学生公约〉践行指要》、汽车专业、建筑专业等一系列地方特色教材也顺利出版,重庆出版社职教教材出版模式终于成功地走出重庆,走进遵义。

  通过教材出版开发学校,特别是开发域外学校,我深知这个行业的辛酸,也深感图书策划、出版、销售是非常艰难的过程。在这个过程中,除了个人的努力,我们背后的平台至关重要。我的每一次出发,都有重庆出版社站在我的身后,这让我倍感心安。此刻,正值我社成立70周年,重庆出版社对于我来说,就是出版界的"顶级流量",我的每一次宣传和推广,都是为了把这个品牌更加地做大做强,这个过程有着无数的奔波、忙碌、冷眼、嘲笑、寒暄、欢颜,我乐此不疲并满怀着信心,期待着一次又一次的"风雨彩虹"。

成　长

钟欣恬

开始

　　大学毕业以后,小尔回到了重庆,应聘到重庆出版社工作,做一名图书编辑。其实在这之前,她也曾投过几份简历,要么心气太高,不愿意将就,要么石沉大海,邮件得不到回复。家人的苦口婆心与现实的打击,让她不得不重新审视自己,是不是先养活自己?

　　2017年的夏天,似乎也没发生什么大事。街头的香樟树和一些不知名的小树也不再为争地盘而打架,呼呼地冒着热气。早班公交车上比平时清净许多,车上的人有趁机补眠的,也有在看视频学习的,忙碌的一天开始了。

　　职场规则,对刚入职的小朋友特别"照顾",打印文件、帮忙做表……小尔也不例外。每天枯燥地学习如何校对书稿,做着相同的工作,小尔有些疲了。终于,在三个月后的一天,她接到了人生中第一份书稿,即使这是前辈遗留下的作业,但她仍然充满热情,从头看到尾,发现了一些前辈未发现的问题,得到了领导的赞赏,这让她很开心。

　　由于公司的中职图书市场的不断开拓,品种不断增多,小尔也参与到中职图书的策划中并担任学科主要联络人。为了会议的成功召开,小尔准备了很多材料,可还是败给了理论思想。会议现场太混乱了,老师们七嘴八舌,争论得面红耳赤,这完全把控不住啊！小尔有些抓狂,怎么跟预想的不太一样？好不容易把各位老师的思绪拉回来,时间早已过半,而议程仅仅进行了不到三分之一。没办法了,只能放大招。大招就是——给出原定方案,让各位老师在此基础上做加减法。这无形中给老师减小了很多压力。没一会儿工夫,初步计划方案新鲜出炉。小尔轻吁一口气,会议终于结束了。在这之后的每一次会议,小尔都吸取了经验,往往会提前准备一份备用方案,尽管建设性意见提得不够好,但没人说她——有准备总比没准备好。

刚开始那会儿,小尔还经常犯错误。错误还不小。有一次着急付印书稿,竟然没有检查到书稿扉页漏掉了社名,这在质量检查中是大错,被部门领导拉去严肃批评。后来,她再也不急了,她知道,越忙越乱,越忙越容易出错,越忙越要静下心来完成好每一个步骤。每一份从自己手中交出的书稿都要对其负责。

熟悉

刚来的那两年,虽然钱挣得不多,但好在一个人,除了日常开支,也总算在这个城市站住了脚。时间一分一秒地走着,转眼间,小尔已有两年工龄,手上接过的书稿一摞一摞地堆满书柜。她有个小习惯,每一本书内审、三校一读甚至包括改过小错漏的稿子都会用绳子绑在一起,这样方便查阅。

干一行,爱一行。小尔想,既然选择了这个职业,就该想想自己的职业道路。当下最要紧的是赶紧考取出版专业中级资格证书。据说这个资格考试通过率极低,大多都败在了理论基础上。"年轻人,还是太天真,准备不充分,经验不够。"小尔故作老成地跟同事闲聊。中午在去往食堂的路上,不知哪来的勇气,她竟说出"这次考试我一定能考过,考不过就辞职"的豪言壮语来,惹得周围同事哈哈大笑。

10月很快就到来了,刚过完"十一"黄金周长假,似乎还没缓过神来,便要开始考试了,小尔莫名有些紧张起来。放松的心进去,悬挂的心出来,上午第一门考完了。考场外大家都在讨论计算题的步骤与答案,小尔却有些心不在焉地踢着路边石子,看上去心情有点低落。"上午考成这样,要不下午弃考算了?"她心想。本着报名费不浪费的原则,小尔最终还是走进了考场。上天垂怜,幸好她没有放弃那门考试,否则两个月后的她查到成绩时也不会那么激动万分。考试成绩意外地高了及格线许多。小尔心里暗暗自喜,或许没人记得她当时曾说过的话,不过没关系,这是对自我的肯定,检验自己是否已成为一名具备职业素养的合格编辑。她,做到了!

学习

其实在日常工作中,小尔都是在埋头看稿与抬头上网查阅资料中来回穿插,极少去跟人打交道。也许是性格原因,她始终学不会圆滑处事。知世故而不世故,这也挺难的。如果说之前的中职书策划,仅仅是饭桌上的前菜,那么这次新策划的名著系列选题,就是一盘硬菜,而且还需要慢慢咀嚼方觉其味。小尔亲历策划团队从无到有的体例打磨,一次次的会议讨论,无数次的推翻重来,都让人精疲力尽,但就像凤凰涅槃重生一样,新事物的产生总要经历种种波折方能横空出世。选题一出即是精品,受到了市场的广泛好评。于是,小尔趁热打铁,推出其余名著阅读书目。编辑团队八九人,平均每人要分掉2—3本,前期还需要跟很多老师沟通交流,并形成会议记录。每一次团队讨论,小尔都会尽量参加,并提出自己的想法,参与其中,与项目一起成长。

小尔印象最深刻的是去南山分组讨论的那次,参会的都是每本书的主编。下午5点,天下着蒙蒙细雨,烟雾缭绕,上山的路有些湿滑,途中还遇见了吉普车因车速过快右后轮陷在凹槽里的事故,好像一切都不那么顺利。一组四人,简单分工后,各组迅速进入状态。小尔所在的组里,主编们对每本书的各个板块进行细致揣摩,相互探讨,进展似乎有些顺利。突然,听见隔壁组一位女主编拔高了声音,"为什么这样改?我不同意!你这样说服不了我!"话音刚落,又响起另一位男主编劝解的声音:"你坐下来,我们慢慢讨论嘛。不要着急。"接着又是一番激烈的争吵,持续了几分钟,最后听不见任何声音。小尔悄悄用手机跟隔壁组同事联系询问情况,同事说语文老师特别能坚持意见,无谓褒贬。小尔却特别佩服,如此真性情的教师早已不多见。

  故事似乎讲完了,但生活还在继续;故事还没有结束,小尔的编辑之路才刚开始。

推陈出新,陪伴同行
——"整本书阅读任务书"创新销售模式浅谈

林　立

"新教材,新教法,感谢你们给我们提供了示范引领""太及时了,我们正愁不知怎样教呢""你们可不可以多来几次？我们太需要了"……每次跟随"整本书阅读任务书"专家团队到各区县"送课下乡",我的耳畔总能被类似的话语所萦绕,我的内心总是既激动又自豪。也就是在这样的时刻,我才能更深刻而清晰地认识到：出版,不仅仅是输出与传播,更是一种陪伴与同行。

直击盲点,敢为人先

2017年12月,教育部颁布了《普通高中语文课程标准》,掀起了新一轮的课改热浪。作为一家服务于教育的公司,至弘传媒在第一时间捕捉到这一重大的教学变革,公司上下迅速达成一致,要让集团在新一轮的基础教学改革中展露身影,发挥能量。这个时候,新课标对于很多一线教师而言还只是一个全新的概念,配套的部编本的新教材才刚刚开始启动编写,全国还几乎没有新课标和新教材教学实施的配套出版物。心若有所向往,何惧敢饮"头啖汤"。我们要率先打造一套与新课标、新教材配套的出版物。

"未有先发者,非无其心也,势未敢耳。"要敢为人先,除了一腔热情,更需要厚实的积淀和切实的付出。咨询专家,认清课改方向；调研教学,倾听一线教师的教学诉求;研读课标,找准出版切口……通过前期一系列精心的准备,我们终于找到了出版方向:围绕新课标"整本书阅读与研讨"学习任务群,编写一套面向全国的"整本书·名著阅读任务书"。

为适应"整本书阅读"教学需要,重庆出版集团聘请课标组核心成员、部分省市语文教研员和语文教学一线名师,组建了重庆、四川、陕西等省市的高中语文教学名师共400余人参加了"整本书·名著阅读任务书"丛书编写工作。编写团队先后在全国各地开展整本书阅读丛书编写研讨活动,准确理解课标对整本书阅读教学的要求,确定"整本书·名著阅读任务书"丛书的体例、架构、编写方法。

2018—2019年,仅用一年的时间,"整本书·名著阅读任务书"就完成了两大系列共43个品种图书的编写工作。巢宗祺、苗怀明、郑桂华、吴欣歆、李华平、余党绪等课标组核心成员和部编本语文教材编写专家对这套丛书给予了高度的评价。

量身打造,因地制宜

优秀的出版物,不仅需要内力的锻造,更需要优质渠道和方式来传播、推广。

"整本书阅读任务书"刚一面市,就受到了学生、教师高度关注。这种关注一方面来自这套丛书对于"整本书阅读与探究"这一全新学习任务群的构想与示范,另一方面它还激荡起了广大一线教师对于整本书阅读教学的探索热潮。当我们带着这套书去全国各省市去进行营销宣传时,很多老师说,他们对于整本书阅读也有一些积极的构想和设计,迫切想要融入我们的丛书中。还有一些教师谈到,由于地域差异和学情的不同,有些品种的任务书在他们所在的区域实施起来难度值较大。所谓南甜北咸东辣西酸,一套书要满足所有读者的口味和需求,显然是一件难以实现的事情。

既然众口难调,有没有一种方式可以既保证图书的整体质量水位,又尽可能满足不同读者的个性化需求呢?

山不过来,我们就过去。我们深信,只要心中装着读者,只要尊重出版的根本旨归,打破固有思维模式,大胆创新,办法总比困难多。于是我们创造性地提出了"量身打造,因地制宜"的图书开发和发行思路。在2019年,我们用短短几个月的时间,跑遍了27个省和上百个地级市,遍访19省市代理公司,倾听他们对于这套书的编写需求以及发行期待。我们最终整理集合各方面的意见,敲定"一套丛书、两个系列、三个版本、四种渠道"的编写和发行模式,具体而言就是依据高初中的不同,确定了两个不同的任务书序列;再以重庆团队编写的任务书为蓝本,结合不同地域和不同学情的阅读需求,吸纳当地优秀编写资源打造同一阅读内容三种不同任务版本;构建起代理、租型、系统、合作出版四种发行营销模式。

惟创新者进、惟创新者强、惟创新者胜,通过开发和发行思路的大胆创新,利用"量身打造,因地制宜"的革新理念,从2019年秋季开始,"整本书·名著阅读"系列,迅速进入全国市场,先后在重庆、四川、陕西、辽宁、黑龙江、吉林、浙江、山东、山西、广西、河北、湖南、青海、宁夏、甘肃、新疆等27个省市使用,销量约200万册。更令人惊喜之处在于,通过我们吸纳更广泛地域老师的参与,我们的丛书在内容质量上获得了更多元的提升。

正所谓"利人者,人必从而利之",我们抱着服务教学,满足读者个性化需求的初衷而革新的编写发行思路,不仅得到了读者和经销商的认可,吸纳了大量"粉丝",同时也提升了我们产品的质量,增强了产品的核心竞争力。

陪伴同行,持续生长

在这个资讯发达、观念多元的时代,制造一个"爆款"产品,实现"一夜成名天下知"营销模式,可能并不是一件难事。真正困难的是把一个有质量的产品打造成一个能够拔节生长的生命体,让它拥有行稳致远的能力,这才符合出版发行的本意,也是一个优秀出版物最根本的价值所在。

"整本书·名著阅读任务书"在全国热销的同时,我们意识到,要让这套书真正发挥它的价值和功能,真正让老师会教、学生会读,我们还需要强化售后服务意识,借助产品服务配套,来打通编者与读者、发行与使用的任督二脉,最终实现这套书的持续生命力。

"陪伴同行,持续生长"这一创新性的售后配套举措成为了我们销售发行的"点金棒"。为了帮助老师们更好地指导整本书阅读教学,我们组织编写了配套的教师用书,为老师们提供极具针对性和实用性的教学建议和范例。同时我们还组织编写专家团队,到全国各省市进行整本书阅读教学的专题讲座,组织各地的整本书阅读教学教研活动,组建由教学名师构成的整本书阅读教学示范展示授课团队,截至2020年10月,我们先后在全国各地开展了近200场相关教研活动。

2020年新春伊始,因为受新型冠状病毒肺炎疫情影响,全国的学校推迟了开学时间。我们响应教育部"停课不停学"的号召,按照重庆出版社统一部署,把满足疫情期间广大师生的实际教育教学需求放在工作首位,积极拓展新的视野,探索新的工作方式,落实教育出版行业的新使命和新担当。我们没有忘记"陪伴同行,持续生长"的服务承诺,从广大师生的需求出发,从出版行业自身的资源优势和特点出发,在第一时间给广大师生提供优质教育资源,我们又一次组织全国400多位教学名师,策划了"整本书·名著阅读系列微课"。2月25日课程开放首日,开播两节课,据直播间数据显示,播放第1小时观看人数达4000人,关注人数达3000人。该课程获得广大师生一致好评。

读者的肯定就是我们前行的动力,截至2020年10月我们录制相关微课368节,示范课20节。与此同时,我们的"《乡土中国》整本书阅读任务书"系列微课荣登"学习强国",一天单课的浏览量就达到15万,目前,"学习强国"总浏览量达164万,在快手APP重庆出版集团官方账号,41条微课短视频,已经达到了150万浏览量。

我们相信陪伴是最长情的告白,同行是最坚定的支持,持续生长的不仅仅是图书的生命,还有无数对我们充分信赖的读者。在我们的陪伴与同行下,不仅他们获得了知识与技能的持续生长,还有那份对我们的信赖与支持也在持续拔节向上。

我的出版情缘

朱 艺

现在回过头来看自己与重庆出版社的缘分,我觉得整个过程有些奇妙。梳理这条时间线时,我心里感慨颇深。

将时间回拨到2013年,那时我毕业不久,没多少职场经验,在网上求职时无意间看到重庆出版社招聘党建干事。出于自己思想政治教育专业毕业的考虑,我决定发简历试试,但很遗憾:石沉大海了,我与出版社擦肩而过。

不过阴差阳错,我进了杂志社工作,学习编辑、校对,学习采访,学习写稿,这些年就这么一步一步在媒体行业生存了下来。2017年因偶然的机会,我来到了出版社的大楼,并且开启了出版人生涯。兜兜转转一圈,虽然与毕业时的求职方向大相径庭,但我终究来到这片土地,走上了出版专业的职业化发展道路。想来总觉不可思议,仿佛有种命中注定的意味儿。

初入杂志社时,主编告诉我:传媒人需要以战战兢兢、如履薄冰的态度对待每一份稿件。我一直秉承至今。来到出版社的第一件事,便是考取出版专业中级资格证书,这既是追求进步,也是对自己职业的一个交代。出版社有着许多分支,文艺分社、少儿分社、社科分社、重点图书编室、教育类图书中心……分门别类,应有尽有,每个环节、每根链条都有条不紊地运转着,力求向社会大众提供优质的精神文明产品。

在很多朋友眼中,我是不接地气的人,似乎实现了诗意地栖居。因为在他们外行人的认知里,文字工作总是充满诗情画意,可以远离俗务烦扰。其实不然,文学类图书可能的确对人有着诸多美的熏陶,但是很多专业类图书,尤其像理工科类,并不是文字游戏，更多的是需要过硬的专业知识水平。对于图书编辑来说，除了基本的文字处理能力，扎实的编辑、校对能力，还有自身专业素养、知识水平非常重要，否则难以驾驭知识性、专业性强的图书。

曾经有朋友把出版社当成实现文学梦的地方，以为编辑的日常工作无非就是看看小说、润润笔那般模样，当她被分配到学术类的选题，文字没有她想象中的生动、精美，而理论性较强，甚至略显晦涩、枯燥，她便受不了其中落差。很显然，出版不等同于文学和文艺，文学、文艺类图书仅仅是出版领域的沧海一粟。

我所在的部门以职业教育教材教辅为主，来稿质量通常良莠不齐。有时候文字内容实在堪忧，很难相信这是严谨、慎思之下写出来的稿件。面对这种情况时，编辑需要认真地提出审稿意见，跟作者多次沟通，经过不断修改、打磨，方可使稿件符合出版要求。国家现在对职业教育越发重视，我们做相关板块的出版人则任重而道远。我想：相比一些研究生同学去一线教学，我也算是以另一种形式在从事教育工作吧，各自用了自己的方式在探索人生价值、社会价值。

有人说，图书编辑不该局限于只精通某种专业，他们更像是杂家，各种知识都要懂一点、会一点，才能更好地应对不同类别的选题，我深以为然。就好比我过去采访时，采访对象涉及画家、刺青师、音乐人、标本制作者、建筑师、摄影师……每一次出发前都需要提前做"功课"，对相关领域有初步了解，如此才能保证采访的有效性、写稿的专业性。同样的道理，图书编辑要面对的也不是单一的选题和体裁，掌握的知识和技能越多，处理起稿件就越得心应手。

来出版社这三年，印象最深的是图书质量检查和2020北京图书订货会。2019和2020连续两年我都有图书被抽到质检，每一次都令我神经紧绷，努力和改进的过程鞭策我在未来的路上不骄不躁，时刻保持清醒的头脑和职业平常心。而今年年初前往北京参加图书订货会，看到了来自全国各地的同行。放眼琳琅满目的各类图书和热情高涨的业界人士，他们皆深深地鼓舞了我，令我受益匪浅。在社会日新月异的今天，有这样一群人仍然坚守在出版的阵营中，让祖国的文化绽放异彩，他们一边为传统出版贡献自己的才智，一边思考信息技术时代出版的转型发展。他们不忘初心，笃定前行。我不禁想起汪国真所言："既然选择了远方，便只顾风雨兼程。"

不得不说，进入出版社以后，我比以往更喜欢买书了，更热爱阅读了。以前做采访的时候，在外奔波的时间比较多，很难有时间静下来读整本整本的书，而今的案头工作让我沉淀下来，我开始走近茨威格、毛姆、加缪、狄更斯、小仲马、雨果、杜拉斯、菲茨杰拉德、杰克·伦敦……在他们精彩绝伦的故事和文字里，我反观自身，自检、反思，并寻觅着如何与自己、与他人、与世界更好地相处之方式。此外，我也深刻地意识到，在浩瀚的出版世界里，自己现有的阅读量和知识积累量还远远不够，需要进一步求知，继续加强学习。

2020年已过四分之三时间，被新冠疫情笼罩的人民和大地，逐步恢复生机。在这特殊的年月里，那些逆行的身影，那些无言的帮扶，那些掷地有声的文字……无疑是人世间一抹抹宝贵的温情。共同的信仰和力量让我们相信阴霾终会被驱散，痛苦与灾难终会结束！

在出版社生辰之际，挥洒下这份心情，以示感恩之心。感谢出版社给予我土壤和氛围，让我在为社会打造和传递精神文明产品的同时，也不断丰富了自己的精神世界，充盈了自己的内心，以待未来，用更大的视角、更佳的心态去迎接未知与变数，应对挑战与机遇。

祝愿出版社越来越辉煌，越来越美好！

做先进文化的建设者和传播者

唐国富

光阴荏苒,日月如梭,不觉中,我来出版社工作已有三个年头。恰逢重庆出版社70周年社庆,有感而发。

回想第一天踏进编辑部办公室时,幽幽书香扑面而来,整墙的大书架,塞满各种工具书、样书的桌面,编辑们在一摞摞堆积如山的稿件中埋头苦干的场景还历历在目。面试的时候,和总编聊到为什么想要做图书编辑,我老实地答道是因为很羡慕编辑,可以一边工作一边看书。总编告诉我,编辑这个工作要静得下来,有耐心才干得好。我从小喜欢看书,享受一个人在安静的下午读书,沉静在无垠的文字里,感受他人喜怒哀乐,体验不一样的人生。书可以平静一切,我想编辑就是我一直想要的工作。

新入职,我和大家一样都是信心满满。我从最基本的校对符号学起,读黑皮书,学习编校规范,再到参加编辑职业资格考试。在做了一段时间的编务工作后,我参加了《秦良玉史料全集》的编辑工作,任务是协助责任编辑校对稿件。这本书是由石柱县地方志办公室组织编写的一部有关传奇女将军秦良玉的资料汇总,全面收录了历史资料、研究论文、小说故事、戏剧曲艺、诗歌散文、影视剧作等不同文献资料。书中一些文章出自清代和民国初年,文白相间,让我这个理工科出身的编辑改得手忙脚乱。繁体字必须全部简化,异体字要查通用规范汉字表、异体字对照表,作者的造字得斟酌处理,书中大量的引文还应核对文献出处。我每天只能编校二十页左右的书稿,效率比较低。遇到修改较多的地方,我会写函询问分册主编。主编之一为某大学知名教授,平日工作繁忙,询问函常常要等上半个月才收到答复。这位主编火气比较旺,时常在专业问题上指责我们,抱怨随意删改他的文字,有时一通电话讲下来,大半时间都是在发泄,我们还得恭恭敬敬地听完,并好生安抚。此外,本书的改样我们也无法掌控,因排版设计人员均来自合作单位,沟通不方便,一次改样往往需要将稿件来回寄送多次才能完成。面对校对室老师的严厉批评,地方志办公室领导隔三差五地催着出版,各种压力和困惑萦绕心头,让人痛苦不已,疲惫不堪。那是一段难忘的日子,不知经历了多少星夜加班,牺牲了无数与家人团聚的周末。枯燥的文字编校,没完没了地加班,日复一日,看不到尽头,当初的热情被一点点消耗。身边个别同事因为压力选择了离开,但责任心迫使我们没有退路,只能咬牙坚持下去。后来我们得到专家黄家华老师的鼎力相助,他在作者那边为我们据理力争,缓解了压力,同时还帮我们找出了书中的一些知识性错误。最终,该书经过近一年的辛苦编校,顺利按时出版,大家才松了口气。

编辑是一个崇高的职业,看似光鲜,却有不被人理解的艰辛。困难是躲不完的,只有迎难而上,踏实工作,事情才会朝着好的一面发展。长此以往,方能收获成功的喜悦。

当今社会飞速发展,大家在各行各业不同的岗位上奋斗,在繁忙的工作和陪伴家人之外,网购、手机游戏、聊天、小视频等这些占据了大家仅存的碎片时间。我们一边承受着生活的压力,一边心怀着远大的梦想,浮躁和焦虑正吞噬着我们,现在能够静下心来读书的人越来越少了。希望我们编辑在重庆出版社这个大家长的带领下,勠力同心,做先进文化的建设者和传播者,弘扬优秀文化,多策划和编辑一批出色图书奉献给读者,还心灵一片净土,让世界多一点书香之气。

祝愿重庆出版社在竞争日趋剧烈的形势下,披荆斩棘,实现社会效益与经济效益的双丰收,再创佳绩!

我和出版有个约会
——重庆出版社成立70周年暨重庆出版集团成立15周年有感

邵 平

我和出版有个约会,这是人生之约,这是一生的相伴。

新闻出版,先新闻后出版,从天山脚下的乌鲁木齐到山水之城的重庆,不变的是始终坚守"举旗帜、聚民心、育新人、兴文化、展形象"的五项初心使命,不变的是做一件事情就要往深度走、往实处走、往心里走的责任担当,不变的是要坚持调查研究,增强脚力、眼力、脑力、笔力,带出一支本领高强,求实创新,精诚团结能打胜仗的团队。

和新闻出版的前一段约会是在新疆乌鲁木齐晚报集团。从平媒采、编运营到网媒采编管理,作为晚报集团的副总和新疆网创始人,带领团队从新疆网起名开始到成为国家一类新闻网站、拥有国家顶级域名、国家视频资质,名列城市新闻网站20强,荣获各类国家奖项32项。新疆网发挥四力、创新发展,得到自治区党委书记陈全国书、市委书记徐海荣的点名表扬。主导策划实施了乌鲁木齐晚报集团融媒体平台建设,主导申请新疆第一笔媒国家体融合专项资金600万元,主导各类网络技术项目总金额近6000余万元。荣获"乌鲁木齐十佳新闻工作者""新疆网络宣传工作先进个人""中国网络媒体创新发展杰出人物奖"等。这段约会历时26年,我无怨无悔。

和新闻出版的第二段约会是重庆出版集团。我2019年4月通过公开招聘作为职业经理人来到重庆出版集团,负责集团所属的重庆至乐文化传播有限公司。刚进集团的第一个月,我心情格外复杂,新团队、新目标、新领域,没有正式授权和任命,在别人的眼中我是什么?有尴尬、有彷徨。这时参加的集团战略讨论会点醒了我,我决定清零,删除过去,重新再出发,重新证明自己。我和班子成员一起认真学习集团1221战略,认真学习出版领域的新业态新理念,认真领会集团对至乐的实现数字经济的要求和期望。我暗下决心要在集团党委的领导支持下,带领至乐团队从零开始,以可持续发展的理念,不懈怠,不应付,踏踏实实工作,不辜负集团的信任,竭尽全力交出一份合格的答卷。

和出版的约会就要知彼知己,深入了解与理解出版业的现状和趋势,知道自己的使命和职责。

新时代党对出版工作提出了新要求:要坚持以人民为中心,守正创新、开拓创新,加大原创出版力度,加快出版融合步伐,积极发展数字出版、网络出版等新型出版业态,为人民群众提供更加充实、更为丰富、更高质量的出版产品和服务。图书是人文交流的载体、心灵沟通的桥梁;出版是满足人民文化需求、增强人民精神力量的重要途径。出版业的发展从最开始的纸电同步、数据库建设,到中期的移动端平台试水,互联网快速发展催生的电子书、移动阅读、有声书,而且形成了网络课程、培训讲座等知识服务新模式,再到现在多形态的互联网平台搭建,出版业在融合创新的道路上一直没有止步。在出版产业不断发展的今天,互联网、大数据、区块链等新技术及应用不断深入,产业形态更加多元,有力带动着出版业的整体融合,为图书出版和发行带来了更多可能。十四五期间5G、人工智能等新兴数字技术也必将对出版业各环节都产生深远影响,成为推动出版业发展的新动能。

我深知,出版融合并非简单的元素或者创新方式的叠加,而是整个生态系统的平衡与繁荣。在这个过程中,内容与技术的融合、行业之间的融合、产业服务的融合都已成趋势。集团的1221战略就是在这样的形势下应运而生。至乐公司承担着集团融合发展产业闭环中数字经济的重要职责,具体负责技术应用平台包括即出版行业ERP和文化教育生态服务平台的研发建设。技术应用是出版融合发展的载体和表现形式,更是为读者提供优质的阅读服务重要方式和途径。至乐公司新事业、新班子、新团队、一张白纸,要画出最新最美的图画。大家立下志愿:提高政治站位,提升能力水平,按照高标准、重调研的要求,技术应用不仅要做对做好还要做出彩,要和集团定位的"中国一流出版集团"的目标相匹配,做出中国出版行业一流的技术应用服务产品。

和出版的约会就要践行"四力",为重庆出版集团争光,为出版增光添彩。

出版工作是宣传思想文化战线的重要组成部分,是党的意识形态重要阵地。我们一致认为无论是传统意义以出版编辑为主的出版人还是以技术实现为主的融合发展出版人(集团的技术和相关人员),都属于新时代的出版人,都要深入学习贯彻习近平新时代中国特色社会主义思想,胸怀两个大局,坚定文化自信,都必须努力在"四力"上下功夫,才能出构架精深、技术精湛、创新领先、制作精良的好产品。我们是新时代出版人,我们把"四力"践行在至乐公司的技术应用产品研发全过程中:作为新时代出版人的脚力,首先是能"立定脚跟",政治立场坚定,牢记意识形态安全的使命。其次是下基层、勤调研、跑市场。"纸上得来终觉浅,绝知此事要躬行。"截至现在至乐团队为产品研发,到30多个区县教委、学校、装备中心、集团各部门需求调研访谈约1300次,构建优质高效的技术应用生态服务体系,最大程度提升用户体验;作为新时代出版人的眼力是加深学养,开阔眼界。要掌握互联网新技术发展趋势动态,了解相关政策、成功经验,向行业高峰看齐,让重庆出版集团的技术应用服务在国内领先;作为新时代出版人的脑力,是长知识、强智慧,更要成为半个出版专家,勤于思考,创新进取;作为新时代出版人的笔力,就是要用更平实,更鲜活,更严谨,更规范和听得懂的文字描述展现技术应用的功能模块。至乐公司在全流程全链路倡导"四力",我们不仅保质保量完成了集团交给的任务,而且始终坚持以面向用户提供优质产品服务为导向,从构建和生产,到部署和拓展,始终朝着应用产品组件化、模块化,实现了业务应用LowCode(低代码)迭代和代码自动生成,项目自动构建,服务组件虚拟容器化,产品服务部署可视化、简单化、统一化,基于平台整体设计上产品服务化、服务组件化、组件容器化,应用互联网最前沿的Rancher、K8S、Docker等虚拟容器化技术实现产品服务能力的弹性拓展,助力集团在"新出版+"发展中将出版与互联网深度跨界融合,使集团成为出版行业中首个具备完全自主产品服务快速响应能力,并在未来较长时间保持技术应用优势竞争力的新型出版集团。这些都是在集团党委的领导下、在邱总的直接指挥和关心下取得的,这是至乐公司为重庆出版社成立70周年、重庆出版集团成立15周年送上的生日礼物。

时光荏苒，和新闻出版的这段约会18个月了，它依然美好如初。每当清晨7点走出家门迎着朝阳和薄雾来集团上班，每当下班回家的路上看到夜空下美丽山城灯光璀璨，我丝毫没有疲惫的感觉，充实而自信。至乐团队成员每天工作10个小时是常事，大家毫无怨言。金风玉露一相逢，便胜却人间无数。能有机会参与集团"1221"战略的实施，有机会带领技术应用团队为集团融合发展出力，是集团厚重的信任，更是我们人生不可多得的机会，是光荣的使命。

这18个月，我爱上了美丽山城重庆，爱上了新出版。

感恩昨日相遇,共谱未来新篇

史青苗

重庆出版社70岁了。

70岁的重庆出版社和祖国母亲是同年代成长起来的。

70岁的重庆出版社和我的父亲年纪相仿。

在我心里面它是崇高的、尊贵的。

所以在70周年之际,在集团发起的"我与出版"征文活动及"70周年纪念文集"征稿活动中,作为"新人"的我,既想积极参与又感到有些压力,因为感觉可能这不是我这个年龄能够去书写或者表达的,或者说我的资历让我没有信心去完成这样的一篇文章。

"误入"出版业?

和一般进入出版业的朋友相比,我的目标其实并不清晰。专科学习食品专业的我,毕业之后自然是先到食品类的企业进行实习,到北京后,也先后在食品行业、收藏品行业、保险业都工作过,我对于自己的适应能力和学习能力一直都很自信,认为无论哪个行业,只要我能长久地干下去,一定会有一个不错的成绩。前同事的评价,似乎也能佐证我的这个"盲目自信观"。

北漂租房搬家是家常便饭,"钱多事儿少离家近"可能是所有打工者的一个理想的生活工作状态,而我不在乎钱多钱少和事多事少,不在乎什么CBD(中央商务区)

和大商超,只为了上班离公司近一点,为了不再挤公交挤地铁,2013年我应聘到了一家民营文化出版公司,算是半只脚踏进了出版业吧。但是没想到在五环外的平房区的一个规模不大的民营出版公司里,我竟然一待就是5年,不管此后我是否租房租到了更远的地方,我都没有再换过单位。从应聘的副总经理助理到尝试做业务,再到销售小组组长到营销部门主管到营销大区经理,不知这一路是因为领导的器重和同事的扶持让我不舍,还是因为这岗位的转变给了我自信让我更有信心做下去,又或者是因为家人朋友知道了我在出版公司工作,觉得我踏入了一个文化行业的圈子,给了我一种莫名的荣誉感让我留恋。文化行业总是鼓励员工自身的学习和发展,前公司也有对继续深造学习的扶持政策,所以我利用业余时间自考了天津外国语大学的本科管理专业,也不断进行其他技能的学习。总之这个行业吸引了我,留住了我,自此以后我就确定了,如若我以后再要换别的工作,一定还是在这个行业。

2019年的下半年,因为想突破以前工作的一个瓶颈期,我决定换一个环境,但是目标仍然还是在出版行业。在面试了几家公司之后,我最终来到了北京华章同人文化传播有限公司,现在想想,最终能让我下决心的是不是也是因为从家到这家公司的距离近呢? 现在再去思考这个问题,觉得自己很是肤浅呢。

来到新单位的营销部门,主要负责图书营销,虽然我以前的工作也叫图书营销,但是实际进入工作中,我觉得跟现在这个工作是完全不一样的。我以前的工作是直接去找客户的,直接推销图书,然后说服他们购买,貌似更类似于发行的工作。因为目标直接对象是用户,所以更多的是销售的一个行为,我经常就说自己只是一个卖书的。而到了新单位我才发现,华章同人是重庆出版集团在北京设立的公司,而集团有专门的发行公司,就是有专门的负责销售图书的同事。而我所在的营销中心主要是负责书的宣传和推广、品牌的经营和传播、活动的策划和落实(我个人认为主要是这几项)。我突然就觉得我的视野开阔了,我觉得这个工作更适我,在之前的公司没有明确的发行与营销的工作区分,其实我的工作就是兼着营销和发行的角色,而我现在所在的重庆出版集团,有多个出版分社和专门的发行公司。而北京华章同人文化传播有限公司作为重庆出版集团的北京创意出版中心和前沿阵地,在公司组织架构上,一直保持着营销中心这样的一个部门。

90后"金花团队"

明确了工作职责之后，我就很快进入了工作状态。营销中心4个女生，同事们称我们为"4朵金花"，全部是90后。实际上我们都没有专业的营销经验，但是我说过我最大的优点就是适应性和学习性，我是那种非常适应赶鸭子上架的人，令我惊喜的是我们团队的金花们也都是这样人（暗自骄傲，90后真的是已经开始顶起半边天了呢）。

营销中心团队招募，4人配置用了不到一个月时间就完成，我觉得这能充分说明我们领导团队的睿智和果断。营销团队成立后已经是2019年11月份了，到了年底，各家出版社的出版和宣传任务也是最重的时候。我们根本没有时间去找领导，或者请前同事给我们做完整的培训或者是交接，完全是在实战中摸着石头过河。我们先是接过了好几个正在执行中的项目和正在宣传中的图书，边学习以前的宣传资料、边和责任编辑们沟通现在图书宣传中的一些进展情况，听取他们在图书宣传中的一些建议。

在我们没有经验或者能力去策划一个项目的时候，我觉得执行是首要原则。所以我带领我团队的姑娘们，以最快的速度和最高效的学习能力去完成交接到我们手里的、还没有完成的项目。我们当时的想法就是把这个"烂摊子"收拾好了、收拾漂亮了，就算完成了我们试用期的目标，除此之外，如果能有一些业务上的拓展或者能力上的提高，那就是给试用期完美交上了答卷。就这样在11月12月，我们陆续进行了十几本书的营销宣传工作，在我们进行年终总结的时候，我们竟然意外地发现我们做到了每个月日均2条的媒介数据宣发。

每年1月份的北京图书订货会也是图书出版业的一次大盛会，我们这个新的团队也有幸遇到了这样的大规模活动。虽然由集团相关部门主导，北京公司协助，但是由于地处北京，我们自然要付出更多。我们团队承担了4场线上直播分享和一场线下的图书发布会。大到从嘉宾邀请、流程设计、分享主题和大纲的确定，小到海报的设计、嘉宾的接待、媒体的邀请、活动新闻稿的撰写整理,我们团队密切配合集团相关职能部门,完成了这次订货会的完美亮相,其中我们策划的线上直播节目登上了中央一套央视新闻。

"高效"成了领导和同事们评价这个90后金花营销团队最多的一个词。公司年会上,我们被评为"2019年度优秀团队"。

学习中成长

2020年疫情期间,我们集中对自己实习期的工作做了梳理,对所有媒体资源做了归类和回访,同时,我们进行了相对集中的学习和培训,参加了"百道"和"做书"组织的三场营销业务培训。这些培训对我们新人团队来说,是及时雨,也庆幸有这样一段集中的时间,让我们能专注学习,更让我们感激的是公司领导的支持。领导们一直是鼓励我们学习的,无论是对营销团队还是编辑团队,都不断鼓励我们学习提升,有任何学习机会,都会推荐给适合的团队。尤其2020年以来,公司每个月都聘请专业导师为我们进行1—2场的全公司业务培训。所以我很庆幸我新换的这家单位,也如此重视员工的学习再深造,事实也证明,不断地学习带给我们的是工作能力的提升和自信的建立,单从我们营销团队就可见一斑。

2020年2月,我们做了疫情期间的第一次直播尝试,当时只有一个支架两部手机、一个营销编辑、一个责任编辑,分享的是《老鼠、虱子和历史:一部全新的人类命运史》。在当时,大部分出版企业还没有自己加入直播大军,所以那场直播虽然直播间人数数据看起来比较漂亮,但是销售转化并不好,我们安慰自己说是疫情影响、大家买了也发不了货等等(行业内发行和物流的影响一直快到5月份才好转)。疫情期间,各大媒体版面都是相关报道,读书版块也都只刊登和疫情、传染病相关的书籍,现在回想起来,真的需要感谢媒体人的导向,让很多出版社的名不见经传的图书得到了曝光机会,让更多读者了解了除"畅销书"之外的、隐蔽在角落里的好书。所以我们根据各媒体的发布方向,去挖掘和整理我们此类书的文章,定向投稿,专稿专投,甚至给媒体建议选题,媒体老师都曾夸我们营销工作做得很"专业"。所以那段时间我们的媒监数据也很不错,3月份达到了日均1条,4月份日均2条。在第二季度的编发会和年中总结中,我听到疫情期间实现加印的书,北京公司还是占多数的时候很开心,尤其是《老鼠、虱子和历史:一部全新的人类命运史》是新书中唯一实现加印的,我们和责编稍稍松了口气,感觉辛苦总算看到了回报。

接下来的第二、三季度,各行业开始回暖,出版业也迎来了"4·23"和"6·18"等"大日子",我们的工作也恢复到忙碌的状态。仅在"4·23"前后一周我们先后策划了5场名家线上领读、6场作家直播、7场社群编辑分享,我们精选的7本图书触达10余个社群线上线下近20万读者。在二、三季度图书集中出版上市的阶段,我们也冷静分工,确保每本书都能出镜,也通过营销定级,选定了几本重点图书去开发渠道和加强曝光。比如《倒退的帝国:朱元璋的成与败》配合当当独家期,推荐上樊登读书直播间并敲定樊登解读;《生命进化史》开发大V团购渠道,实现了零的突破;营销全员全程参与线下图书集市,既锻炼了业务能力又宣传了图书和公司品牌;等等。

每一次具体项目的推进,都是对我们学习和成长的历练。曾在同行交流群里听到,有单位新人入职培训就长达半个月,各种学习满满,有人羡慕,有人吐槽。其实每个企业文化都是有它执行理念的,而我们其实更感谢这种实战中的成长模式,因为真的只有去深入参与到项目或具体工作中去,才知道自身能力哪里欠缺,以前工作的惯性哪里需要调整。而对于没有行业经验的新人来说,实操比理论能更快进入工作状态。但是切忌放养,要辅以政策和规范的指导,才能有效建立新人自信心。

后浪勇向前

团队培养和建设上,我在2020年年初定的目标是培养"全能型"营销编辑,我理想中的营销编辑既可以写一手好文章,又有优秀的媒体交际能力;既能策划执行的了活动,又能做得了海报;既能台前上得了直播,又能幕后做得了编导,还能剪辑个短视频。事实是经过小半年的学习和历练后,大家真的都能做到了,不得不感慨,年轻人学习能力是真强。但是在未来,我们还会根据公司产品线的调整和业务部门的布局,评估每个人的工作能力并尊重个人兴趣偏好,进一步去做团队任务分工或次重调整,希望把每个人的能力发挥到最大的同时,也能激发每个人更大的潜力。

4个人的90后小团队,我们要努力和学习的地方还很多。面对新的市场和形势,我们坚信在重庆出版集团"十四五"战略规划的引导下,在北京华章同人文化传播有限公司领导班子的带领下,我们这支后浪团队,定会在出版这片蓝海里奔涌出最美的浪花。

小编日记
——献重庆出版社成立70周年

张继佳

入秋以来一直在繁忙的工作中埋头苦干，直至前几天看到小屏上轮番播放的"建社70周年"，才恍惚过来，也许可以借这个契机，回顾一下在重庆出版社以来当编辑的这两年。

提起我进入公司以来的职位变动，其实是很有意思的事。最初我来公司应聘的是编辑职务，但由于某些因素进入了数字部门。在数字部门待了一年多后，索性依从本心，申请调入了编辑部。从某种意义上来讲，也可以说是回归初衷。

编辑工作大都是"被催赶着"走的，回望这两年多年的编辑工作，总觉得又快又慢，转瞬即逝又繁琐绵长。经手过的编辑工作在脑海里走马灯式的镜头中，翻页、定点、快放，排列了编辑过的书稿，竟是超出预料的数量。将一摞摞书稿中文字的大江小河疏浚得更通畅一些，九曲十八弯的弧度打磨得更完美一些，再由印刷厂的机器变成一本本印了文字和图画的书籍，被爱书的人拿在手里，或品赏书中的思维、内容，或激赏作者文字完美的表现，作为一介编辑，少不了劳动收成后的喜悦。

想来人们似乎总有一种将自己所从事职业神圣化的倾向，比如，"人类灵魂工程师"一词原是苏联领导人斯大林对作家的称谓，后来被教育家加里宁引用到教育界。这样的倾向在编辑行当也不例外，只要看看编辑论文集就知道有大比例的本行人士在类似地虚幻神圣化着这一职业，另有一些同行在文章里抒发自己"为人作嫁衣"的任劳任怨。其实如果把实情说透，人生在世，什么职业不是为人作嫁？否则，"人人为我，我为人人"又当如何说起呢？我倒是没有把编辑出版看作一个多么神圣的行当,不过觉得这是一个可以做到有趣,甚至满足自己爱好的某种工作而已。

依我的感受,如果换个角度来看,编辑工作的性质很像足球比赛中的守门员,攻城拔寨、建功立业没有自己多少功劳,填补空白、占领学术高地是作者的荣耀,而一旦城池失守,印出来的书上出现一两个比较明显的错别字,责任编辑绝对难辞其咎。当然,出版行当中也有许多胸怀远大前程和作出非凡业绩的前辈。我不过是尽着自己愿意在文字操作中挥洒精力和想象能力的性子,多编几本给普通读者看的平装书。无他,对得起自己的本心,也就可以了。

我对编辑的身份认定,一开始往往来自一些约定俗成的观念,比如"大编辑"得是杂家,要身居编辑行业高位。直至了解到张中行先生的故事,即使他未能企及总编辑的"位置",但在同行们心目中,他依然是卓尔不群的。叶圣陶说过,他终审书稿时,只有张中行先生编发的稿件,可以不看就签发,可见叶先生对这位"大编辑"水平的信任。进一步说,编辑的水平,也需要有好的作者来支撑。张中行先生说过,如今编辑难做,因为像吕叔湘先生那样的作者太少了。他编发书稿时,只有吕先生的稿子,可以不看照发。叶、张二位先生的话连起来看,让我对编辑职业特征,产生了深一层的认识。

做编辑工作两年以来,我认为在实操过程中,最重要的审稿原则,便是"化冲突于无形"。一开始我会下意识按本人习惯去调整那些"我认为不恰当的表述",直至接手陈家尧老师的《走向语文的深处》,这本书稿是家尧老师从教三十余年的经验之谈,语言简练且清晰,个人文风明显,我突然醒悟过来,对于这种文稿的编辑,核心就是要"化冲突于无形",什么冲突?当然是文字冲突。一部书稿经编辑修改之后,应意思不变,文风不变,句式不变,但多余的字、不恰当的表达、不流畅的话语,理应调整,既达到修改的目的,又保持了编辑的职业风度与礼貌,不留"斧正"的痕迹。这才是编辑该有的本事。

以上零零散散讲了些编辑工作中悟到的小道理,可能过于主观,可能与真理些许偏差,也没有着笔那些微不足道的艰难时刻。作为一个感性的人,做编辑有时让我觉得是一种灵魂所得,有精品力作产生,能够与更多读者心灵交流,是很有意义的。当看到一篇篇学术成果以多元立体式的呈现形式,并且给别人带来帮助,就觉得一切都是值得的。

  重庆出版社成立至今已有70周年,这70年里有数名跟我一样在这时间的洪流中历练、成长、醒悟的小小编辑,过去的70年的成就现已展现在我们的面前,如此宏大的叙事让命运共同体中的每一个人激动不已。谨以此篇短小的个人所想,献礼重庆出版社70周年诞辰。

做新一代有担当有责任的出版人

陈国菁

转眼之间又一年春节就要来临了,作为我们公司的工会副主席的我,还是按着集团前几年的老套路,准备着今年集团的春节游园活动。

突然,有一天我外出办公的时候接到同事的电话,告诉我今年集团将恢复春节联欢晚会,此次是恢复的第一次晚会,集团相当重视,将隆重筹办春节联欢晚会,下属各单位、部门都要出1个高质量的节目,节目形式不限,但要脱离低级趣味,不能低俗。接到通知后,我们公司领导立刻召开了紧急会议,集合了各部门负责人传达了集团此次联欢晚会的精神。同时,也将这个艰巨而光荣的任务交由我们工会负责。由工会主席王总亲自带队,我和周俊组织和策划。

听到这个消息的时候,我脑袋一片空白,我没有任何关于组织这种大型活动的经验,而且这次还是集团这么重视的活动。瞬间我倍感压力,我深知出版社里人才济济、藏龙卧虎,有才艺的人多之又多。那我们公司该表演什么节目好呢?正在我焦头烂额之时,周俊给我打了个电话:"国菁姐,你知道今年集团要恢复春节联欢晚会吗?我们公司要出一个节目,由我们俩负责。"

"我刚接到王总通知,知道了!但我们公司好像并没有有特别才艺的同事。唯一有文艺表演经验的就只有你了,要不你上?我们该怎么办呀?"我着急地说。

"我?我一个人肯定不行,要集体节目,而且我还是这次晚会的主持人之一,可能时间有点冲突。但只要公司有需要我,我一定参与,我再去和其他几个主持人协调。"周俊坚定地回答。

听到他的回答,我觉得心里暖暖的,让我对这次表演增添了一份信心。

动员大会

第二天,我们根据集团的要求,整理了公司每个同事的信息,决定先组织大家开一个动员会,看一下大家的反应,另外这也是集思广益嘛,人多力量大。

我们把大家召集在会议室,告诉大家集团要恢复春节联欢晚会,安静的会议室一下就沸腾起来,大家兴高采烈地讨论这次晚会。我清了清嗓子说:"大家安静,我还没说完,这次晚会集团要求我们公司要出一个节目,大家有什么好的提议吗?"话刚说完,会议室突然间就变得鸦雀无声,安静得连大家的呼吸声都能听到。周俊看了看眼前的情况,轻声说:"大家不要紧张、不要害怕,我们这次想排练一个集体表演的活动,体现下我们的团队力量。"顺着周俊的话,我接着说:"这是我们至弘公司成立以来,第一次参加集团组织的大型文艺活动,这次活动对于我们来说不单是表演节目,而是对我们能力的考验。我们不仅能把工作做好,我们在其他方面也要体现我们敢拼、敢做、不畏艰难的精神。我们是一个集体,只靠个人是不行的,我们需要大家团结的力量。"

满腔热情,团结一致

这时,下面有同事开始反应了,小声地说:"我们唱歌?跳舞?小品?但我们好像什么都不会呀?我们该表演什么呢?""唱歌吧,傅栩、周俊、张勘他们唱歌都不错,不表演下可惜了。但唱歌又好像太单调了,团队合作也少。"慢慢地,每个同事都发表了自己的意见,都在为这次活动出谋划策,大家已经没有了之前的"害怕"。经过我们激烈的讨论,大家一致决定我们来一个歌舞串烧!现在大家满腔热情,统计报名的时候,大家都举手参加,"只要是公司需要,我们都参加,只是我们不会跳舞,怎么办呢?""不要担心,只要大家愿意参加,我们请舞蹈老师来教大家。那么既然我们已确定了表演的节目,那我们趁热打铁把歌也确定了,因为距离表演只有刚好一个月的时间了,我们要抓紧时间。"周俊开心地说。有的人喜欢古风柔美的歌,有的人喜欢音乐激烈的歌,最后经过筛选,我们选了一首古风的歌象征着我们有情有义,永不放弃的精神,另一首现代说唱歌象征我们遇到困难,逆流而上永不放弃的精神!这些不都是我们公司一直以来体现出来的精神吗?!所有前期准备工作都准备得差不多了,现在唯一的难题就是把两首歌完美地融合在一起。其实这也不是难事,只要拿出去找专业的音乐工作室帮我们剪辑就可以了,但困难的就是那样费用太高,我们的活动经费也没多少,不想浪费活动经费,正在大家一筹莫展的时候,傅栩站了起来:"我可以试下自己剪辑,但不知道能不能达到大家的要求。"听到傅栩的话,大家就像看见黎明中缓缓升起的太阳,看到了希望。我心想,我们有这么多优秀的同事,还怕什么呢,胜利已在我们眼前。

为了集体的荣誉,冲吧

傅栩晚上回到家,加班到半夜3点多钟才把两首风格各异的歌曲完美地剪辑在一起,第二天一大早就把剪好的音乐发给舞蹈老师编排动作。大家为了不耽误工作,决定请老师在午休时间来教大家跳舞。为了让我们的节目保持神秘感,能在表演的时候让大家眼前一亮,我们20多个人密密麻麻地挤在12楼我们的录播教室里,把桌椅都移到了墙角堆成小山,把教室里外都腾空了。然后老师根据编排的舞蹈所需要的人数把我们分成了两组,一组跳古典的,一组跳现代的。然后两个老师各自带着队员分开练习。我们古典的,先跟着老师一遍一遍地练习,刚开始大家都不好意思,你看我我看你,手脚都不知道该怎么放,下一个动作该怎么做。音乐响起来,我们都还呆呆地站着一动不动。因为我们都还没有反应过来,第一个动作该在音乐前奏的哪个点开始。老师耐心地一个一个动作给我们分解,佳佳是我们中学习能力最快的,跳得最好的,所以每天下班后她都带着大家留下来练习老师教的动作。佳佳就一个一个地检查我们的每一个动作和走位,甚至分析每一句歌词,音乐唱到哪个字我们的动作卡点在哪个位置,我们反复听反复练,每天下班都练到七八点钟。记得有一个摇花手的动作,看似简单但我们每一个人做出来都不一样。为了动作的整齐统一,那天晚上只是这一个动作我们就练了2个小时,手都酸得抬不起来了。我没有听见任何一个人有报怨,只看见大家讨论是哪里做错了,为什么不一样。还有小恬恬和静静,她们还要负责几个高难度动作旋转单膝跪地、劈叉,每练一次都能听见她们单膝跪地"咚"的一声,她们的膝盖已经又青又肿了,我们让她们练习时不用真跪,可她们说:"我们要把每一次的练习都当表演,每一个动作都要到位,要不然会影响大家的。"

在寒冷的冬天里,我们只穿一件T恤,大家每天都练得汗流浃背,最先是佳佳开始咳嗽,再跟着我、肖姐、小恬恬甚至连我们的主唱傅栩也开始咳嗽起来。我怕大家的身体累垮了,特别是我们的主唱,她要是感冒了唱歌的时候嗓子哑了就完蛋了。我让大家都休息两天,等好了我们再练,可大伙儿都不愿意,都想多争取些时间练习,一定要把舞练好,希望我们在表演的时候能把最好的表演留给大家。

经过一个月的魔鬼练习,在晚会上我们赢得了集团所有人的掌声、欢呼声。在那一刻,我们觉得我们的辛苦是值得的,我们的付出为至弘争得了荣誉。我们无论是在工作中,还是在此次表演中,我们都体现了作为一个出版人对工作、对事情的认真负责、满腔热情!我们要坚定文化自信、担负文化使命,做新一代有担当有责任的出版人。

我与重庆出版集团的一年

张婉莹

距离我第一次走进重庆出版集团的大门已经过去将近一年了。那个时候我结束了在律所的实习工作,一个人来到重庆,想要开始新的生活。可是面对家中的琐事与深造还是工作的选择,我不知道该如何处理,于是将自己关在家中,浑浑噩噩地消磨时光。

直到某天,一直安静的手机突然响起,电话那头一个温柔的女声响起:

"你好,我是重庆出版集团至弘公司的,你之前给我们这里投了简历。方便的话明天来面试吧。"

我细想了一下,似乎是曾投出过这样的简历,于是便答应了下来。

第二天一早我打了车赶过去,集团的大楼就位于桥下,从外看有些年岁了,而走进去,则会感到大气之中带着文化的底蕴,使我不得不暗暗惊叹。

王总亲自迎接了我,她带着笑容将我领进了她的办公室,开始跟我娓娓道来编辑的工作。此前其实我对编辑并不太了解,听了她的一番讲解后,才发现编辑其实与我想象的并不完全相似,此前我只觉得编辑只是进行简单的催稿与校对工作,实际上编辑的工作并不能这样简单地概括,一个优秀的编辑需要同时具有优秀的文字功底、赏析能力与社交能力,所以这并不是一个简单的工作。王总还非常自豪地给我介绍了公司的"名著阅读"书系,并问我最近是否有读过什么名著。这时我才发现,自己近年来除了专业书竟再未读过什么纸质书!只得报出了大学时所读的《基督山伯爵》。细细想来,是该离开手机小说APP,重新打开充满油墨味的实体书了。

之后,国菁姐来与我谈待遇相关的问题。她是个亲切的人,看出了我的紧张便笑着让我不要紧张让我放松。最后,我决定下周一来就职。

当时我还是很犹豫,要不要去做这份从未接触过的工作。于是我打电话给了我的父亲,他用很轻松的语气对我说:"试试吧。"

于是我也对自己说:"试试吧。"

父亲的"试试吧"是鼓励也是期待,他希望我能够尝试独自走上社会、尝试没有体验过的工作,也期待着我能够尽快成为一个独立自主的成年人。而我的"试试吧"则是一种想要和以前的生活彻底告别的决心。

一开始我一边做一些杂事一边学习相关知识,即使曾经我的语文成绩还可以,在学这些知识时也用了全力,不敢有丝毫的懈怠。在这个年末,我学习了相关知识,接触了一些简单的工作,也和同事互相熟悉了一下,能够切实地感到自己重新回到了社会之中。

春节我回到了家里,父母和其他亲人都很热情地询问我工作上的事情,气氛非常融洽。以前父母因为我的工作和学业上的问题总是弄得家庭气氛有些紧张,而今年我有了新的工作则让他们很高兴。

另一个与往年不同的地方是今年出现了疫情,因此在家办公了很久。很多公司在此期间无法给员工正常发出薪资。但是段总却毫不犹豫地给大家按时发了工资,这让我心里暖暖的,觉得以后也要继续努力工作作出贡献。

在家办公时,家人也给了我很多支持,同时也很好奇我的工作具体是做什么。亲眼看到了我认真工作的样子后,家人的担心也渐渐减少了。我很高兴,家人终于承认我是一个独立自主的人了。

疫情有所好转后,我再次离开家回到了重庆。但是这次的心情与去年完全不同。因为我这次有了目标,有了努力的方向。

居家办公结束了,回到公司后正常的工作生活也开始了。这次我拿到了《以人为本法治教育观构建研究》的稿子,这份稿子意义重大,它是我第一本亲自负责的书。

但是审稿过程并不顺利。首先这本书的语病和错字很多,其次它的文献格式并不规范,再次与作者的沟通中也出现过不少问题,最后文献的核对工作量也非常大。

在漫长的工作期间,我因各种大大小小的问题被领导和校对老师批评过,时常感到非常沮丧,非常想要放弃。然而同事们劝我,编辑工作是非常需要经验的,只要不再犯同样的错误就好。我听了之后觉得很有道理,任何事情都不是一蹴而就的,经验比结果更加珍贵。我坚信只要认真做好自己手中的事,汲取经验,以后一定能够成为一个优秀的编辑。

在这本书的审稿过程中,我进行了深刻的思考,我不光是这本书的编辑,也是这本书的读者。作为一个法学专业学生,我对法治观念略懂一二,而法治教育观却是我未曾了解过的领域。审稿过程中我也查询了非常多的文献资料,翻开了许久未翻过的字典,打开了写完论文后就再未打开过的知网。一边是繁琐的核实工作带来的焦虑,但另一边是对自己的知识得到拓展和工作经验得到增长的愉快。

时光飞逝,一年的时间就快要走过。从我踏入重庆出版集团的那一刻开始,所有事情都慢慢地有了变化。我的作息渐渐变得健康正常,不再畏惧与人接触,与家里的关系也渐渐缓和。看着《以人为本法治教育观构建》一步一步从文档变成实体书,心里非常有成就感。

世界灿烂盛大,未来的路很长,但是一定是充满光明的,无论是重庆出版集团的路,还是我的路。

疫情下的图书出版

——记重庆出版社《劳动教育》的开花结果

胡高阳

2020年春节以来,因为疫情蔓延,我们的出版工作受到了很大影响。经过一个多月的居家办公,我们至弘公司所有职工于2020年3月9日回到出版集团大楼开始上班。正式开启新一年的图书出版工作后,大家挺忐忑的,对于这场疫情的气势汹汹心有余悸。各行各业受到疫情冲击的消息还在时不时地占据着新闻头条,让我们心里开始打鼓:难道我们公司也要经历一场劫难吗?毕竟,今年才是它成立的第五个年头。

到单位上班后不久,开完集团办公会的段总给我们传达了一个"爆炸性"消息,原来集团要求至弘今年的业务额逆势增长,确保翻一番。听到这个消息后,所有人都很惊愕,大家你一言我一语,会议室顿时炸开了锅:"放在没有疫情的情况下,完成这个任务都很难啊,何况今年?""我们去年已经够辛苦了,今年又要加班加点了。"……这时,有一个响亮的声音说道:"大家抱怨是没有用的,要相信集团交代的任务我们一定有办法完成,而且要坚决完成!我们要有一种自信,至弘是能干事的团队。"这时,我当时看着眼神坚毅的段总,心里想:"各行各业都在因为业务萎缩而裁员,我们却有更多活干,也该感觉到庆幸吧!"可是,保持去年的水平适当增加应该不难,更高的增产指标该怎么办呢?段总和大家都陷入了沉思……

2020年3月20日,中共中央国务院发布《关于全面加强新时代大、中、小学劳动教育的意见》明确指出职业院校以实习实训课为主要载体开展劳动教育,其中劳动精神、劳模精神、工匠精神专题教育不少于16学时。这个意见一提出,像是一颗信号弹照亮寂静的战场,瞬间激起了大家的斗志。第二天,通过电视新闻、朋友圈等各种方式看到这则消息的同事们,不约而同地聚到了段总的办公室,开始研究并讨论一个新选题——《劳动教育》。

一直以来,至弘有一个好传统,每当有了关于教育政策的新文件,大家都会坐下来一起认真讨论,力求以最快的速度响应上级教育政策,我们常把这种行为称为"出版人的担当"。是的,我们出版单位就是应牢牢把握新时代中国特色社会主义教育的发展方向,围绕立德树人的根本任务,将教育与图书出版相融合,探索适合学生阅读的图书。这一次,我们的计划是今年秋季学期出版《劳动教育》,待到拟好计划,时间已经到了3月底,留给我们的时间仅仅只有五个月了。

工作一经启动,棘手的问题马上呈现在眼前:图书架构的编写要从零开始。通过对国务院文件进行仔细解读,我们认为,本书应涉及劳动教育的理论知识、实践活动,应结合日常生活劳动、生产劳动和服务性劳动来编写;本书更要在主题思想上下功夫,要体现劳动精神、劳模精神、工匠精神。因为这本书的受众是在校青少年学生,应以劳动精神为魂,教育理论先行,实践活动和人物案例为补充,理论、实践、案例相结合。通过深刻领会文件精神,经过数次打磨,我们努力挖掘劳动教育闪光点,一个有着较高质量、较高价值的选题框架初步形成了。

接下来,编写组开始组建。我们带着选题框架,开始邀请重庆市中职、高职领域的相关学者和专家讨论图书。因为疫情,我们不得不通过线上视频沟通,比起面对面交流,这种方式非常艰难。总主编曾对图书编写要求提出过质疑,段总、朱处长坚定维护我们的编写理念,编辑们在会后与主编们积极地说明解释,经过和总主编、主编团队、编写团队数次的线上会议和持续的讨论,我们终于达成共识,主编们补充和完善了编写架构,《劳动教育》的编写终于走上了正轨。

6月的重庆,天气还远未到火热的时候,南山的绿林青山也是多姿多彩,《劳动教育》编写会现场的发言声、敲打键盘声,却让人感觉到此处的热火朝天。原来,这里正在进行的是初稿修改会,这是编写组进行的第一次全体讨论。会上,我们经过了解,自5月1号劳动节开始,编写组以上、中、下篇为单位,分别组织了10余次编写会、打磨会,真正度过了一个令人难忘的"劳动节",直到完成了这一版初稿。听完编写组的汇报,段总不无庆幸地感叹:"真是找对了人,咱们这个专家团队一定能编写出优质的教材!"直到那一刻,我们悬了好久的心才算安定下来。

编写工作还在继续,编写组和编辑都在马不停蹄地改稿、审稿,大家各司其职,又紧密联系,微信群里经常聊天到深夜和凌晨。为了提升出版质量,确保图书品质,集团领导王怀龙专门组织了《劳动教育》专家评审会,教科院高教处领导、评审专家组成员、编写组成员不惧7月的骄阳,全体参加了会议。会议对《劳动教育》进行了热烈讨论,提出了很多积极的意见,使理论的讲解有理有据,深浅适宜;案例的元素更加多样,信息更加多元。集团王总特别关心《劳动教育》的出版工作,在这样一个关键时刻,他亲自带领编写组跑完最后的"一公里",让我们深刻感受到来自集团的关怀,让我们对图书的成功出版信心倍增。

作为《劳动教育》的责任编辑,把集团交给我的工作任务完成好,我责无旁贷。编写组交稿后,留给责编编校的时间有限,出版的压力与日俱增。《劳动教育》编辑过程中,公司领导经常来我座位边走走看看,既有关心进度的询问,也有善意的提醒:"不要久坐,注意劳逸结合。"来到编辑室的几年,我常常把图书出版想象成一场场马拉松,是跟自己的比拼,比的是耐力和坚持。是的,编辑是一个消耗的过程,消耗的是时间、脑力和耐心,但是,它也是播种的过程,播种的是希望和光明。为了不辜负前期的团队成果,我就算加班加点也要保证图书在开学前出版。

金秋9月,《劳动教育》终于顺利出版,全市有30余所学校进行了采购,切实缓解了各大院校劳动教育教材的缺口,为全市劳动教育事业作出了较大的贡献。疫情期间,这种成绩实属难能可贵,对于至弘来说,这是一个收获的季节,对于我来说,这本书是终点也是起点,我将不忘初心,继续前进。

重庆出版社成立70周年了,她经过了一次次的接力和日复一日的奔跑,成为了行业的领先者。此时的我,在这个队伍中奋力向前。我越来越感觉到这是一个有出版担当、有社会责任感的出版社,我为成为她的一员而感到自豪和激动。

其实我是一个编辑!

徐宪江

以一个亲历的段子开始本文吧。

一次打车,北京的司机爱闲聊,聊着聊着问我是做什么的。我说是编辑。司机说:噢我知道,在报社工作。我说不是,在出版社。他说噢我知道,你出杂志的。我说不是,出版社是出书的。他说噢我知道,你是作家。我说不是,是把作家们写的文章,比如小说啊诗歌啊什么的,加工整理,排好版设计好封面,买来纸印成书。司机恍然大悟:你这么说我就明白了,你是干印刷厂的!

我在微信朋友圈里发过这个段子,同行、朋友们纷纷留言感叹,真的很难用一两句话说清楚编辑是干什么的,还有不少同行说自己也有同样的经历。

做编辑之前,从来没有想到自己有一天会成为编辑,更不知道编辑是干什么的。我是从小没有职业理想的人,长在东北边陲偏远的生产建设兵团(后改为国营农场),读小学时电视机还没普及,所能看到职业的无非连长、指导员、司机、售货员、老师、医生、解放军、警察这有限的几样。每学期开学老师问小朋友们的理想是什么,大家通常就在这几样里面选。考上大学读法律,觉得自己有职业理想了,当法官、检察官,主持正义似乎很不错。但大四时在基层法院实习了半年,发现自己似乎不太主持得了,好不容易树立起来的职业理想,就这样毅然决然地放弃了。后来毕业直接当"北漂",并且一不小心干上了编辑出版。如今年已过不惑奔着知天命去了,编辑出版干了二十余年,职业理想倒是越来越清晰:就它了。

但作为一名老编辑,我首先要给还未从事出版但是考虑从事出版的人两个忠告。

第一,想挣大钱最好不要做出版。出版有挣大钱的(所谓"挣大钱"只是跟出版业内自己人比,不能与其他挣更大钱的行业比),但绝大多数从事出版的人没挣到什么大钱,在北京能给自己挣套大点儿的房子就算比较不错的了,所以一说是编辑,我们经常遇到的问题是"房子是自己买的啊",回答是,就会得到句"不错不错"。

第二,想出大名最好也不要做出版。编辑出版有出名的,也保证不会比男男女女一线二线三线歌星影星球星出名。鲁迅、茅盾都做过编辑出版且出了大名,但举目全行业,上下100年,中国出版界出过几个像鲁迅、茅盾这样的名人?最关键的是他们的出名不是因为他们做了或做过编辑出版。专门做编辑出版的比如张元济、叶圣陶、邹韬奋,社会公众知名度比起前面两位就大打折扣了。

每次招聘新编辑的时候,我都会一本正经地告诉人家这两点,免得误人子弟。同时也会加上一句,只要自己爱出版,肯用心肯努力,再加上点儿好运气,虽然挣不了大钱也出不了大名,做编辑还是能让你在一线城市生活相对体面。认清了这两点还义无反顾做编辑出版的,至少有一半的概率是真的喜欢干这行,或者有信心能干好这行。

如果有人问,注定挣不了大钱、出不了大名还做编辑出版干什么?我要说,第一,不是所有人生来就一定以挣大钱出大名为己任的,像我这样胸无大志甘于平凡的人也不少。第二,做编辑自有做编辑的好处,虽然不挣钱不出名,但也其乐无穷。

首先编辑出版离"文化"近,能满足我自以为是半个文化人的虚荣心,而且必要时可以拿来唱唱高调。虽然一辈子做编辑出版的名人不多,但曾经做过编辑出版的名人甚至伟人可也不少。比如上文说过的鲁迅、茅盾,更有名的如毛泽东、陈独秀。再往远了说,孔子也可以说是编辑,欧阳修、司马光,都可以称他们为大编辑。这让我觉得编辑出版对于国家、民族、社会的进步的意义,对于文化传播和文明传承的意义,往多大说都不过分,觉得自己在做一件很好很有意义的事。

第二,做编辑出版让我认识很多有君子之风的人,和他们交往使人愉悦。做编辑出版认识最多的是作家、学者,大作家、大学者们往往有个共同点,就是谦逊,有时谦逊得让你觉得不好意思。无论他们有多高的级别多大的声望,对编辑绝对平等相待甚至降格以待。比如著名历史学家、中国社科院荣誉学部委员杨天石先生,每开口必称"阁下",每赠新书必题"宪江先生正";另如国家一级作家、原火箭军政治部创研室主任徐剑,常以"宪江小弟"相称;编辑出版前辈汪兆骞先生,论年龄是我父辈,但坚持平辈相交常称我为"老弟",他家公子都比我年长,一起相见只好各叫各的。还有很多院长、教授们,都谦和有礼,他们不以职务、身份、地位论短长,他们也没那么多讲究,你不用担心哪句话说错了惹他不高兴自己惶恐得睡不着。总之与他们交往如沐春风,完全忘了亢啊卑啊的,只觉得应该像他们那样做个纯粹一点儿的人,人慢慢就定了,心也慢慢就静了。这不是多少钱能买来的,也不是多大名能换来的。

第三,自己的工作得到认可,自己的努力有了回报,无比开心。自己编辑出版的书获了各种奖,无论大奖小奖,高兴;自己编辑出版的书加印了,高兴;自己的工作得到作者肯定,更高兴。杨天石先生曾当面表扬我:"我一生这数十年出书不少,经历的责任编辑也不可谓不多,阁下是我遇到的最用心、最负责、最肯动脑筋、最为作者着想的编辑。"听到这等赞誉,我嘴上照例谦逊,但心里比喝了六月天的冰啤酒还要爽,觉得这份工作值了。

结束本文之前说两个愿望。

第一个愿望是编辑的收入能再高一点儿。我希望所有的编辑都能靠自己的努力,过上幸福而有尊严的生活。费同样大的劲儿,做很多其他工作的收入轻松超过编辑,甚至轻松到是编辑的几倍,这一点不改变,出版不会好起来。我希望排除编辑个人努力的因素,这个行业总体上的收入能再提升一些。

第二个愿望是编辑得到的社会重视程度能再高一点儿。有几个具有重要社会意义的职业都有自己的节日,比如有教师节、护士节、记者节……我希望未来能有个编辑节,不要我们一说自己是编辑,出租车司机以为我是干印刷厂的。几乎人人都读过书,但除了作者绝大多数人不知道编辑是干什么的。

开头讲了一个亲历的段子,现在以两个亲历的段子结束吧。

段子一:好多好多年前,与妻子(那时还是女友)一起看周星驰演的《喜剧之王》,她学会了电影里骂周星驰"你个死跑龙套的"那句台词,每次我把稿子拿回家看她都骂我"你个死编稿子的",每次我都会学着电影台词一本正经地微笑着回答"其实我是一个编辑!"然后她说"你就是个死编稿子的",我就妥协说"那可不可以不要在前面加个'死'字"。然后我俩大笑一阵。

段子二:一次和两个从出版行业转到影视行业的朋友喝酒。酒酣耳热之余一个朋友感慨:还真转对行了。影视行业好啊,离钱近,离美女近。老兄,你说你们出版行业有美女吗？我不假思索当即反驳:当然有啊,别的出版社我不知道,我们重庆出版集团美女可多了!

其实这两个段子要表达同一个意思:感谢美女对编辑出版事业的支持。

当编辑更像是一种修行

何彦彦

在重庆出版社成立70周年暨重庆出版集团成立15周年的喜庆日子里,身为集团北京公司的一员,与有荣焉。

蓦然回首,发现自己职业生涯的大部分时间是在华章度过的,而与书结缘,与出版结缘,也许是冥冥之中的命运安排。

幼年的故事启蒙

小学时,我到同学家玩,同学炫耀着拿出他姑姑从城里带回来的一套童话书,只是翻看了几页我就被里面的故事迷住了,我想把书借回去,同学窃以为奇货可居,死活不肯借,这让我耿耿于怀了好些年,那个"金苹果"童话故事的结局也让我牵挂了很多年。如今虽然早已淡忘故事的内容,但故事中人物的奇幻经历,为我打开了通往另一个世界的一扇大门:原来世界还可以是这个样子。

我想,经历过没有手机,没有电脑,电视节目也不丰富时代的人,一定可以理解这种感受,特别是几乎没有任何文娱生活的农村孩子。印象中,我最享受的文娱生活就是在寒冷的冬夜,偎依在奶奶身边,围着火炉,吃着热热的烤红薯,缠着发小的奶奶讲鬼怪故事,即使感觉很害怕,但还是每天盼着发小的奶奶来家里讲故事。

上了中学,学校门口有了卖盗版书的小贩,但大多是卖流行的言情小说、校园小说。因为经常去买这些与学习无关的"闲书",卖书的小贩有时还会主动给我便宜一点。在上体育课的自由活动时间,同学经常让我去讲故事:几个人坐在暖和的太阳光下,听我分享一个书中的故事。现在回想起来,都有些难以置信,我这个不善言辞的人竟然也有那样的经历。这或许就是我们最本能的精神需求吧——对外面世界的渴望,对未来人生的无限想象。

被动进入"有尊严的"行业

大学快毕业时,室友在准备考证,不是会计证,也不是律师资格证,而是编辑证,我也第一次了解了编辑这个职业。毕业找工作时,阴差阳错,辗转入了出版界,室友想从事的工作,反而成了我的职业。

从业时间长了,经常听到业内的同人自黑说"少壮不努力,老大当编辑"。在外界看来,编辑不是就改错别字么,稍微培训一下,谁也能干,从业门槛低,而且大多数出版社和图书公司招聘时,也并不是特别想要出版专业出身的编辑,所以出版业也就成了就业不理想的各种专业的文科生包括部分理科生的一种出路。记得业内一位著名出版品牌的负责人到公司交流时,谈到了从业者的窘境,高学历的文科生因就业压力而"被迫"选择了这个收入低但相对有尊严的行业,他本人就是这样进入出版业的。不是因为情怀进入,却因为理想而留下。

出版是一个低门槛、高要求的行业。作为行业小白,虽然能轻易进入了这个行业,但如果没有一个好的平台、没有一个好老师,全靠自己跌跌撞撞摸索,那吃的苦头、碰的壁也不会比其他行业少。编辑,要求心细如发(发现各种错误),见微知著(提前发现社会流行趋势,找到好选题),八面玲珑会"伺候"人(作者、读者、发行、营销、封面设计师、合作方……),还要会卖萌忽悠(把自己的书夸出花来)……总之,编辑是一个全能型选手,所有问题都要轻松搞定。

有人说:编辑工作是一场不动声色却消耗巨大的战斗。这说出了所有编辑的心声。大多数时间编辑都静静地坐在座位上,双手却在键盘上不停地上下翻飞,你永远不知道,编辑是为了按计划出书在拼命赶工,还是在为了催促有拖延症的作者、设计师按时交稿，或是在和外编外校对沟通乱改稿的问题，抑或是在与更注重成本的印制财务斗智斗勇……一天下来，精疲力尽，稿子却没看几页。走在下班的路上，想想今天的工作又没按计划完成、某本书书号被卡住了、某本有希望的书的销量又没达到预期值，直至自己费尽心思做的、品质也不差的书只能在库房里吃土，而某些人漫不经心地做的书反而受到热捧，不断涌起的焦虑、孤独和茫然几乎要将自己吞没了，而"一定会做出好书的"念头又在不甘心地对抗这种灰心丧气。

对于一些职业困惑，不太了解编辑的人会给我们出主意：你们都能帮别人改稿，干吗不自己写书？你们是最了解书的，去讲书带货吧……编辑似乎就应该是全能型选手，无所不能。编辑或许是一种非常善于拷问自我、有质疑精神的职业。很多编辑经常自我拷问：我是不是不够努力？是不是应该更努力？

但是对于编辑来说，相对于努力，可能更需要的是思考。

为书织就更美的嫁衣

没人能预判时代，也没有人能预测未来。出版业被称为夕阳产业，但至今仍在坚挺。不过出版业的窘境在今年的疫情面前更是雪上加霜，新媒体来势汹汹，数字出版、手机游戏、抖音短视频等侵占了现代人为数不多的精力，传统编辑们的饭碗危险了，未来究竟何去何从？

台湾著名的出版人詹宏志曾对这个问题做过回应："其实未来社会更需要好编辑，哪怕是便利店员，在陈列一件商品时，也都用上了编辑思维。只是我们今天对于编辑工作的定义恐怕需要有所更张……今天的编辑不仅需要学习筛选内容，更紧迫的任务或许是帮助产品加值，在潮来潮往的信息汪洋中，以最准确的眼光、最快的速度将一件产品的内在价值掘发出来。从这个意义上来说，不是编辑工作没有前景，是旧有的对于编辑工作的观念需要调整。"

我们业内比较推崇的"甲骨文"和"汗青堂"出版品牌都有相对清晰的选品标准，而这些标准的设定都源于对社会、对读者的深度观察和独特思考："甲骨文"侧重于更细节化、叙事性更强的人文作品,而"汗青堂"则选择的是以初高中历史框架知识为基础的补充作品以便更多的读者可以"填补鸿沟"。这两家出版品牌的作品都避开了经过历史验证的大经典,但都契合了日本出版人见城彻所说的畅销内容的四个要素:具有原创性,浅显易懂,与众不同,感染力强。

好的作品永远不缺,缺少的是发掘作品内在价值的能力。最近因为需要为新出版的一本书做营销,我向一位前同事请教营销的事情。她们公司最近有好几部书市场表现都不错,在疫情期间也有数次加印,她说她们并没有特别的法门:注重豆瓣的宣传,持续挖掘新的营销点,而这些营销最终都因为某一个特别的营销事件而被引爆。而我们公司的很多书,比如《王阳明大传》《中华史纲》的营销策略也是如此,它们的畅销契合了当代人的精神需求。如今,"畅销书"虽可遇不可求,但我们可以根据自己对社会的细微观察,去校正我们跟时代的距离,为读者送上真正的好书。

编辑原本就是"从无到有,将人类抽象的思想与意识,制作成商品"的工作。创造无中生有的东西时,勇气远超过一切的能力。

做编辑也是一种修行,在读者与作者、学术与大众、成本与品质、速度与质量、装帧设计与大众审美等方面寻找平衡点,而我们能做的是要尽可能守住自己的边界,深耕细作,发扬绣娘精神,为书做出最美的嫁衣,让好书自己说话。

与童心齐步走

翁明真

我是一名新手童书编辑。对我而言,成为编辑既是偶然,也是必然。偶然是因为两年前的某一天,我看到这个成为编辑的机会,亲近文字与书籍的机会,我便毫不犹豫地向它走去。必然是因为书对我来说有着一种异乎寻常的魅力,我相信所有的疑惑都能从书中找到答案,它是我理解世界的说明书。

如果有人问我,当一名童书编辑是什么感受?

我会回答:"我珍惜这个能拥抱想象力的机会。"

听到一些成年读者说,童书看起来很简单。的确,阅读一本绘本、童书不会花太长时间。可是那些看似清浅的表达,少量的文字却没那么简单。童书的读者是拥有丰饶想象力与感受性的儿童,他们充满着喜悦,闪烁着欢快。选择什么样的内容呈现在他们面前,是应该珍而重之的事情,因为它们会陪伴着儿童的成长。

小时候你读过哪本书或杂志,让你至今念念不忘呢?我童年时最爱的是《猫儿流浪记》,一群坚强的流浪猫在风雨中漫步,走向回家路的场景至今还时常浮现在我脑海中。

我们童年读过的,至今还念念不忘的书,是我们人生路上的启蒙者。启蒙者,许多时候只是打动心灵的几句话。启蒙者,真正的形状是一个个针尖似的点,这些点闪着光亮,一路指引成长之路。

去年的5月,我学习了绘本制作课程。其中有一节是手工课,授课的是一位年过花甲的日本籍美术老师。她拖着5个巨大的行李箱来到教室,说着不太流利的中文,虽然只用了最朴实的词汇,但整堂课大家的眼睛一点都舍不得从她身上移开。

她仿佛是一位魔法师,小心翼翼地从行李箱里依次取出"宝物",向各位同学展示她的手工作品。这些手工作品让人很是惊喜:有活灵活现大小各异的恐龙,这些恐龙竟然全是用报纸徒手捏成的;还有用黑色围裙做的玩偶剧场,围裙是剧幕布,上面是用扣子固定住的动物玩偶,系上围裙就能讲一个故事。她用的材料都是生活中随手可得的物品,甚至有的被我们当做要扔掉的垃圾,这些垃圾在她的手中摇身一变,立马成了充满想象力的玩具。

到了大家动手制作报纸恐龙的环节,有同学说这太难了。她便说:"那我们换个游戏吧。"她将手中的报纸揉成一个圆球,取出两根橡皮筋打结,再将它们组合在一起,就成了一个"悠悠球"。她有节奏地拍打起报纸做成的"悠悠球"。众人看得目瞪口呆,她眼中充满笑意地对大家说:"好玩吧!大人喜欢的东西,孩子也会喜欢的。其实,孩子比很多大人都更有好奇心,孩子觉得简单的东西是有趣的,孩子能把任何地方都变成游乐场。"

从这位花甲老太太的眼中,我读到了她对儿童的尊重,还有纯粹的童心。

大家继续制作着手工作品,各自的脸上绽开了和平时不同的笑颜。课堂上的成年人似乎都回到了自己的童年,从最简单的游戏里得到了最纯真的快乐。每个人都从这堂课里汲取了一股魔法的力量。在离开这间教室后,他们将把这魔法撒向儿童的心田,去守护儿童的童真。

如果还有人问我,当一名童书编辑是什么感受?

我想回答:"我珍惜这与童心齐步走的时时刻刻。"

我们的脚步坚实有力
——《旅游新报》大事略记

杨 嘉

2000年11月,重庆出版社要办《旅游新报》,现在想来,那已是20年前的事了。《旅游新报》是从《环境保护导报》更名而来,从2000年11月开始筹办,按重庆出版社党组的要求,《旅游新报》要在2001年1月18日正式创刊。短短的二个月,时间紧、任务重,报纸编辑、发行、经营等工作千头万绪,紧张有序,大家日以继夜,忘我工作。

回望《旅游新报》创刊的第一年,我们爱岗敬业、发挥聪明才智,迈着坚实的脚步,在工作中有诸多亮点值得一书,现略记二三:

——《旅游新报》创刊。2001年1月18日,一张带着油墨芳香的《旅游新报》全新推出,它以立足西部、面向全国,发展旅游经济,传播旅游文化,报道百姓生活,沟通人与自然,服务普通大众为办报宗旨,它的创刊填补了重庆报业的一项空白,其精美的铜版纸封面成为全国多家旅游类报刊模仿的典范,受到广大读者的一致好评。

——记者余玲可可西里行。2001年4月24日,原本报记者余玲,作为当时唯一一位被选中的单身女性志愿者,前往可可西里作环保考察,在为期一个多月的时间里,为本报发回了许多关于"长江源"的动植物、生态环境保护等报道。返渝后她举行的几次关于本次考察的大型演讲,受到各界人士的好评,为本报宣传旅游、关注生态、保护环境作出了积极贡献。

——"一会一节"特刊享誉中外。2001年4月25日,为迎接"第六届中国重庆三峡国际旅游节",本报特为此出版特刊一期,成为重庆市委宣传部指定赠送与会嘉宾并作收藏的装袋资料。特刊受到社会各界人士好评,得到重庆市委市政府的充分肯定。

——《旅游新报》第一次改版。2001年6月6日，为了满足广大读者的要求，进一步加大旅游宣传力度，本报第一次改版（由16版增加到20版）获得成功，体现了《旅游新报》积极进取，锐意创新精神。

——幸运读者武隆行。2001年6月9日，由本报和武隆比都科技有限公司联合组织了幸运读者武隆行。来自全国的本报幸运读者在为期数天的武隆旅游中，互相交流，共话旅游，促成了本报与读者近距离交流的一次有益活动。

——《旅游新报》成黑马。2001年6月20日，《旅游新报》作为旅游业中新兴的一份报纸，成为成都"2001年中国国内旅游交易会"指定宣传资料，所出"旅交会专刊"成为"抢手货"，几乎被一抢而空，事后有人出高价购买也未能如愿。

——《旅游新报》成立读者俱乐部。2001年6月23日，本报成立读者俱乐部，旨在通过各种有益活动为读者提供旅游信息和服务，建立起与读者沟通的桥梁和纽带，成为本报编读往来的一个重要渠道，为办好《旅游新报》发挥了重要作用。

——办"情歌王子张宇"重庆演唱会。2001年10月26日，《旅游新报》作为媒体协办单位，成功会同有关方面，合办了演唱会。

——重庆媒体见面会《旅游新报》展台爆棚。2001年11月4日，《旅游新报》在重庆媒体见面展示会上，自始至终都是人们关注的焦点，回收问卷调查近万份，对本报的发展起了有益帮助。

——全新《旅游新报》轰动国际旅交会。2001年11月8日，在昆明举办的2001年中国国际旅游交易会上，本报以精彩的版面，丰富的内容，以及对旅游业的大力宣传，得到与会代表、商家、市民及众多媒体的高度评价，为重庆旅游业的宣传发挥了极大作用。

——《旅游新报》全新改版，魅力四射。2002年1月22日，本报又一次全新改版。由原20版增加到32版，内容以旅游为主，广泛涉猎食、住、行、游、购、娱等方面，时尚信息。《旅游新报》改版的成功为广大读者奉献了一份不可多得的精神食粮，本报已成为重庆乃至全国的一份旅游类品牌报刊。

——《旅游新报》畅游蓝天。改版后的《旅游新报》以其独特的魅力，时尚高雅的内容,赢得了读者的青睐,改版当期便被送往了西航重庆公司发往全国和各国际航线。至此,本报极力构建的立体发行网络,无差别发行战略已初具规模。

——《旅游新报》落户"魅力重庆"网。在重庆市委宣传部的关怀下,本报在"魅力重庆"网开辟了自己的网站,只要读者打开此网,就可以在网上轻松领略本报的精彩。

——重庆出版社、重庆市旅游局强强联合,共同打造《旅游新报》。2002年3月28日,重庆市领导出席了重庆出版社、重庆市旅游局合作办《旅游新报》新闻发布会。双方强强合作,将充分发挥各自优势,巩固《旅游新报》在报业市场的地位,从而把重庆旅游资源全面推向西部、全国乃至全世界,这将是《旅游新报》发展史上的一个里程碑。

如今,一晃20年过去,20年前在《旅游新报》的日子已成为历史。2001年2月20日父亲因病去世,我带着悲伤,投入紧张工作。本文仅节取报纸创刊一年的片段,那都是一段激情燃烧的岁月,也是一段问心无愧、不应忘怀的岁月。终年已久,回味无穷。值此重庆出版社建社70周年之际,写下这段文字,是为记。

以出版创造教育的美好

孙 曙

2004年,在重庆市教科院、重庆出版社共同出资下,我们创办了《今日教育》杂志社。经过15年的艰苦创业,我们构建起全媒体运营体系,使《今日教育》杂志社发展为重庆市主流教育媒体;从80万元资金投入到总资产9000余万元,建立起集创意、生产、经营、服务一体的现代传媒企业,创造了可观的经济效益和巨大的社会效益。

《今日教育》杂志社的创建与发展,见证了重庆出版集团这15年来的蓬勃发展。值重庆出版社建社七十周年、重庆出版集团成立十五周年,回顾过去15年的艰苦创业,以出版创造教育的美好是我们的初心和宗旨,为此我们在以下几个方面做了思考和探索。

以立德树人为根本任务

"培养什么人、怎样培养人、为谁培养人"是教育的根本性问题,党的十八大提出,把立德树人作为教育根本任务,培养德智体美全面发展的社会主义建设者和接班人。习近平总书记强调"要把立德树人的成效作为检验学校一切工作的根本标准"。区别于一般媒体,教育媒体有其特殊性,除拥有媒体的一般属性外,还拥有教育性。教育媒体,尤其是主流教育媒体,是党和国家的教育方针、政策的宣传主阵地,起到引领教育发展、促进教师成长、培育学生心智的作用,亦应首先把立德树人作为根本任务。当然,教育媒体发挥"立德树人"作用的方式、内容与学校教育是不一样的。教育媒体首先要把社会效益放在首位,灵活发挥媒体属性和教育属性,传达党和国家的教育方针与政策精神,聚焦教育的关键问题,提炼所在区域的优秀教育经验,传播先进教育理念和理论,交流教育观点,传递教育情怀,最终讲好中国教育的故事,在"立德树人"方面发挥应有的作用。正心明道,方能行稳致远,对人如此,对一个主流媒体更是如此。

以优秀传统文化育魂

文化具有塑造、培养人的功能,既塑造人们的认知,也培养人的个性人格,更涵养人的道德品质。在全球化的背景下,教育发展除了需要吸纳全球优秀文化,更要继承与发展本土的优秀传统文化。中华优秀传统文化,是千年中华文明的瑰宝,是中国人的根与魂。习近平总书记在全国教育大会上明确指出,要坚持扎根中国大地办教育。优秀传统文化,是扎根中国大地办教育的优质土壤,对学生性灵的浸润具有难以替代的作用。出版传媒具有筛选文化与放大文化功能的作用,过去15年,我们尤其注重以中华经典文化浸润儿童的心灵。我们开展"今日教育杯"学生作文征评活动,注重以经典文化浸润儿童的心灵,以主题式读写的形式引导小学生亲近传统文化经典,培育和提高小学生对中华优秀传统文化的亲切感和感受力。每次活动都明确主题,并开发相应的主题的图书作为指定读物,出版了《经典润童年》《经典第一课》《我们的节日》等图书。除此之外,我们创办了《作文大本营·启蒙版》学生期刊,还开发了《国学好萌》《四季有诗》等原创经典童书,注重对儿童实行母语的涵养以及经典文化的浸润。

以媒体融合迭代进化

过去十多年,不断迭代发展的信息技术产生了革命性的影响,媒体形态甚至媒体生态都发生了革命性的变化,新媒体的涌现给传统媒体带来了巨大的挑战。尤其是随着智能手机的普及,微信、微博和以智能推送、个性化订阅著称的"今日头条"等新媒体以摧枯拉朽之势冲击着传统媒体及其内容生产方式、传播方式。其中,报纸这类媒体所受到的冲击最为显著。在教育领域,因为教育具有一定的滞后性甚至保守性,新媒体对传统教育媒体的冲击相对其他行业要缓慢得多。但缓慢并不等于不会产生颠覆性的影响,传统教育媒体和出版业应居安思危,着眼长远,为未来发展做好布局。其中,媒体融合是当下传统媒体应对媒体传播新形态、新生态的有效方式,进行自我革新与进化的有效途径。为此,过去十多年,尤其是近几年,我们做了很多媒体融合的尝试。其中,在微信公众号方面的深耕取得了较好的成绩,订阅用户超过90万,并逐渐实现了流量的变现以及自身品牌价值的裂变性递增。

以出版凝聚变革合力

社会变迁、科技迭代,教育需要不断革新以应对社会发展新要求。然而,教育革新或者变革并不容易,尤其当变革处于深水区,更需要全社会的共识与合力。教育事关每一个孩子的成长,因此教育最能牵动人心,但由于教育观念的冲突、对教育事实的多重认知,教育领域也很容易成为人们激烈争论的焦点所在。在教育中,达成共识与合力并不容易。媒体具有凝聚人心、汇聚民力的作用,教育媒体尤其要注重凝聚教育发展的美好力量,通过观点的传播、情怀的共感、事实的认知,让这些力量凝聚成合力,就教育变革的难题攻坚克难。"得天下英才而教育之"是教育者的一种幸福,对教育媒体人或出版人而言最幸福莫过于可以聚集教育领域内最优秀的那群人。以育人为共同志业,以出版为纽带,过去十多年我们结识了一大批优秀教育人以及情怀教育、投入教育的有志之士,就新课改、教育公平、核心素养、教育均衡发展等核心议题,传播观点、开展培训、出版著作,有力地推动了区域教育发展。

最后,祝贺重庆出版社七十华诞!

重庆渔业与《农家科技》结下不解之缘

蒋明健

2017年,《农家科技》杂志发行部李朋主任、编辑刘早生来重庆市水产技术推广总站联系工作,为了开辟业务,扩大报道范围,准备为重庆渔业开设专题栏目,报道重庆渔业发展情况和水产技术推广工作。重庆渔业原来除了在《重庆水产》等水产专业杂志上刊载技术论文和渔业科普等信息外,鲜有在其他农业刊物上进行报道和宣传。

水产专业刊物由于是季刊,篇幅有限,出版又不及时,并且是内部发行,读者受众群体小,影响相当有限。虽然渔业原来在大农业中所占比重较小,处于末位,但改革开放以后,特别是近年来渔业经过飞速发展已取得了翻天覆地的成就,总产量、总产值、人均收益、出口创汇都有了几何级成倍的增长,渔民是在农民中最早富裕起来的群体之一,起到了先富带后富的领头羊作用,渔业在大农业产业中的地位有了大幅度提高,可以说影响力前所未有,渔业已成为农业中不可缺少的重要组成部分。特别值得一提的是水产品给人们提供了优质的蛋白质来源,丰富了菜篮子工程,改善了膳食结构,提高了人民生活水平,增强了国民的身体素质;水产养殖业还为农民脱贫致富提供了门路,是脱贫攻坚的重要措施之一;水产养殖不仅有专业的养殖场,还有众多的水库、湖泊、专业合作社、农家乐、鱼家乐、一般农户等都多多少少的涉及水面和养鱼,这些大众兼养营水产养殖者也需要合适的平台和载体了解水产养殖技术及相关信息。《农家科技》恰逢其时承担起了这一重要功能和历史使命,使刊物更具综合性、广谱性、阅读性、参考性、影响性和实用性。

在《农家科技》杂志领导的宣传动员下,这项工作得到重庆市水产技术推广总站及各区县水产技术推广机构的专家、技术人员和广大水产养殖从业者的大力支持和积极响应,他们既是积极投稿的作者又是热心的读者,把《农家科技》当成了自家的水产刊物之一。在大家的支持下,三年来《农家科技》成功开辟出了水产养殖专栏,并迅速成为最受欢迎的明星栏目之一,每期都登载了水产养殖新技术、新品种、新模式、新方法。特别是对大批水产养殖生产实践中涌现的新农人、先进典型、致富能手、成功经验的及时报道和广泛宣传,受到了广大水产从业者的好评和欢迎。从此渔业在大农业科技杂志版面中也找回了应有的一席之地,回到了农业媒体的大家庭,融入了大农业产业融合协调发展之中,不再流浪和单打独斗,得到了兄弟姊妹产业的支持和帮助。

由于《农家科技》杂志内容翔实,案例真实可靠,有据可考,宣传好人好事,突出传递正能量,加上发行及时,受众面广,越来越受到读者欢迎。杂志扩大了新时代职业新农民和优秀农业企业的影响力,带动农民致富和农业合作社做大做强,在促进农业可持续健康发展等方面可以说是功不可没。《农家科技》的技术措施内容非常接地气和贴近农村生活,浅显易懂、实用性和可操作强,带动了不少农民、渔民走上了成功致富之路。

《农家科技》杂志除了刊登好文章、好典型、好经验之外,还组建了《农家科技》读者微信群,成员众多,异常活跃,热闹非凡。杂志在微信群里继续做好穿针引线、虹桥连线等后续工作,为读者群体建立起了专家、老师、从业者、商家沟通交流的桥梁:为农业提供技术服务,答疑解惑,排忧解难;为农业生产寻求优质苗种来源信息;为农产品寻找畅销市场的流通途径;为农业企业寻求经营合作伙伴等方面都卓有成效。为此,深受读者喜爱!

《农家科技》拥有身兼多职,业务全能的领导;有笔耕不断,求真务实,写作水平一流的记者;还有慧眼识英才、画龙点睛、化腐朽为神奇、点石成金的编辑。他们以科技兴农为己任,非常热爱"三农"工作,积极投身振兴农业和美丽乡村建设;他们都非常敬业,工作热情高,乐于助人,乐于奉献;他们亦师亦友值得信赖!融入其中你就像进入了温暖和谐的大家庭,真正体会大家互相支持、互相帮助、互相学习、取长补短、一方有难八方支援的感受!

《农家科技》赞

农家科技新百科，
科技兴农信息多。
种植养殖三产业，
致富典型都包括。
良种良法新技术，
产业政策加解读。
农业技术大平台，
老农新人都爱看。
收获满满可借鉴，
事半功倍见效快。
生产销售加宣传，
营销管理带包装。
一刊在手不用愁，
锦囊妙计啥都有。
勤劳致富靠科技，
富民强国百年梦！

记录新时代追梦人
——新型职业农民

孙淑培　李　朋

贴近三农,服务三农,讲好三农故事,分享创业经验一直是《农家科技》办刊宗旨。在传统媒体广告和发行断崖式下滑的趋势下,杂志如何逆势而上?杂志内容如何紧贴读者?……这些一直是《农家科技》杂志社的编辑和记者们思考的问题。

2018年2月4日,中央一号文件出台,明确了实施乡村振兴战略"三步走"的时间,提出了让农业成为有奔头的产业,让农民成为有吸引力的职业。而当时全国的新型职业农民规模已经超过1500万。那么,在重庆,爱农业、懂技术、善经营的新型职业农民有多少?他们又是如何深耕重庆这片沃土,带领周边农民创业致富?于是,《农家科技》杂志创建"新职农风采"栏目,目的是展示重庆新型职业农民风采,分享创业历程,点燃大众创业梦想。

从2018年5月至今,《农家科技》杂志社陆续记录了近100位新型职业农民的创业故事,用记者的视角、以鲜活的文字记录一段段精彩而又曲折的创业历程;用理性、科学的思考透析他们创业成功或失败的原因,让更多的创业者学到经验,并感觉到自己不是一个人在奋斗……这些富有启迪的故事影响和带动了更多的新兴职业农民加入农业创业的大潮。

记者们深入田间地头,和他们亲密接触,不仅仅收获了友谊和信任,还被他们执着、不畏艰辛的精神所打动。在采访过程中,《农家科技》和这些可敬可爱的新型职业农民结下了不解之缘。

他们中有相互扶持、相濡以沫的夫妻。黔江区邻鄂镇新型职业农民胡维成、王爱英夫妇是让我们记忆最深刻的患难夫妻。记者依然记得第一次看到王爱英那灿烂、阳光的笑脸,很难让人联想到她是正与体内癌魔作斗争的人。记者从黔江采访完回到杂志社,才得知王爱英因为病重住进了医院。当我们杂志刊发时,王爱英因病去世,永远定格在了我们的杂志里!我们有幸见证了他们的爱情,见证了他们夫妻共同开创的创业成果。王爱英的爱人胡维成告诉我们,他会把这期杂志好好珍藏,因为杂志里记录了夫妇俩带领20多位村民,吃住在海拔1000多米的荒山,风餐露宿,挥锄开荒的艰难时刻;记录了他们的桃子还在树上就卖完了的喜悦心情;记录了夫妻俩患难与共、不离不弃的幸福时光……

还有一对夫妻用二十多年的时间把一片荒凉、长满杂草和杂树的荒山,改造成一个生机盎然、四季花果飘香的生态果园,他们就是谱写荒山之恋的王正国夫妇。虽然开荒是苦力活,夫妻俩全凭柴刀、锄头砍树、铲草、挖地,但在50多岁的果园主人王正国眼里,农村是孕育激情、梦想和希望的地方。当王正国用布满老茧的手指着这片果园侃侃而谈的时候,脸上洋溢着满满的幸福感和成就感。

他们中有全国劳动模范。犹绍华与绿色田野打交道近20年,凭借对土地的坚守和对农业发展的创新,靠种雪梨不仅守住了一方绿水青山,更富裕了一方百姓。2017年,犹绍华荣获"全国农业劳动模范"光荣称号,并出席了当年12月召开的中央农村工作会议。会前,他和其他列席全国农业工作会议的劳动模范和先进工作者代表一起,受到了习近平总书记等党和国家领导人的亲切会见。"第一次参加这么高规格的会议,而且还见到了总书记,是我一辈子的荣幸。"当记者问他当时的感受时,他说:"荣誉属于昨天,当下最主要的是要撸起袖子加油干。"此外,还有全国劳模赵丽,在记者眼中,她是农业机械化的推进者、龙头企业示范的带动者、稻田综合种养的践行者、有机生态农业的推广者。

他们中有返乡创业的大学生。陈海霞,毕业于重庆工商大学机械专业,返乡创业干起了山羊养殖。谈到最困难的时候,陈海霞告诉我们,2016年,羊价跌到低谷,12元/千克,养殖户纷纷含泪甩卖羊只。合作社有600只羊亟待出栏,然而没有销路。那时候,她愁得几天晚上都睡不着觉,压力非常大。最后,她终于想到把整只羊进行拆分,加工成即食产品来销售的方法。通过各种渠道的学习和不断尝试,她研发成了符合大众消费习惯的开袋即食羊肉干,通过线下超市和线上朋友圈卖得非常火爆,其效益远高于活羊的销售所得。

他们中还有许多长期扎根农村,有经验的"老农"转变观念提升技能,提高了现代农业经营管理的能力和水平,成为推动现代农业转型升级的引领力量;他们中还有退伍军人和放弃高薪的白领,用先进科学的技术和生产方式,将现代化经营理念和产业发展模式引入农业,成为推动现代农业转型升级的中流砥柱。他们是新时代实施乡村振兴战略的主力军和攻坚者,在实现"农业强、农村美、农民富"的壮美蓝图中展现时代风采。

我们,作为时代的记录者,作为社会变迁的见证者,要练好内功,增强"四力",用文字书写最正的能量,用图片定格最美好的时刻,用视频捕捉最动人的画面。

"新职农风采"除了在《农家科技》杂志开设栏目进行系列报道,还被做成电子书,阅读量接近两百万;同时在城乡统筹发展网开辟专题,网站专题总点击量三百多万,多篇文章阅读量在五万以上;另外,在头条、百度、搜狐、趣头条、微博等新媒体渠道也广为传播,引发了社会的广泛关注,提升、塑造了重庆新型职业农民的整体良好形象,受到读者、新职农以及相关区县农业农村委、扶贫办、团委和妇联的好评。"新职农风采"报道的创业故事,被重庆市各区县农广校当作培育新型职业农民的教学案例,激励引领着更多的农民转变发展思路,投入到现代农业发展中。

故事还在继续,奋斗还在继续,让我们一起努力,共同绘就乡村振兴新美景!

出版赞

程治文

发轫五〇年,历经七十载,栉风沐雨,薪火相传;夏去冬又来,柳绿稻花香,服务社会,传承经典:出版精神,责任担当,践行着出版人的初心。

挟两江,拥四岸,巴渝大地起风景;重内容,数字化,出版业界正芳华:融合发展,内容为王,指引着前进的方向。

一、分门别类与精品层出

《马克思画传》之付梓,筑就时代理论之基石;《三体》系列之发行,探索未来世界之境遇。居家经验,育婴宝典,生活指南,包罗万千;本土渊源,书画汇编,历史哲言,尽在其间。考场之上挥笔墨,作文素材有佳篇;教辅书籍内功练,金榜题名今梦圆。雕刻艺术有流传,抚木石于指间;文艺小品之寄言,寻朱鹭于溪边。闻说外文之引进,亦感吾刊获赞言;立足西南之内陆,放眼风物天地宽。

二、社会责任与心系教育

时值疫情,万众一心;直面肺炎,坚守笃定。全面防疫,电子手册,学生幼儿,娓娓而道;服务教育,不误学时,数字教材,提前知晓。教育使命扛在肩,念孩童学思之不辍;社会职责记心田,告预防知识于周边。朝斯夕斯,念兹在兹。社会教育,初心不变;历久弥新,发展前沿。

三、数字出版与时代亮剑

新媒体纷至而沓来,现代社会信息之裂变。数字传媒方兴未艾,传统出版可圈可点。挑战机遇同相依,勇气担当共直面。厚积而薄发,行业之佼佼:卡通动漫、电子音像、图书报刊、网络出版,优质资源;纸业、印务、发行、广告,多有涉猎。他山之石可攻玉,心有灵犀一点通。设身数字时代,用文字与数字相系连;转变传统思路,以内容和技术相对接。兼收并蓄,晓传统数字之互鉴;时代亮剑,著未来发展之新篇!

美哉!壮哉!重庆出版!

重庆出版谱华章

张 捷

巴山巍峨渝水长,
重庆出版谱华章。
传承发展七十载,
践行初心有担当。
守正创新出好书,
融合发展前景广。
团结奋进齐努力,
追求梦想创辉煌!

石头放光仍有时

唐联文

出版致政余力事,引领舆论亦有期。
战战兢兢谋国是,兢兢战战益勠力。
春风得意若有时,栉风沐雨待来日。
十年寒窗奋力识,呕心沥血把错擒。

互动篇

我看到，她沿着先辈足迹阔步前行

郝天韵

"对一件事要有诚挚力，才能做成一件事。"2019年8月的一个午后，坐在重庆出版集团办公大楼23层总编辑办公室里，我在采访重庆出版集团党委书记、总编辑陈兴芜时，她这样对我说。

她还告诉我，这句话是重庆出版社原总编辑沈世鸣同志对她说的，并对她30多年从事的出版事业影响深远。

沈世鸣，在出版界是个响当当的名字，是新中国成立以来出版人的优秀代表之一。在陈总编辑的娓娓讲述中，我慢慢了解了这位出版先辈的一生。

1986年4月，沈世鸣出任重庆出版社总编辑。然而出任总编辑不久的她就罹患癌症，病痛折磨下，她"把生命的每一天都当作最后一天"，尽管身体每况愈下，但她毅然主持了大型出版工程——"中国抗日战争时期大后方文学书系""中国解放区文学书系"和"世界反法西斯文学书系"的编辑出版工作。"反法西斯文学三大书系"卷帙浩繁，凝结着沈老和编写团队的全部心血；丛书在全国产生重大的影响，荣获了国家图书奖、中国图书奖等众多奖项。她还主持了"重庆出版社科学学术著作出版基金"资助图书和"国外马克思主义和社会主义研究"丛书等其他大型项目的编辑出版工作，使重庆出版社的图书在短短几年内上到一个新的台阶。辛勤付出和突出贡献，让沈世鸣先后被授予四川省劳动模范、重庆市优秀女科技工作者称号，被国务院批准为有突出贡献的专家、政府特殊津贴专家，1995年获得韬奋出版奖。重庆出版社党组、四川省新闻出版局和四川省出版工作者协会，先后都发出了向她学习的号召。

"我很幸运！因为从我毕业后分配到出版社，便在沈总的带领下工作。"采访时，陈总告诉我，沈世鸣的理念和坚守深深影响着她。那时我深切地感受到，沈老的光芒就在她的身上闪耀着。我也被这种传承感动着，"传承"这两个字在那一刻，在我脑海中变得印刻般深沉，并由此铺展开两代人走过的出版之路。

很多老一辈知识分子都记得，在20世纪80年代的中国社会，曾一度对"什么是真马克思主义，什么是假马克思主义""对马克思主义是否应当坚持"等话题展开讨论，出现很多对马克思主义观望徘徊、逡巡不前的态度。然而就在那时，一套"国外马克思主义和社会主义研究"丛书横空出世，通过其对马克思主义基本精神的全面精准把握，不仅帮助人们增强了对马克思主义的信念，而且结合中国特色社会主义的伟大实践，把马克思主义中国化向前推进了一步。

这套丛书产生了重大社会影响，因其封面设计采用了亮丽灰色，在学术界树起了"灰皮书"的学术口碑，至今仍是研究马克思主义的学者必读经典书目之一。

当时20多岁，刚刚步入工作岗位的陈兴芜，就在沈老的带领下，从事"灰皮书"的编辑工作。在那个交通、邮寄都不是非常便利的年代，为了从专家作者手里带回书稿，她曾在烈日炎炎下坐着几天的绿皮火车往返于重庆和北京；为了让作者亲笔书写的心血不丢页不掉ণ，她爱护那些书稿像对待自己孩子一样小心翼翼……

为何如此热爱从事的出版事业？回答我这个问题时，陈兴芜掷地有声，目光坚定："因为从沈世鸣身上，我看到了优秀出版人有胆有识、开拓创新的榜样力量，矢志不渝、顽强拼搏的奉献精神，心系作者、礼敬名家的宽广胸襟，精益求精、勤勉务实的工匠气质，作育新人、锻造团队的管理智慧。"多年来从事出版事业，她始终以沈世鸣为榜样来要求自己，沈老的那句"对一件事要有诚挚力，才能做成一件事"更成为她奉行的职业信条。

"深化马克思主义理论研究和建设，并让这些出版成果走出夔门、冲出国门、走向世界，是重庆出版集团当前的中心工作之一，也将是未来长期努力的目标。"谈及未来发展，陈兴芜说起来更是滔滔不绝，"从全局谋划一域，以一域服务全局"，以这种精神，重庆出版集团立足自身发展实际、顺应时代发展大势、服务全国发展大局，树立了新的目标。

近年来，在陈兴芜的领导下，重庆出版集团大力实施"走出去"战略，利用国际传播平台，积极开展版权合作，讲好中国故事、传播中国声音。重庆出版集团的"走出去"战略在质和量上均实现稳步提升，近5年向全球30多个国家和地区输出社科类图书版权330多种。其中，不乏《中国的和平发展道路》《中国特色社会主义道路研究》《中国特色社会主义理论体系研究》《中国外国文学研究的学术历程》(12卷)等高端学术著作，以及《快递中国》《新常态下财经热点探析》《大国论衡——中国经济社会转型的若干节点》《分享经济重新定义未来》等展现中国道路、中国经济社会发展新成就的图书。

"马克思主义诞生以来，世界发生了翻天覆地的变化，今天的中国已经进入一个崭新的发展阶段。要谱写好新时代中国特色社会主义的新篇章，我们更需要让马克思主义理论著作和普及读物出版工作始终紧贴中国发展脉搏、紧跟时代发展步伐。同时，作为出版人，我们紧随世界发展大势，向世界介绍中国道路，传递中国正能量。"采访的最后，回望60多年来坚持探索马克思主义中国化出版的实践历程，陈兴芜意味深长地总结道。

两个多小时的采访结束，当我走出重庆出版集团的大门时，夕阳已开始洒向滨江，泛起点点波光。陈兴芜温和而坚定的话语还萦绕耳畔，她向我讲述那些斑驳岁月中一个个的小故事还在脑海中不停回放。我想，如果说"灰皮书"系列是一粒"种子"，让中国化的马克思主义根植于重庆出版集团过去、现在与未来的发展历程中，不断成长、开花结果；那么，当时的重庆出版人对那套丛书日以继夜、孜孜不倦地打磨，便是一个基因分子，让沈世鸣那一辈出版人兢兢业业、求真务实的敬业精神，流淌在陈兴芜这一辈重庆出版人的血液与骨髓中，不断输送能量、发光发热，更指引着新一代重庆出版人们赓续前行、继往开来。

匠心"炼"成《大足石刻全集》

兰世秋

2013年12月初的一天,冬寒凛凛。一大早,我和重庆出版集体外宣部的赖部长一起,乘车赶往大足石刻。

清晨的空气中夹杂着丝丝凛冽的味道,车行在通往世界文化遗产的路上,我不禁裹了裹身上厚厚的棉服。一路上,赖部长向我简单介绍了此行采访的内容——《大足石刻全集》出版项目。

虽然并非土生土长的重庆人,但作为一名文化记者,大足石刻于我而言并不陌生。它千年的历史、无比珍贵的艺术价值,足以让每一个重庆人骄傲。

由于一直裸露于空气中,大足石刻已进入高速风化期。运用图片、拓片、文字及现代科技手段真实记录、保存和展示大足石刻的基本状况势在必行。

2003年,大足石刻艺术博物馆(后更名为大足石刻博物馆)组成了课题组。2010年,重庆出版社、大足石刻研究院经过反复调研、论证,确定由两家联合编撰出版《大足石刻全集》。

那天我要前去采访的,正是正在进行中的《大足石刻全集》现场拍摄情况。

我们一行来到大足石刻石门山时,几位工作人员正架着机器对着石窟里的造像拍摄。

"这是在给这些造像拍摄'身份证登记照'吗?"我向其中一位工作人员问道。

"可以说是'身份证登记照',但是和我们平时的拍摄方法完全不同,复杂多了。"另外一位高高大大的中年男子回答我。

赖部长介绍,这位中年男子就是《大足石刻全集》的总策划、重庆出版集团美术出版中心主任——郭宜。

见我有些疑惑，郭宜解释，熟悉摄影技术的人都知道，拍照都会出现透视，但他们对图片的要求是没有任何透视，以保证能客观地呈现石刻造像的现状。这样，工作人员拍摄时就需要寻找很多个中心的点，才能完成一个龛窟的拍摄。以北山第20号龛窟的"千佛壁"为例，工作人员一共拍了60张"千佛壁"的照片，再通过截图的方式进行组合，最终才完成了它的"身份登记照"。

光线也是影响拍摄的重要因素之一，光线不同，拍出来的照片就无法组合，有时候，为了等合适的光线，工作人员在原地一等就是好几个小时。

那天的采访持续了大约3个钟头，我和赖部长离开的时候，重庆出版集团的工作人员们仍在现场进行拍摄。

回到主城后，我迅速完成了新闻稿件，并在第二天的《重庆日报》上刊发。

时间不徐不缓地往前走着，忙碌的工作中，我也时时关注着《大足石刻全集》项目的进展情况。

2017年底，《大足石刻全集》陆续进入出版阶段；2018年1月北京图书订货会上，我得到《大足石刻全集》首次亮相的消息，这令我有些兴奋，马上就联系了重庆出版集团外宣部的刘媛姑娘。

身材娇小的刘媛是个急性子，做事情雷厉风行，她很快就帮我约好了郭宜，这一次，我对郭宜进行了较为深度的采访。

"1976年至1986年，我跟随父亲在北山生活10年，那时，父亲考古测绘的工具只有皮尺、画板和小板凳。"郭宜很忙碌，说话很干脆。聊起大足石刻，他的眼睛明显亮了一下。他口中的"父亲"，就是大足石刻博物馆老馆长郭相颖。

也许是这一份血脉传承，郭宜一直有个心愿，那就是做一套《大足石刻全集》，为后世留下一份关于大足石刻的最全面、最权威的考古报告。

在《大足石刻全集》问世之前，针对一个大型石窟群编纂的比较全面、系统的考古报告，只有日本人在20世纪30至50年代完成的《云冈石窟》。因此，这是我国针对一个大型石窟群编写的第一部全面的考古报告集，意义非凡。

"先贤们的贡献值得我们铭记。"采访中，郭宜一页一页点开电脑里《大足石刻全集》书稿,其中的"历史图版卷",收录了1940年初著名建筑学家梁思成等中国营造学社部分成员在大足考察期间所拍照片,1945年著名史学家杨家骆组织的大足石刻考察团所拍照片等珍贵历史影像……电脑中的黑白照片,穿越时空,散发着迷人的光彩。

说到上次采访他们现场拍摄摩崖造像的"身份证登记照",郭宜笑言:"你上次看到的,只是很小的一个场景。"

恰逢重庆出版集团美术出版中心副主任郑文武也在办公室,他向我说起了其中一个拍摄场景,2015年夏天,在拍摄宝顶山大佛湾圆觉洞洞底时,他攀爬至洞顶天窗进行拍摄。正拍得入神时,他忽然感到身上奇痒无比。他一手举着相机,一手掀起衣服,只见浑身爬满蚂蚁。"那一刻,我鸡皮疙瘩都起来了,但眼见就下暴雨了,我只有忍着继续拍摄。"听着郑文武说起这一幕,我一身的鸡皮疙瘩也起来了。

他们跟我介绍,《大足石刻全集》共涉及600多个龛窟。这每个龛窟中的造像都要用文字、测绘图、拓片、摄影图片忠实记录,其艰巨程度可想而知。

关于《大足石刻全集》编撰过程中的艰辛还有很多,无法一一列举。那一天,我的采访本上记满了密密麻麻的文字。

2019年8月的一天,刘媛给我打来电话,《大足石刻全集》出版座谈会即将在9月6日在北京国家图书馆举行,这标志着这部客观、全面、系统地反映大足石刻现存状况的考古报告正式揭开面纱。

200多人用了14年的匠心终于"炼"成了这套共计11卷19册的"大书"。这消息着实令我有些激动,我立马安排部门记者对接采访,在9月6日座谈会举行的这一天,在《重庆日报》的《人文巴渝》版面上推出了一个整版的报道。

高兴啊!《大足石刻全集》的出版,在行业领域具有重要的里程碑意义,将中国考古推向新的高度,被考古学家、北京大学教授丁明夷老师誉为"其影响力在考古界不亚于放一颗卫星"。这不仅是重庆出版人的荣光、重庆文博人的荣光,更是整个重庆的荣光。

今日落笔之时,窗外冬阳暖人,仍然记得重庆出版集团党委书记、总编辑陈兴芜接受记者专访时说的一段话:《大足石刻全集》的推出,是重庆出版人践行精品意识的重要成果,也将成为重庆出版史上一座新的里程碑,激励着重庆出版人创作出更多的精品力作。《大足石刻全集》等巴渝文化的皇皇巨著的出版,是对优秀传统文化的保护与传承,是增强民族自信的重要方式!

70年的风雨兼程,我想,正是这份匠心与专心,铸就了重庆出版社70年的光彩华章。

锻铸"风林火山"的重庆出版精神
——贺重庆出版社成立70周年暨重庆出版集团成立15周年

金国华

在人类所进行的各种精神活动中,阅读是最为基础也最为重要的一种。阅读直接关系着国民素质的提高以及国家的长远发展。2014年,"倡导全民阅读"被第一次写入政府工作报告。2016年,李克强总理指出,"要深化群众性精神文明创建活动,倡导全民阅读,普及科学知识,提高国民素质和社会文明程度"。

为响应国家号召,推进全民阅读不断深入,在各级政府的高度重视和相关部门的鼎力支持下,过去10年里,江苏凤凰新华书店集团连续成功承办了10届江苏书展,将其打造为惠民性阅读盛会。在这里,我要感谢五湖四海的出版社同仁。如果将全民阅读活动比作一个大餐厅,我们只是服务员,出版社同仁才是为读者们贡献精神食粮的良厨。

我住长江尾,对于江苏凤凰新华书店集团,2020是有所斩获的一年。君住长江头,对于重庆出版人,2020也是具有里程碑意义的一年。从1950年重庆出版社的前身西南人民出版社成立,到2005年以重庆出版社为核心组建的重庆出版集团正式成立,再到2018年重庆出版集团深入推进文化体制改革,形成线上线下融合的"多元化品牌产品矩阵",加快高质量发展,2020年重庆出版社迎来成立70周年暨重庆出版集团成立15周年的重要年份。

尽管岁月流转,风飞云卷,重庆出版人如苍山劲松,一直不忘初心,将出好书作为根脉所在。在我的职业生涯中,只要想到重庆出版集团,我几乎马上就会想到《藏地密码》《庞中华字帖》《三体》《女心理师》等现象级好书。2011年,HBO电视网推出奇幻巨作《权力的游戏》。该剧一经播出，就在全球引起轰动，而这部电视剧的原著小说《冰与火之歌》的中国出版方，就是重庆出版集团，这种预判并引领阅读潮流的慧眼，使我深感敬佩。同年，重庆出版集团趁热打铁，在江苏凤凰新华书店集团多家线下书店设立冰与火之歌城堡主题，深受广大读者欢迎。

江苏凤凰新华书店集团和重庆出版集团一直合作紧密。10届江苏书展，重庆出版集团每次参与，都能给人带来耳目一新的感觉，多次创造地方社榜首佳绩，并有两次获得江苏书展最受欢迎的出版单位。虽然是地方性出版集团，但重庆出版人格局宏阔，立足本土，放眼中国，开拓世界，在历届书展上请来了多位知名作家与读者互动，如雷米、王立群等，并且给江苏当地作者创造了出版土壤，如苏童的《碧奴》就因为重庆出版人的成功运营，在全球实现版权转让23次，翻译语种达12个。

对于出版行业而言，全民阅读的大环境是有利的，但我们应该注意到的一个事实是，现代社会中"阅读"的涵义，与传统意义上所说的"阅读"已不尽相同了。随着经济的发展、国民素质的提升、科技的进步、社会形态的演进，未来的阅读形式和图书市场将会如何，这是谁都难以预料的。但我们相信，无论外界因素发生什么变化，全民阅读的大趋势是不会改变的。

《孙子兵法·军争篇》有云："其疾如风，其徐如林，侵掠如火，不动如山。"如果给重庆出版人的精神做一个概括，或许就是"风林火山"这四个字——能识别好作者和好书，引领阅读风潮，动作迅速，如风；对未来的发展规划有度，不矜不盈，如林；勇于开拓，敢于创新，永不止步，如火；以做好书，为读者服务为最高宗旨，岿然不动，如山。

衷心希望重庆出版集团勇创佳绩，再攀高峰，如风，如林，如火，如山，为读者的宝剑贡献更多的磨刀石。

路数"对头"的重庆出版集团很"巴适"

王 星

2015年是重庆出版集团10周年庆,其中南京站展销主题是:一书一影,十年造梦。当年的情形仿佛就在眼前,匆匆5年,转瞬即逝,又到了集团15周年大庆的时刻。

作为一家地方出版社或者地方出版集团,如果想在全国出版社出挑的话,还真是要拿产品说话。最早对重庆出版集团留下印象,是源于2002年我刚刚开始做业务时,接触到出版集团设在北京的分公司——华章同人公司赠与的一套"惊悚"系列图书,其中有《零点时刻》《眼镜蛇事件》,这套"惊悚"系列当时可以说开创了引进版的先河,在悬疑和惊悚图书还没有铺天盖地的时候,给人耳目一新的感觉。重庆出版集团于2005年成立,自2010年后,重庆出版社经过几年的打磨,逐步形成了几条重点的产品线,如:《藏地密码》《冰与火之歌》《最寒冷的冬天》《心理罪》《三体》《庞中华字帖》,以及"重现经典"系列、"科学可以这样看"系列,单本畅销书如《女心理师》《香蕉哲学》《樱桃之书》等等,逐渐在业内打响了知名度。

南京新华书店和重庆出版社合作日益密切,给我印象非常深刻的是2012年到2013年,也是南京新华线上线下销售同步快速增长的时间点,那时甚至出现了线上和线下同时抢占货源的局面。在很长的一段时间内,《冰与火之歌》一直分别占据南京新华书店实体书店和线上书店销售排行榜榜首,我们一度经常往返出版集团南京办事处调转图书,该处工作人员不辞辛劳,始终为我们提供优质服务。在此阶段,南京新华书店还密切地配合出版社开展各项门店讲座、签名售书、校园人文行等营销活动,如:《寻找真实的蒋介石》作者杨天石讲解蒋介石,浬鋆洋"猎犬贝特森林奇遇"

系列等,均收到读者较好的反响。由于推荐展陈经过精心策划,加上大家的共同努力,许多活动的开展均收获了不俗的销售业绩,重庆出版集团在南京新华书店销售排行始终位列前50名之内,每年销售总额稳定在一百万左右。

说完书再说人,重庆出版集团成立开展业务后,我也认识了很多重庆出版集团发行公司的朋友,无论是集团的高管、中层还是一线的发行人员,给我的感觉——这是一个充满重庆气息、豪爽重义、乐观豁达、吃苦耐劳、踏实肯干、能干会干的一个团队。集团成立以后,出版社、出版集团发行团队进一步加强了和地面店的联系,特别是与省会城市以及中心城市的相应书店、书城的沟通和联系,定期就重点图书、销售展陈要求以及销售模式进行沟通和交流。集团领导的大气、高瞻远瞩,给新华书店的同志留下了深刻的印象,接触较多的陈浩总精明强干,风风火火,经常就一些细节进行深挖探讨,以求达到最佳成果;当时的大区经理,现在的发行公司林杰总是一个豪爽热情、敢拼敢干的同志,带领区域发行人员深入一线,及时把出版信息传达到实体门店,调配货源,满足供给,为重庆出版集团在当地的发展打下了坚实的基础;现在大区喻流娥经理带领陈翔、周云的团队虽然不是重庆人,但也浸染了重庆发行的气息,干事爽快利索、雷厉风行,为集团的业务发展作出杰出贡献。他们与实体门店的关系亲密如一家人,并充分利用人头熟、地头也熟的优势,持续稳固重庆出版集团的根基大盘,有效扩大了销售。2014年在重庆召开的全国实体书店营销业务研讨会更是拉近的店社之间的工作情谊。

重庆出版集团这几年的发展是有目共睹的,从江苏大区相应办公地点和发展的模式,也可窥一斑。最早是在南京新街口一个相对狭小的地点办公,后来又调整到江北新区,现在又回归到主城,一步一个脚印,越开越大,越做越兴旺。总体业务主干由原来的实体门店线下又逐步扩大到线上,同时团购业务也在不断地扩大,和南京新华书店形成了比较深度的合作,每一年销售都有相应的增长,尤其是在团购业务方面。近期,又开始围绕着教辅板块课外阅读、数字化出版转型展开合作,基于此,双方的对外拓展业务均有相当大的变化和起色,创新互动、合作共赢的局面逐渐打开。

今年虽然全国的实体书店都受到疫情的影响,但是重庆出版集团、重庆出版社的销售团队攻坚克难,持续发力,线上线下销售以及团购销售均实现稳步增长。在阅读类新品种呈现上多措并举,亦取得了一定战绩。在这里,也祝愿重庆出版集团能够继续传播巴渝文化,发扬追梦精神,不断地雄起,雄起,雄起!

路漫漫其修远兮,吾将上下而求索

沈勇尧

东晋书法家王羲之的《兰亭集序》中,有一句话令人印象深刻:"当其欣于所遇,暂得于己,快然自足,不知老之将至。"

很幸运,我从事的是自己喜欢的职业,似乎只是眨眼间,我已在图书发行领域工作了40年。早就想写点什么,提起笔却千头万绪,不知该从何处落墨。2020年,是重庆出版社成立70周年暨重庆出版集团成立15周年的重要年份,值此出版界盛事,权且冒昧一番,效仿王羲之于修禊之日泼墨兰亭,书写一篇小文吧。

风华正茂的年纪,我在东海舰队海上侦察大队工作,1980年年底,我离开烟波浩渺的大海,一头扎进了墨香流荡的书海,之后10多年,我的工作再三变动,如同轻舟泛海,最后停泊到了上海书城的港湾。

尽管在图书发行行业工作了40年,但我一直把自己当作"干活的人",不敢以文化人自居。因为作为图书发行队伍中的一员,我所做的只是为文化创造者服务,用当下的年轻人流行的话来说,我只是为文化创造者服务的搬运工。

谁是文化创造者呢?出版社的诸多同仁。出版社的朋友们时常笑称自己是为作者做嫁衣裳的裁缝,但在我看来,他们就是文化的创造者,如果没有他们,就没有一道道可口的精神食粮奉献给读者诸君。

这40年里,与上海书城有过合作的出版社多不胜数,重庆出版集团给我留下的印象最为生动。

重庆出版集团的前身,是重庆出版社;重庆出版社的前身,是成立于1950年的西南人民出版社。说重庆出版集团及其前身与共和国同呼吸、共命运,我想并不为过。

出版是宣扬社会主义文化的阵地和堡垒,早在20世纪下半叶,重庆出版人就孜孜以求,为共和国的文化事业贡献了一大批优秀图书,多次获得党和国家领导人的高度评价,比如《重庆谈判纪实》《新华日报的回忆》《党和生命》等,其中,有些图书甚至作为国礼被赠送给外国领导人,比如1995年由江泽民主席赠送给俄罗斯总统叶利钦的"世界反法西斯文学书系"。在宣扬社会主义文化的同时,为丰富读者的文化生活,重庆出版人也陆续推出了许多紧贴市场脉搏的优秀出版物,比如《藏地密码》《冰与火之歌》《三体》等。

在其他行业的人看来,做出版似乎是个比较风光的职业,我虽然没有直接做过出版,却也知道出版人的艰辛,从市场调查、策划选题,到三审三校、包装设计,再到进厂印刷,其中的曲折实在一言难尽。不夸张地说,读者所看到的每本书上的每一个字符,都浸透着出版人的汗水和心血。

做出版虽然也追求经济效益,但与其他行业不同的是,出版并不是遵从经济效益至上的行业,它追求的是双效益,即社会效益和经济效益,而前者的地位又在后者之上。相较于其他行业,出版业的生存发展压力是比较大的。也正是因此,我才对重庆出版集团格外敬佩,因为它双核驱动,真正实现了双效益的统一。

我与重庆出版集团真正结缘,始于2011年的第八届上海书展。当时,我是上海书城总经理,重庆市出任上海书展的主宾省(市)。就是在这一届书展上,重庆出版集团展现了自己的活力、热情和创意,给我留下了深刻的印象。

重庆是一个历史悠久的地方,早在春秋战国年间,就在中华民族的发展史上镌刻下了浓墨重彩的华章。2011年的第八届上海书展上,重庆出版集团妙手生花,将悠久的历史、富有地方特色的文化融合在一起,向读者展示了一个立体化的人文重庆,与此同时又紧跟时代步伐,密切关注读者需求,重庆出版集团副总高岭女士身先士卒,率领编辑、发行团队到现场参与销售工作,根据读者反馈,调整产品布局,利用自身曾做过电台节目主持人的优势,与读者和作者对话,几乎场场精彩。到书展结束时,重庆展团创造了7天71万码洋的销售业绩,比前三届业绩最高的主宾省(市)还高出20多万码洋。

东方欲晓,莫道君行早。这只是一个开始。随后几年,勇于攀登的重庆出版集团又努力探索,与上海宝钢、云南玉佛寺等多家单位达成了业务合作。在此过程中,我见证了重庆出版集团发行人的开拓精神,并有幸因为一些鞍马之劳而获得了"发行公司优秀员工"的美誉。

如今是一个知识传播多元化的时代,越来越多的人——尤其是年轻人——更倾向于通过音频或者视频学习知识。尽管以声、影形式承载的知识,往往是对图书的二次加工,但这不可避免地会影响到出版的经济效益。发行市场的混乱和电商网站的经营乱象,也进一步挤压了出版的生存空间。

此外,国际形势的变化也对出版业提出了更高、更为严苛的要求。著名政治学家塞缪尔·亨廷顿在《文明冲突与世界秩序的重建》一书中认为,未来的国际竞争将由显性的意识形态对抗,演变为更加隐性的文化战争。作为一个国家的文化建设者和创造者,出版人在即将到来的文化战争中所起的作用是不言而喻的:一方面,出版人得设法应对国内市场的竞争,另一方面还得立足本国本土,深耕细作,开掘地方特色文化、民族文化和国家文化,在创造经济效益的同时,坚决捍卫吾国与吾民的文化阵地。

求木之长者,必固其根本;欲流之远者,必浚其泉源。从另一个角度来说,压力与挑战也是出版业浴火重生的转机。

事实上,重庆出版集团的涅槃之旅已经开始了。

2018年,集团就制定了新时代的发展路线,深入推进"数字出版生态建设"这一重要发展方向,明确了"一圈两线两端一网"的发展战略,全力打造"内容出版、出版数字、数字经济、经济服务和服务内容"的产业闭环生态圈,强化优质内容与版权的获取能力,形成了线上线下融合的"多元化品牌产品矩阵"。

对外,作为"中国图书对外推广计划"工作小组成员之一,集团已与30多个国家和地区建立了合作关系。由重庆出版社参加的"重述神话"全球出版项目,仅《碧奴》一书就成功地实现版权转让23次,翻译语种达12个;由著名学者俞可平先生牵头主编、重庆出版社出版"当代中国著名学者论丛",在西方出版后,更被国外同行誉为"第一次让西方学者和读者听到了出自中国学者的声音"。

钱锺书先生有一本书叫《写在人生边上》。发行销售系统是出版行业的外围,身为系统一员，给自己的职业下个定义的话，我觉得可以叫"走在出版边上"。

在从业经历中，我对出版行业有过什么贡献呢？我时常会想到这个问题。很遗憾，扪心自问，虽已全力以赴，但恐怕也只是有些驽马之劳。宋人苏轼有诗云："人生到处知何似，应似飞鸿踏雪泥。"大抵就是如此吧，如飞鸿踏雪，能在"出版边上"留下一点印迹，余愿已足。

不过，我相信，重庆出版集团将继续大有可为。雄关漫道真如铁，过去几十年，重庆出版人已经以令人瞩目的成就证明了自己的魄力；乱云飞渡仍从容，在未来，他们也必定会以务实肯干和追新求变的精神，继续在共和国的出版史上书写自己的华章翰墨。

我见青山多妩媚，与重庆出版人的合作是愉快的，彼此共事多年，他们的勇气、活力、创新、热情使我受益匪浅，时常有王国维在《人间词话》中所说的三境界之感。区区不才，无骐骥一跃之能，但好在有些功在不舍的耐力与韧性，希望重庆出版人于我，也能料青山见我应如是吧！

最后，将屈原的一句诗送给重庆出版集团，以及业内其他同仁。

路漫漫其修远兮，吾将上下而求索！

勇立潮头，奋楫扬帆

——谨以此文献礼重庆出版社成立70周年

刘来刚

自2018年年底签订合同，贝壳传媒和重庆出版社就"整本书阅读"丛书在辽宁省区域的销售正式开展合作。2019年的西安书展，重庆出版集团李斌老总亲自带领团队参会，在"多读书，读好书，读整本书"分享会暨全国各省经销商签约仪式上，隆重介绍"整本书阅读"丛书。这让我强烈地感受到了重庆出版社是一家不畏艰险的出版行业龙头，一家能够与合作方相互帮助、合作共赢的单位。这两年的合作，让我对重庆出版社在品牌、渠道、营销等方面的创新和发展有了充分认识。

任何一个单位的生命皆来自它的成员，通过和至弘公司的协同配合，我感受到这家企业的担当与风骨，感受到这些人的血肉丰满、情感丰富。说起来，两家企业的相识既偶然又必然：对于至弘公司的段总来讲，是一次针对教育的改革尝试，对于我来讲是一次冒险，这个2019年5月，我第二次见到段总时，在一个露天的烧烤店，他带着三分醉意透露给我的底。那时，整本书阅读的教研工作刚刚开始并且稍有起色，而辽宁是否使用新教材仍然是个谜。

"来刚，我真没想到你们能搞得不错，"段总诚恳地表扬道，"实际上，我们当初并未重视东北市场。"

"段总，"半年前曾去过重庆谈代理的池丰在一旁打趣道，"怪不得当时你没亲自请我吃饭。"

"不重视，"我帮腔，"看走眼了吧，段兄？"

"是不是看走眼了，现在下结论为时尚早，"段总笑着激励道，"一切还得看最终结果。"

在廉价的小烧烤店,我们都发挥了超常的水平,用一场酩酊大醉加深了相互间的了解,以至于我们彼此都确信那是一段伟大友情的开始,段总清醒状态下的心声吐露让我改变了第一次见他时的印象。

事实上,在没见到段总之前,我们两人关于合作协议的若干细节已经通过多次电话,我基本在脑海里勾勒出了他的顽固画像。双方各为其主,对某些条款一直争议未决,直到2018年年底,他和朱捷主任亲自到沈阳考察,合同才最终敲定。

段总给我的第一印象是自信、激情、意志坚定、严谨、执着、专业。实事求是地讲,第一次我并未感觉到他的单纯和真诚。在合同上的锱铢必较让我认为他很偏执。当然,这种对细节充满控制狂的性格对于经营企业,在双方不甚了解的情况下,也不失为莫大的优点。幸运的是,他身边带来了精通法律、开明干练的朱捷主任。有这样一位仿佛诸葛亮的大智囊出谋划策,段兄决策起来便轻松了很多。我们谈判的气氛也变得更合拍、更愉快。最终,双方签订了合同。不夸张地讲,这份合同像法力无边的幌金绳般将我们的未来命运紧紧地联结在了一起。

当2019年7月,教育部正式公布高中语文新教材使用名单时,最不被看好的辽宁居然赫然在列。从某种角度上看,这是个意外,因为坊间公认必用的浙江和重庆竟然在最后的时刻退出了。这时,我们已经在辽宁一共开展了12场教研观摩活动,覆盖了除锦州、盘锦以外所有的地级市。不得不说,在充满诸多变数的情形下,大量的投入真是一场冒险,今天回想起来让人不得不感谢上天给予的这份偏爱。消息出来后,我们顿时感觉到"整本书阅读"丛书的成败重任落在了辽宁市场。如果辽宁市场一炮打红,正如我们经常所说"打赢辽沈战役,这样才能解放全中国"那样,对于下一步全国的招商和推广具有极强的战略意义。新中国解放战争的胜利模式无疑增添了我们宿命般的力量。经过5个月的奋战,成绩最终没有辜负我们付出的共同努力,"整本书阅读"丛书在辽宁市场占有率高达95%以上,成为全国的样板市场。

第一年成功的信心让我大胆地做出一项决策,进一步调整了公司的发展战略,卖掉所有教辅项目,专注于这个事业,贝壳传媒俨然成为重庆出版社的专营店。当然，这种信心除了已经打下的江山，更多地是来自至弘公司团队的整体素质。

都说选择比努力更重要。这个选择残酷地考验着选择者的理性和眼力，但若眼力再好，即便有先知的预见能力，倘若客观上不存在可供选择的客体，那么一切先见之明都是空谈。

时下社会，尤其在出版行业，最缺的就是这两个看似抽象的要素。抄袭，上坟烧报纸糊弄鬼，剪刀加糨糊或上网下载胡乱拼凑，或弄一堆教育名人挂名主编唬人，然后靠高码洋低折扣糊弄中国千万学子，在应试教育江湖助纣为虐——这是整个社会的普遍悲哀。我本人对此深恶痛绝，池丰得知这个项目的当天晚上，便跟我商量是否可做。我首先研究了一下高中语文新课标，发现确实是10年才可能遇见一次的课改良机，但我对出版单位依然持有怀疑态度，不免做了一番背调。当我看到一场场真枪实弹的组稿研讨会的录像和照片时，我意识到这是一家负责任的出版单位，段总和主编们在照片里的严谨神态显然不是在摆拍。2019年4月份的第一次教研会，项目总策划熊少华老师赴通辽一行更感染了我。熊老师是专家级别的人物，却没有一点架子。我本来对重庆人就有好感，这始于大学时对重庆籍同学的认知。我常想，辽宁人就是东北的重庆人，重庆人就是西南的辽宁人。熊老师务实、专业、责任，不辞辛劳，而且事事为别人考虑，让我感受到重庆人的可爱可敬，让我感受到这个团队所蕴藏的无限力量。后来与熊老师的多次接触，证实了我最初的看法无误。

在整个合作中，并非所有事情上都一拍即合，毕竟在共同利益的前提下又都有独立的立场。这种现象当属正常。不过，因为我们都能开诚布公，把问题摆到桌面上，用朋友的方式真诚处理，一切分歧几乎都达成了谅解和妥协。相互间的批评和指正使友谊也在一次一次的争论中一次比一次强化。

我见到的重庆出版集团的成员还有另外一些，在我的印象里，至弘团队的业务人员，比如授课专家和老师，他们无一不传递了敬业务实的信息；社里的更多领导，都很开明、务实和专业，这些人的风采正是一个企业的价值观的充分彰显。

这些人，这些事，都是为了一个共同的目标：做好教育出版事业。重庆出版集团多年来坚持实施图书精品战略，通过改革创新，编写了一系列的精品图书，走在了重庆市,甚至全国的前列,成为发展最为活跃的出版单位之一。重庆出版社即将迎来70岁诞辰,过去的70年已经展现在我们的面前,如此宏大的图景让命运共同体中的每一个人激动不已,谨以此篇短小的回忆录作为献礼。

共创未来,同赢天下

刘彦伟

2020年,重庆出版社已成立70周年,重庆出版集团也诞生15年了,思好达与重庆出版集团结缘,要从与重庆出版集团同年诞生的旗下子公司天下图书说起。重庆出版集团天下图书成立了15年,我们共同合作了15年,可以毫不掩饰地说:我们见证了重庆出版集团天下图书的发展壮大,天下图书更赋予了我们丰厚的回报。15年风雨兼程,我们与天下之间的情义,不仅仅是世俗的"利"的关系,更是"义"字当头的信任!

2020年新冠肺炎疫情的影响甚巨,经济形势下行,图书市场惨淡,在这样的社会生态环境驱动下,我们的行业面临着前所未有的挑战。具体表现为:发行空间的压缩和运营成本的压力,迫使我们不得不变换旧思路,寻找新的思路!

过去我们的发行工作,能够被重庆出版社领导和市场认可,无非就是做了这么几件事:

1. 确定核心产品,提升单品销量。
2. 发挥名刊优势,推动延伸产品。
3. 运用电脑数据,扶持重点客户。
4. 地市客户调货,减少产品库存。
5. 提高实销数量,降低退货成本。
6. 定位业务硬核,主推天下图书。

面对近年的特殊市场形势,重庆出版集团天下图书提出了"百校计划"战略,我们按照这一战略特别加强了校园发行工作。

依托"作文素材爱心公益大讲堂"的品牌，由天下图书提供讲师，我们联系好学校，共同入校开展现场或在线作文讲座。尤记去年我们在太原，在一周的5个工作日开展了11场讲座。有一晚，结束了最后两场讲座，所有人都很疲惫，雪夜里我们1车5人在往另一个比较远的地方行进，到达时已经是半夜12点，当地的经销商还耐心地等待我们，这些都是经销商伙伴对重庆出版社的优质产品与贴心的教育服务的信任与期待。第二天，我们准时出现在课堂上，激情满满地面对学校师生，按照计划圆满完成了任务，取得了不错的效果。即使事前准备工作再充分，有时学校的讲座时间还是会有临时调整和变动，对出版社和我们的工作都提出了极高的要求，有时半夜一两点还要调整第二天的讲座安排。在入校讲座期间，工作组不论是作为讲师的期刊主编，还是作为市场工作人员的我们，可以说每时每刻都是工作状态。但看着一场场干货十足的讲座送入了学校，看着师生们在讲座结束后兴奋地围着讲师签名提问，看着学校老师们与讲师和编辑互留联系方式和不断互动，看着一个个校园订单的形成和报数……我们的心情：痛并快乐着！

在全国众多的客户中，我们不是做得最好的，毕竟山西地域市场有限，但我们加入重庆出版集团天下图书战队的时间很早，也非常深刻地感受到在重庆出版集团的领导下，天下图书对产品质量的严谨，对选题策划的重视，对市场开发的创新。在过去15年的风雨兼程中，我们相互学习，彼此成就，在未来，我们将继续与重庆出版集团天下图书公司同心同德，携手共进！

还是那句老话：思路决定出路！

记得去年在全国图书交易博览会期间举行的天下图书经销商大会上，全国经销商与天下图书共许未来的美好愿景，在目前的特殊形势下，我们仍然充满信心，我们仍然要高唱：创未来，赢天下！

有幸相逢,四库图书与重庆出版集团的故事

孙 菁

我所在的无锡四库图书是专业教辅电商企业,以淘宝平台销售为主,京东、当当等为辅。教辅电商行业淘宝平台起步是2016年开始的,之前都是以当当为主,2016年之后淘宝逐渐取代了当当,我们四库图书也是在这个过程中成长起来的。

2018年,我公司运营的一种主要产品的市场影响力急剧下滑,当年10月,四库图书迎来了重庆出版集团天下图书公司这一位重要的合作伙伴,迅速为我公司店铺产品结构的调整提供了新的选择方向,天下图书也成为我们公司在业务结构转型过程中的一个重要合作方。

作为专门对接天下图书公司的运营人员,我感受到了重庆出版集团旗下业务人员的专业素养以及对教辅行业的熟悉程度,天下图书也为我们店铺产品结构转型提供了非常多的专业性意见以及高质量图书产品。

正值重庆出版社成立70周年暨重庆出版集团成立15周年,借此分享两个四库图书和重庆出版集团天下图书公司合作的小故事。

第一个小故事,2020年春节之后由于新冠肺炎疫情,几乎所有店铺都存在发不了货的情况,并且畅销产品货源紧张,滞销产品大量积压。重庆出版集团天下图书公司的"作文素材"系列图书也面临这个问题,然而我们公司店铺客服人员频繁接到读者咨询,需要购买带有疫情主题的作文素材,于是我在2月13日就把这个信息及时与重庆出版集团天下图书公司业务人员杨长春进行了反馈。杨长春根据该需求

情况,分别与三味、儒言、书海扬帆等教辅电商巨头沟通,并且确定了疫情方面的作文素材市场需求量非常大。针对这一需求,天下图书的编辑团队迅速策划了"热考时文"系列图书(包含《热考时文·大事件》《热考时文·鲜词条》),"'热考时文'系列1",我店于3月6日开始预售,预售第一周销量突破200套,预售第二周超过1500套,正式收到货的3月28日已经预售2700多套,接着4、5、6月"热考时文"系列燃爆教辅电商行业,我店3月到6月"热考时文"系列的销量突破19000套。其他店铺如三味完成36000多套,儒言完成17000多套,书海扬帆完成13000多套销售,一时间重庆出版集团天下图书公司的这套产品在天猫、京东、拼多多等多个电商平台占领"作文素材""高考作文""高中作文"关键词的第一名。

这个小故事让我们感受到了重庆出版集团天下图书公司敏锐的市场嗅觉以及灵活的市场策划能力,在常规产品销售受阻的情况下,迅速将危机事件转换为市场需求能力,这种高质量的策划能力在行业罕见。

第二个小故事,发生在2020年9月。疫情发生之后,教辅行业格局发生很大改变。9月14日,秋季高峰期结束,"作文素材"系列图书在我店销售不温不火,远没有达到预期,流量和转化率都不高。我与重庆出版集团天下图书公司杨长春做了深入剖析,发现原因有两点,一点是行业其他出版公司的满分作文在8月初通过大量促销政策(如"直通车"流量远超自然搜索流量)挤占"作文素材""作文素材高考版"关键词;二是目前我店推广的"作文素材"以及相关关键词竞争非常大,转化率不高。通过杨长春与其他店铺的沟通交流,发现其他店铺都在不停变化主推的关键词,以作文素材的长尾词为主推词,比如:高考作文素材2021最新版、作文素材2021最新版等,通过细化关键词,差异化竞争。果然通过调整关键词,转化率直接提高了3%~5%,盈利率得到大幅度提升。这个小故事体现了重庆出版集团天下图书公司员工的专业性极强,通过与行业精英的交流,能够很好地帮助我们提高销售转化。

上面这样小小故事在我们与天下图书的合作中发生过很多,不胜枚举。在合作的短短两年里,我们体会到了重庆出版集团的编辑与营销团队拥有极强的专业性、灵活的策划能力以及敏锐的市场嗅觉,与这样的企业合作,让我们对互联网图书行业更有信心。感谢能有机会与重庆出版集团这样的优秀企业合作。在重庆出版社成立70周年暨重庆出版集团成立15周年之际,我谨代表我个人以及四库图书祝愿重庆出版集团的明天更美好!

疫情无情人有情，出版发行献真情

姚 群

提及出版，总与市场密不可分。的确，出版真正面向市场，显而易见地提高出版生产力和经济效益。出版市场依托两个关键：内容和通路。重庆出版社成立70周年以来，一直扮演着"内容提供商"的角色，始终以务实、求真、创新的风格为读者提供优质、专业的品质服务。重庆新华书店集团公司及其子公司作为"主通路"，与其有机整合到一个系统中。

重庆新华传媒有限公司奉节新华书店作为发行主渠道重庆新华传媒有限公司的一条分支，1956年建店以来走过了64年艰苦奋斗的创业历程、度过了64个春华秋实的光荣岁月，提振人心、凝聚士气，与重庆出版社并肩前行。在奉节县这片"千古诗歌传扬、沃野脐橙飘香"的文明繁荣土地上坚守着、弘扬着、传承着新华书店不怕牺牲和艰苦创业的革命优良传统，不断致力于奉节县图书发行工作的全面开展和多元化构建城市东西部阅读新天地建设，为推动高质量文化发展、创造高品质文化生活、建设优秀文化旅游强县，贡献着新华力量。奉节新华书店在重庆新华书店集团和传媒公司的领导下积极实行与重庆出版社的信息联通，不遗余力反馈基层市场信息，为重庆出版社决策提供有价值、有意义的参考依据。

针对"传统出版和阅读存在读者与内容失联，安全内容生产缺失、内容孤岛造成资源浪费、内容安全监管难等痛点"的问题，重庆出版社采取了一系列"对症下药"的措施。近几年，重庆出版社旗下天下图书公司深入重庆区县基层教育一线开展实地调研，倾听一线心声，其中在奉节新华书店的引荐下，多次到奉节当地中小学开展调研，向奉节教学研修中心深度了解情况。调研活动以调研问卷和座谈交流的形式为主,搜集基层教育教学中第一手资料和"领军"教师与研修组长的有关意见和建议,为小学初中语数外测评卷等内容研究提供了有力依据。天下图书公司对这些情况及时进行归纳总结,进行有效整合,内容设计上既考虑到义务教育的共性,又兼顾地区教育发展的差异,力争做到适用性与针对性结合,有力助推学校教育教学的进一步发展。奉节学校与新华书店后续反响认为:"重庆出版社的测评卷既重视检测学生对本阶段知识和技能的理解和运用水平,更重视考查学生在学习过程中是否开始形成了理论知识、学科价值、学有所用等综合素养,切实贯彻了重教育、强素质的新课改新精神。"

特别是今年,全国上下众志成城、万众一心共同抗击新冠肺炎疫情期间,奉节新华书店在重庆新华书店集团和传媒公司的领导下,与重庆出版社协同,复工复产后高效组织、稳步推进学生教材教辅、图书等发行工作的开展,展现识大体、顾大局的精神风貌,彰显社会担当,体现人文关怀,获得学校师生和社会各界读者的一致好评。

其间,春季疫情肆虐致使学校不能正常开学、老师不能正常上课、学生不能正常上学,奉节新华书店高度重视防范疫情,统筹安排措施与方法到位,用实际行动谱写"强力防控疫情、保障教材发运、真诚爱心奉献"的激情篇章。认真贯彻国家教委教育教学"停课不停学"的精神,遵照重庆新华书店集团和传媒公司的统一部署、当地县教委的统筹安排指挥,高度重视,积极与重庆出版社协同配合,打好出版发行"组合拳",及时紧跟教材出版发运的进度与进程,结合本地实际,积极规划部署,精细每项工作的安排落实,确定"严防严控新冠病疫情、做好静动态包件消毒、错峰安排学校保障发运"的措施方法,根据本县各个区域疫情状况的轻重,按先城市区、再乡镇地,先轻微地、后重症区的拟定错峰发行的步骤。同时在全县疫情期货运车辆紧缺的情况下,奉节新华书店与学校积极加强配合、相互协作全力保障运力,并开展"远车送、近领取、分发校、快递寄或老师发"的方式送达学生手中,有效防控学校领书人与车辆拥挤打堆情况的出现和遏制疫情传播事件的发生,既切实做好疫情防范,又确保书籍送到学生手中。在这个初春抗击疫情之时,奉节新华人以坚定的信心、顽强的斗志、务实的作风,众志成城坚守岗位,同舟共济努力付出,利用三到四个工作日,坚持做到发运200多人次、100多车次的快速运输,而无安全事故与疫情发生,与重庆出版集团携手一同做到"课前到书、人手一册"政治任务的顺利完成。

一本教科书,在这个不寻常的日子里备受出版与发行人的"贴心温暖呵护",经历了出版、发行的各级流程而"安全顺利无恙"地送到每一位同学的课桌上,这是一次看似普通却不同以往的"旅行",是每一位出版与发行人员的尽心竭力付出,送上的是一份温馨呵护与全力保障的一次爱心奉献!

重庆出版社在疫情关键期,急民所需,紧急出版战"疫"图书,加强疫情防范正面宣传引导,该集团所属天健互联网公司制作的《协和新型冠状病毒肺炎防护手册》和《防控口袋书——新型冠状病毒社区(村)防控行动指南》两本实用防疫手册,图文并茂又浅显易懂地将新冠肺炎疫情的传播途径等知识进行了科学详尽的解释,引导群众正确认识新型冠状病毒感染肺炎疫情,采取科学的防护措施。

奉节新华书店作为奉节县精神文明"窗口",在疫情肆虐时,除了积极宣传战"疫"图书,更在门店工作上用初心与担当、用奉献与温暖,绘就了紧张感人的抗"疫"图景。图景一:上下班常态化测量体温,实时监测员工的身体健康状况,同时督促全员佩戴口罩,倡导使用手套,呼吁勤洗手,保持距离、减少接触,养成良好的卫生习惯,对自己负责、对他人关怀;图景二:卖场全面清洁消毒,专人定时喷洒符合规定的消毒液消毒杀菌;图景三:员工就餐不聚集,根据卖场上下轮班的实际情况,合理调整用餐时间,分散到家用餐,有效地杜绝了集中用餐引发交叉感染的可能;图景四:温馨提示语随处可见,在卖场入口处及卖场内显著位置摆放形式多样的疫情防控提示语,及时提醒读者筑牢防护意识,一刻也不放松警惕。通过种种实际行动为读者打造安全、舒适的购书环境,使到店读者能够放心、安心地感受翰墨书香。除保障读者到店购书的服务外,奉节新华书店充分灵活发挥网络新媒体优势,持续推荐读者使用阅淘网、新华小程序和热线电话等多种线上服务途径购书,严格实行非接触式的配送方式,最大限度满足读者需求。

奉节新华书店在重庆新华书店集团和传媒公司的领导下,与重庆出版社及其下属的天下图书公司有效实现出版与市场信息联通,畅通流动产品信息、库存信息、发货信息、销售信息、质量信息……双方的劳动生产率明显提高,社会与经济效益显著提升,且实现了按市场需求出版教材教辅与图书及新华发行优质服务到师生、读者的目标。作为连接读者的"桥梁"与"纽带",奉节新华书店配合天下图书公司开展科学调研,地气接力当地教育教学,促进全城教育教学质量提升,既彰显了政治担当,又传播了先进文化,既把社会效益放在首位,又引领与满足人民群众日益增长的精神文化需求,实现社会效益和经济效益相统一,为教育教学的提高尽力付出,为持续推进全民阅读深入开展而真情奉献!

七十周年，寄言重庆出版社

吴海谧

喜闻重庆出版社成立70周年暨集团成立15周年。作为一个普通读者，与它相伴亦有十来年时光。一直很喜欢重庆出版集团出品的图书。在这篇小小的祝福和纪念里，就以3本书为轴来做重点梳理吧。

高中时我读了《三体》，大学时我读了《冰与火之歌》，研究生和工作后，我读了《禅与摩托车维修艺术》。如果说《三体》建构了18岁时我的宇宙观，《冰与火之歌》影响了20岁的我对善与恶的观念，而《禅与摩托车维修艺术》在25岁则教会了我耐心和忍耐。

"有没有想过，人类文明会毁灭？"

一个18岁的高中生，在读《三体》之前，从来没有想过这个问题。

但《三体》带着我，以一种郑重其事的思考方式，把这个难题抬到了台面上。

之前不是没有读过关于文明，关于宇宙的科幻小说，但那大多是来自外国人的手笔，并不真实，也不切中我的疑惑。《三体》是第一本用真实的代入感去思考宇宙、社会和生命的宏大命题，又能将宏大命题轻轻巧巧带回现实，照映现实的科幻作品。

降维打击，黑暗森林，增长意味着无情，面壁的勇者背负着非议。受民众拥戴的圣母，善良的背后是软弱，当威慑失去意义，最直接的后果，是文明的毁灭。

那是一本在18岁的我心里播种的书。简单的高中时光，日复一日的功课和考试，相互暗恋的少男少女，人生最大的难题，无非成绩排名掉了，或者喜欢的男孩子没有理我。是《三体》让想象力如风驰电掣般开阔。"要去看更大的世界啊，要去接触更多的人，遇到更复杂的局面，想知道大刘笔下说的故事，在现实里是不是同样的道理。"当年的我,这样对自己说。

那是2009年,读《三体》的18岁小镇姑娘,期待着去看更大的世界。

"真的有打不死的主角吗?真的有绝对的好人吗?"

在读《冰与火之歌》之前,世界对于一个20岁的大学生而言,还是简单的模样。

每个年轻人都相信自己是有主角光环的。心地纯良,努力学习,听老师和家长的话,找一份稳定的工作,遇到一个同样勤奋上进的男生,就这样过好一生。最初我以为,世界是这般模样。

明明有令我疑惑的事。有同学在创业,有同学出了国,他们做的好像和学校传统教导和提倡的并不一样。我好像不能理解这些选择、困惑的时候,我选择躲回书斋里。读《魔戒》,读《银河英雄传说》,在那些奇幻经典里,世界有明确的善恶分野,主角总是能遇到一些奇妙的因缘际遇,帮助他杀敌打怪,取得胜利。在那些故事里,我找到共鸣,找到自信。

后来我便读到了《冰与火之歌》。故事里是一个复杂的世界。所谓的"主角光环"失去了效用。所谓的"好人"可能下一秒就会退场,并不是因为他不善良不正义不聪明,而只是因为他没有掌握某一部分的关键信息。所谓符合道德的选择,可能带来不可预知的灾难性后果。而那些表面上看起来猥琐或是不起眼的人物,却能在关键时刻力挽狂澜。

这让我困惑,让我思考,也让让我慢慢地走出书斋。跟创业的同学做朋友,跟成绩不那么起眼却很有想法的同学做朋友。我听到了很多故事,看到了很多和自己不一样的人,他们不是不勤奋,不是不努力,他们只是清楚自己当下想要什么,将精力花在了和我不一样的地方。

我理解了复杂人生里,每个人在每个阶段,都有自己的选择。没有绝对的善恶和因果,人生也远不只一种可能性,一种模样。

那是2011年,我是读《冰与火之歌》的20岁大学生,学着思考、辨别和悲悯。

"为什么你已足够努力,却还是无法解决那么多问题?"

一个25岁的研究生,带着满脑子的困惑和迷茫,翻开了《禅与摩托车维修艺术》。

当年是研二下期,我刚刚做完了一项历时一年半的研究,要开始找工作了。

找工作这件事,和做研究很不一样。你要面对的,不只是文献、电脑和你的研究样本。面对HR们对未婚大龄女研究生挑剔的眼光,你也不能如同做深度访谈时那样,脑子里揣着采访提纲,访谈结束,就换下一个战场。

我和斐德洛一起,进行了这场肖陶括。我们都曾以为深深挖掘到一个问题的本质,一劳永逸地解决它,就能得到真理,但世界不是这样的。只要你活着,问题就永无止境。正如海,代表了个人遥远而庞大的梦想。你走了好远好远的路程来到它面前,却发现,它仍然不可征服。而你并不需要征服它。你要做的,是和它相处。一个人除了行动,他还必须具备同等素质的耐心和忍耐。

在漫长的旅程尽头,斐德洛抵达了大海,而我也真正放下了研究者的虚荣和骄傲,找一份能让自己实现社会价值的工作,为他人解决问题,成为实在的社会生产力。

那是2016年,读《禅与摩托车维修艺术》的25岁女研究生,学会承认自己的局限性,学着放下骄傲,与世界深深拥抱。

故事止于此,又不只于此。这些年有幸拜读重庆出版集团出版的太多好书:《面纱》《源泉》《阿特拉斯耸耸肩》《顾城哲思录》……每次去书店,重庆出版集团仿若已成为一位素未谋面的老友。当被一本好书吸引,低头看看出版方,便会心一笑,老友又给了我惊喜。

在这个快节奏的社会里,论及增长见识,或是度过闲暇时光,或是收获短暂的快乐,总有各种各样的方式。那么,我们为什么还要读书?

我的答案是,阅读能给予你其他方式所不及的、与现实保持距离的思考。它并非时时给你带来愉悦,也不能立刻让你实现"知识变现"。但阅读带来的恒定、美和善良,能让一个人将眼光从当下短暂的成败得失中抬起来。坚持你要的,不囿于你失去的。

你能在阅读里,收获一份有智识的人生。正如重庆出版集团的标语所言:"结识有腔调的图书,见识有意思的世界。"

在重庆出版社社庆70周年之际,回望过去10年的自己,每个人生阶段,都有来自重庆出版集团的一本好书相伴,实乃幸事。

刊所未刊，阅所未阅

丁相程

我是重庆出版社图书的忠实读者，阅读了该社不少图书。重庆出版社给我留下的深刻印象莫过于"刊所未刊"。这所出版社出版了以往很少出版过或内容十分新奇的书目，让读者"阅所未阅"。

《康州美国佬大闹亚瑟王朝》是一部穿越小说。我在初一时了解到这部书。可惜当时我读的是英文连环画改写本，不是原著。正是那本书才让我知道这部标题极其古怪的小说竟是美国文豪马克·吐温的手笔。我久仰吐温大名，阅读过他的《汤姆·索亚历险记》，可惜就是没有读过这部小说。我很想读一读这书。然而，鲜有出版社出版这书。很幸运，重庆出版社"重现经典"系列让包括这部穿越小说在内的一大批文学经典出现在读者面前。当我拿到这部书的时候，简约中带有书卷气的土黄色封面就深深吸引了我。阅读扉页，我知道了这所出版社的真心。出版社之所以推出这一系列，就是为了保证一些知名度较低的外国文学经典不被遗忘。为了这一系列，出版社特聘请一大批资深翻译。译林出版社出版过这部书的中译本，然种种原因，这个版本的书成了旧书。再综观出版市场吧，《老人与海》《围城》《浮生六记》《局外人》等经典被不断炒作，再版多次，由此导致热度高的书愈发知名，热度低的书濒临被遗忘的命运。而重庆出版社却偏偏不走寻常路，出版比较冷门的书以进一步传播外国优秀文学文化，真是别出心裁啊。更令我惊讶的是目前只有这所出版社还在出版这部小说的译本。细细品读译文，我感觉译文真是将"异化"这一翻译技巧发挥到了极致。原文中的咒语在译文中竟然呈现出来了，还配以本义，真是把作品的荒诞很好地体现出来了。译文引人入胜，让我回想起我所读的连环画改写本，我不禁觉得译文比连环画有趣多了。倘若重庆出版社不发行这本书的话,恐怕我永远接触不到这部经典了。

刊所未刊,重庆出版社不止于出版知名度较低的文学经典。

有关传媒的书,已是屡见不鲜。但很少有讲述传媒生涯的书。然而,这所出版社却偏偏出版了一本讲述这一生涯的书。这本书就是《逆流顺流》。这本书封面奇特不说,内容也很新奇。作者薛宝海是一位历经近卅载风雨、曾在多家电视媒体任职的媒体人。阅读此书,我发现作者不简单,台前幕后都有他的身影,更为重要的是,他还向我们透露有关重大事件的节目的设计和编排工作。书中关于2008年北京奥运会的特别节目的片段让我意识到媒体竞争的激烈和创新思维的重要性。薛老师为了有关刘翔赛场负伤的访谈节目的收视率,不拘一格,竟然想起了邀请两位参与过重大完整节目的老将来做这期节目。字里行间,尽显电视媒体人工作的艰辛。我就是新闻传播类专业的学生,这本书也给了我不少警示:若从事新闻传播工作,我一定要做好被不断打击的准备,还要有从头再来的决心。

刊所未刊,重庆出版社还出版一些独特的名人纪念类图书。

今年是列宁诞辰150周年。市面上有关列宁的书浩如烟海,有著作单行本、著作选集,还有评论分析列宁或列宁主义的书,但很少有列宁诞辰纪念版图书。这家出版社却没有让我们失望,在今年出版了《列宁画传》。没错,这本书就是纪念列宁诞辰150周年的书。列宁是一代伟人,他震撼了包括茨威格、爱因斯坦在内无数人的心灵,也改变了世界。作为热爱红色文化且考研立志报考思想政治教育专业的学生,我真想买一本来读一读。在参观江苏书展前,我就下决心要在展会上买到这本书。在现场我找寻了好长时间,才买到了这本书。研读此书,我发现它以图片展现列宁的一生,它也让我明白了列宁一些重要著作创作的背景及背后的故事。此书还采撷融合其他画传之菁华,以学术性的严谨文笔为依托,让我们看到了革命领袖不为人知的感人细节。给我留下深刻印象的要数展现列宁流亡海外生涯的油画图片。此前,我只是听说过这段故事,但从未深入了解。这幅图片生动形象地展现列宁忍受凛冽寒风,踏冰面逃亡的场景。我之前多次见过有关列宁的油画,但那都是展现他革命激情的作品。我从来没有见过这幅图片。看到这幅图片,我不禁感叹他的强大意志力。多少次被捕入狱,多少次流亡海外,这些都没有让他抛弃革命信念。书中还引用了不少文段来展现他的一生,这些文段让我深刻意识到列宁的爱情和马克思的一样震撼人心——革命、爱情相融合,爱人也是战友。同时,这些文字也让我理解了俄国革命的跌宕起伏,让我明白了教科书甚至《辞海》(第6版)都未曾解释过的概念。就拿标志俄国1905年革命结束的事件"六三政变"来说吧,中学教科书只字未提,而《辞海》也只是在"俄国1905年革命"词句的解释中提了一下。读了《列宁画传》,我才知道这一政变的细节。沙皇当局居然以较为温和的手段终结了一场声势浩大的革命!列宁著作的片段也让我懂得了革命著作振聋发聩的力量。读着这些文字,再看着珍贵的照片,我才明白什么是革命思想。列宁纪念马克思的文章的节选让我明白了什么才是坚守,而列宁有关报纸的评论让我真切感受到以他为代表的进步人士渴望大力传播红色思想的激情与对无产阶级舆论传播的努力探索。这本书还展现了列宁在中国的影响。读着孙中山为列宁作的悼词,看着中国群众为痛悼列宁而创作的手工艺品的图片以及不同版本的列宁著作译本的封面,我才明白为什么孙逸仙先生会提出"新三民主义",为什么说马列主义是真理,何为伟大思想。看着这本书,我发现它比其他任何介绍列宁的书更能让我深入了解这位领袖,因为这本书以众多第一手文字资料和丰富的图片给我们展现了一个有生命力和立体感的伟人形象,这比任何毫无插图的图书都有吸引力!这本书陪我度过了忙碌的时期和考研复习的时光。美中不足的是书中没有选取除俄、中外他国名人对列宁的评价,如果选取这些评论,那么我们还将更为真切感受到列宁主义震撼寰宇之处!

刊所未刊,阅所未阅。重庆出版社以新奇但不失价值的图书丰富市场、回馈读者,传播优秀文化,开拓读者视野,成为当今中国文化产业的新兴力量。感谢这所出版社让我通过图书了解一个不一样的世界。我读过的这所出版社的图书本本都是我美好的回忆!愿我能为出版社的发展尽自己的绵薄之力。

我与《匈人王阿提拉与罗马帝国的覆灭》的故事

任格致

我是一名在英国兰卡斯特大学主修历史学的中国留学生,我对于古罗马时期的历史不是很了解,所以我想多拓展一下自己在这个领域的知识。

《匈人王阿提拉与罗马帝国的覆灭》是一部由重庆出版社出版的关于罗马帝国晚期历史的重磅力作,我曾在英国断断续续地读过它的英文版,但是由于专有名词过多,读起来比较吃力,因为重庆出版社引进了这本书的版权并翻译成中文,所以我就把它拿来详细阅读并且作为我的学期论文——《晚期罗马帝国的边疆政策》的重要参考书。

《匈人王阿提拉与罗马帝国的覆灭》是一本关于匈人王阿提拉和罗马帝国覆亡关系之间的历史学著作和传记作品。该书作者为克里斯托夫·凯利,他是剑桥大学古典学系的教授,专治古罗马研究。古典学是西方国家专门研究古希腊、古罗马的一门学科,其涵盖范围很广,包括历史、哲学、文学、艺术等。

首先,凯利介绍了阿提拉出现之前的罗马帝国。在三四世纪,罗马帝国已经走完了它的巅峰之路,各种问题开始暴露出来。其中,本书着重描述的是与帝国西南边境的格鲁森尼人和特温基人的战争与冲突。这两支部落属于蛮族的哥特人,他们被来自东边的匈人一路驱逐,不得已与罗马开战。此时,罗马帝国已经分裂为东罗马和西罗马,东罗马首当其冲受到攻击,在阿德里安堡之战中遭遇惨败,皇帝也殒命于这里,这是罗马帝国几百年以来最大的战败。似乎已经证明了其不可避免的漫长衰落。

何谓"蛮族"？总的来说，就是居住在罗马帝国周围的一些经济和文化相对落后的部族。对于这些落后族群，罗马人有着一种使命，要传播他们自己的先进文明以拯救落后的文明。匈人战斗力强，迅速出击，闪电撤退，给周围的农耕民族带来很大的威胁。由于匈人自己不记载任何历史，所以，当时的罗马历史学家马塞林对于匈人的描述成为我们今天了解匈人的一个重要材料。但是，他的一些关于匈人的描写有着很大的偏见，他说匈人狡诈，诡计多端，丑陋且肮脏，落后且野蛮。但是，从19世纪以来的考古发掘研究表明，他的描述与事实不符，其中，很关键的一个问题是，匈人究竟起源自哪里呢？长期以来，有一种观点认为，匈人就是来自蒙古地区的匈奴，但是，许多证据表明，匈人与匈奴有着很大的差别，匈人应该是来自于中亚地区，具体地方大概在今天的哈萨克斯坦一带的干草原。

罗马人、哥特人和匈人各自都打着自己的主意，彼此互相利用，一方经常联合另一方来对付剩下的一个。同时，东、西罗马之间不和睦的关系也对局势造成了影响。匈人已经从黑海沿岸到了匈牙利大平原，此时他们的许多习俗已经改变，为的是适应新的状况。同时匈人自身的结构不够稳定，匈人首领的掌权很脆弱，权力时常易主，而且匈人甚至接受了哥特人的文化。

终于，历史迎来了阿提拉出场的时刻，他是一个很有政治手腕和野心的人，阿提拉利用汪达尔人和罗马在北非的战事正酣之际，进攻并洗劫了罗马的大片领土，罗马人显然已经意识到了阿提拉不是一个善于摆布的人，于是打算将其刺杀，可惜并没有成功。

普利斯库斯是一位罗马的历史学家，他随罗马外交使团出使到了匈人国，他多次亲自见到了阿提拉，并且写了一本名为《匈人王阿提拉》的书，他认为，相比于罗马的狄奥多西二世，阿提拉是有着许多的优点的一位君主，他果断并有着雄才大略，懂得餐桌礼仪，从不暴饮暴食，等等。后来因为政治的原因，阿提拉向东罗马帝国皇帝的姐姐求婚，但没有成功。并以此引发了一场匈人国和罗马的大战，匈人军队所向披靡，大肆劫掠，使得许多城市化为废墟，但是，阿提拉在饮酒过量之后猝死，拯救了摇摇欲坠的罗马。在阿提拉死后不久，他的儿子们忙于争权夺利，导致了匈人国的分崩离析。匈人团结起来就无往不胜,但是一旦分裂就不堪一击。

后来,匈人王阿提拉成为西方文明世界尤其是英语国家的野蛮的标志,在爱德华·吉本的《罗马帝国衰亡史》中,阿提拉扮演了重要的使罗马衰亡的角色,反对阿提拉似乎成为一种那个时代的"政治正确"。在19世纪至20世纪初期,帝国主义横扫世界的时候,也催生了这些强国对于保护文明并传播"先进文明"的渴望,但是,这些与阿提拉已经无关了。

纵观全书,作者具有敏锐的历史学头脑,对于阿提拉这样一位历史人物,很少有出于个人好恶的评价,而多是客观的分析,译者的水平也堪称上乘,总的来说,这是一部文笔优美、明白晓畅的关于匈人王阿提拉及其时代的上佳之作。

衷心地感谢重庆出版社的引进并组织的精心翻译,使得我的学期论文内容和质量增色不少。重庆出版社也出版过不少的人文社科和历史领域的好书,我在这几年也陆续读过一些,如朱宪生的《屠格涅夫传》,贝淡宁、艾维纳的《城市的精神2:包容与认同》,等等。能够把这样质量上乘的精品图书出版并且介绍给大众,这真是像我这样的学生的幸事。祝愿重庆出版社在出版事业上越走越宽广。

读《重庆之眼》懂山城之泪,知山城精神

杜湘涛

2018年4月23日世界读书日之际,重庆出版社出版的《重庆之眼》荣膺2017年度"中国好书"。今年世界读书日来临之际我又重温了《重庆之眼》,再次触摸着这山城之巅和山城之殇。加之去年我又去游览了这个美丽的山城,无论是重庆渝中区"人民解放纪念碑",还是"歌乐山烈士陵园",都见证着重庆人乐观向上和不屈不挠的精神力量。山城今天的美貌奇景,都是重庆人坚忍不屈的民族气概和不畏艰难、不怕曲折、奋斗创业的伟大精神的见证和写照。

《重庆之眼》引发出众多的主题:忠贞不渝的爱情、中日旷日持久的索赔等。民间的索赔运动在提醒人们,不能忘记历史。也许,在这个物欲丰盈的时代,《重庆之眼》在提醒我们,还有另一种视野,另一种思考,另一种情怀。我们需要尊重历史、重温历史且以史为镜。

《重庆之眼》书写充满了诗意,不少篇章都用唐诗宋词中的名句串起,既作为引言,读来又耳熟能详。"国破山河在""城春草木深""玄都观里桃千树""前度刘郎今又来""此情可待成追忆""昔日(旧时)王谢堂前燕"等等,就像责编所说,让人感受到了宁静致远和波澜壮阔,让人感觉温柔而有力量,诗意浓厚而有历史感。

手捧着《重庆之眼》书,翻阅书写的抗战日期,重庆遭受日军无差别轰炸长达6年,时间节点紧扣1931年至1937年,再至1945年,尤其是1939年至1941年,太平洋战争爆发时期最为惨烈。日本空军无差别地狂轰滥炸,犯下反人类战争罪行,但是重庆人没有被吓倒退缩。作品既深切回望了历史上重庆大轰炸中震惊中外的战争苦难,又对日本军国主义者们掩盖战争暴行的丑陋行径作了深刻的揭露。

《重庆之眼》整部小说书写主要人物蔺佩瑶、刘云翔、邓子儒在战争中遭遇的苦难经历和旷世持久的爱情，展现着人世间坚贞不屈、越战越勇的大中华民族精神，以及重庆人独有的乐观、开朗、豁达性格特征的另一面，让人倍感温馨和欣慰。

　　《重庆之眼》又以"重庆大轰炸"为背景，书写着"重庆大轰炸受害者原告团"赴日民间索赔，控诉了日本侵略者的战争罪行；全景式再现了"重庆大轰炸"这段震惊中外的侵略战争悲壮的历史；书中描述的中国人民在文化抗战的强大精神力量支撑下，让当今世人又了解到在日本侵略者无差别轰炸下，重庆人以龙舟赛面对敌机扫射，以旗为枪击鼓竞渡的历史，还有当时"雾都话剧"在残垣断壁的大剧院旁照常排练上演……作品生动展现了主人公们伟大的精神操守。

　　《重庆之眼》可称"是一部世界之眼、正义之眼、和平之眼的书，它以浓郁的爱国主义为底色，深沉地书写着抗日战争时期各种场景。在小说中任何一个重要的时间和事件节点上，作者所看重并着力表现的都不是愤懑悲伤，而是一个古老而又伟大的民族藐视一切苦难，在任何挫折和损毁面前都不屈不挠、勇往直前的硬骨与正气"。把我们又从历史拉回到现实，向世人展示巨大的思想、情感与艺术的张力和感染力，十分震撼人心，让我们读后深感作品深厚的历史负重感。

　　在这个物欲丰盈又充满正能量的时代，作家范稳用他的《重庆之眼》在提醒我们，我们不能忽略文学和自己民族的历史，我们还应有另一种视野，另一种思考，另一种情怀。我们不是为忆苦思甜，或者铭记仇恨，而是尊重历史，以史为镜。在反思之际，让我们好好了解历史，重读历史。正如作者所说："用大历史观审视苦难、反思战争，公正公平地处理好战争遗留问题，才会更珍惜和平。"更让我们牢记着：不忘前事，永继未来。忍不住满腔怨恨，吼声惊起民族雄！

　　借用作家范稳书中首页语句，结束此文：

　　"我们活着，我们就是历史的证言。我们死去，证言留下。"

穿越时空的思念

——记我与重庆出版社二三事

邱嘉顺

时维九月,序属三秋,余幼嗜读,耽玩典籍,书香绕梁,忘寝与食,久居于吴越,嬉游于黄歇,欣闻书社之将华诞,不禁举毛颖以贺祝,此正七十年长歌未央,九万里风鹏正举,不揣冒昧,野老献芹,嘤其鸣兮,海内比邻,聊记浮生二三事,以致友声之朗清。

时之刃

"嘿,你有没有读过刘慈欣的《三体》?"坐在后排的女生刚剪了一刀平的刘海,眨巴着明亮的双眸,一脸认真地问我。

"嗯?《三体》?是本什么书啊?"正埋首在尼采《查拉图斯特拉如是说》的我头也没回地应道。

"你自己看看就知道了呗,"右肩胛骨感到一本书压来的重量,"是科幻小说,我刚看完,很硬核。"

接过递来的新书,映入眼帘的是一抹亮黄,封面上的女子一身20世纪六七十年代的打扮,一颗宛如正遭日食般黯淡的球体悬空而立,装帧显得神秘而吊诡,颇有后现代赛博朋克的既视感,封面正中印着"三体——地球往事三部曲之一"的斜体字样,底下标着一个陌生的名字——重庆出版社。

"我们的专业课好像没推荐过这本书吧?"我疑惑地转过头去,对方只是笑意盈盈地瞅着满脸问号的自己。

"我什么时候骗你读过不好看的书了?你就把它当作是给整天与精神病患弗里德里希战斗的大脑放个假吧——"平刘海带着顽童恶作剧似的神情补了一句,"念完了记得给我写读后感哟。"

作为汉语言文学的本科生,阅读不仅是我们的专业,更是每个人最大的兴趣点所在,从俗文学到雅文学,从经史子集到西方元典,几乎没有我们不涉猎的图书——具体到外国科幻文学,大二的我已读过了艾萨克·阿西莫夫的"机器人三大法则",也为斯坦尼斯拉夫·莱姆的《机器人大师》深深折服,从邻街庆云书店里淘来的打折版阿瑟·克拉克"太空漫游"四部曲还躺在书柜的最底层——但谈起国内的科幻小说,即便不是一问三不知,充其量也不过井底之蛙,带着"井外世界大,我想去看看"的一丝好奇,我翻开了第一页:"1. 疯狂年代——中国,1967年……"

记得当年约莫只花了两天的时间,我就看完了《三体》的第一部,书中对于三体运动的解释和天体物理学的细致叙述、对"文革"时期真切可信的清晰回忆和对人情世故一针见血的冷峻刻画,无不打破了自己对国内科幻小说曾怀抱的偏见。大刘像金庸一样把科幻(武侠)融入于史实,把叶文洁作为人物典型抛入历史的洪流中,再现了那个我们并不熟悉的年代里父母一辈们经历过的爱恨情仇和生离死别——

"嘿,我把《三体》的第一部看完啦,喏,书还你。"

"嗯,读完感觉如何?说好的读后感呢?"

"等出第二部和第三部的时候,别忘了告诉我——看完了再一起给你。"

岁月如刀,白驹过隙。回想起这些青葱往事已经过去十年有余,求学时代的无忧无虑和随性自在早已杳然,女生的笑靥和《三体》三部曲也都四散各方,就像朴树在歌里唱的:"我们就这样,各自奔天涯。"至今都还记得,那是我第一次与重庆出版社结缘。

夏之阵

步入职场,西装革履,改变的只是衣着,不变的是一年四季不间断选书、借书、买书、看书的积年旧习,没有了教授们规行矩步的书目限制,随心所欲选择合乎自己胃口的书,绝对是人生的一大乐事。读过的诸多国外作家中,最喜欢的还属一衣带水的东瀛邻邦,其文化上天然的切近感和一脉相承的东方传统也许可算个中缘由——我喜欢夏目漱石那机智洒脱的叙事风格,猫儿的灵巧睿智让人捧腹,引人深思;我喜欢芥川龙之介那于人性最幽微处的无情剖析,从地狱到天堂的距离可以是一根蜘蛛丝也可以是一个蒜头;我喜欢涩泽龙彦那阴郁冷峻的暗黑美学,从占星术到黑魔法到炼金术到矫饰主义,一切显得如此怪异又引人入胜;我喜欢安部公房那夸张变形的卡夫卡风,揭示个体的存在是这般孤独而荒谬;我也喜欢岛田庄司笔下的御手洗洁仿佛夏洛克附体般絮絮叨叨神经质,就算所有诡计都被后继者抄袭一遍还是叫人击节赞叹——穿梭往来于大和版图,重庆出版社在这段悦读时光里又引荐了一位国民级的重磅历史小说家——司马辽太郎。

我不知道重庆出版社是从什么时候开始出的这一辑日本时代小说精选系列,但这个系列的每一本装帧上所勾勒的日式插画,书中古朴典雅的排版字体,加之每一名译者在文末译后记里的字字珠玑,无不给人一种流行云间、富士山下,菊与刀般美的体验和享受——大凡提到出类拔萃的历史小说,自然让人想起法国的大仲马、英国的司各特、埃及的马哈福兹、中国的查良镛,甚至广义上追溯至《三国演义》《水浒传》都可算是个中翘楚。在读完《马上少年过》《新选组血风录》《丰臣家族》《功名十字路》等作品后,我觉得这个名单里再添上司马辽太郎的名字当属实至名归。无论是在描写新选组近藤勇、冲田总司等一干幕末侠客,还是在刻画丰臣秀吉、伊达政宗等一代将军大名,福田定一以俯瞰式的描摹给人一种有血有肉、贴近普通大众的亲近感:人在贫乏之时苦于求而不得,待有所得后便得陇望蜀,至于富甲一方却又困顿于守成千秋——以关白大人为例,秀吉从一介浪人、武士、家臣、大名、关白、太阁,天资不可谓不聪颖，地位不可谓不显赫，建大阪敛财帛携美眷娶佳人，位极俗世之巅，然还是有天大的烦恼和无尽的困惑不能自解——历史总是一再上演着相同的戏码，以古鉴今的例子里充斥了满满的幻灭感和虚无感。

山川异域，风月同天。在白纸黑字间知人论世，无论其同理之心远在千里外，或远在数百年前，此中妙趣，难与君说；自然，这是我第二次与重庆出版社结缘。

书之梦

每年8月的上海是每一个爱书人的圣地，置身于宛如博尔赫斯梦境中的天堂——嗯，如果有天堂，应该就是这流动图书馆的模样——你会邂逅心仪的图书、儒雅的长者、博学的讲师和各具特色的书商展台——

"你看你看，那边是刘慈欣的作品，走，我们快过去瞧瞧。"妻是科幻、推理小说发烧友，总能在书展上捕获到合自己口味的"猎物"。"你知道吗？我在《科幻世界》上看过他写的《乡村教师》《球状闪电》，都好棒的……"

"嗯，我看过他的《三体》，"我微微一笑，"在多年以前——"抬头如老友重逢般见到了每年都能在这里遇见的重庆出版集团，2020年，上海展览中心，展台边是解放碑、洪崖洞、大剧院，充满了浓郁巴渝地域风情的标志下是4000余册精美的图书。

曾几何时我喜欢跟周围的人玩一种叫做"你能想到什么"的游戏，提起重庆，你能联想到什么呢？辣、山城、陪都、直辖市、比坎尼奇、平刘海——帕慕克曾在《黑书》里写过："每个人的脸都是一张地图，只有通过阅读上面的文字，我们才能做真正的自己。"在全球一体化零时差的今天，土耳其也好日本也罢，美国也好中国也罢，每个人似乎在城市中都过着越来越趋同的生活，拥有着一个同质化的梦想——巴里科在《城市》中所谓"平庸而虚假的理想"，本民族自身的文化传统和身份意识渐趋于模糊乃至无法辨认，求"同"之下"异"处难觅；埃科在《帕佩撒旦阿莱佩：流动社会纪事》中质问："当社会失去牢固的支撑，像液体般流动，身处其中的我们，该何去何从？"所谓的牢固支撑，无疑是对自我文化身份的认同——我以为，唯有阅读才是那把了解、认同乃至确立个人文化身份的钥匙,出版社、译者、作者和读者犹如帕维奇《哈扎尔辞典》中的"捕梦人"一般,为拼凑出天神阿丹·鲁阿尼完整的躯体努力奋斗,终身不懈:出版社挑选国内外思想深邃、文笔优美的作品,译者遵循"信、达、雅"的准则着手翻译,作者和读者通过书写和阅读,协同完成对文本的创造和理解。不妨说出版是寻根,写作是追梦,阅读是铸魂,一整套确认文化身份的行动使得生活富有意义,使得世界可以被理解——我想,这或许是所有读书、爱书人共同的梦吧,起码这是我在重庆出版社70周年生日之际送上的一份衷心祝福和殷切期望。

传承马克思主义中国化成果，让巴渝文化精神薪火相传

——写于重庆出版社建社70周年

张大卫

巴渝文化,是重庆文化的根基。也是中华传统文化的重要组成部分。一直以来,巴渝文化以其独特的秉性影响着一代又一代重庆儿女。锻造了山城人坚忍、顽强、外向、豪爽的个性。因此,对于巴渝文化的溯源,可以让人对重庆文化的深入了解起到十分积极的作用。

偶然间在互联网上看到了一篇名叫"乡愁温暖春节,暖心回馈读者——重庆出版集团举办《记忆重庆》新书见面会"的新闻。新闻中提到的这本书顿时引起了心中的兴趣,于是便将之网购于家,仔细阅读。

这本书分为"山水之都,美哉乐土""远古之光,震惊寰宇""巴渝时空,群星璀璨""千古三峡,神奇悠远""广纳百川,兼容开放"等11个部分。纵观全书,除了精美而又充满回忆感的封面设计外,183位古今中外名人的288篇诗文,深刻地向读者展示着重庆厚重的历史文化与时代精神。是一本为人普及重庆文化,让游子铭记故土并且值得读者珍藏的优秀读物。这本书让读者的精神世界得到滋养的同时,也让读者将目光投向了本书的出版单位——重庆出版集团和重庆出版社。

20世纪80年代,重庆出版社出版的"国外马克思主义和社会主义研究"丛书,在当时的社会中产生了巨大反响。因其封面的"灰色"设计,也在学术界树立起了"灰皮书"的学术口碑。从此,马克思主义中国化的种子就根植在了重庆出版社的宗旨当中:近6000万字的"反法西斯文学三大书系"——"中国抗日战争时期大后方文学

书系""中国解放区文学书系""世界反法西斯文学书系",被誉为"出版史上的创举";经典读物《马·恩·列画传》,被誉为"推进马克思主义大众化的有益尝试";"全国马克思主义论坛"中的精选文集都交由重庆出版社出版……这些不朽的业绩始终激励着重庆出版社人锲而不舍的信心与决心。

2005年4月,以重庆出版社为基础组建的重庆出版集团正式成立。这标志着重庆出版社又进入了新纪元。"当代国外马克思主义研究"丛书、《当代中国思想文化论丛》《马克思为什么是对的》等读物的相继出版。让马克思主义理论在中华大地上继续发扬光大。

弹指一挥间,重庆出版社已经经过了70年奋斗历程,1950年建社以来,一代代重庆出版社出版人求真务实,不断探索,始终以使命与担当为根本,将文化与历史接续传承:1983年出版发行的《中国人的故事连环画卷》,2016年出版发行的"红岩卡通故事"丛书,2020年出版发行的《重庆红色故事》……70年来,重庆出版集团已经推出了上亿册优秀读物,获得了读者与业界的广泛好评。深植于心的中华文化、红色文化与巴渝文化在重庆出版社的图书中交相辉映,共同在重庆大地上谱写下壮丽的篇章!

新时代面临新起点,新起点面临新征程。我们坚信,新时代的重庆出版人将继续履行出版使命,强化出版担当。传承马克思主义中国化、时代化、大众化的优异成果,再接再厉,再出精品,将新时代的巴渝文化精神薪火相传。

戈壁滩上的《论语》情结

钟志红

"饭疏食饮水,曲肱而枕之,乐亦在其中矣。不义而富且贵,于我如浮云。"这天,当我乔迁新居时,这一本"残花败柳"、封面封底无存的《品读经典:论语》(2010年重庆出版社出版),像一位讨奶吮的婴孩从箱底落出,我对"重要的是生活态度,是满足的幸福感"感慨万千的同时,勾起我对旧事的追忆。

孩提时的我,当老师的母亲便对我讲起"君子食无求饱,居无求安,敏于事而慎于言就有道而正焉,可谓好学也已"的典故,虽然一知半解,但撩起我对未来生活和广阔世界的好奇。从此,我随着年龄的增长,从母亲的书柜中翻阅孔子的书籍成为嗜好,乐此不疲。

8年前,再次失业的我困居家中,心情如窗外腊月的冻雨。到了开春时节,我无奈地听从旧友的召唤,前往克拉玛依的戈壁滩油井,成为一名普通的务工者。

位于准噶尔盆地边缘的"克拉玛依",在维吾尔语里意为"黑油"。这里的戈壁滩干旱少雨,夏天炎热难当,冬天冷如冰窖。每每站在油井平台上。望着"平沙莽莽黄入天"的世界,后悔和心悚成为我撵不走、杀不死的幽灵。

我师父在长年的日照风沙的作用下,猪肝色的脸颊深纹纵横,与一对习惯眨巴的小眼睛组合,给人以老态龙钟的形象,其实他的实际年龄再减10岁都打不住。他喜欢吸一元钱一袋的莫合烟,颗粒状的烟需要自己裹卷;喝的劣质白酒,偶尔让他的面色有了久违的红润。油井上大都是重体力的活计,可对于师父而言有玩游戏般的轻松,这都缘于他有惊人的食量。我们果腹的主食是生面制成的馕,师父一顿能吃下三大张,抵上我一天的食量。

戈壁的春季时有沙尘暴光临。那天午时,师父手捏安全帽吊在眼前,测了测风速后随口道:"大伙儿都歇着吧,大风快来了。"不待话音落地,工友们纷纷丢下手中的工具,作鸟兽散。师父见我无动于衷,吼道:"你不要命了?!"一杆烟的工夫,铺天盖地的黄沙果然来临,戈壁上的阳光普照瞬息被天昏地暗所替代;钻台上竖立的钢管在撞击中"啪啪"作响,木条相隔的电线也纠缠在一起,"噼里叭啦"地冒着一团团紫蓝色的火球;不待我撒尽一泡尿,扑面而来的飞沙走石,把尿液一股脑儿地倒灌回来,喷上脸、溅入嘴;一粒粒细沙,比针扎还厉害地直往身上戳,蛰得我拼命地往沙窝里逃窜……一场浩劫般的沙尘暴过去,被活埋的工友们从沙窝里纷纷钻了出来,猴子表演般地抖落着身上的沙砾。以后再遇沙尘暴时,我只能学师父将塑料袋罩在头上,老老实实地龟缩在最深的沙窝里。

塑料袋还会在夏天派上用场,当霞光褪去之时正是蚊虫倾巢进犯之机,它们摆开集团军进攻的阵势,让人顾头却顾不了尾。要知道,集体操作的活计无法时时腾出手驱赶蚊虫,让头钻在只有出气孔的塑料袋里,不失为有效的防范措施。只是,在地表温度可达六七十度的戈壁滩上,汗如溪流、头闷得几近爆裂也是可想而知的。恶劣环境下的业余生活可以想到,打牌、喝酒自然成为排解单调的主旋律。

这天,恶劣的天气不见转好迹象,我们蜷伏在房内无法出工。塑料桶里的酒见了底,生活供给车也因天气延后驶达。没有酒喝的师父也没了胃口,早早地躺在床上假寐。我给师父卷了一支莫合烟,递去时才发现向内侧躺卧的他,正在偷看一本书。我说:"还是师父您会打发时间,可以借给徒弟看看吗?"或因一支烟的功劳,换来了师父的"恩典"。

我虽然没读过这本《品读经典:论语》,但太熟悉孔子了,更没想到,在这个"美味飘来都有馊味"的荒漠里,还能手捧《论语》的文字,由此唤醒我久违的文学记忆和对孔子的久仰之情。虽然书的封面因油污而残缺得失去本来面目,纸张呈烟熏后的暗黄色,有如石灰窑里的石头般具有碎性,仿佛稍不小心翻动,它就会粉身碎骨。我故意戏谑地问师父:"就这么一本破败的书,您还当宝贝?"他没好气儿来一句:"爱看不看!"身边的工友悄悄告诉我,这本书是跟随师父来到油井的。

我兴奋地对师父和工友们讲起了孔子的故事,说起了对"见不义之财勿取,遇合理之事则从""勿以善小而不为,勿以恶小而为之"等名句的理解和感情,有如一石破水般,荡起一片欢腾声。

谁承想到,那天屋外的沙尘暴如群狼嚎叫,屋内,在没有酒精的催化下,工友们你一句我一句地读着书上的句子,亢奋不已,为这荒凉的世界平添了一个暖心的热源。"若贪富贵而厌贫贱,则是自离其仁,而无君子之实矣,何所成其名乎?""但习于善则善,习于恶则恶,于是始相远耳。"人人争先恐后地吼上两句,给小天地营造着愉悦的气氛。他们虽然无心和无力深悟文意,融入字境,可我分明感受到他们读书时语气中流露出的憨厚和虔诚,透视到他们与父母、妻子和孩子在一起的欢声笑语。师父说,快要到来的新年,就是这样的一本书,让盼望回家的日子暖暖的;师哥讲,农村老家的未婚妻比自己有文化,可不知她懂不懂"等闲识得东风面,万紫千红总是春"的意思;队长大刘道,儿子入秋就读初中了,若他将来也能有孔子的才华,为祖辈增光,自己也不枉夜望流星许愿了……读着眼前这群男人,触摸到他们情和爱的脉动,不禁为之动容和心醉。

"问渠哪得清如许,为有源头活水来。"的确,我们虽然在戈壁滩上劳作,与恶劣气候和孤寂生活为伴,可在这个应该属于男人站立的地方,为国也为家,当义不容辞。不可否认,书的破损程度足以让人揣测,《品读经典:论语》的文字给荒凉的戈壁捎来了一抹亮丽色彩,给孤寂的男人递上一份温暖的守望、一抹踏实的期许。

如今事业有成、乔迁新居的我,手捧这本重庆出版社出版的《品读经典:论语》,那一个个往事的细节历历在目——离开戈壁的最后一夜,当我接过师父送的这本书,戈壁上没有一丝一毫的风,只有一颗流星匆匆滑过,宛如一粒微不足道的沙砾,勇敢地展示潇洒的瞬间,指引我昂首挺胸,去努力寻找大爱的芬芳、人生的坐标……

我在家教中活学活用《弟子规》
经验上了《中国教育报》

童家松

在家庭读书会中选择了重庆出版集团出版的《弟子规》书籍,我带着女儿活学活用《弟子规》中部分内容,女儿写的《爸爸教我学〈弟子规〉》作文后来发表在《关心下一代周报》上;我创新实践《弟子规》的内容(如何冷静应对突发的校园欺凌事件)被《中国教育报》刊发。

《爸爸教我学〈弟子规〉》

《弟子规》共有1080字,分别列出113件事情。每一件事都有一个适用范围。为了让女儿和我一同学习进步,我买了两本重庆出版集团出版的《弟子规》书籍;这样在开展家庭读书会时就可以让我们同步学习书中内容。

我没有按照书中顺序从开头和女儿一同学习,而是选择书中"余力学文"(书中排版部分出现错误:将"不力行,但学文,长浮华,成何人"列为"亲仁"部分)来学习。考虑到学以致用才可以让女儿增加学习《弟子规》的乐趣,我就选择"列典籍,有定处;读看毕,还原处(整理各类书籍时,要按条目安排好固定的位置,读完一本书就要把书放回原处)"内容。

学了"列典籍,有定处;读看毕,还原处"内容之后,女儿亲身实践了这个内容;她后来将这个学习实践帮助自己的过程写成作文,《关心下一代周报》在2014年3月14日刊发了这篇《爸爸教我学〈弟子规〉》作文。

爸爸教我学《弟子规》

放学回家,我气呼呼地对爸爸说:"语文试卷找不到了,谁拿了我的试卷?"

爸爸趁我去喝水时,先把我书包里的书全拿出来,将每本书翻一遍,结果还是没有找到。爸爸并没有就此放弃,他在我放书的书柜里找,很快就找到了。"乐乐,你已经不止一次为找试卷冲爸爸发火了,还冤枉其他人拿了你的试卷。爸爸每次在试卷上签字之后就将试卷还给你了,让你自己放好。但你没有做到。"

对于爸爸的批评,我实话实说:"我也不知道怎么放好考过的试卷。"

"假期里我们一起背的《弟子规》还记得吗?'余力学文'中有'列典籍,有定处;读看毕,还原处'的内容,你可以让考过的试卷也'有定处'——比如放到黑色文件夹里,以后再找的时候只要打开它就可以找到。"爸爸笑着提醒我。

"把考过的语文试卷放在左边,数学试卷放在右边,英语试卷放在中间。"

爸爸一边说一边示范给我看,随后让我自己学会集中分类存放考过的试卷。

创新学习《弟子规》上了《中国教育报》

女儿曾经问我,《弟子规》是否介绍了同学之间的一些交往细节?我等到周末家庭读书会时,和女儿一同学习《弟子规》中的有关人际交往的"金句":"言语忍,忿自泯(说话做事时懂得忍让三分,自己若有什么不满愤恨,自然也会消失)""人有短,切莫揭,人有私,切莫说(别人的缺点,千万不要当面去揭穿,别人的隐私,切忌不要到处传播);扬人恶,即是恶,疾之甚,祸且作(宣扬别人的缺点,这本身就是一种不好的行为,如果说得太过分了,说不定还会惹祸上身);勿谄富,勿骄贫(不要在富贵的人面前献媚巴结、讨好卖乖,也不要在贫困的人那里骄傲自大)"。

对于学校可能发生的校园欺凌事件,我及时引导跳出常规思维进行呼救。女儿在家里也进行了排练。我创新学习《弟子规》的内容后来发表在《中国教育报》2016年5月12日第9版(版名:家庭教育)上。

跳出常规思维呼救

我给孩子讲《弟子规》中的"言语忍,忿自泯",讲"人有短,切莫揭,人有私,切莫说;扬人恶,即是恶,疾之甚,祸且作;勿谄富,勿骄贫",告诉她切忌瞧不起别人,以免惹来杀身之祸。

如何冷静应对突发的校园欺凌事件?我给孩子讲了一个故事:有个男孩在人烟稀少的草原遇到狼,呼救时他不喊"狼来了",而抓住人们爱瞧热闹的心理大喊"耍猴的来啦",这个逆向思维使男孩最终获救。我告诉孩子,如果真遇到欺凌情况,要急中生智,跳出常规思维。不喊"打架了",而要大声多喊"杀人了"。一旦听到有人高喊"杀人了",欺凌情况就会很快结束。(中国青少年研究会 童家松)

家长对孩子做的最大的善事,不是让孩子分享家长的财富,而是帮助孩子发现自己的财富。现在和孩子一同活学活用《弟子规》的过程,就是帮助孩子创造自身财富的过程。

一封小学读者给中学期刊的来信

夜 雨

2020年暑期,《今日教育》杂志社《读写舫》编辑部收到一封读者来信。

读者刚从小学升入初中,但在小学阶段的他已有阅读《读写舫》这本中学期刊的习惯。在信中,该作者用稚嫩却真诚的语言表达了对刊物的熟悉与喜爱,还给编辑部送来了祝福——摘取了几片栀子花瓣夹在信中。编辑们看着来信无不心生感触,我们一方面为自己的工作获得读者认可感到欣慰,一方面对刊物能获得小学读者(非刊物受众群体)的喜爱而感动……

(以下为来信原文)

《给舫主的信》

舫主们:

你们好,这是我人生中第二次写信。我第一次写给了《课堂内外》小学版,是7月10日,我恰好小学毕业,只订了6期的刊物,现在应该订你们了。我从四年级就在阅读你们的刊物,直到毕业考试。读了你们的刊物后,捏笔时会有一种文思泉涌、妙笔生花的感觉。

我此次写信别无可说,主要是想认识你们。我知道红袍是小威哥……我最喜欢佚名风的作品,《亡国皇子》《英雄》《海王之外》……

注:我也喜欢创作,会永远支持你们,会用文章来向你们输入力量!我从四年级看的就是初中版的杂志,那是我哥的,他目前高一。

（窗外的栀子花犹未谢,捎两片去……）

祝你们

万事如意

身体健康

重庆市梁平区第一中学校
夜雨
2020年7月21日

父 亲
——记我的一位做校对的父亲

何欣蔚

打我记事起,父亲就从事着校对这份工作。什么是校对呢?在当时小小的我眼里,校对就是把文章中的错别字像坏蛋一样揪出来,怪有趣的。

每天早上,父亲总是早早地起床,而我则"不知东方之既白"。他总是教导我"一日之计在于晨",所以我也就不情愿地爬起床。起床后我便大声朗读课文,他则开始工作。父亲总是持着一个黑色斜挎包,装着厚厚的稿子往返于家和单位。有时还会带回来食堂买的包子、馒头,经济又实惠,偶尔还会给我带他在单位超市买的零食回来,所以每天我都很期待父亲下班会带什么好吃的回来。饭桌上,父亲会给我们讲他中午吃的什么,红烧肉、狮子头、黄金虾、梅菜扣肉、糖醋排骨等等,像报菜名一样,眉飞色舞地把单位食堂夸上了天,可把我给馋坏了;给我们讲单位发生的种种趣事,谁家孩子考上哪所大学了啊,谁家娶媳妇啦,饭桌上的家庭琐事总是显得那么有意思;还给我讲他在工作中学到的字、词、句,虽然我很不喜欢把饭桌变成课堂,不过不得不承认我确实从中学到了很多。吃过饭他便倚在沙发上,在台灯下认真工作,暖黄的灯光透过窗子延向黑夜里那静谧的大地,直到消散。当我准备梦周公时,父亲也还坐在床上,披着衣服微弯着身子坚持工作。逢年过节出去玩的时候,父亲也总是带着稿子,见缝插针地拿出来阅读。亲戚朋友们总是打趣他真是个工作狂,父亲每每都笑着说道:"拥有是一种幸福,而付出则是一种超越幸福本身的快乐。"最夸张的是父亲就连生病住院时也坚持一边输液一边校稿,一点儿也不敢耽误工作进度,生怕因为他一人而影响了大家。就连医生和病友都叫他不要太玩命,最佳劳模奖真是非他莫属呀。

父亲的单位在我读小学的年纪时组织了那么几次旅游,记得清的好像有蜀南竹海、凤凰古城。作为家属的我跟着他们玩得不亦乐乎,办公室的姐姐、阿姨们都很照顾我,我还记得去凤凰那晚吃的烧烤特别好吃。我也曾去过几次他们办公室,大家都各司其职,偶尔开个玩笑活跃气氛,是一个严肃又轻松的氛围。父亲的领导曾老师也像长辈一样对我很关心,校对室其乐融融的,像一个大家庭。午休时大家都聚在一起笑呵呵地聊天,不得不说他们食堂的菜品真的对得起父亲的夸奖,不长胖都怪不好意思的。还记得每年儿童节父亲的单位总是会发好几本儿童读物,逢年过节也总是有好吃的,我心想他们单位的领导对员工和家属的关心可真是无微不至。

父亲刚大学毕业时被分配在一家国营煤矿,本想做出一番成绩,谁料单位不景气,倒闭了,那时我还没出生。据他讲,他常趁空闲时间阅读一些书籍,文学类、中医类、餐饮类、电子电工类、建筑水电类等,不一而足,想必这也为日后从事出版积累下了一定的知识。冥冥之中自有天意,父亲从事了校对这个行业。父亲笃实好学,2007年,在工作百般繁忙之余,成功考取了英语C级证书、计算机等级证书,加上以前考取的出版专业中级资格证书,可以算得上是一个合格的校对。一分耕耘,一分收获,父亲有幸在2008年获评"集团先进个人",2012年获评"集团十佳员工",2017年获评"优秀员工"。父亲的辛苦付出我都看在眼里,父亲的工作和学习态度就是我人生的榜样,前行的方向。

校对室历来注重对员工工作能力的培养。由于父亲工作时间久,也好学,室里不时派他出去学习。我只大概记得他去过北京和青海,因为我还记得当时他带回的糖葫芦和牦牛肉,叫人越吃越爱吃。在平时的工作中,父亲也不断收集整理资料,善于总结,努力提高自己的业务水平能力。2008年,他受天下图书公司邀请,为编辑人员作业务讲课;2011年,受重庆市版协邀请,为重庆市出版行业编校人员作业务知识讲课;2013年为集团教育中心讲课;2019年为集团编校人员作《编校胜录》的讲课;2020年为集团新进编辑作《初识校对——校对是编辑工作的补充和延续》的讲课。每一次讲课无不是对父亲的鞭策、历练,它迫使父亲必须不断总结,不断学习。雪莱曾说:"我们愈是学习,愈觉得自己的贫乏。"要想给别人一杯水,自己就应有一桶水。

每次接到这样的任务,父亲都"如临大敌",生怕准备得不充分,课讲得不好而误了别人的时间。"时间就是生命,无故地空耗别人的时间,实在无异于谋财害命的。"为此,父亲每次讲课前都抱着笔记本电脑,捧着资料查阅到深夜,有时甚至直接在沙发上和衣而睡。

父亲以社为家,兢兢业业,当集体利益和个人利益相冲突的时候,他毫不犹豫地选择前者。那是2007年的一个暑假,我身体发热,浑身无力,母亲不在家,爷爷奶奶也远在农村。当时的我只有8岁,而这天父亲手上恰巧又有重点稿子需要校对,看着床上的我,他心急如焚。我知道重点图书是集团的生命,不能因为小家而耽误。父亲给我喂了药之后,嘱咐我在家好好休息,便挎起背包毅然离开了家。类似的事,何止一次,但遇到这样事的人又何止他一人呢?作为家人,我们必须无条件地支持他,让他无后顾之忧。

20年青葱岁月,若白驹过隙,忽然而已。父亲也有了些许白发,皱纹也爬上了他的脸庞,视力也因为整日对着文字一年不如一年,不过他对出版事业的热爱仍不减当年。一滴水,只有融入大海才不会干涸,一个人,只有将个人价值与单位利益结合起来,聪明才智才能充分发挥,生命价值才能得以完美展现。出版社有着一群像父亲一样兢兢业业,以梦为马的人,一定会乘风破浪,再创辉煌!

时光荏苒,岁月如梭。2021年,迎来了重庆出版社成立70周年、重庆出版集团成立15周年的特殊日子。70载春秋,70年风雨沧桑,出版社从稚嫩迈向成熟,一步一个脚印,坚定沉稳在岁月的长河里。一代代出版人满怀激情,用深情和汗水书写下自己的青春,将执着和努力挥洒在岗位上。"忆往昔峥嵘岁月稠",是老一辈出版人的爱岗敬业,是年轻人的热血激情,是集团的华丽蝶变,是集团的辉煌成果。在重庆出版社70岁生日之际,作为出版社职工的家属,我献上深情的祝福,祝福重庆出版社永远青春,永远兴旺!

编后记

　　两江潮涌,半岛风清,重庆,这座建筑在长江与嘉陵江交汇处的城市,境内巴山绵亘,渝水欢腾,孕育了英雄的人民,也孕育了源远流长的文化。此地民俗质直好义,土风敦厚,上古有民谣云:"川岩惟平,其稼多黍。旨酒嘉谷,可以养父;野惟阜丘,彼稷多有。嘉谷旨酒,可以养母。"既言地理物产,又语风俗民情,较好地总结了古代重庆的特色。进入近现代以来,重庆逐渐发展成为一座充满生机而又日新月异的现代化城市,巴渝文化、三峡文化、红岩文化、抗战文化、都市文化熔于一炉,铸就了祖国大西南一颗璀璨的明珠。

　　重庆出版社,就根植于这样一片积淀丰厚的文化土壤中。

　　重庆出版社的前身,是1950年组建的西南人民出版社,1980年恢复现名。2005年4月29日,经中国共产党中央委员会宣传部、新闻出版总署和中共重庆市委、重庆市人民政府批准,在原重庆出版社的基础上,组建重庆出版集团有限公司。

　　岁月峥嵘,随着伟大祖国的日益发展和强大,重庆出版人紧紧跟随祖国前进的步伐,走过了70年不平凡的岁月。

　　"书行天下,传承文明",是重庆出版集团秉持的理念。70年来,我们始终坚持党的领导和社会主义出版方向,始终坚持把社会效益放在首位,努力实现社会效益和经济效益相统一的原则,打造了极具影响力的"海淀教辅系列""反法西斯文学三大书系",以及"国外马克思主义和社会主义研究"丛书、《庞中华字帖》等一大批精品图书;设立了"科学学术著作出版基金""马克思主义中国化研究出版基金""巴山夜雨原创文学作品出版基金"等;策划推出了"中国抗日战争时期大后方文学书系"、《大足石刻全集》等一大批国家重点出版工程;策划出版了《冰与火之歌》、"重现经典"系列等一大批销量数十万到数百万册的畅销图书。

70年来,重庆出版社共出版发行图书数十亿册,获省部级以上奖项2000多个。《熊猫史诗》《忠诚与背叛》《重庆之眼》等40余种出版物获得国家级"三大奖"和"中国好书";《马·恩·列画传》《三体》等图书得到中央领导的充分肯定。

回顾我们走过的70年岁月,重庆出版人风雨同舟,开拓进取,把一个个坚实的脚印印在了祖国的大地之上。在重庆出版社即将迎来70华诞之际,我们组织了社内离退休老同志和在职中青年职工,以及与我们一起战斗过的作者、读者、媒体人、销售人员等,一起回溯我们曾经走过的风雨历程,一起展望我们美好明天的晴空彩虹。在我们前行的路上,我们揾过眼泪,淌过汗水,抛撒过欢笑,这一切,都化为了以上的一项项成果,如一片片青砖黛瓦,共同砌就了重庆出版社的辉煌大厦。

在我们组织的文章里,内容分为学术论文和历史回顾两大部分,分别编辑为《我们都是出版人》和《风雨兼程70年》两部书。

《我们都是出版人》,收录了近年来集团内部员工所撰写的学术论文40余篇,它反映了重庆出版人在出版领域中不断开拓发展,与时俱进,勇创佳绩。我们根据论文内容,共区分为4个版块:1.责任担当篇,论述了一个出版工作者应当肩负的社会责任和使命;2.融合发展篇,阐释了重庆出版人在时代发展的潮流中,与时俱进,将传统出版与数字化成果相结合,勇攀新高峰的创举;3.改革综合篇,总体性地回顾了70年来重庆出版社在各个历史阶段的改革发展战略问题,对建立现代企业制度、建立优秀职工之家等问题进行了探讨;4.编辑心得篇,论述了在编辑工作中的一些感悟与得失,以及一些思考。

《风雨兼程70年》,共收录了与重庆出版社一起风雨兼程的社内外人士的回忆文章百余篇,我们同舟共济,我们风雨同行,我们一起再创重庆出版社新的辉煌。根据文章的内容,我们也划分为4个版块:1.统筹篇,收录了出版社历届领导者的文章,他们从不同的角度,对不同时期的出版工作提出了明确的指导意见;2.书缘篇,由我社的作者撰写。作者是出版社生存的根本,他们与我们一起砥砺前行,为出版社的发展作出了不可磨灭的贡献;3.出版篇,主要由出版社内部职工撰写,他们分别回顾了不同时期出版工作的具体细节和对编辑工作的体验。本篇大体按事件发生的时代顺序来编排，但有些事件因为没有具体日期，所以只能是大概的时间次序；4.互动篇，由媒体人、销售人员、读者分别撰稿，共同划动我们前行的大桨，他们的关注和互动，是我们前进的动力。

在图书编辑过程中，集团领导高度重视，多次开会指导工作，安排具体事项，图书的成型是他们的心血所铸；品牌管理部的同志们为组稿统稿付出了艰辛的劳动，没有他们的努力，要完成这两部书稿是不可能的；总编室的同志提供了大量资料，为完成编辑工作创造了非常有利的条件；社科分社的编辑们全部投入到编辑工作中，做了大量烦琐而细致的工作；艺术设计公司在繁忙的工作中为此书专门安排人员设计排版，不厌其烦地调整版式和改动方案；校对室优先安排，为两部书稿作了认真而高效的校读；印制部派出人员进行监印，为图书的印装质量保驾护航；财务部提供了优质的资金服务，这是出版任务得以顺利完成的根本保证。此外，在集团内部，还有许多部门和同志时时关心图书的进展，并贡献了诸多良策，这里不一一列举。这两部图书的出版，是重庆出版人共同心血的凝聚，在此，我们对他们的关心和付出表达由衷的感谢！

谢谢你们，可爱的重庆出版人！

编委会

2021年10月12日